NLP द्वारा
Unlimited Success

'एन.एल.पी.' (NLP) अनन्य विविधता व गहराई लिये बृहद् सफलता, मानसिक स्वास्थ्य की पूर्णतः व्यावहारिक सर्वाधुनिक प्रणाली है। यह स्वयं के द्वारा सीखने और स्वयं के द्वारा सभी प्रयोजनार्थ प्रयुक्त करनेवाली पद्धति है।

यह पुस्तक पाठकों को बगैर मनोवैज्ञानिक या काउंसलर पर आश्रित रहकर उच्च सफलता एवं उपलब्धि, पीक परफॉर्मेंस, उच्चकोटिय सामर्थ्य, दृढ़ आत्मविश्वास, सतत मनोस्वास्थ्य, रोगमुक्ति एवं बहुआयामी प्रभावी व्यक्तित्व विकास, आत्मोन्नति करने के गुण आपमें विकसित करेगी।

जीवन में अपार सफलता अर्जित करने के व्यावहारिक सूत्र बताती एक अत्यंत रोचक और पठनीय पुस्तक।

अशोक गुप्ता (एक्यूसीएस, अमेरिका) काउंसलर हैं, जो अवसाद, तनाव, मानसिक शांति एवं स्वास्थ्य, क्रोध, वैवाहिक समस्या आदि विषयों पर अपने दीर्घ अनुभव से व्यावहारिक समाधान बताते हैं। वे 'एन.एल.पी.', स्पीड-रीडिंग प्रशिक्षक भी हैं। उन्होंने अमेरिका में 'एन.एल.पी.', डायनेटिक्स, स्पीड-रीडिंग सीखा, प्रशिक्षण प्राप्त किया और अनेक विश्वस्तरीय विभूतियों के सेमिनारों में भाग लिया।

उनकी पुस्तक 'NLP द्वारा 100% आत्मविश्वास और सफलता' खूब लोकप्रिय हुई और राजभाषा पुरस्कार, रक्षा मंत्रालय, भारत सरकार से सम्मानित भी।

उनके हिंदी व अंग्रेजी लेख प्रमुख पत्र-पत्रिकाओं और मेडिकल जर्नल 'एट्थ एनुअल यू.पी. नर्सिंग होम्स एसोसिएशन कॉन्फ्रेंस 2007', 'रेडीफ.काम' आदि में प्रकाशित होते रहे हैं। वे अनेक उच्च स्तरीय संस्थानों में मुख्य वक्ता के रूप में नियमित तौर पर बुलाए जाते हैं।

संपर्क : एन.एल.पी. सेंटर, C/O होटल विनीत, 14, विवेकानंद मार्ग, प्रयागराज-211003 (उ.प्र.)

मोबाइल नं : 7985413617

इ-मेल : nlpcentre@gmail.com

वेबसाइट : ashokguptanlp.com

NLP द्वारा Unlimited Success

अशोक गुप्ता

प्रभात पेपरबैक्स
www.prabhatbooks.com

प्रकाशक

प्रभात पेपरबैक्स

4/19 आसफ अली रोड, नई दिल्ली–110002

फोन : 23289777 • हेल्पलाइन नं. : 7827007777

इ–मेल : prabhatbooks@gmail.com ❖ वेब ठिकाना : www.prabhatbooks.com

संस्करण

प्रथम, 2021

मूल्य

छह सौ रुपए

मुद्रक

आर–टेक ऑफसेट प्रिंटर्स, दिल्ली

★

NLP Dwara Unlimited Success
by Shri Ashok Gupta

Published by **PRABHAT PAPERBACKS**
4/19 Asaf Ali Road, New Delhi-110002

ISBN 978-93-90378-58-6

₹ 600.00

यह पुस्तक
मैं भारत की सेना, रक्षाबलों, पुलिस
को समर्पित कर रहा हूँ, जिनका बलिदान और
निष्काम सेवा न केवल भारतीय वरन्
विश्व इतिहास में अमिट है।

यह पुस्तक मैं उन चिकित्सकों व सेवाकर्मियों को अर्पित कर रहा हूँ जो वर्तमान कठिन घड़ी में अविरत निस्स्वार्थ मानव सेवा में कार्यरत हैं। उनमें से कुछ अपने जीवन का बलिदान तक दे चुके। उनकी पावन स्मृति को नमन।

संस्तुति

"'एन.एल.पी.' बहुत प्रभावी टेक्नोलॉजी है, अशोक गुप्ता उसके चैंपियन। 'NLP द्वारा विशाल उपलब्धियाँ' के माध्यम से वे तीव्रता से अति उन्नत व्यक्तित्व परिवर्तन और मानसिक स्वास्थ्य पाने का गुर दे रहे हैं। पठन सामग्री हमें महानता प्राप्त कराने में सक्षम है। आपको 'मैं वास्तविकता में कौन हूँ' का अंतर्ज्ञान हो जाएगा। इसका प्रत्येक पृष्ठ अपूर्व ज्ञान से प्रज्वलित है।"

—सुयश मिश्रा

संस्थापक, 'माइंडबॉडीस्पिरिट' (Mindbodyspirit)
यू-ट्यूब चैनल, एक लाख सब्सक्राइबर से अधिक

~•~

"यह अद्वितीय पुस्तक बहुमूल्य व्यावहारिक तकनीकों से भरपूर है, जो वैध वैज्ञानिक शोधों द्वारा सिद्धित है। आप अपने अतीत की अपूर्ण एवं भविष्य की महत्त्वाकांक्षाओं को अमलीजामा पहना लेंगे। आत्मोत्थान, व्यक्तित्व विकास और काबिलियत पैदा करने का हुनर आपके हाथ! आप सोचेंगे 'अब मैं जो चाह रहा, उसे क्यों न पाऊँ!' आपके पास रोगमुक्त स्वस्थ तन से गलबहियाँ करने की कुंजी होगी। इसमें पाठकों के जीवन इतिहास पर स्वर्ण परत चढ़ाने का गुर है।"

—रेणुका अग्रवाल

लेखिका 'द मैजिक ऑफ इनर स्ट्रेंथ, परफॉर्मेंस कोच और फिलैंथ्रॉपिस्ट

~•~

"'NLP द्वारा विशाल उपलब्धियाँ' पाठकों के जीवन एवं उनके हुनर, क्षमता को आसमान तक उठाने की काबिलियत से लबालब है। यह अचंभित करनेवाली सामग्री उच्च कामयाबी, मानसिक स्वास्थ्य, श्रेष्ठ प्रदर्शन, व्यक्तित्व निर्माण, रोग निवारण की दिशा में अति आवश्यक कदम है। पुस्तक अशोक गुप्ता के अति अध्ययन, अनुभवों और ज्ञान का प्रतिबिंब है। यह आत्मनियंत्रण, आत्मबल और आत्मविश्वास पाने तथा अपने मस्तिष्क के स्वामी बनने के लिए मील का पत्थर साबित होगी।"

—डॉ. अमिता दूबे, प्रसिद्ध लेखिका

~•~

"यह एक अतुलनीय पठन सामग्री है। इसमें अनेक क्षेत्रों में बड़ी सफलता पाने के वास्ते व्यावहारिक मार्गदर्शन है, जिसने मुझे विस्मयकारी लाभ दिया। आप अपने सपनों

को पूर्ण करने में अवश्य समर्थ होंगे। विश्वास नहीं होता, 'एन.एल.पी.' को प्रयुक्त कर हम अपने साधारण और गंभीर रोगों से निजात या उससे आराम पा सकते हैं, जिसका अशोक ने वैज्ञानिक, प्रमाणित उदाहरण के साथ चित्रण किया।"

—डॉ. आनंद श्रीवास्तव

लब्धप्रतिष्ठत संस्कृत विद्वान् और अनेक ग्रंथों के पुरस्कृत रचनाकार

"अपने मस्तिष्क, सोच पर नियंत्रण रखने एवं उसमें उठान लाने के लिए यह अति विशिष्ट पुस्तक है। आप सोच, मस्तिष्क का बहुत उत्तमता से कुशल संचालन के अधिकारी बन जाएँगे। इसमें ज्ञान की गंगा है कि कैसे आप स्वस्थता, आत्मसंतुष्टता, प्रसन्नता के साथ सफल, सुनहरा जीवनयापन करें, चाहे आपका अतीत नकारात्मक रहा हो और आपको पैदाइशी विफल का तमगा पहनाया गया हो। इसमें कोई दो राय नहीं कि इसने मुझे अत्यधिक अंत:प्रेरणा एवं कोग्नेटिव योग्यता प्रदान की।"

—सुधीर धनयोग

मेमोरी और माइंड पावर प्रशिक्षक, 'लिमका बुक ऑफ रिकॉर्ड' धारक

"अशोक अपने क्षेत्र के मास्टर हैं। अब मुझे प्रतीत हो गया कुछ भी असंभव नहीं, इसलिए अब मैंने बड़े-बड़े सपने और असंभव प्रतीत होते लक्ष्य बुनना और स्वयं को चुनौती देना प्रारंभ कर दिया। इसे सभी को पढ़ना चाहिए, विशेषकर वे जो प्रतिबद्ध हैं कि उन्हें अपनी जिंदगी असंतुष्टता से नहीं, वरन् उच्च भावनात्मक स्तर के साथ अंगीकार करनी है।"

—नितेश शुक्ला

एग्जीक्यूटिव, गोआइबो, मेकमाइट्रिप और रेडबस

"यह पुस्तक चैंपियन जनों के लिए है, जो सर्वोच्च प्रदर्शन के लक्ष्य के साथ जीते-मरते हैं और उससे कम उन्हें स्वीकार्य नहीं। वे अशोक गुप्ता के बहुमूल्य प्रशिक्षण द्वारा सीखेंगे, कैसे उसमें सफल हुआ जाए। इसमें साधारण, कमजोर व अप्रभावी व्यक्तित्ववाले को मेधावी, कर्मठ, असाधारण एवं प्रतिभावान बनाने का अति महत्त्वपूर्ण उल्लेख है। वास्तव में यह गागर में सागर है।"

—संजय आहूजा

सक्सेस कोच, संस्थापक 'जीवनशिक्षा.कॉम'

भूमिका

एक पर्वत पर बाजों का घोंसला था। वक्त की मार पड़ी और दुर्घटनावश उसमें से एक अंडा लुढ़कते-पुढ़कते नीचे मैदान में धमा-चौकड़ी मचाती मुरगियों के पास आ गिरा। औरत जात तो औरत जात, उसे देख उनका दिल पसीजा। मीटिंग बुलाई गई और सर्वसम्मति से तय हुआ कि वे उस अंडे को पालेंगी, सब बारी-बारी से उसे सेएँगे और पैदा हुए चूजे को अपनाएँगे।

यथासमय अंडा फूटा और उसमें से बाज का एक बेहद खूबसूरत चूजाजी चीं-चीं करते, आँख मटकाते बाहर आ गए। सब मुरगियों ने उसे लाड़-प्यार दिया। एक दिन वह सपूत मुरगियों के बच्चों के बीच खेलते, कूदते, फुदकते बड़ा हो गया और जवान मर्द बाज बन गया। पर मुरगियों के साथ रहते-रहते वह उनके जैसी हरकत करता, उनको हर आदत-स्वभाव अपना लिया और बजाय ताकत से चीत्कारने के मुरगियों की तरह कूँकड़ू कूँ, चों-चों करता। वह अपनी वास्तविक शख्सियत भूल चुका था। पर अंदर से उसके हृदय को कुछ कचोटता, कुरेदता रहता। जब वह दूर आकाश में दूसरे बाजों को शान से कलाबजियाँ खाते देखता, उन्हें गगन छूने की हिमाकत करते देखता, तब वह स्वयं को असहज महसूस करता। उसका अंतरात्मा चीखती—'मैं भी उड़ना चाहता हूँ, नभ नापना चाहता हूँ।' यह उसका स्वप्न था, जिसे संगी-साथियों के सामने जाहिर करने से वे सब खिलखिलाते और पेट दर्द होने तक और हँस-हँसकर लोटपोट हो कहते, 'अमाँ, तुम वैसा कभी नहीं कर सकते, क्योंकि तुम मुरगी हो, उड़नेवाले बाज नहीं, जमीन पर रहना सीखो, आसमान मत लखो।' ऐसा सुनते-सुनते उसके कान पक गए और उसे विश्वास हो गया, वाकई यह सत्य है, उसे उड़ने का ख्वाब नहीं देखना चाहिए। बाज ने मन मसोसकर मस्तिष्क के स्वप्न देखनेवाले विभाग को कसकर बंद कर दिया।

समय बीतता रहा और उसे लगा, जैसे वह अधूरेपन से जी रहा। कभी-कभी वह अकेले में रोता, परंतु उसे समझ में न आता कि आखिर वह रो क्यों रहा है। धीरे-धीरे

उसकी कुंठा पहाड़ बनकर गगन चुंबन करने लगी और एक दिन बेचारा असमय सबको छोड़ क्षितिज में विलीन हो गया।

अधिकांश लोग अधूरी जिंदगी जीने के कायल हैं। समय-समय पर उनका मन उन्हें कुरेदकर, चीत्कार कर चेतावनी देता है, पर वे उसे बाज की तरह अंदर दफन करने के मानसिकता से ग्रस्त हो चुके हैं।

सरजी, जरा विचारें कि क्या—

- आप सही तौर पर जानते हैं, आपकी आशाएँ, लालसाएँ, सपने, मिशन क्या हैं और आपने उनमें से कितनों को मिट्टी में गाड़ दिया ?
- आपको संज्ञान है, आपने स्वयं को स्वयं द्वारा बंधक बना लिया है ?
- आपके पास वह है, जिस पर आपका हक है, जिसके आप लायक हैं ?
- कभी चिंतन किया कि आप स्वयं को कितनी मोटी मानसिक जंजीरों से जकड़े हैं ?
- आपने कभी प्रयास किया स्वयं बंधित सीमा से बाहर निकलने का ?
- आप वर्तमान में वह हैं, जैसा होने, बनने की अभिलाषा आपके हृदय-कमल में विद्यमान है ?
- आपने प्रयत्न किया, वह बनने को, करने को जैसा बनने, करने को आप पृथ्वी पर अवतरित हुए ?
- दोस्तों के साथ पार्टी करने के बजाय आपने कभी सोचा आपका जीवन उद्‌देश्य क्या है ?
- आप उस बिरादरी के हैं, जिनके अंदर बैठे डॉक्टर ने लिख दिया, 'आज से आपका स्वप्न देखना बंद' ?

अब शुरुआत होगी, अलीबाबा का सिमसिम का दरवाजा खुलने की!

कृतज्ञता

मैं आभार व्यक्त कर रहा हूँ पत्नी उमा गुप्ता का, जिन्होंने संपादन में अपना पूरा सहयोग दिया; भतीजी रीमा गुप्ता का, जिन्होंने समय-समय पर अंग्रेजी व्याकरण से संबंधित शंका समाधान किया; लेखक दिनेश कुशवाहा का, जो इस पुस्तक लेखन की अवधि में अनेक प्रकार के सहायता देने को सदैव तत्पर रहे एवं बड़े भाई तुल्य श्री विनोद चंद्र दूबे, मित्र श्री विजय गुप्ता और उद्यमी श्री जोगिंदर सिंह व श्री विद्रुप अग्रहरिजी का, जो मुझे इस पुस्तक से संबंधित अनेक नए विचारों, कल्पनाओं से अवगत कराए—उन्हें कोटि-कोटि धन्यवाद!

"मस्तिष्क की असीमित शक्ति, क्षमता के बारे में हमारी खोज अभी तो बस प्रारंभ है।"

—डॉ. जीन हास्टन

अध्यक्ष, 'एसोसिएशन ऑफ ह्यूमनिस्टिक साइकोलॉजी'

अनुक्रम

1

अब जो चाहूँ, वह क्यों न पाऊँ! सर्वोच्च प्रदर्शन का रहस्यमयी मंत्र

"अधिकाधिक लोग हृदय में संगीत (प्रतिभा, काबिलियत) लिये-लिये कब्र में जमींदोज हो जाते हैं।"

—ऑलिवर वेंडल होम्स सीनियर
(Oliver Wendall Holmes Sr., 1809-1894)

- क्यों अनेक गरीब माँ की कोख से जन्म लेकर स्वर्णिम उपलब्धियों के हकदार बनते हैं, वहीं दूसरा इंग्लैंड, अमेरिका में जन्म लेने या चाँदी का चम्मच लेकर पैदा होने के बावजूद खेदजनक नियति या सतत हारनेवाले बादशाह ?
- क्यों बहुतेरे द्वारा यथोचित कोशिश के बावजूद उनकी मंजिल दूर खिसकता जाती है ?
- क्यों कुछ लॉटरी जीत करोड़ों के मालिक बन बैठते हैं, पर मरते हैं फटेहाल या शराब या ड्रग में डूब-डूब ?
- आपके पास लक्ष्यानुकूल प्रतिभा है, क्षमता है, आप उस लायक हैं, फिर भी आप वह नहीं कर पाए, जो करना चाह रहे थे ?

कॉलेज के दिनों में एक मित्र हुआ करते थे, उनके परिवार का हर सदस्य निहायत स्मार्ट, बिल्कुल अंग्रेजदां लोग, ऐसा कि अंग्रेज उनके सामने पानी भरें। किसी को हलो-हाय, थैंक्स कहते समय सिर को तीन फीट नीचे झुका लेना (ऐसा शायद ही कोई अंग्रेज करता हो!)। उनके घर जाने पर मैं आत्महीनता से ग्रस्त हो जाता। दस वर्ष बाद वह परिवार बरबाद हो गया और मेरा दोस्त निराशावश कम उम्र में हम सबको छोड़ अंततः क्षितिज में विलीन। उस परिवार के पास लगभग सबकुछ था, जिसका सपना हर साधारण इनसान देखता, फिर वे क्यों गए रसातल में ? अत्यधिक चिंतन के उपरांत मैंने हर सदस्य

के अंदर घर बनाए दुर्भाग्यपूर्ण मानसिकताएँ (mindsets) एवं उनका अबुद्धिमत्तापूर्ण मार्ग अपनाना उसकी जड़ में देखा। उनमें से प्रमुख थे—उनका अपने मुख्य लक्ष्यों से अनभिज्ञता, भविष्य के प्रति जागरूकता का पूर्णत: अभाव, अपने को सर्वज्ञानी समझना तथा 'कार्य-प्रक्रिया कैसे किया जाए' (How to do something) के सही ज्ञान से आँख मूँदने की प्रवृत्ति।

मेरी शहद की शीशी में कहीं छेद था। अगली सुबह उसके अंदर हजारों चींटियाँ मृत थीं। उनमें शहद चट करने की तमन्ना थी, पर उसे कैसे करें, इस अज्ञानतावश वे बेचारी मासूम फिसल-फिसलकर शहद में गिरकर अपना जान गँवा रही थीं। हमारी अधिकांश जनसंख्या इसी अवस्था की मारी है।

मेरे दशकों के अध्ययनों ने मुझमें विश्वास जगाया कि ब्रह्मांड में कोई पैदाइशी विफल नहीं, बस हममें से निन्यानवे प्रतिशत अज्ञानी हैं कि कैसे स्नायुमंडल को ध्येयानुरूप सूक्ष्मता, बुद्धिमत्ता से संचालित, अर्थात् प्रोग्राम[1], करें। उसका बोध हो जाने से एक गरीब का अमीर होने, एक साधारण का असाधारण बनने और आदतन विफल रहनेवाले को स्थायी उच्च सफलता का स्वामी बनने से रोकने में किसी में बल नहीं। यहाँ यह बताना आवश्यक होगा कि मस्तिष्क तभी नैसर्गिक रूप से सर्वोच्चता से काम करने में सक्षम है, जब उसे उसी प्रकार चलाया जाए, जैसे कार्यरत होने के लिए प्रकृति ने उसे गढ़ा है।

लोगों द्वारा झेली उनकी अधिकांश निष्फलताओं की जड़ है—उनका मंजिल पाने के वैज्ञानिक तरीकों से अनभिज्ञता (right way to achieve goal), वे नहीं जानते स्वयं में क्या उचित परिवर्तन लाया जाए तथा उनके द्वारा गलत पथ, विकल्प का चुनाव और उनका सही मनोवृत्ति अपनाने से दुश्मनी। केवल रणनीति, काबिलियत, मेहनत पर ध्यान देते रहना और उनको सुधारते रहने पर निगाह जमाए रखना कामयाबी की गारंटी कतई नहीं। ध्यान दें, 'सकारात्मक सोच सफलता का रामबाण है', सरासर अवैज्ञानिक अवधारणा है।

बड़े-बड़े ज्ञानी—ध्यानी एकमत होंगे कि नब्बे प्रतिशत जनसंख्या उस स्तर से जीने से महरूम है, जिस स्तर पर जीने की कामना वे कर रहे थे और वैसे प्रदर्शन, सफलता से कोसों दूर रहे, जैसी हसरत वे हृदयपट में सँजोए थे। और तो और, आश्चर्यजनक है, अनेक जन अकूत धन पाते हैं, पर मरते हैं सड़क के आदमी की तरह। विस्मयकारी है पृथ्वी पर असंख्य जनों का अपने सपने, आकांक्षाओं के संगीत को हृदय में दबाए-दबाए ऊपर कूचकर जाना!

भाई, अपनी हस्तरेखा मैं लिखूँगा, ऊपरवाला नहीं

1923 में दुनिया के नौ धनाढ्य शिकागो के एक होटल में गपशप करने जुटे। उसमें शामिल थे—अमेरिका की प्रमुख हस्तियाँ, उद्योगपति, बैंकर, सर्वोच्च अधिकारी और एक कैबिनेट मंत्री। आप आश्चर्य करेंगे कि उनकी सम्मिलित आर्थिक हैसियत अमेरिकी सरकार के बजट से ज्यादा थी। पच्चीस साल बाद उनका हाल-ए-बयाँ था—दो दिवालिया हुए, दो अपराध में जेल गए, एक फटेहाल हो गए, तीन आत्महत्या कर लिये, एक तो पगला गए। और उन सभी महानुभावों को उसी अवस्था में यमराजजी स्वर्गलोक ले गए।

सीमित क्षेत्रों में लक्ष्य-निर्माण हमारी रेलगाड़ी को एक-न-एक दिन पटरी से उतारने की अधिकाधिक संभावना बनाएगा। क्या विदेश यात्रा, बहुराष्ट्रीय कंपनी का मालिक बनने, अपनी बीमारी दूर करने या चंद्रयात्री होने के पश्चात् जीवन की यात्रा समाप्त? जी नहीं बादशाहो! मात्र तिजोरी में पैसा भरना, मिशन पूरा करना, सफल होना एवं सर्वोच्च प्रदर्शन जीवन में परिपूर्णता, सुख का आधार नहीं। पैसे की बहुत बड़ी अहमियत है, सम्मानपूर्वक जीने का साधन, पर क्या इसके अलावा जीवन की अन्य जरूरतों, सच्चाइयों, वास्तविकताओं पर विराम?

चित्र 1.1 : भविष्य काल रेखा

खड़ा तो हर आदमी है, पर कौन किस प्रकार खड़ा है यह महत्त्वपूर्ण है, कोई लड़खड़ाते गिरते-पड़ते, पर कोई बलपूर्वक, स्थिरता से, अपने शर्तानुसार। एक घिसट-घिसट चल रहा, दूसरा छप्पन इंच का सीना तान। पर भैया, यह तभी संभव है, जब

हम अपनी किस्मत के सारथी स्वयं बनकर उसकी डोर अपने हाथ में कसकर थामने की शक्ति जाग्रत् करें। उस वास्ते अत्यावश्यक है—भविष्य पथ (future timeline) में यथोचित समय में यथोचित लक्ष्य पाना, ताकि विकटतम आँधियों में हमें हिलाने की कूवत न हो और तेज-से-तेज बौछारों में हम सिर उठाए खड़े रहें, उसे अपनी छाती से पीछे ढकेल दें।

प्रकृतिजन्य आपदाओं और अपने में मेडिकल समस्याओं के प्रभावों को छोड़, जिन पर हमारा कोई अंकुश नहीं, हममें काफी हद तक अपनी नियति को नियंत्रित करने का दमखम है। जितनी जल्द आप अपने मुख्य मनसूबों का निर्णय कर माकूल भविष्य पथ का निर्धारण कर लेंगे, उतना शीघ्र आपके जीवन में सुनहरे युग का पदार्पण पक्का और आपकी उतनी प्राभाविकता से अपने प्रारब्ध पर पकड़ होगी, चाहे आप आज साठ के पार हैं या चढ़ती-झूमती जवानी की अवस्था में। प्राकृतिक अनुकंपा से केवल मानव अपने भविष्य को सँवारने के साथ उसे अग्रिम में तय करने योग्य है, दुनिया के सभी जानवर इसमें अयोग्य।

मित्रो, ध्यान दें—जैसा आपने अपनी तकदीर, प्राप्तियों का चित्रांकन कर रखा है, आकार खींच रखा है, उसी तर्ज पर भविष्य में वे लगभग या पूर्णत: उसी सीमा तक आपकी झोली में आएँगी। डेनिस वेटले (Danis Waitley) अपनी बेस्ट सेलर पुस्तक 'साइकोलॉजी ऑफ विनिंग' में एक तथ्य उजागर किए, "जीवन स्वचालितता से स्वत: परिणाम देनेवाली प्रक्रिया है, दीर्घकालिक अवस्था में हमें वही मिलता है, जैसा हम उससे अपेक्षा करते रहे हैं।" मेरे दिल में बचपन से अमेरिका जाने का ख्वाब था, तभी गहन बाधाओं को रौंदते मैं वहाँ कदम रख पाया, अन्यथा आज भी मैं हिलते-डुलते आधार पर असंतुष्टतापूर्वक खड़ा होता।

आगे के मुख्य ध्येयों को यथाशीघ्र निश्चित करना उन्हें शीघ्रतम उसी रूप में भविष्य में हासिल करने की उत्तम युक्ति है। येल यूनिवर्सिटी (Yale University), अमेरिका (1953) में हुए एक महत्त्वपूर्ण अध्ययन ने इसे प्रमाणित किया। 1953 में वहाँ के मात्र तीन प्रतिशत स्नातकों ने भविष्य के लक्ष्य बना रखे थे। बीस वर्ष के उपरांत देखा गया कि मात्र वे तीन प्रतिशत विद्यार्थियों की आर्थिक सिद्धियाँ लगभग उसी स्तर पर थीं, जैसी रूपरेखा उन्होंने 1953 में निर्मित कर रखी थीं, न कि बाकी 97 प्रतिशत स्नातकों की आर्थिक उपलब्धियाँ। मान गए उस्ताद! यह सिद्ध कर रहा कि आपकी भविष्य रेखा जितना स्पष्ट होगी, उतने ज्यादा उत्तम परिणामों, अभीष्ट प्राप्ति का कमल खिलेगा। यह इसलिए कि हमारी स्नायविक प्रणाली निश्चित, साफ सोच की स्थिति में सर्वोत्तमता से कार्य करने में दक्ष है।

तकनीक 1 : उज्ज्वल, आनंदमयी भविष्य का प्रस्थापन

1. कल्पना कीजिए, आप सिनेमा हॉल में फिल्म देखने को उल्लासपूर्वक बैठे हैं। आपका चेहरा ओजस्वी है।
2. सामने उज्ज्वल परदे पर आज से लेकर बुढ़ापे तक का चलचित्र चलाएँ। आप वर्तमान में जिस उम्र में हैं, वहीं से यह गाथा शुरू होगी।
3. वर्तमान से वृद्धावस्था तक प्रत्येक बड़े मकसदों को यथोचित समय काल में पहुँचकर उसे 'प्राप्त हो गया है' की अवस्था में अवलोकित करें, जैसे वास्तव में अभी वह आपके हाथ में है। वह सब आपका मुख्य ध्येय होना चाहिए, जो आपकी किस्मत, भविष्य में वृहद् रोल निभाएँ, जो आपकी जीवनधारा में अहम मोड़ लाएँ, न कि छोटे, सामान्य लक्ष्य। उदाहरणार्थ, चौबीस की आयु में आपके सिर पर चैंपियनशिप का ताज है, तीस की उम्र में आप अपने सपनों के महल में चहलकदमी कर रहे हैं; पैंतीस में आप कंपनी के सी.ई.ओ. (CEO) हैं और ऑफिस में चेहरे पर नूर लिये कार्यरत हैं; साठ में रिटायर होकर मस्त बैंक बैलेंस के साथ आरामकुरसी में बैठ मीठा-मीठा अंगूर गपागप अंदर ढकेल रहे···। ध्यान रहे, आपको प्रत्येक लक्ष्य 'पूर्णतया से मिल गया है' की स्थिति में वांचना है, न कि उसे पाने वास्ते कार्य करते हुए। और यहाँ आपको लक्ष्य बाबत योजना, कार्यनीति आदि तय नहीं करना है।
4. आपको अपनी आयु की सभी दहलीजों में स्वयं के भिन्न शख्सियत (तरुणावस्था, युवावस्था, प्रौढ़ावस्था, वृद्धावस्था) और बदलते सच्चाई और शारीरिक व मानसिक क्षमता को मद्‌देनजर रख, व्यावहारिक तथा अहम मकसदों को चुनें, न कि काल्पनिक, अव्यावहारिक, अबुद्धिमत्तापूर्ण।
5. निहायत जरूरी है उन्हीं ध्येयों का चुनाव करे, जिस पर आपको आत्मसंतुष्टता, अंत:प्रेरणा, शरीर में सिहरन और पूरे विश्वास का आभास हो। उनमें से हर एक से संयुक्त (एसोसिएट) हो हर्षातिरेक की अनुभूति करें, आप दीवाली मनाने के समान प्रफुल्लित हैं।
6. भविष्य दृष्टिपथ के पूरा होने के उपरांत उसके अंत से वर्तमान तक देवदूत की भाँति उड़ें। रास्ते में सभी लक्ष्यों को अधिक उम्दा बनाएँ, सँवारें और उसमें कमियाँ छीलकर निकाल फेकें।

7. यह प्रखर पैनोरेमिक[2] रंगीन फिल्म आपका है तथा आप विदेशी डिग्री धारक कुशल निर्देशक। अपनी विशिष्ट निपुणता से उसका संपादन करके उसे अति भव्य बना दें। पूरी पटकथा को सामने, पास, सजीव, चलायमान, बहुआयामी होना चाहिए। आपको महसूस हो, आप बाहुबली फिल्म देख रहे हैं। विधि के दौरान मन में मंद-मंद सुखात्मक स्टीरियो संगीत बजाना आप पर।
8. प्रक्रिया के अंत में आपको अपना प्रारब्ध अत्यधिक बेहतरीन, सुखमय, उमंगमय महसूस होगा। आपमें आगे आनेवाले समय के प्रति आसक्ति का चिराग जल उठेगा।
9. लचीला मानसिकता (flexible mindset) अपनाते हुए बदलते वक्त, स्थिति, शख्सियत, उम्र, मूल्य, आदर्शों के अनुसार ध्येयों में यथावत् सुधार लाते रहें।
10. सभी लक्ष्यों को हस्तगत कर लेने की दशा में उसके पाने के समय को नोटबुक में लिखें। उसके लिए भविष्य काल (future indefinite and future continuous tense) के स्थान पर सामान्य वर्तमान काल[3] (present indefinite tense) प्रयुक्त करें—'मैं अट्ठाईस की आयु में अपने इ-कॉमर्स कंपनी का स्वामी हूँ', न कि 'मैं अट्ठाईस में अपने इ-कॉमर्स कंपनी का स्वामी बनूँगा' या 'मैं अट्ठाईस में इ-कॉमर्स कंपनी प्रस्थापित कर रहा हूँ'।
11. किसी स्थान पर संशय, अंतर्विरोध होने पर उसे वहीं छोड़ आगे बढ़ें। बाद में अपने आदर्श पुरुष से परामर्श लेकर फैसला करें।

व्यक्ति का लंबा भविष्य काल उसकी दूरदर्शिता और उसकी दीर्घकालिक योजनाओं तथा मनसूबों का द्योतक है। वह मानस जिंदादिल, आशावान है और खुली आँखोंवाला स्वप्नकर्ता। सरजी, विश्वास करें, सभी अप्रतिम उपलब्धियाँ, सफलता व उत्तम फल पानेवालों की यह स्थायी दिमागी कार्य-प्रणाली है। किसी को प्रारब्ध रातोरात छप्पर फाड़कर कदापि कुछ नहीं देता, पर भविष्य काल का अधिकतम दूर तक लक्ष्यपरक चित्रकथा उसके धारक को अपनी नियति में क्रांतिकारी परिवर्तन लाने, हर क्षेत्र में उच्च स्तरीय विजय रथ दौड़ाने तथा भाग्य-नियंत्रण की भूमि तैयार करने योग्य बनाता है।

याद रहे, आपकी जिंदगी सिर्फ आपकी है। इसे केवल आप अपने साँचे में ढाल सकते हैं, पप्पा-मम्मा, चच्चू-चाची कभी नहीं। हर किसी का अपने सपनों से गले मिलने

का मौलिक अधिकार है। आगे की चिंता त्याग भविष्य के निर्माण, उसे सँवारने के प्रति जागरूक रहें, उससे परहेज अपने प्रति अपराध होगा, वरना भैयाजी 'अब पछताए होत का जब चिड़िया चुग गई खेत'! अपनी अंतिम अवस्था में आपका परिवार एवं आप सोचनीय अवस्था में हों, क्या यह आपको अच्छा लगेगा? आपका सीना चीर देगा। एक शोध से तथ्य प्रकट हुआ कि व्यक्ति का मृत्यु के समय दु:खित रहने का एक बड़ा कारण है—उसकी लालसाओं का अपूर्ण रहना। महान् साहित्यकार मार्क ट्वेन (Mark Twain, 1835-1910) लिखते हैं, "बीस वर्ष बाद आप जो नहीं कर पाए, उसे सोच आप मायूस होंगे, न कि उससे जिसे आप कर चुके हैं। इसलिए अपनी दुनिया से बाहर निकलो, अपनी नैया से बोलाइन[4] रस्सी को आगे फेंक सुरक्षित तट से अपनी नैया को बाहर निकालकर खेना प्रारंभ करो, उसे गंतव्य पर ले जाने को ट्रेड विंड[5] का सहारा लो। खोजी बनो, सपने देखो, अन्वेषण करने की प्रवृत्ति जाग्रत् करो।"

आपका इतिहास लिखने, सँवारने में आपके भविष्य
का लंबा हाथ होने से किसी का इनकार नहीं

भावी वक्त के प्रति आँख मूँदे रहना आपका अपने प्रति संवेदनहीनता के साथ दिशा-विहीनता, भविष्यहीनता का झरना प्रस्फुटित करेगा। उसका प्रतिफल—आपके अंदर दफन अनेक हसरतें पहाड़ बन अवसाद जनमेंगी, जिसका उत्पाद होगा—आत्महत्या, व्यसन की प्रवृत्ति। यह अध्ययनों से प्रमाणित है।

महान् मनोचिकित्सक डॉ. विक्टर फ्रैंकल ने नाजी यातना शिविर के बंदियों पर अध्ययन को अपनी अमर पुस्तक 'मैंन'स सर्च फॉर मीनिंग' (Man's Search for Meaning) में चित्रित किया। उन्होंने देखा कि वे बंदी, जो अपने भविष्य पर भरोसा खो बैठे थे, जिन्हें वह नजर नहीं आ रहा था, वे शीघ्र दैहिक एवं दिमागी गिरावट के शिकार हो गए। डॉ. विक्टर के शोधानुसार उद्‍देश्यपूर्ण और अर्थपूर्ण भविष्य संतुष्टता से भरपूर जीवन प्राप्त करने, शारीरिक एवं मानसिक स्वास्थ्य की बढ़त तथा स्वभाव में लचीलापन लाने और आत्म-सम्मान पाने में तथा अवसाद भगाने में सहायक है।

सफलता का रहस्यमयी फॉर्मूला

भाया, एक बात गाँठ बाँध लें—प्रत्येक पथ आपको मंजिल की ओर नहीं ले जाएगा, केवल मंजिल की ओर जानेवाली राह आपको वहाँ पहुँचाएगी।

सा'ब जी, आइए एक अभ्यास करें—

पग 1—एक ध्येय निश्चित करें, जैसे 'मैं आज कम-से-कम दस लोगों का साक्षात्कार लूँगा'।

पग 2—अब 'पग 1' को दिमाग से निकाल फेंकें। कल्पना कीजिए, आप उस प्रयोजन को मनमाफिक तरीके से पूर्ण कर सोफे में बैठ आनंदपूर्वक चाय की चुस्की ले रहे हैं।

दोनों में क्या फर्क लगा आपको? पहले पग में आपको कार्य-पथ का सही ज्ञान न हुआ होगा, जैसे—आप किसके साक्षात्कार लेने में सफल हो पाएँगे, भेंटवार्त्ता कितने समय में पूरी होगी इत्यादि। पर दूसरा पग अपनाने से आप समस्त क्रियाकलाप को सहजता से निश्चित स्वरूप में देख रहे होंगे। इसके फलस्वरूप वास्तविकता में साक्षात्कार के लिए कदम उठाने पर आप अपने कार्य करने के तरीके को अत्यधिक सरल, उन्नत करने में सक्षम हो सकेंगे।

'आउटकम फ्रेम' (outcome frame) प्रक्रिया को संतुष्टिपूर्वक अंजाम देते हुए मकसद पाने का सजीव, स्पष्टतम मानसिक चित्रण (mental representation) है—हममें लक्ष्यार्थ विश्वास, प्रतिबद्धता, आत्म-समर्पण जाग्रत् करने की जड़। उपरोक्त उदाहरण से विदित है, लक्ष्या विजय वास्ते अंत फल, सफलता के प्रति विश्वास जगाने के पश्चात् कर्मरत होने के बजाय लक्ष्य का आउटकम फ्रेम बनाकर प्रक्रियारत होना ज्यादा प्रभावी है। यदि आपको किसी चीज का चित्र बनाने को कहा जाए और बताया जाए, उसे कैसे बनाया जाए और दूसरी अवस्था में आपको उसे दिखाकर हटा दिया जाए, तब दूसरी अवस्था में आप अधिक बेहतर तरीके से उस वस्तु का चित्र बना लेंगे, क्योंकि आपके दिमाग में लक्ष्य की स्पष्टतम छवि, आकार-प्रकार पहले से विराजमान है।

"जैसी आप कल्पना करते हैं, उसे ही आप अपनी वास्तविकता बनाते हैं।"

—डॉ. नॉर्मन विंसेंट पील

द पावर ऑफ पॉजिटिव थीकिंग

यूनिवर्सिटी ऑफ मैनचेस्टर (University of Manchester, USA) के डॉ. वारेन मैनशल (Dr. Warren Mansell) ने दर्जनों कार्यकर्ताओं पर अध्ययन कर निष्कर्षित किया कि सफल प्रदर्शन करने के लिए 'कैसे करें' सोच के बजाय लक्ष्य को 'पूर्णतः से प्राप्त कर लेने की स्थिति की छवि' बनाकर प्रक्रियारत करना ज्यादा कारगर है। इसे उन्होंने 'परसेप्चुअल कंट्रोल थ्योरी' (Perceptual Control Theory) नाम दिया।[A]

हर क्षेत्र के ऊँचे खिलाड़ियों का इच्छित परिणाम व प्रदर्शन पर दिमाग केंद्रित किए रहकर अभ्यास व प्रदर्शन करना उनका दृढ़ स्वभाव है, बगैर उसके पैर आगे बढ़ाना उन्हें गवारा नहीं। प्रसिद्ध 'एन.एल.पी.' गुरु कैरोलिन ब्याज (Carolyn Boyes) बता रही हैं, "सदैव मंजिल देखते रहें और अपनी वर्तमान अवस्था से उस तक की यात्रा की नक्शा

दिमाग में खींच लें।" आपने मंशा बनाया, 'मैं साक्षात्कार में आत्मविश्वासी रहूँगा'। अब उसे त्याग आंतरिक वीडियो में देखें, आप आत्मविश्वास से लबरेज हो साक्षात्कार दे रहे हैं। यह 'मैं साक्षात्कार में आत्मविश्वासी रहूँगा' भाषायी लक्ष्य से अधिक फलदायक रहेगा।

सफलता के अनुमान की अपेक्षा आउटकम फ्रेम ज्यादा फलदायक है। वह अस्पष्ट एवं फलहीन कार्यों एवं अनचाहे नतीजों से बचाव है और प्रक्रिया को संतुष्टिपूर्ण अंजाम देने में आश्चर्यजनक हद तक कारगर। आनेवाली बाधाओं, कमियों, आवश्यक सुधारों, अक्षमताओं का हमें अग्रिम में संज्ञान करा देने की वजह से वह सफलता की संभावना में अप्रतिम वृद्धिकारक है। अधिकांश लोग लक्ष्य, परिणाम का अस्वाभाविक, अव्यावहारिक अंदाजा लगाते हैं, पर आउटकम फ्रेम अपनाने से आप गलत रास्ता, विकल्प पर दाँव लगाने से पूर्णतया बचेंगे। कैरोलिन ब्याज के कथनानुसार, 'सही नतीजों का पहले से कल्पना कर लेने से आप उद्देश्य प्राप्ति से संबंधित अनर्गल अनुमान कभी नहीं लगाएँगे, व्यर्थहीन कार्य से बचेंगे।' आउटकम फ्रेम से अधोलिखित लाभ हैं—

- सही दिशा, मार्ग का ज्ञान।
- कार्य-प्रक्रिया व रणनीति के तरीकों को तय कर देना।
- जानकारी कि किधर ध्यान केंद्रित कर ऊर्जा, सामर्थ्य लगानी है।
- फलहीन कार्यकलापों एवं उसमें समय व्यर्थ करने से बचाव।
- सभी प्रकार के संशय को निम्न या दूर कर देना।

मानसिक परदे पर प्रथम कदम से लेकर गंतव्य तक की चित्रकथा देखने के पश्चात् पीछे मुड़कर देखें। इससे आपको निम्न की साफगोई से जानकारी होगी—आपसे क्या गलतियाँ हो सकती हैं, असफलता, अनहोनी घटना की क्या संभावना है तथा उससे कैसे निपटा जाए, कौन सी रणनीति, विकल्प उत्तम होगा, कार्य-विधि एवं लक्ष्य में कहाँ, कैसे सुधार की आवश्यकता है, सही गुण, कार्य-कौशल की चेतना, किस मानसिक संसाधनों (उग्रता, आत्मबल") की दरकार है, लक्ष्य-प्राप्ति का अपेक्षित समय, आनेवाली कठिनाइयों एवं उसके संभावित हल का पूर्वानुमान तथा वर्तमान से लेकर अंत तक की यात्रा का रूपरेखा कैसी होगी, होना चाहिए। इससे प्रयोजनार्थ वास्तविकता में आगे बढ़ने पर आपको अग्रिम में अनुमान रहेगा कि—

- आप सही दिशा में बढ़ रहे हैं अथवा नहीं।
- कौन योजना, विकल्प और मार्ग सर्वोत्तम है।
- पहला कदम कब (When), कहाँ (Where) उठाना है।
  ('Where and when I will take the first step.')
- बीच और अंत का क्या पग होगा।
  ('What the middle and last step will be.')

- कहाँ-कहाँ निगाह केंद्रित करना है और किससे-किससे बचना है।
  ('Where I have to focus and what I have to avoid.')

आउटकम फ्रेम का एक अतिरिक्त उपयोगी प्रतिफल है—जीवन की यात्रा में हमारे दिलोदिमाग को सतत गतिशील बनाए रखना। उसका बारंबार अभ्यास चेतनता एवं अचेतनता से समस्त स्नायविक, मानसिक तथा शारीरिक व्यवस्थाओं को संपूर्ण शक्ति से इच्छित दिशा में उद्देश्यापूर्ति तक सक्रिय किए रहने का उत्तरदायी है। इससे वह लगभग सभी व्यक्तिगत एवं व्यावसायिक क्षेत्रों में उच्च कामयाबी पाने व सर्वोच्च प्रदर्शन (peak performance) करने के लिए रामबाण है। वर्तमान में वह आधुनिक मैनेजमेंट, व्यावसायिक एवं खेल प्रशिक्षण का अनिवार्य अंग बन चुका।

नृत्य जैसी जटिल प्रक्रियाओं में अनेक का असफलता और अस्तरीय प्रदर्शन का मूल है—उनका एक विशेष क्रिया, रणनीति से आसक्ति होने से उस क्रिया, रणनीति का अचेतनता से पुनरावृत्ति होते रहना। आउटकम फ्रेम उस समस्या का समाधान है। इस तरह की अनेक खासियतों से आउटकम फ्रेम अधिकतम क्षेत्रों में उत्तम परिणामदायक है—पेंटिंग, भाषण, विक्रय, व्यक्तित्व विकास, सुंदर होने और विज्ञान में नई खोज करने से लेकर स्वस्थता एवं रोगमुक्ति तक में। महान् अब्राह्म मास्लोव ने असाधारण रूप से स्वस्थ मनुष्य को 'रिकोनैसेंस व्यक्ति' (reconnaissance man) नाम दिया। अध्ययन से उन्होंने निष्कर्षित किया कि वैसे लोगों की आदत है—दिल में सुदृढ़ता से 'स्वयं की संपूर्ण स्वस्थ शख्स' की स्थायी आत्म-छवि बनाए रखना।

'सेंसरी रिच' (sensory rich) सोच में हम अपने सभी वैचारिक तत्त्वों (मनोचित्र, भाषागत संवाद, भावना, अहसास) को अति सजीवता से ऐसा प्रयोग करते हैं कि वह सोच वास्तविकता प्रतीत हो, जैसे वह अभी सामने घटित हो रहा है। मानव की यह एक अद्वितीय बौद्धिक प्रवीणता हमारे समस्त मानसिक एवं दैहिक क्षमताओं और शक्तियों को विहंगमता से प्रज्वलित करने का गुणी है।

सर्वप्रथम शब्दों द्वारा निर्धारित कीजिए, आप क्या चाहते हैं, जो आपके नियंत्रण में हो। तत्पश्चात् उस ध्येय के सेंसरी रिच युक्त बड़ी, पास, आकर्षक छवि के अंदर प्रवेश कर (एसोसिएटेड स्टेट) संपूर्ण लगन, भावना, तन्मयता से कल्पना करें कि आप उसे हस्तगत कर रहे एवं कर चुके। समय पड़ने पर उस यथार्थ क्रियाशीलता की स्थिति में आपको महसूस होगा, 'अरे, मैंने तो इसे पहले किया है!'

आउटकम प्रश्न (Outcome Question)

- 'मैं कब कदम उठाने जा रहा ?'
  ('When will I tend to accomplish goal?')
- 'मुझे किस समय उसके लिए अग्रसरित होना होगा ?'
  ('At what time will I start to achieve objective?')
- 'मैं उसे कैसे प्राप्त करूँगा ?'
  ('How will I follow goal?')
- 'उसके लिए मुझे क्या करना होगा ?'
  ('What will I do to attain purpose?')
- 'किन-किन मानसिक संसाधनों का उपयोग जरूरी होगा ?'
  ('What resources will I need?')
- 'कितने धन की आवश्यकता होगा, मैं उसकी कैसे व्यवस्था करूँगा ?'
  ('How much money would I need? How will I arrange that?')
- 'मैं तब क्या करूँगा, जब कोई मुझे उसके लिए रोकेगा, जिसे मैं करना/पाना चाह रहा ?'
  ('What will I do if anything or any person would keep me away from getting what I want?')
- 'कौन व्यक्ति, रिश्तेदार, इष्ट-मित्र मुझे मदद कर सकते हैं ? जो नहीं करेंगे, उन्हें मैं कैसे तैयार करूँगा ?'
  ('Who will help, support me? What will I do in order to get help of unsupportive people?')
- 'कार्य प्रक्रिया का कहाँ, किस जगह से श्रीगणेश सर्वोचित होगा ?'
  ('From Where (environment) will I start?')
- 'मुझे पहला पग कब उठाना है ?'
  ('When am I going to take initial step?')

भौतिक विज्ञान में लगभग तीन सौ पेटेंट के स्वामी महान् निकोल तेस्ला (Nicole Tesla, 1856-1943) पहले मन में अपने नए अन्वेषण के अंतिम स्वरूप का बारीक-से-बारीक विवरणों से युक्त बहुआयामी सेंसरी रिच तसवीर अपने दिमागी प्ले ग्राउंड में बनाते, यहाँ तक कि वह चलने पर कितना शोर पैदा करेगा। मानसिक मीमांसा करके पूर्ण

संतुष्ट होने के उपरांत ही वे उसे भौतिक मूर्त आकार देना प्रारंभ करते।

अंतरराष्ट्रीय गोल्फ चैंपियन एलेक्स मॉरिसन (Alex Morrison) ने अपनी पुस्तक 'बेटर गोल्फ विद्आउट पैक्टिस' में गोल्फ चैंपियन बनने के अति आवश्यक रहस्य उजागर किए। उन्होंने उसमें लिखा, "आपके दिमाग में पहले उस चीज की अग्रिम में स्पष्ट तसवीर होनी चाहिए, जिसे आप कामयाबी से करना चाह रहे हैं।" यदि आपको अपनी ओर आती बॉल लपकना है, तो उसे सफलतापूर्वक लपकते हुए अहसास करें, देखें। आपका मस्तिष्क गेंद की गति, ऊँचाई का अंदाजा लगाता रह आपको किस रफ्तार से दौड़ना है, किस जगह पहुँचना है, आदि की रूपरेखा प्रस्तुत करता रहेगा। सर्वाधिक संभावना है कि आप कैच कर लेंगे और दर्शकों के दुलारे खिलाड़ी बनकर उनके द्वारा फेंके अंडों की मार से बच जाएँगे, यदि गेंद आपके सिर के ऊपर पार कर छक्का पर न गया, तब··हा··हा।

क्या आप मनमाफिक परिणाम को कल्पना में
देखकर उसे सच्चाई मानकर महसूस करेंगे, अपनाएँगे?

चार्ल्स दहिग (Charles Duhigg) ने विख्यात पुस्तक 'द पावर ऑफ हैबिट' में उजागर किए कि महानतम तैराक माइकल फेल्प्स (Michael Phelps) को कैसे अभ्यास कराया गया था। उन्हें वास्तविक प्रतिस्पर्धा के समय स्वीमिंग पूल के अंत में जितानेवाले अपेक्षित स्ट्रोकों की लगभग संख्या एवं उसमें लगाए जानेवाले बल तक का विशुद्ध संज्ञान रहता। 2008 ओलपिंक प्रतियोगिता के दौरान वे अंदर से पूर्ण आत्मविश्वासी एवं रिलैक्स थे, जैसे यह उनका मात्र एक अभ्यास है। आखिरी पड़ाव पर वे अभ्यास में सिखाए गए लक्ष्य पाने वास्ते अंतिम स्ट्रोकों की गिनती मस्तिष्क में किए थे, क्योंकि पानी में उन्हें कुछ दिखाई नहीं पड़ रहा था, यहाँ तक कि दूसरे प्रतिभागियों की स्थिति का अंदाजा। अंतिम स्ट्रोक के अनुमान पर उन्होंने पूरा बल लगा दिया, जैसे उन्हें प्रशिक्षण दिया गया था। और जब अंत छोर को उनके उँगली ने स्पर्श किया, तब वे विश्व रिकॉर्ड बना चुके थे और दर्शकों द्वारा करतल ध्वनि से उनका स्वागत। तैरते वक्त यदि उनके चश्मे में पानी आने से उन्हें कुछ दिखाई नहीं पड़ता, उस अवस्था में भी उनके कौशल पर कोई फर्क न पड़ता, क्योंकि स्पर्धा की पूरी चित्रमय कथा उनके दिमाग में प्रस्थापित थी ही, यहाँ तक कि कितने संभावित स्ट्रोकों के बाद वे स्वीमिंग पूल के छोर को स्पर्श कर प्रतियोगिता समाप्त कर सकेंगे।

सोच का प्रत्येक जिस्मानी कोशिका के मेटाबॉलिज्म[6] को प्रभावित करना अब विज्ञान ने प्रमाणित कर दिया। एक अति महत्त्वपूर्ण अनुसंधानानुसार मर्ज से प्रतिदिन मुक्त होते हुए कल्पना करते हुए अंततः अपने को पूर्ण स्वस्थ रूप में दिमाग में देखने व

महसूस करने से हमारा समस्त आंतरिक स्वास्थ्यदायक तंत्र स्थायित्वता एवं पुरजोरता से जाग उठता है। इससे रोग प्रतिरोधक-तंत्र (immune system) की सफेद रक्त कोशिका 'लिंफोसाइट्स' (lymphocytes) की संख्या और हार्मोन 'थाइमोसिन एल्फा 1' (thymosin alpha 1) के स्राव में इजाफा से दमा (asthma), स्क्लेरोडर्मा (scleroderma), गठिया, कैंसर व स्नायविक व्याधियाँ तक की विदाई हो गई।

रेडियोथेरैपी (radiotherapy) एवं कीमोथेरैपी (chemotherapy) चिकित्सा में 'इंडोक्राइन ग्रंथि'[7] (endocrine glands) और 'लिंफेटिक नोड्स'[8] (lymphatic nodes) को हानि पहुँचने से लिंफोसाइट्स की संख्या में क्षीणता आम है। पर उस अवधि में अपने को पूर्ण स्वस्थ तन की तसवीर में देखने व वैसा महसूस करने से उसकी संख्या में बढ़ोतरी तय है। उससे रेडियोथेरैपी, कीमोथेरैपी का ज्यादा प्रभावी होने के साथ कैंसर समाप्ति अधिक संभव है।

शख्सियत की एटमी ताकत

विश्व हैवीवेट बॉक्सिंग चैंपियन जो फ्रेजियर से एक पत्रकार का प्रश्न—'आप मुक्केबाजी क्यों करते हैं?' जो फ्रेजियर का जवाब—'क्योंकि मैं मुक्केबाज हूँ।'

शख्सियत हमारी बुद्धि (न्यूरोलॉजिकल लेवल्स) का उच्चतर स्तर है। वह हमारे लक्ष्य से संबंधित हममें क्षमता एवं अक्षमता और सफलता या विफलता का विश्वास अंकुरित करने का मानसिक तत्त्व है। 'मैं देशभक्त हूँ', 'मैं डॉक्टर हूँ' द्वारा आप अपनी शख्सियत की अभिव्यक्ति कर रहे हैं।

व्यक्तित्व निष्फलता एवं सफलता का निर्णायक है। कोई कामयाब होगा या नाकामयाब, यह काफी हद तक उसका व्यक्तित्व अग्रिम में बयाँ कर देता है, जैसे एक पेड़ देखकर आप भविष्यवाणी कर सकते हैं कि इसका फल स्वस्थ होगा अथवा बीमार। अति सफल और प्रगतिशील जन का 'मैं सफल व्यक्ति हूँ' धारणा का दृढ़ता से दिल में अंकित किए रहना भेद है, उनका एक के बाद एक कामयाबी का जाम चढ़ाते रहने का। स्वयं को अति सफल व्यापारी समझने से आप स्वयं का अति सफल व्यापारी होने के मार्ग का उद्घाटन कर चुके होंगे। 'मैं लेखक बनना चाहता हूँ' से कहीं अधिक कारगर होगा, 'मैं लेखक हूँ' की सोच। यह सफल लेखक बनानेवाला पहला इंजेक्शन होगा। आप पुस्तकों को एक लेखक की हैसियत से देखना प्रारंभ कर उसकी लेखन शैली पर ध्यान देने लगेंगे।

तकनीक 2 : सर्वोच्च प्रदर्शन

1. वह परिप्रेक्ष्य याद कीजिए, जहाँ आप घबराते हैं या इच्छित अथवा सर्वोच्च प्रदर्शन नहीं कर पाते, इसके पश्चात् कुंठित होने से आप आत्म-दोषारोपण के बोझ तले दबे रहते हैं। यह किसी प्रतियोगिता में हिस्सा लेना या वह कार्य, जिसे आपको भविष्य में करना है या वह क्रिया, प्रदर्शन जिसे आपको अनेक मरतबा करना होता है।
2. कल्पना कीजिए, आप सिनेमा हॉल में बैठे हैं। परदे पर आप प्रदर्शन कर रहे हैं। अपने शरीर के ढंग पर ध्यान दीजिए—आपके खड़े, बैठने, चलने-फिरने का तरीका, नेत्रों में तीव्रता, बोल-चाल, हाव-भाव कैसा है; चेहरा, तन, अंगों में तनाव, खिंचाव कैसा है; रीढ़ की हड्डी सीधी है या नहीं और अन्य। आप क्या आभास कर रहे हैं।
3. अपने शख्सियत, व्यक्तित्व, भाषागत व गैर-भाषागत संवाद, आत्मबल, मानसिक तसवीरों, भावना को तब तक सुधारते रहें, जब तक वे आपके उद्देश्य से मेल न खाएँ और उसे पाने में सहायक हों।
4. सोचिए, उसके लिए कौन इमोशनल इंटेलिजेंस[9] आवश्यक है। उसे मनमाफिक तरीके से प्राप्त करें।
5. निर्धारित कीजिए, कौन मानसिक संसाधन (रिसोर्स) लक्ष्य सुनिश्चित करने योग्य है, जैसे—क्रोध, इच्छाशक्ति इत्यादि। अनुभव करें, वह आपमें प्रवेश कर गया, उस अनुरूप पास्चर, अंगों में शिथिलता या तनाव, मुखमुद्रा अपना लें। या एक वह स्मृति जेहन में लाएँ, जिसमें आप मनोवांछित मानसिक संसाधन से लबालब थे। उस पल में प्रवेश कर उससे पूर्णतः जुड़ (एसोसिएट) जाएँ, आप समान मानसिक संसाधन की अनुभूति करेंगे। उससे आप ध्येय के मार्ग में आती बाधाओं, कठिनाइयों से निपटने को तैयार रहेंगे।
6. संलिप्त मनोवृत्ति (एसोसिएट मनोवृत्ति) से बारीक-से-बारीक विवरण के साथ कल्पना करें कि आप प्रक्रिया करते हुए पूर्ण संतुष्टि से लक्ष्य प्राप्त कर लिये हैं, आपको दर्शकों की आवाज सुनाई पड़ रही, वे आपको प्रोत्साहित कर रहे हैं अथवा तंज कस रहे हैं, जिसका आप पर कोई असर नहीं हो रहा। आप वहाँ के विशेष गंध, स्पर्श को महसूस कर रहे हैं। यदि आप खिलाड़ी हैं, तब देखिए, घड़ी की सुई उस अवस्था

में है, जैसा आप चाह रहे हैं। यह सब इतनी विशिष्टता से हो कि जब आप वास्तविकता में प्रदर्शन करें, तब आपको प्रतीत हो, 'अरे यह तो बिल्कुल वैसा है, जैसा मैंने अभ्यास किया था'।

7. उद्देश्य के अधिग्रहण के बाद पीछे मुड़कर क्रिया के आरंभ से लेकर अंतिम परिणाम तक की पूर्ण काररवाई पर निगाह डालें। क्या उसमें कोई कमी है, कहाँ सुधार की अपेक्षा है, उसमें अधिकाधिक सुखात्मक अहसास कैसे लाया जाए और शैली या रिकॉर्ड को अधिक उन्नत करने की क्या संभावना है, इत्यादि।
8. उपरोक्त अभ्यास तब तक करते रहें, जब तक आपके अंदर पूर्ण विश्वास जाग्रत् न हो जाए कि वास्तविकता में प्रदर्शन करने पर आप बिल्कुल उसी तरह कार्यरत होंगे।

कौन कहता है कि मात्र लक्ष्य निर्माण फतह की गारंटी है? अपनी शख्सियत को ध्येय, सपने के अनुरूप ढालना कामयाबी की दास्ताँ लिखने का प्रारंभ है हाइड्रोजन बम की तरह प्रभावशाली। मानव अधिकारवादी वक्ता डॉ. हैरी ई. फॉसडिक (Harry E. Fosdick, 1878-1969) की सत्योक्ति, "हमारा सर्वोच्च जीवन उस क्षण से आरंभ है, जिस क्षण से हम ठीक वैसी आत्म-छवि मन में बिठा लेते हैं, जैसा भविष्य में होने, बनने की अभिलाषा दिल में सँजोए हों।"

आपको किसी मकसद में विजय, पर किसी में हार का अहसास होता होगा। इसका भेद है—आपकी शख्सियत आपके किस लक्ष्य के समरूप है और किसके प्रतिरूप। यदि आप स्वयं को सफलता के लायक समझते हैं ('I deserve for success'), तभी आपको मंजिल नसीब होने की अति संभावना बनेगा। यदि सोच रहे हैं, 'मैं उसके लायक नहीं', तब आप अपनी विफलता के प्रति आश्वस्त हो जाएँगे या ध्येयार्थ आगे बढ़ने के पहले हिम्मत गँवा देंगे या उस बाबत किसी विचार के आपके मगज में प्रवेश करते ही आपका शख्सियत आधारित विश्वास उसे मुक्के मार-मारकर बाहर भगा देगा।

चित्र 1.2 : 'स्वयं को वैसा देखो, जैसा तुम बनना, होना चाह रहे हो, तत्पश्चात् अपने पर वैसी परत चढ़ाना प्रारंभ कर दो' (चित्र इंटरनेट से)

इतिहास गवाह है, महान् विभूतियाँ ने बचपन से अपनी महत्त्वाकांक्षा के अनुरूप स्वयं को गढ़ा। समुद्री खोजकर्ता क्रिस्टोफर कोलंबस (Christopher Columbus) दस साल की उम्र से स्वयं को 'समंदर का पक्षी' कहते थे। उन्नीस साल की तरुणावस्था में वे 'ड्यूक ऑफ अंज' के युद्धपोत में शामिल हो गए! पद्म विभूषण फील्ड मार्शल मानेकशाँ जन्मजात योद्धा दिखते। फ्रेंच दार्शनिक डेनिस दद्राट् (1713-84) ने कहा, "विज्ञान, कला, साहित्य और दर्शन उस विषयों के रंग में रँगे व्यक्तित्वों का ही पसंदीदा क्षेत्र रहा। वे विषय उनकी पहचान का अंग बन जाते हैं। इससे वे अनुपम एवं अप्रतिम उपलब्धियाँ प्राप्त कर लेते हैं, जो उनके नाम को हजारों साल तक जीवित रखती हैं।"

पहले अपना लक्ष्य निर्धारित करें, उसके पश्चात् अभी से स्वयं को उस अनुरूप अंदाज व शख्सियत दें, 'जैसे आपने लक्ष्य को पूरी संतुष्टि से हासिल कर लिया हो'। सूक्ष्मतम विवरणों के साथ स्पष्टतम, विस्तृत, आकर्षक चलते-फिरते सेंसरी रिच फिल्म में गहन ऊर्जा, आत्मविश्वास, आत्मनियंत्रण से ओतप्रोत हो गंतव्य पर अपने को पहुँचते देखिए। 'सेल्फ-एफिकॅसी' (self-efficacy) सिद्धांत के तहत आपकी क्षमता में उफान प्रारंभ, क्योंकि आप उसी पल से अपने ज्ञान, योग्यता, संवाद को विकसित करने

लगेंगे। आपकी विजयगाथा का पहला अध्याय आरंभ। 'मैं राष्ट्रीय चैंपियन खिलाड़ी हूँ' की दशा में पैनोरोमिक मानसिक वीडियो में देखें, आपने अपनी समस्त सामर्थ्य और धैर्य को उच्चतम स्तर पर ले जाकर प्रतिद्वंद्वी को पराजित कर दिया, अति उत्साहित दर्शक ताली बजा रहे हैं, उनकी मुखमुद्रा में आपके प्रति प्रशंसा से आप भाव-विभोर हैं। दसियों हजार श्रोताओं के सामने बोलने पर अपने को मंच पर अत्यंत कामयाब, प्रभावी वक्ता के रूप में पेश करें। "आप जैसा होना, बनना चाह रहे, वैसा होने, बनने में कभी भी देरी नहीं," कहती हैं महान् उपन्यासकार जॉर्ज एलियट (George Eliot, 1819-1880)।

क्या आपको लक्ष्यानुसार शख्सियत ओढ़कर उसकी तर्ज पर अपना नया रोल निर्धारित करके उस पर अमल करने से गुरेज होगा?

वह आत्महीनता, भ्रम, मायूसी के जाल में उलझा, गली-गली में दिखाई पड़ता अत्यंत साधारण मोटू नौजवान था। बमुश्किल मकान का किराया भरता। पर वह मानव इतिहास में बहुत कम समय में, सबसे कम उम्र में दुनिया में सबसे ज्यादा उपलब्धियाँ अर्जन कर विस्मयकारी व्यक्तित्व बन गया। वे महानुभाव हैं, विश्व के सर्वाधिक लोकप्रिय मोटिवेशनल वक्ता, बेस्ट सेलर लेखक और खरबपति उद्यमी एंथनी रॉबिंस (Anthony Robbins)! उनकी असाधारण सफलता का रहस्य? एंथनी के अनुसार, पहले वे लक्ष्य चुनते, फिर पहले उस लक्ष्य में स्वयं की सफल व्यक्ति के रूप में कल्पना करने लगते और उसी पल से अनुरूप व्यक्तित्व, व्यवहार, मैनरिज्म, हाव-भाव अपना लेते। नए व्यवसाय के श्रीगणेश से पहले वे तय किए गए क्षेत्र में 'असीम सफलता प्राप्त व्यवसायी' की आत्म-पहचान ओढ़ते और उसी तर्ज पर अभिनय करते, बोलते, चलते। पुस्तक 'एवेकन द जायंट विदिन' (Awaken The Giant Within), पृष्ठ 423 पर उन्होंने रहस्य उजागर किया—

> "वर्षों पूर्व मेरी स्थिति एवं उसके पहले का मेरा अतीत बेहद नीरस था, इसलिए मैंने उस वक्त अपनी शख्सियत/व्यक्तित्व को भविष्य की आकांक्षाओं के अनुरूप ढाल लिया, जिस तरह मैं भविष्य में स्वयं को देखना व बनना चाह रहा था। मैंने बाद में उपयुक्त क्षण आने का इंतजार नहीं किया, बल्कि मैंने स्वयं को भविष्य के एंथनी रॉबिंस के रूप-रंग में उसी क्षण ढाल लिया।"

एक बेहतरीन अभिनेता का बेहतरीन अभिनय का भेद है—उसका पात्र के व्यक्तित्व में पूर्णरूपेण ढलकर पात्र का अहसास वास्तव में स्वयं अनुभव करने लगना। शूटिंग करते समय जब गुरुदत्त शरच्चंद्र के उपन्यास 'देवदास' के देवदास का चरित्र निभाते, तब उनका मन, शरीर कामुकता, प्यार का आईना दिखता। आमिर खान ने फिल्म 'दंगल'

के लिए अपना वजन 27 किलोग्राम बढ़ाकर 95 किलोग्राम कर लिया। उन्होंने साक्षात्कार में उसका आशय बताया, "मेरा मानना है कि जब हम किसी किरदार को निभाना चाहते हैं तो उसके जैसा महसूस होना चाहिए। जैसा कि मैंने आपसे कहा, मेरे साँस लेने का अंदाज तक बदल गया। आखिर वह भी तो मेरी प्रदर्शन का हिस्सा है।" (हिंदुस्तान, मूवी मैजिक, 31.5.015, पेज 1)

आपमें कंपनी के उच्च अधिकारी होने की लालसा है। अब आगे से 'मैं उच्च अधिकारी हूँ' की शख्सियत में व्यवहार करें, जैसे आप वास्तव में एक उच्च अधिकारी हैं। आपका आत्मविश्वास मेढक की भाँति कुलाँचें मारने लगेगा और आपका चाल-ढाल, मुख-मुद्रा, रंग-ढंग बदल जाएगा। आपके बॉस का अचेतन सोचने लगेगा, 'मुझे मनचाहा अधिकारी मिल गया'। हा…हा…हा…

सफलतादायक मनोवस्था

हमारी मनोदशा (सकारात्मक या नकारात्मक) में कार्य-प्रक्रियाओं को बहुत प्रखरता से उद्दीप्त या खराब करने के साथ उसे दिशा-निर्देशित करने का हुनर है। आप अपने व्यापार-वश एक धनपति से मिलने जा रहे। उसके सामने आते ही आपका दिल बैठ गया और आप उससे फलदायी संवाद करने में असमर्थ रहे और एक सुअवसर से हाथ धो बैठे। भावनात्मक परेशानी या तनाव से ग्रसित योद्धा क्या खाक लड़ेगा, वह तो दुश्मन का आसान शिकार होगा! मनोवस्था का 'एन.एल.पी.' में 'स्टेट' (state) नाम है। काबिलियत एवं रणनीति रहने के बावजूद विफलता का स्वाद चखने की एक बड़ी वजह है—मकसद की प्राप्ति में सफलता-सहायक यथोचित मनोदशा (स्टेट) का आंशिक या पूर्ण अभाव।

आपकी वर्तमान अवस्था (your present state) + लक्ष्य-सहायक विशेष अवस्था (specific state required to attain goal) = सफलतादायक अपेक्षित मनोवस्था (desired state necessary to achieve goal)

ध्येय को श्रेष्ठता से सुनिश्चित करने और आप जो चाह रहे, वैसा करने और उन्नत कार्य-शैली के विकास के वास्ते पहली शर्त होगी—प्रक्रिया शुरू करने के पहले लक्ष्यानुरूप मनोस्थिति में प्रवेश। पहले सुनिश्चित करें, कौन अवस्था आपकी सफलता में सहायक होगी, जैसे—धैर्यावस्था, आत्म-प्रेरित अवस्था (self-motivated state) या अन्य। तत्पश्चात् वक्त-जरूरत पर एक या अनेक समयानुकूल सकारात्मक शैली द्वारा उसे प्राप्त करने को तैयार रहें।

उच्चस्तरीय प्रदर्शन करने के लिए आपको वैसा करने में सहायक विशिष्ट उच्च मनोवस्था (peak performing state) में आना होगा, अन्यथा आप वैसा प्रदर्शन

करने की अभिलाषा से महरूम रह जाएँगे। क्या संभव था, कवि मैथिली शरण गुप्त का बिन ओजस्वी हृदय और रक्त में खून का उबाल लिये 'खूब लड़ी मर्दानी वह तो झाँसी वाली रानी थी' जैसी सशक्त, ओजपूर्ण अमर कविता रचित करना?

लक्ष्य दिलाती है मनोदशा

- लक्ष्य निर्धारित करें।
- लक्ष्य-सहायक मनोवस्था निर्धारित कर उसे अपनाएँ।
- उस यथार्थ इमोशनल इंटेलिजेंस को विकसित करें।

आप बेहतर निशानेबाज तभी बनेंगे, जब आप गोली दागते वक्त पूर्णरूपेण 'तल्लीन' हों, क्योंकि एकाग्रता का अभाव दिल को भटका अकुशलता जनती है। कई नामी-गिरामी अभिनेता कुछ पल एकांत में पात्र के अनुरूप मूड में आने के उपरांत अभिनय प्रारंभ करते हैं। धावक की सफलता इस बात पर निर्भर है कि दौड़ते समय वह प्रतियोगी की तुलना में कितना 'रिसोर्सफुल' (अधिकाधिक चैतन्यता एवं ऊर्जा से मिश्रित सजग मनोस्थिति) व केंद्रित मानसिक अवस्था में है।

सैन्य विधा में 'रिलैक्स्ड अवेयरनेस' (relaxed awarenesS) का विशेष महत्त्व है, जिसका अर्थ है—'विकट-से-विकट अनुभव, स्थिति में जागरूकता, मानसिक संतुलन' यथावत् बनाए रखना। रंगरूटों को उसमें दक्ष करना सैन्य प्रशिक्षण का अनिवार्य अंग है।

सृजनात्मक कार्य उत्तमता से करने के पहले रचनात्मक मूड में आना अनिवार्य है, इसलिए एक अव्वल लेखक तथा कवि संपूर्ण सृजनात्मक मानसिक अवस्था में आने के पश्चात् ही लेखन को अग्रसरित होता है। प्रत्येक जन व्यक्तिगत सृजनात्मक मनोदशा में आने के वास्ते अपना मौलिक तरीका अपनाते हैं। कुछ रात में लिखना पसंद करते हैं, दूसरे चाय, कॉफी या मादक पदार्थ गटकने के बाद।

'इमोशनल इंटेलिजेंस' लक्ष्य के प्रति प्रेरणा, ऊर्जा का रस संचार करती मनोभावना है; हमारे कौशल एवं कार्य-विधा को सकारात्मकता से प्रभावित करने का एवं हममें समस्या अवरोध और वास्तविकताओं से यथोचित ढंग से निपटने की समर्थता का रस भरने का उत्तरदायी। उसका संबंध व्यक्ति के बौद्धिक सूक्ष्मता व काबिलियत से है। आपके पास लक्ष्य प्राप्ति के सभी कौशल और आवश्यक संसाधन हैं, पर उसके प्रति जोश, अनुराग, खुशी, दीवानगी नहीं। आपके हाथ पर विफलता का पंछी बैठेगा या आप उच्च प्रदर्शन से बेगैरत रह जाएँगे।

प्रयोजन सिद्धि के पहले उपयुक्त मूड में प्रवेश आवश्यक

एक फ्रांसीसी टेली कम्युनिकेशन कंपनी एक प्रोजेक्ट में लाखों डॉलर के निवेश और हजार कर्मचारी लगाने के बावजूद एक विशेष उत्पाद बनाने में असमर्थ रही। पर एक साधारण कंपनी मात्र कुछ कर्मचारियों द्वारा उसे निर्मित कर इलेक्ट्रॉनिक बाजार में छा गई। फ्रेंच कंपनी हतप्रभ! मैनेजमेंट अध्ययन से प्रकट हुआ उनके हजार कर्मचारियों में उत्पाद के प्रति जज्बे, उत्साह का अभाव था, जो साधारण कंपनी के कर्मचारियों में बहुतायत में था।

'हार्वर्ड बिजनेस स्कूल' (Harvard Business School) द्वारा प्रकाशित लेखानुसार इमोशनल इंटेलिजेंस कॉरपोरेट दुनिया में मैनेजमेंट, लीडरशिप और अन्य क्षेत्रों में अच्छे तथा श्रेष्ठतम स्तर पर प्रदर्शन वास्ते इंटेलेक्चुअल इंटेलिजेंस[10] से दुगुना महत्त्वपूर्ण है।

इमोशनल इंटेलिजेंस की उपस्थिति से आप लक्ष्य के मार्ग पर सभी प्रकार की बाधाओं, दुष्परिणामों को पार करते सफलता का चुंबन कर सकेंगे, अन्यथा रास्ते में थोड़ी समस्या या विफलता खड़ी होने पर आप हतोत्साहित हो, जमीन पर लंबूलेट हो जाएँगे। वही पहलवान घूँसा-लात खाकर गिरने पर पुनः उठ खड़े होने की आत्मिक शक्ति महसूस करता है, जिसके अंदर इमोशनल इंटेलिजेंस भरपूर हो।

सरजी, हार को जीत में कैसे बदलें?

"शांत स्थिर समुद्र में नाव चलाते रहने से आपका काबिल नाविक बनना नामुमकिन।"

—फ्रेंकलिन डी. रूजवेल्ट
पूर्व अमेरिकी राष्ट्रपति

एक बार में जीत की अभिलाषा मृग-मरीचिका[11] का पप्पा है। भाईजान, आप मुझे एक आदमजात दिखा दें, जो कभी असफल न हुआ, मैं आपको शेर के साथ डांस करता कबूतर दिखा दूँगा।

त्वरित और बिन नाकामी के सफलता हमें सीख से दूर रखती है, बुद्धिमान बनने से रोकती है और हममें आगे आनेवाले नकारात्मक अनुभवों एवं अप्रिय नतीजों को बुद्धिमत्ता से न निपटने का गुण जाग्रत् करने का अपराधी।

हार, विफलता का दृढ़तापूर्वक सामना करने को अपने को तैयार रखें, क्योंकि संभव है सफलता एक बार में हाथ न आए। यह सलाह उनके लिए, जो आँख मूँदकर सफलता निश्चित मान लेते हैं, भले ही वह वास्तविकता के हिसाब से खरा न उतरता हो, उनका लक्ष्य हवामहल पर टिका हो और लक्ष्य ऐसा हो, जिसका नियंत्रण उनके नहीं,

अन्य के हाथ में हो। मेरे एक परिचित पहली बार चुनाव में खड़े हुए यह सोचकर कि उनकी जीत तो ब्रह्माजी ने लिख दिया। पैग ढकेलने के बाद दोस्तों ने उन्हें चढ़ा दिया। जैसा होना था, वही हुआ, वे बुरी तरह हारे और चार दिन तक अपने को कमरे में कैद कर लिये।

स्वयं की एक खिलाड़ी के रूप में कल्पना करें और शिकस्त, निष्फलता को तहेदिल से सकारात्मक अहसास के साथ स्वीकारने की प्रवृत्ति विकसित करें, उसे स्थायी न बनाएँ। आत्ममंथन करें कि आपको अपनी शैली, रणनीति में क्या, कैसे सुधार लाना है, जिससे प्रतियोगी को पछाड़ सकें या मकसद को हथेली में जकड़ सकें। आप कभी हताश नहीं होंगे, अगला कदम उठाने को सदैव तत्पर रहेंगे। आपका पुरुषार्थ, मानसिक अटलता चट्टान माफिक सीना तान लेगा। ओलंपिक गोल्ड मेडल विजेता एमे वॉन डकन (Amy Van Dyken) का सत्य वचन—

> "खेल से मुझे सबसे प्रमुख ज्ञान मिला है कि कैसे भव्य विजेता बनें, पर उसके साथ यह भी कि कैसे अच्छे तरीके से पराजय स्वीकारें। इससे आप खेल भावना के बारे में बहुत कुछ जान लेंगे। मेरा अर्थ है—यह बहुत कठिन है, उसके साथ हाथ मिलाना, जिसने आपको पछाड़ दिया और यह और कठिन तब हो जाता है, जब आपको मुसकराना पड़ता है। यदि आपने इसे समझ लिया है और आहत होने की भावना को पीछे छोड़ना सीख लिया, तब आपको अहसास हो जाएगा कि वह क्षण कैसा होगा, जब आप भविष्य में विजयी होंगे, उस समय आप हार गए प्रतियोगी की मनोभावना को अच्छे तरीके से समझ सकेंगे।"

अनेक जन नाकामी के पल की छवि मनोपटल पर पूरा फैला देते हैं—विफलता पर रोने-गानेवालों की मुख्य सीरत। इससे उन्हें सफलतादायक अनेक तथ्य नजर नहीं आते। नाकामयाबी को सदा भूतकाल का अंग मानें, न कि उसे मनोपटल पर पूरा फैलाकर अपने वर्तमान का अटूट अंग बनाएँ। उसे चादर बना उस पर सोने की आदत से विष माफिक बचें। मेरी नसीहत है, कभी पराजय को अपनी खुदी से इतना विशाल मत बनाएँ कि वे आपको अस्तित्वविहीन कर दें, आपकी शख्सियत की खट्टी चटनी बना दें। अनेक जन नाकामी को स्वयं से बड़ा देखते हैं और स्वयं को उससे छोटा। विश्वास करें, आपका वजूद उससे भीमकाय है, उसमें आपको मटियामेट करने की जुर्रत कहाँ! निष्फलता को अपने से छोटा, रंगविहीन देखें और स्वयं को उससे बड़ी दृढ़ आकृति में। आपकी 'खुदी' ऐसी ढाल बन जाएगी कि राह में आपको कितनी हानियों से रूबरू होना पड़े तथा नाकामयाबियाँ मुँह उठाएँ, आप उत्साह, स्थिरता और विश्लेषणात्मक दिमाग की बाँह पकड़े, अपनी बढ़त बनाए रह पाएँगे।

तकनीक 3 : निष्फलता का उत्तम प्रबंधन व उपयोग

1. पूर्व का एक वह क्षण लें, जिसमें आप बुरी तरह असफल हो सबके समक्ष शर्मिंदा हो, दु:ख से घिर गए थे।
2. उस अनुभव को शीशे की तरह रंगविहीन बना दें।
3. उसमें उपस्थित नकारात्मक और उत्साहभंजक आवाज को धीमे-धीमे निम्नतम कर दें ताकि वह अंततः विलुप्त हो जाए या सुनाई न पड़े।
4. उसकी छवि को स्वयं से विलग कर बाहर दूर खिसका दें। उसमें समाहित सफलता-सहायक तत्त्वों को दिमाग के स्मृति विभाग में संगृहीत कर लें, ताकि वक्त-जरूरत पर उसका सकारात्मकता से उपयोग किया जा सके।
5. उसे भूरे फ्रेम में मढ़कर अतीत के एक कोने में जड़ दें।
6. भूतकाल की सभी मुख्य नाकामियों, अनचाहे परिणामों के साथ एक-एक कर यह प्रक्रिया सूक्ष्मता से अपनाएँ और आदतन आगे आनेवाले उस तरह के क्षणों के साथ भी। आपके आत्मविश्वास, बुद्धिमत्ता, ज्ञान में अपार उत्थान की गारंटी।

मंजिल पर निगाह न टिकाए रहने का दुष्परिणाम है—विफलता तथा प्रतिरूप नतीजों की अंत अवस्था या उन्हें 'बस मेरी सीमा यहीं तक' स्वीकार लेने की बाध्यता। हृदय विश्वास कर लेगा कि अब आगे का मार्ग अवरुद्ध एवं सभी विकल्प समाप्त। स्नायुतंत्र विफलता, अनपेक्षित नतीजों में छुपा सफलतादायक फिरकों को या नजरअंदाज कर देगा या उन्हें बेगैरत प्रेमी की तरह देखने से निगाह मोड़ लेगा। इस अवस्था में आप मस्तिष्क को नाकामी से भरपूर कमांड देकर उसे मंजिल की ओर अग्रसरित होने से रोकने के स्वयं दोषारोपी हैं, क्योंकि स्नायविक प्रणाली की कार्य-पद्धति आपके द्वारा उसे प्रेषित संवेदनाओं, सूचनाओं, सोच पर निर्भर है। स्नायुओं (nerves) में नकारात्मक हार्मोनों का स्राव आपका हौसला पस्त कर देगा और आप आँख मूँदकर हार स्वीकार लेंगे। अमूमन सब हथियार छोड़कर भाग चुके शख्स इसी श्रेणी के जीव हैं।

याद रखें, सफलता अंत तक प्रयास का फल है। कभी-कभी गुच्छे की आखिरी चाभी ताला खोल देती है। जो हथियार न डाले, वही एक दिन चैंपियन का ताज पहनेगा, वही एक दिन सिकंदर बनेगा। सफल व्यक्तित्वधारक (successful personality) का पराजित होना या होते रहना सामान्य है, पर दीर्घकालिक एवं अल्पकालिक ध्येय एवं मिशन के मार्ग से उसे विचलित करने का दमखम उसकी माशूका में भी नहीं।

नाकामी से अंत:प्रेरणा

- 'हा''हा''हा''अगले में सफलता निश्चित।'
- 'हा''हा''हा''मेरा वजूद विफलता से बड़ा है।'

प्रयास बीच में छोड़ने का फल है—विफलता। क्या शिकस्त से दुम दबाकर भागनेवाला कभी सफल खिलाड़ी या चोटिल होने से दुबारा कुश्ती न लड़ने की कसम खानेवाला कभी सफल पहलवान बन पाएगा? अनचाहे आगाज, फलों के उपरांत बीच में हाथ-पैर खड़ा कर बैठने का अर्थ है, उन्हें गंतव्य या अंत परिणाम मान यात्रा समाप्त कर देना, जिसे ही भाई साहब 'विफलता' कहते हैं। क्या मुक्का खाकर गिर गया हर मुक्केबाज पराजय का हकदार है? नहीं साहब, वही जो गिरने के पश्चात् उठने को चेष्टा नहीं करता। चूक, विफलता और नकारे जाने के बाद पुन: खड़े होने की मनोवृत्ति से हमारी समस्त ऊर्जा, क्षमता, ध्यान मनोरथ की ओर केंद्रित हो जाएगा, इस गुण का शरबत आत्मविश्वासी जीव में ज्यादा होना सत्यता है।

निष्फलता ने इस कायनात में असंख्य जिंदगियाँ बरबाद कर दीं। पर यह भी सत्य है कि असंख्य ऐसे हैं, जिनको उसने सफलता का गुर सिखा उन्हें अप्रतिम उपलब्धियों का अर्जन कराया, उनमें महानता के बीज को प्रस्फुटित किया। यह हमारे ऊपर है, हम उसे आत्म-हितार्थ और विजय पाने वास्ते प्रयुक्त करें अथवा ऐसा कि वह हमारी जिंदगी तबाह कर हमें निराशा, विषाद में तैरा दे। अप्रिय फलों के उपरांत ही नंबर आता है विराट् खोज एवं उच्च प्रदर्शन में सफलता को पकड़ने का। 'हार केवल जीत मिलने में हुई देरी है,' कहते हैं शून्य से खरबपति उद्योगपति बने रिचर्ड ब्रैंसन (लेख—'क्या हुआ हार गए', हिंदुस्तान, 5 अक्तूबर, 16, पृष्ठ 9)। बड़े उद्यम का स्वामी बनना एक दिवसीय कृत्य नहीं। वह निचले स्तर से शुरुआत कर क्षति, खराब प्रतिफलों और अनसुलझी कठिनाइयों से निरंतर सीखकर आगे बढ़ते रहने का उत्पाद है।

नाकामी, तिरस्कार, चुनौतियाँ वे मेहमान हैं, जिनका सबके घर प्रवेश तय है। क्या आप उन्हें इजाजत देंगे कि वे आपकी संभाव्य सफलता की धज्जियाँ उड़ाएँ? सर्वोत्तम विकल्प है, उन्हें स्वफायदे के लिए प्रयुक्त कर खुशी-खुशी मिठाई खिलाकर विदा करना। वास्तव में अनुभव बढ़ाने में सहायक तत्त्व का नाम है असफलता, सफल एवं बुद्धिमान लोगों के लिए उन्हें पहले से ज्यादा समझदार, संजीदा, चेतनशील बनाने का सीरप। कामयाब जन नाकामी से खुले हृदय से सीख लेकर उसका उपयोग पुरानी गलतियों से बचने में करके अपनी रणनीति तब तक सुधारते रहते हैं, जब तक मंजिल उनके कदम चूम न ले। इसी का नाम 'लक्ष्य के प्रति प्रतिबद्धता' (persistence in achieving goal) है। पहाड़ तोड़ने में सिद्धहस्त मजदूर का प्रतिदिन का अच्छा-खराब अनुभव उसके मस्तिष्क के मेमोरी बैंक में क्रमवार संगृहीत होते रहना, उसकी अगली प्रत्येक क्रिया को बेहतर बनाने में और चूक की पुनरावृत्ति होने से बचाने में मददगार है।

उच्च सफलता पानेवालों को आउटकम फ्रेम पर केंद्रित रहना पसंद है, न कि विफलता पर माथापच्ची करते रहना

अंतरराष्ट्रीय लब्ध प्रतिष्ठत लेखक एंथनी रॉबिंस सहयोगी के धोखे से लाखों डॉलर के घाटे से लगभग सड़क पर आ पाए। पर वे उस अनुभव, व्यापार से सीख लेकर एक नई कंपनी का संस्थापन किए, जो अंततः करोड़ों डॉलर मुनाफा देने का स्रोत बनी। तमाम गड्ढे लाँघकर अग्रणी सॉफ्टवेयर उद्योग 'माइक्रोसॉफ्ट' (Microsoft) में चीफ एग्जीक्यूटिव के पद पर पहुँचे सत्य नडेला के अनुसार, "हार का जश्न नहीं मनाया जाता, पर हार से मिली सीख जश्न तक जरूर ले जाती है। सफल होने तक धैर्य बनाए रखें और अपने काम को सुधारते आगे बढ़ते रहें।" (लेख—'क्या हुआ हार गए', पृष्ठ 9, हिंदुस्तान, 5.10.2016)

धनंजय हेतयार्ची (Dananjaya Hetiararchchi) वर्षों तक अंतरराष्ट्रीय प्रतिस्पर्धा में भाग लेते रहे, नाकाम होते रहे, पर उससे प्राप्त अनुभवों को ताश के पत्तों की तरह गड्डी में सहेजते रहे। अंततोगत्वा दस वर्ष उपरांत वे अत्यंत सम्मानजनक अंतरराष्ट्रीय 'टोस्टमास्टर'[12] (Toastmaster) खिताब जीत गौरवान्वित हुए! शेयर बाजार से धनार्जन का एक प्रमुख सिद्धांत है कि आप हानियों से मिले ज्ञान, अनुभव को किस प्रकार अगली खरीद-फरोख्त में इस्तेमाल कर रहे हैं।

एक 'एन.एल.पी.' सिद्धांतानुसार 'लक्ष्य-प्राप्ति के रास्ते में विफलता जैसा कुछ नहीं, बस परिणाम मिलते रहते हैं' (There is nothing like failure, but only results.)। अध्ययनानुसार सफल लोग नाकामयाबी, अनचाहे उत्पादों को आदतन 'रिफ्रेमिंग' (संदर्भ 'अध्याय 10') करके उसे लक्ष्य अधिग्रहण के मार्ग में आता 'एक परिणाम', 'एक कदम', 'एक सीख' करार देते हैं। इससे उनके दिमाग में स्रावित सकारात्मक हार्मोन उन्हें निरुत्साहित होने से बचाकर उनमें आशावादिता, धैर्य का रस उड़ेलता रहता है और वे प्रेरक मनोवस्था से अविरत आगे बढ़ते रह अंततः सही बिंदु पर निशाना लगा ही लेते हैं। भौतिक शास्त्री थॉमस एडिसन (Thomas Edison) का उद्गार, "हर त्यागा गलत कदम सफलता की ओर बढ़ा एक और कदम है।"

प्रत्येक सफल वैज्ञानिक जानता है कि संभव नहीं हर प्रयोग का प्रतिफल मनोनुकूल रहे। वह पूर्णतया तैयार रहता है, विफल प्रयोगों से प्राप्त सूचनाओं, तथ्यों को अगले परीक्षण में प्रयोज्य करने को। इसलिए सबसे धैर्यवान दिलवाला प्रयोगकर्ता सफल वैज्ञानिक बन

पाता है। इस परिप्रेक्ष्य में मानव इतिहास में महानतम वैज्ञानिकों में एक थॉमस एडिसन का नाम शायद किसी लेखक, वक्ता, सकारात्मक मनोवैज्ञानिक से छूटे। पाठकगण, बताइए उन्होंने बल्ब को कितने असफल प्रयोगों के बाद अन्वेषित किया? दस, बीस, तीस···? जी नहीं साहबजी! मात्र 10,000! जाहिर है, वैसा प्रयोग उनके समकालीन दूसरे भौतिकशास्त्रियों ने अवश्य किया होगा, पर वे हाथ आए अनपेक्षित नतीजों को अंतिम परिणाम मान बल्ब के अस्तित्व को नकार सभी आवश्यक प्रयोग समाप्त कर दिए होंगे!

लक्ष्य मिलन करानेवाली मानसिकता

- असफलता, गलती, अप्रिय परिणाम के उपरांत स्वयं को प्रेरित (self-motivation) करते रहना, स्वभरोसा (self-confidence) कायम रखना।
- अनपेक्षित प्रतिफलों को लक्ष्य-अधिग्रहण के मार्ग 'एक और बढ़ा कदम' और 'एक और सकारात्मक फल, सूचना' मानना।
- नाकामी से मिली सीख से कार्य-कुशलता, रणनीति बेहतर बनाते रहना।
- सफलता के लिए हर पग में अभिनेता अक्षय कुमार का अनुगमन करते दृढ़ता व हठधर्मिता से लगे रहना (persistent), धैर्य (endurance) और धुन का पक्का होने (perseverance) की मनोवृत्ति से चिपके रहना।

कार्यक्रम

1. क्या कभी आपने पूर्व में आत्मविश्वासहीनता के कारण असफलता का स्वाद चखा था या अपनी इच्छा, सपना को मन में दबा दिए थे, जैसे—गिटार सीखना, एक नया काम शुरू करना। आपने सोचा था, यदि मैंने वह किया, तब वे हँसी उड़ाएँगे, घरवाले गुस्सा करेंगे। आत्म-विश्लेषित करें, उनमें से किस-किस का दीया, आपमें अब भी जल रहा और वर्तमान परिप्रेक्ष्य में उनमें कौन-कौन से ध्येय प्रासंगिक हैं। तत्पश्चात् स्वयं से प्रश्न पूछें—कौन रोकता है मुझे अब उसे पूरा करने से? यदि उस यथार्थ पर आगे बढ़ेंगे, तब क्या होगा? क्यों नहीं?
2. क्या आपके युवा बेटे-बेटी में भविष्य के प्रति जोश-खरोश है, सुखात्मक बोध का अभाव है? क्या वे उदास, चुप रहते हैं? वे अकेलेपन का शिकार हैं? उनमें आत्महत्या की प्रवृत्ति पनप रही है या व्यसनी हो चुके हैं? उनको अपना भविष्य दृष्टिपथ पूरा करने में सहयोग करें। वे रास्ता भटकने से बचेंगे, आशावादी बनेंगे, साथ में उनमें नियति-नियंत्रण का मनोवृत्ति जागेगी।

शब्दावली

1. प्रोग्राम (Programme/program)—कंप्यूटर, मस्तिष्क या किसी मशीन को स्वचालितता से दिशा निर्धारित/नियंत्रित/संचालित करने की दशा या करना या उसे वैसा करवाने का गुण रखे अस्पर्शनीय तत्त्व। कंप्यूटर में इस प्रक्रिया को सॉफ्टवेयर अंजाम देता है।

2. पैनोरामिक (Panoramic)—वृहदता, रमणीयता से युक्त दृश्य।

3. सामान्य वर्तमान काल (Present indefinite tense)—वर्तमान काल में हो रही क्रिया को दरशाता काल, जैसे—'मैं वहाँ जाता हूँ।'

4. बोलाइन (Bowline) : नाव को हवा के सहारे चलाने में सहायक विशेष मोटी रस्सियाँ।

5. ट्रेड विंड (Trade wind)—दक्षिणी एवं उत्तरी गोलार्ध से भूमध्य रेखा की ओर बहती हवा की धाराएँ, विशेषकर समुद्र में। दो ट्रेड विंड उष्णकटिबंधीय क्षेत्र से भूमध्य रेखा की ओर पृथ्वी को घेरकर चलती रहती हैं।

6. मेटाबोलिज्म (Metabolism)—जीव द्वारा गृहीत खाद्य पर रासायनिक चयापचय क्रिया। उसका उत्पाद है—ऊर्जा, विजातीय पदार्थ।

7. इंडोक्राइन ग्रंथि (Endocrine gland)—वे ग्रंथियाँ, जिनके जिम्मे शरीर में उत्पादित विशिष्ट बायोरसायन 'हार्मोन' को निर्मित कर रक्त में प्रवाहित करना है, जैसे—पिट्यूटरी ग्लैंड (pitutary glands), थायरॉइड (thyroid)।

8. लिंफेटिक नोड्स (Lymphatic nodes)—लिंफ (lymph) बगैर सफेद रक्त कोशिका के रक्त समान द्रव्य है, संक्रमण से बचाने एवं अन्य स्वास्थ्यकारी कार्यों में सहायक। इनके संचालन एवं परिवहन के उद्देश्यार्थ लिंफ नलिकाएँ अत्यंत गूढ़ व वृहद् लिंफेटिक व्यवस्था (lymphatic system) खड़ा करती हैं। लिंफ नलिका में स्थित लिंफेटिक नोड्स का दायित्व अंगों में भेजे लिंफ को वापस न आने देना है।

9. इमोशनल इंटेलिजेंस (Emotional intelligence)—अपनी भावनाओं को समझदारी, बुद्धिमत्ता से प्रयुक्त करने की मानसिक योग्यता। उच्च इमोशनल इंटेलिजेस (EQ) धारक लोगों का सफल नेता, व्यक्ति और टीम प्लेयर होना सिद्ध है। ऐसा इसलिए कि वे दूसरों की भावना को ठीक से समझकर उनके साथ आसानी से भावनात्मक रूप से जुड़ उनसे पारस्परिक रिश्ता प्रगाढ़ करने में निपुण होते हैं।

10.इंटेलेक्चुअल इंटेलिजेंस (Intellectual quotience or intellectual intelligence (IQ))—शख्स की शैक्षणिक योग्यता, उसकी बुद्धिमत्ता और उसका विभिन्न चुनौतियों से निपटने से संबंधित मानसिक कौशल। इसका योगदान है, आपका दिमागी तौर पर किसी काम का उत्तमता से कर पाना, जैसे—आपका एक गणित की

समस्या को बेहतरी से हल कर लेना। आधुनिक शोधानुसार यह सफलता बुद्धिमत्ता का मापदंड नहीं।

11. मृग-मरीचिका—रेगिस्तान में परिवर्धित प्रकाश किरण द्वारा दूर पानी की उपस्थिति का भ्रम पैदा करने की अवस्था। प्यासा हिरन वहाँ पहुँचता है, पर पाता है सिर्फ रेत। इस तरह वह भटकता फिरता है।

12. टोस्टमास्टर (Toastmaster)—मंच पर बोलने की कला विकसित करने के उद्‌देश्यवश एक अंतरराष्ट्रीय संस्था। अपने शहर में उसके चैप्टर का पता जानने के लिए गूगल सर्च करके उसके विश्व/भारतीय मुख्यालय से संपर्क करें।

संदर्भ—

A. 'हियर इज द सीक्रेट फॉर्मूला टु स्पोर्टिंग सक्सेस, बीबीसी, 1.9.17 ('Here's the Secret Formula to Sporting Success', BBC, 1.9.17)

□

2

प्रचंड ज्वाला आत्मविश्वास का, साधारण से असाधारण बनने का गुरुमंत्र

- 'क्या साधारण से असाधारण होना मनोवैज्ञानिक तथ्य है ?'
- 'क्यों वह आसमान छू रहा, वहीं मैं उससे ज्यादा प्रतिभाशाली जमीन नापते, अस्तरीय प्रदर्शन करता रह गया ?'
- 'कैसे वह विकटतम परिस्थिति में शांत, संतुलित रह उससे निपट लेता है, दूसरी ओर मेरा हाथ-पैर ढीला ?'
- 'कैसे श्रीमान झब्बूजी संगीतकार बप्पी लहरी की तरह मोटी सोने की जंजीर न लटकाने और अनेक असफलता के बावजूद प्रभावशाली दिखते हैं, मैं नहीं ?'
- 'वह जहाँ भी जाता है, हवा का रुख अपनी ओर मोड़ लेता है, पर मुझे कोई अहमियत नहीं देता ?'

छात्र जीवन में मैं था, आत्महीनता का बाथटब! मनोविज्ञानशाला वाले यह कभी न बताते कि 'मुझमें आत्मविश्वास नहीं है' से उनका मंतव्य क्या है और आत्मविश्वास नाम की चिड़िया को आखिर कैसे पकड़ें ? यह सवाल पूछने पर वे गोलमोल जवाब देकर मुझे रफू-चक्कर कर देते।

आश्चर्यचकित करनेवाला तथ्य है कि ओलंपिक पदक विजेता, विद्वान् से लेकर अरबपति तक में आत्मविश्वास की कमी पाई गई है! क्या आपने उच्च अधिकारी की अपने बॉस के सामने घिग्घी बँधते नहीं देखा! एक प्रसिद्ध लेखक ने लिखा—कैसे एक चंद्रयात्री पार्टी में कुछ बोलने से घबरा रहा था; भाईजान, हँसिए नहीं, मेरी यह हालत हो चुकी है।

'आत्मविश्वास' अस्पष्ट संज्ञा है, अत: उसके प्रक्रिया व्यक्त न करने से वह दिमाग भ्रमित करने का दोषी है। ऐसा संज्ञा को 'नॉमनलाइजेशन' (nominalization) करना कहलाता है। दूसरों के द्वारा 'आत्मविश्वास' शब्द का प्रयोग अनेक बार आपका दिमाग

चकराता होगा। इससे उसे स्पष्ट, परिप्रेक्ष्य आधारित बनाना अति आवश्यक है। यदि कोई आपसे कहे, 'तुम आत्मविश्वासी नहीं', तब उन महोदय से प्रशन करें, 'मैं कहाँ आत्मविश्वासी नहीं? व्यक्तित्व या व्यवहार या प्रदर्शन में?' तत्पश्चात् आत्म-चिंतन करें और आवश्यक होने पर अनुरूप आत्म-बदलाव लाएँ।

मैंने अपने अध्ययन से पाया है कि कयामत तक दिल को मजबूती देने और लौह मानसिक स्तंभ खड़ा करने का सीधा, सुगम सूत्र है—

- धन, प्रसिद्धि, सफलता, सुंदरता के आप बादशाह हों या न हों, पर हर अवस्था में अपनी 'खुदी' को सम्मान, प्यार देते रहना व उनसे बाइज्जत संवाद करते रहना।
- हर दशा—सुख-दुःख, स्वस्थता-अस्वस्थता, गरीबी-अमीरी, कामयाबी-नाकामी—में आत्मसम्मान (Self-esteem), आत्म-स्वीकार्यता (Self-acceptance) यथावत् बनाए रखना, और
- स्वयं से वचनबद्ध होना—'मैं जो भी हूँ, जैसा भी हूँ, सर्वोत्तम हूँ'।

असली बादशाह वही, जो अच्छे-खराब सभी परिस्थितियों में अपने 'प्रभावी स्वयं' पर आस्था बनाए रखे। कोई भौतिक, अभौतिक वस्तु आपके वजूद से बड़ी नहीं; वे आपके पहचान का अविभाज्य हिस्सा कतई नहीं। आप प्रत्येक अवस्था और स्थिति में सर्वगुण-संपन्न, सर्वपरिपूर्ण जीव हैं, इस यथार्थ अंग्रेजी में एक अत्युत्तम शब्द-विन्यास है—'Self-actualized person'। वेदों ने इस ज्ञान को सैकड़ों वर्ष पहले विश्व के सम्मुख पेश कर दिया था, उसमें कहा गया—'अहं ब्रह्मस्मि', अर्थात् 'मेरे में संपूर्ण सृष्टि निहित है, मैं सर्वपरिपूर्ण हूँ'। महान् 'अथर्ववेद' (13/2/29) में एक श्लोक है—

वण्महाँ असि सूर्य बडादिव्य महाँ असि।
महाँस्ते महतो महिमा त्वमादित्व महाँ असि।।

(हे मनुष्य! तुम्हारी आत्मा सूर्य के समान तेजस्वी, प्रकाशमान एवं महान् है। अपनी शक्ति पहचानो। देखो, तुम्हारी महिमा कितनी विशाल है।)

'श्री श्री श्री सबमॉडल्टी जी महाराज' की जय!

सबमॉडल्टी (submodality) सोच को सूक्ष्मता प्रदान करनेवाला मनोतत्त्व है, उदाहरणार्थ, आपके किसी अनुभव की छवि का रंग, आकार और उसकी दूरी आदि उसकी सबमॉडल्टियाँ होंगी। इसका आत्मविश्वास तथा आत्महीनता के उत्पादन में प्रबल रोल है।

'आत्म-छवि' (self-image) स्वयं के बारे में धारणा, अहसास से युक्त आपके

मस्तिष्क में प्रस्थापित आपके स्वयं का चित्र है। आप दिमाग में स्वयं को सामनेवाले से छोटा देखते हैं, यही कारण है आपमें उसके समक्ष हीन-ग्रंथि के सिर उठाने का! बहुत लोग उसे अपने आत्म-छवि का स्थायी अंग बना लेते हैं। इससे वे खुद को मनोवैज्ञानिक रूप से 'बौना व्यक्तित्व' स्वीकार लेते हैं। वैसे मानसिकता से लबरेज इनसान को 'साइकोलॉजिकली ड्वार्फ पर्सनैलिटी' (psychological dwarf personality) कहते हैं। उसके सोच की यह मौलिक सबमॉडल्टी उसमें भयंकर आत्महीनता की जनक है, न कि वास्तविकता में वह देखने में कैसा है, उसका स्वरूप, डील-डौल कैसा है। अति प्रतिभा या आकर्षण से सराबोर होने के बावजूद वह अक्षमता और सीमित सीमा के बंधन, अकेलेपन एवं निम्न आत्म-मूल्यांकन के अहसास के बाहुपाश में जकड़ा रहेगा! यह प्रवृत्ति साधारण तथा अत्यंत गरीब घर में पैदा हुए लड़कों एवं लड़कियों में दुःखद रूप से बहुतायत है। हीन व्यक्तित्व को सरलता से आत्मविश्वासी व्यक्तित्व बनाने के उद्देश्यार्थ आत्म-छवि में ये सबमॉडल्टी सुधार निहायत अनिवार्य होगा—

- स्वयं को सजीव, बड़ा, सुंदर देखना, और
- उसमें अपने अधिकाधिक गुणों, विशिष्टताओं का रस उड़ेलना।

मेरा सुपरवाइजर मेरे पीछे हाथ धोकर पड़ा रहता, उसे बर्दाश्त करना मेरी मजबूरी, आखिर विदेश में नौकरी का मामला था! मैं आत्म-संतुलन बनाए रखने की पुरजोर चेष्टा करता। वह जब मेरे सामने मुँह बाए खड़ा होता, मैं उसकी 'चार फुटे बौने शख्स' के रूप में कल्पना करता और स्वयं को उससे लंबा-तडंगा! अब भला वह ठिंगना मुझ जैसे ऊँचे जीव को कैसे डिगा, पाता हा¨हा¨हा..!

सा'ब जी, 'विकल्प' भारी है 'प्रतिक्रिया' पर

प्रत्येक समस्या में कुछ-न-कुछ सकारात्मक ढूँढ़ना बैंक मैनेजर प्रकाश राव की सीरत है; चुनौतियों, बाधाओं के बजाय समाधान पर आँख जमाना उनके रक्त में। इससे वे पहाड़-से बड़े मसलों के बीच भी आत्म-संतुलित रह पाते। पत्थर जैसे चेहरेवाले अधिकारियों के विपरीत शम्मी कपूर की तरह हर वक्त हँसी का फुहार छोड़ना उनके व्यक्तित्व का अहम हिस्सा। बगैर शेखी बघारे कि 'दुनिया में मुझसे बेहतर केवल मैं हूँ, मैं जो चाहता हूँ, वही मैं चुनता हूँ, वही करता हूँ' उनका खाना नहीं पचता।

मित्र दीनाकरण ने एक दिन उससे अपने मन की बात पूछी, 'यार, तुम हरदम इतने जवाँदिल कैसे दिखते हो?'

वे स्वभाववश मुसकराकर सीना फुलाते हुए बोले, 'मैं प्रतिदिन स्वयं से कहता हूँ—'आज तुम्हारे पास दो विकल्प हैं—एक तरफ मेरे लिए अच्छाई और दूसरी तरफ मेरे लिए खराबी है।—मैंने स्वयं को सदैव जीवन के सकारात्मक पहलू पर ध्यान देते रहने

को प्रशिक्षित कर लिया है। मैं हर स्थिति में कुछ-न-कुछ सकारात्मकता ढूँढ़ लेता हूँ। कठिनाई के मुँह उठाने पर मैं सिर्फ दो बातों पर निगाह डालता हूँ—या मैं उससे विक्षुब्ध रहूँ या उससे कुछ सीखने की चेष्टा करूँ। मैं दूसरा मार्ग अख्तियार करके प्रतिदिन कोई नया ज्ञान पा लेता हूँ। ग्राहक के शिकायत करने पर आपको दो में से एक द्वार का वरण करना होता है—आप उनके आचरण पर क्रोधित हो अपना पूरा दिन बिगाड़ लें, घर आकर पत्नी पर बरसें, शाम को शराब-कबाब में डूब जाएँ, या उसमें छुपे अच्छे तत्त्वों पर ध्यान देकर प्रसन्न रह अपनी दिमागी हालत सही-सलामत रखें। मैं सदा दूसरे पहलू पर ध्यान केंद्रित करने का पक्षधर हूँ।

"पर बरखुरदार, यह इतना आसान कहाँ!" दीनाकरण ने भोलेपन से प्रतिवाद किया।

'बहुत सरल,' राव साहब का जवाब आया, 'प्रत्येक अवस्था में केवल दो विकल्प सदा उपस्थित रहते हैं—सकारात्मक व नकारात्मक, बेहतर व हानिकारक। उनमें से तुम जिस पक्ष पर दिमाग लगाओगे, उसी आधार पर तुम्हारा जीवन-स्तर, स्वभाव का निर्धारण होगा। यह हमारे ऊपर है कि परिप्रेक्ष्य के बेकार अवयवों पर निगाह जमाएँ या उसके लाभप्रद अवयवों पर। ऐसी मनोदृष्टि तय करती है कि हमारी मनोवस्था सकारात्मक हो अथवा नकारात्मक, हमारी गाड़ी पटरी पर चलती रहे अथवा उतर जाए। तुम क्या फैसला करो, किस दिशा को चुनो, यह तुम्हारे पर निर्भर है, दूसरों पर कतई नहीं।'

एक दिन उस शहर के डकैतों का दिल मचल गया और उन्होंने बैंक पर धावा बोल दिया। राव साहब आदतन विरोध किए और खा गए मस्त गोली। उन्हें अर्धमृत अवस्था में अस्पताल लाया गया। सबका मुँह लटका था कि श्रीमानजी अब गए ऊपर। वह अड़ियल जीव महीनों कोमा एवं अस्पताल में पलंग तोड़ने के पश्चात् सही-सलामत बाहर आ गया, पर पैर से लँगड़ाते हुए! चेहरे पर कोई शिकन नहीं, मुख पर वही शम्मी कपूरवाला नूर।

कुछ दिनों पश्चात् दोनों लँगोटिया यार काफी हाउस में मिले।

दीनाकरण, 'क्या हाल है?'

प्रकाश का वही पुराना घिसा-पिटा रिकॉर्ड चालू, 'संसार में यदि मेरे से कोई बेहतर है तो वह केवल मैं। अबे, क्या तुझे पता नहीं मुझ पर क्या गुजरा! लंबडे बादशाह, तू मुझे देखने तक नहीं आया?'

थुलथुल दीनाकरण ने अपना मोटा सिर हिलाते कहा, 'न, मुझे कुछ नहीं पता!' राव ने घटना को ऐसे चटकारे लेकर बताया, जैसे स्वादिष्ट व्यंजन गटक रहा हों।

दीनाकरण हतप्रद! 'लेकिन तुम बचे कैसे, बेवकूफ?'

'मैं खून से लथपथ गिर पड़ा। मुझे इमरजेंसी में ले जाते वक्त घबराया डॉक्टर नर्स से कह रहा था—'इनका भगवान् के पास जाना तय है।—तब मैंने सोचा, वे कुछ नहीं

कर पाएँगे और मुझे ही कुछ करना पड़ेगा।'

दीनाकरण की जिज्ञासा जागी, 'बको आगे।'

प्रकाश राव, 'मैंने उस समय सोचा—मेरे सामने दो मार्ग हैं—मैं मरूँ या जिऊँ।—मैंने खुद से जोर से कहा, 'मैं जीने का विकल्प चुन रहा हूँ।'

राव ने फिल्म 'हम दोनों' के हीरो देवानंद की तरह मुसकराते बात आगे बढ़ाई, 'एक हसीन नर्स ने मुझसे पूछा, 'क्या तुम्हें किसी दवा से एलर्जी है?' यदि मैं मर जाता, तब मैं उसके हसीन चेहरे को कैसे दुबारा देख पाता! मैंने उसे आँख मारी और फुसफुसाया, 'हाँ है, बंदूक की गोली से!' ऑपरेशन कक्ष में सब खीस निपोरने लगे। तनाव भरा माहौल तपते रेगिस्तान में ठंडी बयार की तरह खुशगवार हो गया। मैं डॉक्टरों से बोला, 'आप यह सोचकर ऑपरेशन करें कि मैं बच जाऊँगा, मरूँगा नहीं।' मेरी बात मानकर उन्होंने उसी मनोवृत्ति से ऑपरेशन किया।

'ऐसे मस्तदिल हरफनमौला मरीज से भला कौन महरूम रहना चाहेगा, खासकर वह सुंदर नर्स! वे दिन-रात एक कर उसे मौत के मुँह से खींच लाए। प्रकाश के चट्टानी इरादे के समक्ष यमराजजी अपने भैंसे के साथ उलटे-पुलटे वापस लौट लिये।'

दीनाकरण फटी निगाहों से लँगोटिया यार को निहारे जा रहा था। पर राव उसकी छलछलाए आँखों को नहीं देख पाया।

अधिकांश पल अपने में कम-से-कम एक पक्ष ऐसा छुपाए रहता है, जो भविष्य में आलीशान सफलता, सुख या वैभव दिलाने का स्रोत बने, भले ही उस पक्ष की भागीदारी अल्पतम हो। उससे प्रदत्त हित तब अधिक ऊँचा उठता है, जब उस पक्ष का चयन दूरदर्शिता, बुद्धिमत्ता से किया जाए।

मित्रो, मेरी एक बात गाँठ बाँध लीजिए—स्नायुतंत्र की प्रकृति, कार्य-प्रणाली ऐसी है कि हमारे द्वारा प्रतिदिन, प्रतिक्षण अपनाई गई मनोदृष्टि व विकल्प की तर्ज पर प्रारब्ध हमारी झोली में अच्छा या खराब अंडे डालती रहती है तथा आत्म-स्वीकार्यता की भावना लौह या क्षीण करती जाती है।

बहुत लोग बेखबर हैं कि वे क्या चाहते हैं, उनकी क्या अभिलाषा है, वह आसमान में कौन सा तारा बन चमकना चाहते हैं, कैसे जीना चाहते हैं, उनके लिए कौन सी दिशा लाभप्रद है। साधारणतया उनके मुख्य एवं व्यक्तिगत मसलों, रास्तों का निर्णय दोस्त, पप्पा, मम्मा किया करते हैं। फायदेमंद रास्ता चुनने के गुण से बेगैरत होना उन्हें गलत, अनचाहे पथ पर दौड़ाते रहने का जिम्मेदार है। आने-जानेवाले खराब पलों का यथोचितता से सामना करने में असफल रहने से उनका आत्महत्या, शराब, ड्रग, निराशा, दुःख, न्यूरोटिक बिहैवियर[1] में फँसना नई बात नहीं। उनमें आत्म-अविश्वास का रस अधिक मसालेदार और गाढ़ा होना लाजिमी है।

"जिंदगी अपने दम पर जिया जाता है, दूसरों के कंधों से सिर्फ जनाजा उठाया जाता है।"

—अमर शहीद भगत सिंह

अप्रिय स्थिति एवं अंतर्द्वंद्वता में कठोरता से 'मैं यह मार्ग चुनूँगा' की प्रवृत्ति आपको शनैः-शनैः मुकद्दर का सिकंदर बनाने की तासीर है। पल-पल आपके व्यक्तित्व पर स्वविश्वास का मुलम्मा चढ़ने से ध्येय तथा अपने मौलिक पथ के प्रति आपकी प्रतिबद्धता को लोहे जैसा करने का भागी। 'केएफसी' (KFC) संस्थापक कर्नल सैंडर्स अनेक रेस्टोरेंट द्वारा उनके चिकन रेसपी (recipe) को तिरस्कृत करने पर बीबी के पल्लू में आराम फरमाने के बजाय उसे मीलों दूर अगले रेस्टोरेंट में प्रचारित करने का रास्ता चुनते। आज उनका वैश्विक संस्थान किस मंजिल पर सीना तान खड़ा है, किससे छुपा है भला? दूसरी ओर नकारे जाने, तिरस्कृत होने और विफल होने पर मैदान छोड़ने का विकल्प अपनानेवाले नाकामी की झूमर पहनकर न जाने कहाँ ऐरे-गैरे, नत्थू-खैरे की तरह पड़े होंगे!

'मैं' बनाम 'तुम'

पाठकगण, आइए एक अभ्यास करें—

1. जरा स्वयं के लिए सोचिए, 'तुम नजर रखो, ताकि ग्राहक क्रोधित न हों'—ध्यान दीजिए, आप अपने को उस मनोछवि के अंदर नहीं, वरन् सामने बाहर देख रहे होंगे। इस विरक्त (डिसोसिएट) मानसिकता से आपने अपनी 'खुदी' से दूरी बना लिया और स्वयं से 'दूसरे व्यक्ति' की तरह आचरण कर रहे होंगे। इस आत्मविश्वासपरक नजरिए का फल होगा आपमें लक्ष्य के प्रति हतोत्साहन व थोड़ा-बहुत तनाव का जन्म।
2. अब विचारिए, 'मैं ग्राहक से सौहार्दपूर्वक बात करूँगा, जिससे वह खुश हो खुलकर समस्याएँ बताए'—यह नजरिया ऊपरवाले से नितांत भिन्न होगा—इसकी छवि के अंदर 'मुख्य पात्र' की भूमिका में होने से आप ध्येयार्थ उत्साहित हो रहे होंगे। सोच में परिवर्तित सबमॉडल्टी से उत्पादित यह मनोदृष्टि नजरिया आपके द्वारा ध्येय-वरण में सुगमता से सहायक सिद्ध होगा।

अधिकतर जन आत्मसंवाद में स्वयं को साधारणतया 'मैं' के स्थान पर 'तुम' से संबोधित करने के अभ्यस्त हैं। फलस्वरूप, खराब 'साइकोलिंग्विस्टिक प्रभाव'[2] उन्हें नकारात्मक भावना एवं आत्म-असम्मान के आगोश में जकड़ने से तिल भर का विलंब नहीं करता।

आत्मबल में स्वयं के लिए 'तुम' के बजाय 'मैं' अपनाना अपना पथ खुद चुनने की निपुणता जागरण का मंत्र है; उसका अधिकाधिक प्रयोग स्वभरोसा में वृद्धि कर 'खुदी का अहसास' (sense of self) को पत्थर समान करने का मार्ग है। वैसे जन 'मैं यह करूँगा', 'मैं इसका उत्तरदायित्व लेता हूँ' जैसे ठोस निर्णय के स्वामी होते हैं। समाज में प्रभुत्व रखनेवाले वे जीवधारी जिस कमरे में प्रवेश करते हैं, हवा का रुख उनकी ओर स्वत: मुड़ जाता है। अब आप उपरोक्त कहानी में राव साहब के दमदार रुख का उनके अपने तन, मन, व्यक्तित्व एवं अन्य लोगों पर भारी असर का आधार अवश्य समझ गए होंगे।

'मैं' का प्रयोग आत्म-प्रेरणा, आत्मबल उत्पादक है; हमें बाधाओं से ऊपर उठा, सख्ती से अपना पथ चुनने की चेतना जगाने का गुणी। यह प्रवृत्ति महान् आत्माओं द्वारा पृथ्वी को नई दिशा देकर मानव इतिहास बदलने की जड़ है। अपने पहले टेस्ट मैच में सोलह वर्षीय सचिन का चेहरा वकार यूनिस की गेंद से खून से लथपथ। टीम मैनेजर के वापस पैवेलियन लौटने के परामर्श को धता बताते उन्होंने कहा, 'मैं खेलूँगा' और भारत ने पाकिस्तान को धो दिया। सचिन की इस मानसिकता ने भारतीय क्रिकेट के इतिहास में एक स्वर्णिम युग का श्रीगणेश किया। अपनी असाध्य बीमारी के दौरान डॉ. नॉर्मन कजन ने यदि 'मैं जीने का पथ वरण कर रहा' का संकल्प न करते, तब वे भी असंख्य अभागों की तरह समय के पूर्व काल के गाल में समा, स्वर्गलोक में टहल रहे होते।

अंतरराष्ट्रीय 'सैंतालीसवें एशियन बॉडीबिल्डिंग एंड फिजिक स्पोर्ट' में पहली बार भारत का प्रतिनिधित्व करनेवाले मिहिर सिंह का मिशन उसे जीतना था। पर सीने में चोटवश अभ्यास छोड़ने से उनका दिल शीशे की तरह चकनाचूर हो गया। आसमान देख चीत्कार न कर वे खुद से वचनबद्ध हुए—'मैं एक दिन अंतरराष्ट्रीय स्पर्धा में अवश्य वापस आऊँगा'। चिकित्सकीय परामर्श दरकिनार कर वे पुनः बॉडीबिल्डिंग करने में सफल हुए।[A] (यहाँ मेरा मंतव्य चिकित्सकीय परामर्श की अवहेलना करना नहीं।)

आत्महीनता नकारात्मक 'मैप' (व्यक्तिगत सोच)
का नतीजा है, वह 'टेरिटरी' (सच्चाई) नहीं

कुछ लोग 'यदि मुझे वह मिले या मैं वैसा बनूँ, तभी मैं अहसास करूँगा कि मैंने वह पा लिया' (If only I receive 'X', then only I will feel 'Y') सोच के गुलाम हैं। ऐसी विशिष्ट भाषायी संरचना 'क्रिटिकल एक्यूवैलेंस' (Critical equivalence) कहलाती है। आत्म-स्वीकार्यता से भरपूर सॉफ्टवेयर विशेषज्ञ मान बैठा, 'यदि मैनेजर खुश होगा, तभी मैं समझूँगा कि मेरी कार्यशैली बढ़िया है'। वैसी सोच उसके व्यक्तित्व को तेजाब की तरह गलाने का दोषी होगा। अपनी स्वीकार्यता की बागडोर अन्य के

हाथ में सौंपना दु:ख, निराशा, उत्साहहीनता, आत्महीनता की जड़ है। 'क्रिटिकल एक्यूवैलेंस' के नकारात्मक प्रभाव से बचने के वास्ते उसमें 'मैं' शब्द को प्रयुक्त कर उसे सकारात्मक वाक्य में परिवर्तित करें, साथ में लक्ष्य निर्णय करने की डोर अपने हाथ में पकड़ लें—'मैनेजर का खुश होना मेरी प्रतिभा का मूल्यांकन नहीं, मेरी कार्यशैली मेरी योग्यता का पुख्ता प्रमाण है।'

स्वयं द्वारा चयनित सीढ़ी पर चढ़ने का स्वभाव मजबूत हृदय से मौलिक निर्णय लेने की क्षमता में वृद्धिकारक है। आप अपने भाग्य, रास्ते की लकीर खुद खींच रहे होते हैं—यह शुभ काम किसी अन्य द्वारा नहीं। यह दिन खराब करनेवाले व्यक्तियों एवं नकारात्मक परिस्थितियों के बाध्यता से बचने का एक नफीस उपाय और हममें इच्छाशक्ति (Will power) व अन्य उत्तम मानसिक संसाधनों का प्रवेश कराकर हमें 'दृढ़ शख्सियतधारक' (Person with a strong sense of self) में रूपांतरित करने का माध्यम है।

एक अत्याधुनिक शोधानुसार 'दृढ़ शख्सियतधारकों' का रोग निरोधक तंत्र अधिक शक्तिशाली होने से वे प्रतिकूल परिस्थितियों में भी साधारणतया निरोगी, तनावमुक्त रहते हैं। दूसरी ओर, 'कमजोर शख्सियतधारकों' (Person with weaker sense of self) का दुर्बल रोग निरोधक तंत्र उन्हें बारंबार बीमार करने में कोताही नहीं करता। अध्ययनकर्ता मार्गेट हैंब्लेट (Margot Hamblett) व सहयोगियों (2000) के अनुसार दृढ़ शख्सियतधारक कैंसर मरीज कमजोर शख्सियतधारक कैंसर पीड़ितों की अपेक्षा शीघ्रता से स्वस्थ होते देखे गए हैं।

कब क्या हो जाए, कितनी बड़ी बाधाएँ आएँ, इसकी भविष्यवाणी करने में बाबा आदम[3] में भी दम कहाँ! एक मरियल तूफान में हमें तिनके की तरह उछालने का दमखम है। पर 'दृढ़ 'मैं' वाला' (Person with a strong sense of self) होने से हम उसका और दूसरी विकटतम स्थितियों का काफी हद तक स्वहित तथा यथोचितता से निपटने के योग्य और बार-बार गिरने पर पसरे रहने या आसमान की ओर चोंच उठा किस्मत कोसने के बजाय झटपट उठ खड़े होने का विकल्प चुनने का गुणधारक बन जाते हैं। वर्षों प्रयास से बनाए प्रोजेक्ट को बॉस द्वारा अस्वीकारने पर पत्थर 'स्व' वाला बिना समय गँवाए आत्म-संतुलन व उत्साह बरकरार रख पाता है, पर दुर्बल 'स्व' वाले की आंतरिक चूलें डगमगाने में तिल भर की देरी नहीं। ऐसे सज्जन साधारणतया अधोवर्णित मनोवृत्ति की गिरफ्त में जकड़ने को मजबूर हैं—

- 'मेरा निर्णय दूसरे लें' आदत के आदी होना।
- अंतर्द्वंद्वों से घिरे रहना।
- दूसरों के अतार्किक, स्वहित के खिलाफ बात को नकारने में असमर्थता या उसे आज्ञा-स्वरूप मानना।

- आलोचना से जल्द उद्वेलित हो जाना।

उपरोक्त नजरिए को 'एक्सटर्नल रेफरेंस' (external reference) कहते हैं—वैसी मनोदृष्टिवाला जीव प्रभावशाली व्यक्ति के समक्ष अपना वजूद खोने में सिद्धहस्त। उसके विपरीत, बाह्य कारकों से अप्रभावित रह विवेक, बुद्धि से पथ व व्यवहार का चयन करने की प्रवृत्ति 'इंटर्नल रेफरेंस' (internal reference) है।

तकनीक 4 : 'एक्सटर्नल रेफरेंस' मानसिकता का विस्थापन

1. वह मौका याद कीजिए, जब आप बगैर इच्छा एक रसूखदार व्यक्ति, परिचित या अपरिचित, द्वारा चयनित सिद्धांत/मार्ग अपनाए थे। इसकी दिमागी छवि का चटक होना आपको कोंचते रहने का कारण है। ध्यान देने पर आप देखेंगे कि उस आदमी की विशालकाय तसवीर आपके अधिकांश दिमागी पटल को घेरे है। वह आपसे ऊँचा दिख रहा होगा और आपका आकार बहुत छोटा या संभव है, आप वहाँ अनुपस्थित हों। आपकी सोच का यह मौलिक तरीका आपमें 'एक्सटर्नल रेफरेंस' रुख का जनक है। इससे आप उस प्रभावशाली शख्स को स्वयं पर हावी होने देते हैं, आप उसके समक्ष हथियार व ताकत आत्मसमर्पण कर दब्बूपन का अहसास करते हैं तथा अपना विचार व्यक्त करने का साहस नहीं जुटा पाते।
2. उस व्यक्ति की आकृति को छोटा करते-करते अंततः सामान्य कर दें। उसे ऊँचाई से नीचे लाकर अपने समकक्ष कर दें, क्योंकि कोई दूसरे से न बड़ा है न छोटा, हम सब प्राकृतिक न समान हैं। स्वयं के आकार को धीरे-धीरे बड़ा करके उसके आकार से विशाल कर दें। अपने छवि को जींत, प्रखर रंग-रूप दे दें। इससे आपमें उस अनुभव पर नियंत्रण का अहसास जाग उठेगा। खोया आत्मभरोसा लौटने से आपमें उसके समक्ष अपना मत बिना डर, हिचकिचाहट खुलकर अभिव्यक्त करने और स्थिति को निष्पक्षता से जाँचने-परखने की हिम्मत खिल उठेगी।
3. प्रभावशाली व्यक्ति के साथ उस पल तथा उससे रूबरू हुए पूर्व के अन्य क्षणों को विश्लेषित करें। उसके अधिकारपूर्ण संवाद या मक्खन से चुपड़ी बात को स्मृति से विलग कर दूर से परखें कि क्या उनमें आपके लिए कोई फायदेमंद सूचना है। बुद्धिमत्ता से चिंतन करें कि उस बंदे से पुनः आमना-सामना होने पर अपना दूरगामी हित ध्यान रखते हुए आपका

आचरण, निर्णय क्या होना चाहिए। भविष्य में उसके समक्ष स्वहितार्थ झुकने का विकल्प खुला रखें।

4. देखें, आपके अचेतन में नई मानसिकता जज्ब हुई अथवा नहीं। कल्पना करें, भविष्य में वह पुरुष/स्त्री आपके सामने है। क्या आपकी मनोदशा सकारात्मक, संतुलित है? मनोपटल पर आपके द्वारा उसके प्रति कैसे व्यवहार की तसवीर उभर रही है? मस्तिष्क में नव प्रस्थापित 'इंटर्नल रेफरेंस' युक्त व्यवहार एवं अहसास (feeling) की रील न चलने पर विधि का अनेक मरतबा अपना मौलिक स्वभाव होने तक अभ्यास करें।

'इंटर्नल रेफरेंस' वृत्ति से लाभ—

- किसी के समक्ष बाध्यता या उसके द्वारा दबाव बनाने की दशा में अपना दीर्घकालिक हित, ध्येय को निगाह में रखते हुए आचरण तथा मार्ग वरण की योग्यता।
- चापलूस, नकली बाबाओं के पसंदीदा चारा बनने से बचाव।
- दूसरों के 'आरा' (प्रभाव-मंडल) के वशीभूत हो आत्महित व लक्ष्य के विपरीत जाने की विवशता से रक्षा।

राज के लिए चिकित्सक पिताजी का कहना आज्ञास्वरूप, उसकी तामील न करने का उसमें साहस कहाँ! वह मेडिकल परीक्षा में कई बार असफल हुआ, पिताश्री द्वारा उसे प्रताड़ित करते रहने से वह अति तनावग्रस्त रहने लगा। उपरोक्त मॉडल अपनाने से उसने सॉफ्टवेयर इंजीनियर बनने का सपना उन हुजूर से आखिर व्यक्त कर दिया। अब्बूजान महीनों उखड़े रहे! आज राज सफल कंप्यूटर विशेषज्ञ है!

केंचुआ माफिक रीढ़विहीन

कोई आत्महीन, दुर्गुणी, अयोग्य बनकर धरती पर पदार्पण नहीं करता। नकारात्मक अनुभव से उत्पादित विघटनकारी धारणाएँ उसे वैसा चोला पहनाने में देर नहीं करतीं।

आत्मविश्वास बगैर तन बिन रीढ़ की हड्डी है और जिंदगी सिर्फ घिसटता हुआ अहसास। क्रिश्चियन एन. बोवी (Christian Nestell Bovee, 1820-1904) का कथन, 'किसी पर भी संशय कीजिए, पर स्वयं पर कदापि नहीं।'

संस्था 'डायरेक्ट 8' (Direct 8), अमेरिका के अनुसार अमेरिका में लगभग पचहत्तर प्रतिशत लोग आत्मविश्वास-विहीनता के तलवार के मारे हैं। आप आश्चर्यचकित हो मन में कह रहे होंगे, 'हें, अमेरिका जैसे देश में!' भाई साहब, क्या हमारे देश में पैर

फैलाए तमाम अजीबो-गरीब संस्कारगत, परंपरागत, जातिगत, लिंगगत और धर्मगत नकारात्मक धारणाओं तथा अंधविश्वासों के जंजाल से कदाचित् यह संख्या चिंताजनक अवस्था में न होगी?

आत्महीनता का प्रदर्शन

- चेहरे का उड़ा रंग।
- बारंबार 'सॉरी' बोलने, निढाल हो झुककर चलने और उठने-बैठने की अभ्यस्तता।
- दिमाग में आत्मबल 'मैं वह नहीं कर सकता', 'मैं अक्षम हूँ' प्रकट होते रहना।
- अन्य के इशारे पर नाचने तथा परनिर्भरता की प्रकृति।
- आनेवाले पलों से सामना करने से घबराना।
- ध्येयार्थ कदम उठाने की बात का दिल में प्रवेश के पहले रफू-चक्कर होना।
- सिर उठा, आँख मिलाकर बात करने से कतराना।
- बातचीत का लय, ताल···कमजोर होना।

अपने को निम्न समझनेवाले जीव में हर समय आत्म-अस्वीकार्यता के यथावत् बने रहने से उसमें लक्ष्य अप्राप्यता की स्थिति, विषाद, मानसिक समस्याओं का अतिथि बने रहना तय है। इसका फल है—एक अवस्था में एक जीवधारी का बिल गेट्स, पर उसी अवस्था में दूसरे का भिखारी बन जाना; एक स्थिति में एक का श्री सुखी राम, तो उसी स्थिति में दूसरे का श्री दुःखी राम बन जाना और···(लिस्ट लंबी है, भाई सा'ब!)।

'विश्वास प्रणाली' (belief system) व्यक्ति की अनेक प्रमुख अवधारणाओं का समूह है। उसका हानिकारक, अव्यावहारिक होना भयंकर नदी की विशाल उफनती धारा के समान हममें गंभीर अप्रिय भावना जनने व हमें जेली जैसा शख्सियतविहीन बनानेवाली माताश्री है। हमारे अधिकतम बौद्धिक स्तरों (neurological levels) से प्रस्फुटित 'अपनी शख्सियत के बारे में नकारात्मक विश्वास' (negative beliefs related to identity) द्वारा रचित 'विश्वास प्रणाली' तो आत्मघाती है। उदाहरणार्थ, विश्वास 'मैं पैदाइशी दीन-हीन आत्मा हूँ' के मूल में निम्न विश्वास प्रणाली का होना संभव है—

- **परिवेश**—'मेरे जैसा व्यक्ति हर जगह नाकारा रहा है।'

- **व्यवहार**—'मेरे जैसा व्यक्ति दूसरों के सामने आत्मसम्मान से बात करने में असमर्थ है।'
- **काबिलियत**—'मेरे जैसा व्यक्ति वह हुनर पाने के काबिल नहीं।'
- **विश्वास**—'मेरे जैसा इनसान उसके लायक नहीं।'

वैसा मानुष अपनी वास्तविक पहचान से सदैव छत्तीस का आँकड़ा बनाए रखेगा। उसे अथक अवसाद, निम्नकोटि की मानसिकता के गर्त में गिरने से बचाने को ऊपरवाले बादशाह तक में कूवत कहाँ!

अपने को छोटा समझने की एक बड़ी वजह यह अवधारणा है—'उच्च व सफल जन विशेष मिट्टी के बने होते हैं।' यह सरासर असत्य है। आधुनिक मनोविज्ञान में 'रिसोर्स' (Resource) का अर्थ है—हममें प्रस्थापित नैसर्गिक मानसिक संसाधन, जैसे—'सहनशीलता', 'आत्मविश्वास' इत्यादि। 'एन.एल.पी.' सिद्धांतानुसार 'मानव में आवश्यकतानुसार सभी 'रिसोर्स' मौजूद हैं' (People have all the resources they need)। दरकार है तो बस उन पर विश्वास करने की, उन्हें प्रयुक्त करने की। मनुष्य नाम के जीव में 'आत्मविश्वास' प्राभाविकतम मानसिक संसाधन है। दु:खद है कि अधिकांश जन उससे या अनजान हैं या उसका अपने में अभाव मान बैठे हैं। यह सोच उन्हें अपने अंदर छुपे आत्मविश्वास के सदुपयोग से महरूम रखने का कारण है।

अव्यावहारिक और गलत आत्म-मूल्यांकन (Self-evaluation) हमें बरतन में तेजाब की तरह खोखला करने के लिए उत्तरदायी है। हमें नाकारा बनाने के त्रुटिपूर्ण पथ की ओर ढकेलने के साथ हमारे व्यक्तित्व, कौशल में जहरीला डंक चुभोने का भागी; अपनी प्रतिभा व पूर्व सफलता को मिट्टी में गाड़ हमें स्वयं को अक्षम, विफल, निम्न स्वीकारना हमारी नियति है; कुछ करने, कुछ पाने की ललक है, पर 'मैं इस लायक कहाँ' ('I don't deserve that.') आभास से पग उठाना नामुमकिन; साहस, आत्म-प्रेरणा सिर उठाने के पहले विलुप्त। क्या वैसा मानुष अनेक बढ़िया अरमान हृदय-कमल में लिये भगवान् को प्यारा होने से बच पाएगा? जी नहीं! उसमें इन विघटनकारी परिणामों का सदा मुँह बाए रहना तथ्य है—

- सफलता तथा असफलता का डर (Fear of success and fear of failure)—'सफलता पर अमुक परेशानी खड़ी होगी, उसे सँभालने में मैं असमर्थ रहूँगा, अतएव लक्ष्य को दूर से सलाम!' 'विफलता निश्चित, तब प्रयास से क्या लाभ!'
- महत्त्वाकांक्षाओं, सपनों को दबाने की नीयत—कुछ करने या कुछ अर्जन करने की आकांक्षा, पर बगैर उपयुक्त जानकारी, प्रयास या उचित मूल्यांकन 'मैं नहीं कर सकता', 'वह पूरा न होगा' सोचकर भाग खड़ा होना।

- अकुशल होने एवं अपने मौजूदा गुणों के उपयोग में असमर्थता का अहसास।
- निर्णय लेने में अक्षमता।
- संबंध-प्रस्थापन की चाहत, पर आगे बढ़ने में हिचकिचाहट।
- अस्पष्ट मनोदृष्टि से उद्देश्यहीनता, दिशाविहीनता की अंत:स्थिति।
- मनोसमस्या (भावनात्मक असंतुलन, अकेलापन, आत्मशून्यता…)
- आत्म-अस्वीकार्यता (self-rejection), आत्म-अराजकता की भरपूर मात्रा में उपस्थिति।

खराब व छोटा आत्म-दृष्टिकोण एवं आत्म-छवि (self-image) व्यक्ति के आत्मगौरव व 'सेल्फ-वर्थ'[4] के ग्राफ को गिरते पत्थर की भाँति तेजी से लुढ़काने और उसके आंतरिक दुनिया के व्यास को सिकोड़नेवाला दानव है।

स्वयं पर हेय दृष्टि डालना व्यापार, खेल से लेकर विपरीत सेक्स से संबंध प्रस्थापन तक में 'मैं अक्षम हूँ' तथा अन्य घटिया आत्मविचारों की जड़ है। वैसा कर्मचारी सहभागी की पदोन्नति को अपनी अयोग्यता का पुख्ता प्रमाण मानेगा एवं उससे अधिक शिक्षित, योग्य होने के बावजूद मन मसोसकर सोचेगा, 'पदोन्नति मेरे भाग्य में नहीं'। वैसा खिलाड़ी मैदान में 'प्रतियोगी मुझे धूल चटा देगा' विश्वास के उतरकर अपनी पराजय पहले से ही सुनिश्चित कर लेगा।

"सर उठाकर चलो। भगवान् सबसे बीहड़ युद्ध सबसे शक्तिशाली सैनिक के जिम्मे डालता है।"

—**फार्म एंड रैंचेस,** अमेरिका

स्वयं के प्रति दृष्टिकोण काफी हद तक बाहरी दुनिया का हमारे प्रति मानसिकता एवं व्यवहार को तय करने के लिए उत्तरदायी है। यह मनोवैज्ञानिक तथ्य है कि आप 'स्वयं' की ओर जैसा भाषायी और गैर-भाषायी संवाद प्रेषित करते हैं, ठीक उसी तर्ज पर आपके सामनेवाला अचेतनता से आपके प्रति भाषायी, गैर-भाषायी प्रतिक्रिया प्रेषित कर रहा होता है। अपने को तुच्छ, छोटा समझना दूसरे के द्वारा आपके लघु मूल्यांकन का प्रारंभ है। अपने को निम्न प्राइस टैग देने से जनित हीन भाव-भंगिमा, पास्चर व अभिव्यक्ति के आधार पर ऑफिस में बॉस के अचेतन में विचार आता है, 'यह कर्मचारी तरक्की के लायक नहीं।' पर वास्तव में आप स्वयं उसे उसके कथित निर्णय के लिए अपरोक्षता से सम्मोहित कर रहे होते हैं!

आत्महीनता से आलिंगन का शर्तिया नुस्खा

- अपने गुण व स्वयं के बारे में गलत धारणा का जाल बुनते रहना।
- निम्न आत्म-मूल्यांकन तथा नकारात्मक सोच और नजरिए से इश्क लड़ाने की प्रवृत्ति।
- अपने 'मैं' पर स्वभावत: दोषारोपण करते रहना, उनसे बाइज्जत संवाद न करना।
- अपने से ऊँचे या ज्यादा सफल वाले से तुलना करने की आदत।
- किसी के द्वारा 'ना' कहने या तिरस्कृत होने पर खुद को हेय दृष्टि से देखना।

हीनभावना से युक्त घरौंदे के वासी में क्षीण रोग प्रतिरोधक तंत्र का घर होना सिद्धित है। यह उनमें साधारण, गंभीर बीमारियों का खतरा ज्यादा मँडराने और उनकी आयु-संभाव्यता कम होने का कारण है। विशेषज्ञ लियोनार्ड डेरोगेट्स (Leonard Derogatis, (1979)) के शोधानुसार—नकारात्मक मनोवस्था और आत्म-अस्वीकार्यता (self-rejection) से भरे कैंसर पीड़ित सामान्य मानसिकतावाले कैंसर मरीजों से पहले मृत होते हैं (रोंडा बायर्न, द सेक्रेट (डीवीडी))।

वह सिर के ऊपर बोले!

'मैं' सदा संपूर्ण हूँ; सोच, व्यवहार मेरे गुलाम हैं, मैं उनका नहीं।

आप किससे प्रभावित होंगे—निर्बल व्यक्तित्व वाले से या ठोस व्यक्तित्व वाले से? यदि आप महिला हैं, तब किससे ब्याह रचाएँगी?

क्या आपने लटके मुँह कमजोर व्यक्तित्वधारक को जल्द कामयाब होते, ऊँचाई पर चढ़ते या उत्तम प्रदर्शन करते देखा है? यह ऐसा होगा, जैसे अंटार्टिका (ध्रुव प्रदेश) में खजूर का पेड़!

लब्धप्रतिष्ठत मोटिवेशनल वक्ता एवान कार्मशल के कथनानुसार अधोलिखित दस हुनरों में किसी-न-किसी तरीके से आपको हित पहुँचाने का माद्दा है—

- आत्मसम्मान, आत्मभरोसा (Self-respect, self-confidence)।
- समय आने पर बोलना (Speak up)।
- स्वयं के प्रति ईमानदारी (Being honest with yourself)।
- सुनने का स्वभाव (Listening)।
- समय प्रबंधन (Time management)।

- खिसियाहट, रिरियाने से बचना (Stop whining)।
- वर्तमान में जीना (Staying in present moment)।
- लक्ष्य के प्रति हठधर्मिता (Being consistent in achieving goal)
- पूर्ण निद्रा (Getting enough sleep)
- दूसरे के प्रति सहानुभूति, सद्भाव (Empathy)

व्यक्ति में आत्मसम्मान भरने का परिणाम है, उसका असरदार व्यक्तित्व में तब्दीली। वे स्वयं पर अविश्वास करनेवालों से अधिक ऊँचा उठते हैं, दिखते हैं। यदि इनसान का असरदार व्यक्तित्व उसके सिक्के का एक पहलू है, तो कार्यशैली व कर्म में प्राभाविकता उसके सिक्के का दूसरा पहलू है।

स्वयं पर भरोसा हमें प्रभावशाली, आकर्षक, मजबूत व्यक्तित्व बनाने में सहायक आत्मबल का चाँदी का वर्क चढ़ाता है; हाव-भाव, चाल-ढाल, संवाद, कार्यशैली द्वारा अभिव्यक्त होने से ऐसे व्यक्ति का कमरे में प्रवेश करते सबकी निगाहें उसकी ओर मुड़ना नियमित कार्यक्रम। एक अमेरिकी विश्वविद्यालय के अध्ययनानुसार व्यावसायिक चयनकर्ता ज्यादा शैक्षणिक गुणवाले अभ्यर्थी की अपेक्षा आत्मविश्वासी अभ्यर्थी को प्रधानता देते हैं।

खुदी का लगाम खुद पकड़े रहना हमें भाग्यविधाता बनानेवाला सत् है। चीनी सैन्य विधा के महान् गुरु लाओ त्सु स्वरचित 'ताओ द किंग' में कहे, 'दूसरों को नियंत्रित करनेवाला बली हो सकता है, पर स्वयं पर अंकुश रखनेवाला उससे अधिक बली।' आत्मनियंत्रण हममें भविष्य के अप्रिय अनुभवों को मनचाहे एवं सकारात्मकता से अनुभव करने का गुण भरता है, न कि हम उसे नकारात्मकता से ही महसूस करते रहकर उसका खुद पर विघटनकारी असर पड़ते रहने दें और अपने भावनात्मक तथा दैहिक स्वास्थ्य की बलि चढ़ाते रहें।

बहुतेरे आत्मनियंत्रण, आत्मनिर्भरता पाने के लिए सैकड़ों पुस्तकें चाटने के बावजूद रह जाते हैं उससे महरूम! उनको जानकर आश्चर्य होगा कि आत्मविश्वास का सबसे मलाईदार उत्पाद है—आत्मनियंत्रण तथा आत्मनिर्भरता। प्राचीन युग में मगध राज्य के रक्षार्थ कर्तव्य पथ में मित्र, सहयोगी एक-एक कर साथ छोड़ने लगे। पर महान् राजनीतिज्ञ चाणक्य व्यथा को दरकिनार कर खुश हो बोले, 'जिन्होंने मेरा साथ छोड़ दिया, मैं उनको धन्यवाद करता हूँ। उन्होंने मुझे विश्वास दिलाया कि मैं अकेला लक्ष्य पा सकता हूँ।'

अमेरिका के सर्वोच्च सफल उद्यमियों पर शोधकर्ता डॉ. चार्ल्स गार्लफील्ड (Dr. Charles Garfield) ने पाया कि आत्मनियंत्रण पाने के लिए निम्नलिखित तीन चीजें अति आवश्यक हैं—

- अपने पर भरोसा।

- यथोचित 'माइक्रो व्यवहार' (Micro behaviour)—आचरण, आदत आदि।
- यथोचित 'मैक्रो व्यवहार' (Macro behaviour)—भाषायी संवाद, कल्पना इत्यादि।

डॉ. गार्लफील्ड स्वीकारते हैं, "वे (अमेरिका के सर्वोच्च सफल उद्यमी) अपने को सही प्रकार से संचालित करने में सिद्धहस्त हैं और वे अपने इस गुण के कारण प्राभाविकता से उत्तम आत्म-प्रबंधन कौशल विकसित कर लेते हैं। आत्मनियंत्रण हममें अपने तन-मन की शक्तियों तथा प्रवृत्तियों पर विश्वास करने की आदत डालने के साथ हममें प्रगतिशीलता के पथ पर चलते रहने का जज्बा पैदा करता है।"

अभिव्यक्ति से आत्मविश्वास

- ऐसा व्यवहार तुरंत रोकें, जिससे आपको आभास हो कि 'मैं आत्मविश्वास खो रहा हूँ'।
- दूसरों को आकर्षित करने की ऊलजलूल हरकत पर विराम लगाएँ।
- अधिक 'पर', 'परंतु', 'किंतु' के प्रयोग से बचें।
- चलते, उठते, बैठते वक्त तन, सीना सीधा रखें, न कि ढुलमुल, कमजोर।
- नजर मिलाकर बात करें।
- आवाज में दृढ़ता का समावेश करें।

आपने अनेक को निकट संबंधी की मृत्यु तथा पैसा डूबने के बाद मनोरोगी होते या शराब, ड्रग, आत्महत्या को गले लगाते देखा होगा। यह असंभव है कि आप हर हालत में विजयी होंगे, सदैव आपके हाथ चाँदी लगेगा और आप सदा सबके सिर के ऊपर बंसी बजाते रहेंगे। आसमान में बैठा बादशाह सबको हरदम विजयी भव होने तथा धन, वैभव की गारंटी की गठरी लेकर पृथ्वी पर नहीं भेजता। सफलता-विफलता, सुख-दुःख जीवन के संगी हैं, पर अनमोल रत्न आत्मभरोसा जाग्रत् करने पर आप उन सब स्थितियों में खुद को सँभालते हुए 'अगला कदम क्या, कैसा हो' पर निगाह टिकाए रखनेवाले शख्सियत बन जाएँगे।

सबको एक-न-एक दिन अपनी नैया खुद खेनी होगी। भला दूसरा आपके लिए अपना हाथ-पैर कब तक दर्द कराता रहेगा, क्या इससे बाबा आदम को भी इनकार नहीं। हमें प्रारब्ध पर राज करने के वास्ते अपनी नैया को तेज-सेक-तेज धारवाली नदी

में खेते रहने के वास्ते दिमागी, शारीरिक निपुणता उपजाना होगा। आत्मविश्वास में मानव की मानसिक रीढ़ की हड्डी बनकर उसे प्रचंड-से-प्रचंड आँधियों के बीच स्थिर खड़ा रखने की कूवत है। हम उसका रस जितना पिएँगे, उतना अधिक जीवन को अपनी शर्तों पर जीने, मनोवांछित पथ चुनने और कार्य करने के अधिकारी बनेंगे। है कोई माई का लाल इससे असहमत?

दिन में मात्र पाँच-छह बार मन में कहना, 'मैं आत्मविश्वासी हूँ', चाहे स्थिति कितनी विकराल हो, आपमें प्रबल आत्मबल पैदा करने का स्रोत है। 'मैं आत्मनियंत्रित, आत्मनिर्भर, कर्मठ, पुरुषार्थी स्त्री/पुरुष हूँ', सोचते रहना आपको समस्या से पुरजोरता से लड़नेवाले लौह व्यक्तित्व में बदल देगा।

प्रतिभा, प्रगति, विजय से गलबहियाँ का पथ

संभव नहीं, हर आत्मविश्वासी का सफल, धनी, वैभवशाली होना, पर हर सफल, धनी, वैभवशाली का आत्मविश्वासी होना सूरज के अस्तित्व की भाँति अटल है!

यदि आप चाहते हैं कि अधोलिखित प्रक्रियाएँ आपमें एक साथ प्रवेश करें या वे ज्यादा सक्रिय रहें, तब आपको अपना आत्मगौरव, आत्म-स्वीकार्यता (Self-acceptance) प्रगाढ़ करना होगा, अन्य कोई चारा नहीं—

- मानसिक स्वास्थ्य
- सुख
- जीने का उत्साह
- तीव्रता से व्यक्तित्व व आत्म-विकास
- जिंदगी को बेहतरी से संचालित करने की समर्थता
- उत्तम भाग्य निर्माण योग्यता
- आत्मनियंत्रण, आत्मबल (Will power)
- आसानी से छोटी-बड़ी उपलब्धियाँ पाना।

सर्वोच्च प्रदर्शन (Peak performance) एवं विस्मयकारी कर्म, कार्य करनेवालों में स्वनिष्ठा का वास अघोषित सत्य है। क्लिनिकल मनोवैज्ञानिक डॉ. चार्ल्स गार्लफील्ड अमेरिका के सैकड़ों सर्वोच्च उद्योगपतियों का गहन अध्ययन किए। उनका ध्येय था—जानना कि वे किन मानसिक, वैचारिक व स्वभावगत विशेषता का अनुसरण करते गगन चुंबन करने में सफल हुए। उन्होंने एक विस्मयकारी तथ्य जिन्न सरीखे प्रकट किया—उसके पीछे प्रधानत: शारीरिक कारण नहीं, वरन् मानसिक अवयव उत्तरदायी हैं और उनमें सबसे मुख्य है, उन लोगों का अपने व अपने लक्ष्यों पर अप्रतिम भरोसा! डॉ. चार्ल्स गार्लफील्ड कहते हैं कि उच्च सफल विभूतियों में इन खासियतों का निवास अटल है—

- आत्मविश्वास एवं मकसद आधारित कर्म करते रहना।
- लक्ष्य-प्राप्ति में सहायक हर प्रकार की उत्तम निर्णय क्षमता।
- स्वयं को प्रभावी बनाते रहने की कला।

विख्यात पुस्तक 'अनस्टॉपेबल कॉन्फिडेंस : हाऊ टू यूज द पावर ऑफ 'एन.एल.पी.' टू बी मोर डायनेमिक एंड सक्सेसफुल' (मैकग्रा-हिल बुक्स, केंट सायर, अमेरिका) के लेखक 'एन.एल.पी.' विशेषज्ञ केंट सायरे (Kent Sayre) के मतानुसार आत्मविश्वास से नीचे वर्णित पाँच लाभ मिलना निश्चित है—

1. लक्ष्य-प्राप्ति की ओर बढ़ते रहने का माद्दा (Ability to pursue your goal)।
2. संवाद कला एवं लोगों को प्रभावित करने की निपुणता (Ability to communicate and influence people)।
3. निर्णय क्षमता (Decisiveness)।
4. प्रेरणा (Motivation)।
5. आगे बढ़ते रहने की मानसिकता (Momentum)।

आत्मभरोसे का कोग्नेटिव[5] तथा शारीरिक दक्षता से सपाट संबंध में वैज्ञानिक राज छुपा है। उसके प्रवेश मात्र से लक्ष्य और उसके लिए आवश्यक हुनर की प्राप्ति का सुगम होने से किसी को इनकार नहीं, तब भी जब व्यक्ति पहले अक्षम, आत्महीन या असफल व्यक्तित्वधारक रहा हो। यही वजह है, खुदी पर विश्वास का लाल लँगोट पहने अधिकारी, व्यापारी, नौकरी पेशा, सेल्समैन की उपलब्धियों, कार्यसिद्धियों का ग्राफ ऊँचा उठते रहने का, यहाँ तक कि बगैर परनिर्भरता और सहायता के।

भरोसा स्वयं पर रखने से वह ताकत बन जाती है,
दूसरों पर रखने से कमजोरी

लक्ष्य अधिग्रहण को मुट्ठी में बंद करने का कारगर मंत्र है—मकसद निमित्त प्रत्येक चुनौती का उत्तमता से सामना करना एवं ध्येयार्थ प्रत्येक विकल्प अपनाने की मंशा अपनाए रखना। इस प्रवृत्ति का बुलंद खुदी के स्वामी में ऊँचा, पर आत्महीन में गिरा रहना सच्चाई है। एक आत्मविश्वासी मोटा पुरुष/स्त्री हर तरीका प्रायोजित करते अपना वजन कम करने को चेष्टारत रहेगा और अंततः वैसा कर लेगा। पर आत्मभरोसे से मगरूर वैसा जीव उस मंशे को असंभव मान ठूँस-ठूँसकर खाता-पीता अल्लाह को जल्द प्यारा हो जाएगा या अनेक व्याधियों का मकान मालिक बन बैठेगा। यह प्रक्रिया नशामुक्त करने से लेकर एवरेस्ट पर चढ़ने तक की अभिलाषा की आपूर्ति में समान रूप से लागू है।

लक्ष्यार्थ डटे रहने की हिम्मत बढ़ानेवाली चिड़िया का नाम है—'आत्मविश्वास'। उसका अभाव या उसकी उपस्थिति निर्णय करता है, हम मनोकामना पूर्ति के वास्ते पग उठाते हैं, जी-जान से जुटे रहते हैं, ताबड़-तोड़ मेहनत करते रहते हैं अथवा पहले से हथियार डाल बैठते हैं। क्या मंत्र रहा अमिताभ बच्चन के महानता तथा सर्वोच्च प्रदर्शन का? वरना निर्माताओं द्वारा उन्हें 'ठूँठ की तरह लंबे आदमी' कहकर उपहास उड़ाए जाने पर क्या वे दूसरे निर्माताओं से मिलने का साहस जुटा पाते!

अंतरराष्ट्रीय बेस्ट सेलर लेखक, डॉ. नॉर्मन विंसेंट पील (Dr. Norman Vincent Peale) ने 'यू.एस.ए. टूडे' (USA Today) को दिए साक्षात्कार में सफलता, सुख, स्वास्थ्य पाने के निमित्त अपने में अधोलिखित सात तत्त्वों को समाहित करने का परामर्श दिया—

1. अपने पर विश्वास रखना एवं उसे सदा प्रयुक्त करना।
2. ऊर्जा बढ़ाने के वास्ते दिमागी सक्रियता बनाए रखना।
3. सकारात्मक सोच।
4. नया करने से पीछे न हटना, शिखर पर पहुँचने को प्रयासरत रहना।
5. अपने आयु, रोग पर माथापच्ची से बचना।
6. भगवान् पर आस्था बनाए रखना।
7. दूसरों को प्यार एवं उनकी सहायता करना।

खुदी को बुलंद किएबगैर उच्च प्रगति व कामयाबी की गाड़ी दौड़ाना पूर्णतया असंभव। 'पीक परफॉर्मर्स द न्यू हीरोज ऑफ अमेरिकन बिजनेस' में डॉ. गार्लफील्ड ने अध्ययन के उपरांत निष्कर्ष निकाला, 'व्यक्ति, जिसके पास दोनों आत्मविश्वास एवं स्वयं को प्रभावशाली बनाने की कौशलता है, वह स्वयं के उत्थान के वास्ते कटिबद्ध रहेगा और उसके हृदय में इस इच्छा का स्थायी निवास होगा। यह बोध उसे व्यक्तिगत व व्यावसायिक ऊँचाइयाँ स्पर्श करने में दक्षता हासिल कराता है।'

सुदृढ़ 'मैं' हममें उपहारस्वरूप कठिन इच्छाओं व स्वप्न को हासिल करने का दृढ़ संकल्प व विश्वास और यथोचित निर्णय क्षमता एवं स्थिति के अनुसार लचीला बनने के कौशल का रस घोलता है, साथ में कार्यक्षमता में वृद्धि लानेवाले मलाईदार गुणों का भी। वह लक्ष्य के मार्ग में मुँह उठाए विकराल परेशानियों और अनपेक्षित परिस्थितियों का अधिक अच्छाई से प्रबंधन करने के लिए हममें शांति, आत्म-संतुलन का जनक है। आप जो कर रहे होंगे, उसे पहले की अपेक्षा बेहतरी से करने लगेंगे।

स्वयं पर भरोसा करनेवाले में उसके मिशन और मंजिल के अनुसार ऊर्जा, मानसिक दृढ़ता तथा हौसले में चीनी बाँस के पेड़ की तरह उछाल आना प्रमाणित है! उसमें विश्वास कि 'मैं हर अवस्था में अभीष्ट मनोरथ की पूर्ति के लिए पूरा प्रयत्न करूँगा।

कठिनाइयाँ, असफलता के मुखर होने पर मैं अपनी भावनात्मक स्थिरता बरकरार रखते उनका अपनी पूर्ण समर्थता से सामना व निवारण करूँगा' का आगाज सामान्य है।

जब चहुँओर अँधेरा-ही-अँधेरा, दुनिया मुँह फेर ले, विकट बाधा व दुःख मुँह बाए खड़े हों और स्थितियाँ भीषण हों, तब स्वनिष्ठा हममें आगे बढ़ने की हिम्मत, ताकत, प्रेरणा से नवाजती है, अपने भविष्य पर कूट-कूट कर यकीन करने का रस उड़ेलती है और उपहारस्वरूप हममें मानसिक स्थिरता बनाए रखनेवाले योग्यता का सीरप सींचता है। यही कारण है उनके प्रारब्ध के काले बादलों के बीच मोटी चमकीली लकीर का जल्द प्रकट होने का। तमाम असाधारण मुसीबतों के बावजूद अपने 'स्व' पर अडिग यकीन के झंडाबरदार अफ्रीका महाद्वीप के खोजकर्ता डेविड लिविंगस्टोन (David Livingstone) एवं व्हील चेयर पर मांस का टुकड़ा जैसे प्रतीत होनेवाले महान् भौतिकशास्त्री स्टीफन हॉकिन (Stephen Hawkin) अपने मिशन पर विचरण करते कभी डिगे नहीं, कभी भागे नहीं, कभी मानसिक समस्या से घिरे नहीं।

मानव से महामानव

हर आत्मविश्वासी असाधारण नहीं होता, पर हर असाधारण आदमी का आत्मविश्वासी होना सूरज के अस्तित्व की भाँति अघोषित, अटल सत्य है।

हाथ-पैर से पैदाइशी महरूम निक युजिसिक (Nick Vujicic) मोटिवेशनल वक्ता बनने का ख्वाब देखते, कितने बेवकूफ थे! पर वे ठहरे असाधारण सोच व खुदी के बादशाहवाली शख्सियत। आज वे प्रख्यात अंतरराष्ट्रीय वक्ता हैं। दूसरी ओर हम देखते हैं, उनसे भले अनेक दिव्यांग अत्यंत दयनीय एवं करुणाजनक स्थिति में जीवनयापन करने को मजबूर; खलनायक वे नहीं, वरन् उनके खोपड़ी के अंदर आसन जमाए सफेद भेजा (मस्तिष्क) नाम की वस्तु है! 'आर यू एन एक्स्ट्राऑर्डिनरी पर्सन' में लेखिका विनिता दावा नांगिया का कथन—"साधारण आदमी जीता है, मर जाता है। असाधारण कुछ विलग करनेवाले होते हैं और उस मौलिकता को वे अपनी जिंदगी का अंग बना लेते हैं। वे उसी पथ पर कदम उठाते हैं, जिसका निर्णय कर लेते हैं और उस पर चलने का केवल परामर्श नहीं देते, उसे पहले स्वयं अपनाते हैं।"[B]

महामानवों को दूसरा लोकवासी समझना नासमझी है, बहुतेरे उन्हें ऐसा देखते हैं, जैसे—हिममानव। हुजूर, यह तो है समझ-समझ का फेर। साधारण एवं महामानवों में कई जैविक भेद नहीं, विभेद सिर्फ दोनों के बीच व्यक्तिगत निगाह (attitude), कार्यशैली में है। हम सबमें चैंपियन बनने का प्राकृतिक बीज प्रस्फुटित होने को मुँह ताकता खड़ा है। असाधारण उसमें सतत खाद, पानी की भरपूर मात्रा देकर उस बीज को अंकुरित करने का आदी, पर साधारण वैसा न कर उसे सड़ाने का भागी।

जिसने अपने खुदी पर भरोसे को पुख्ता किया, उसका लक्ष्यानुरूप एवं जरूरत के हिसाब से उपभोग किया, उसका मुकद्दर का सिकंदर और साधारण से असाधारण बनना असंभाव्य नहीं।

अमेरिकी जनरल आर.ई. चैंबर (General R.E. Chamber) ने युद्धभूमि में अवलोकित किया कि अनेक बार वे सैनिक गजब का शौर्य प्रदर्शन कर जाते हैं, जिनसे वैसी कोई अपेक्षा न होती थी, जिन्हें निहायत औसत दर्जे का माना जाता रहा। जनरल चैंबर ने उद्गार व्यक्त किया, "अधिकाधिक लोग नहीं जानते कि वे अंदर से कितने निडर, बहादुर हैं। वास्तव में, उनमें हीरो बनने का जज्बा विद्यमान है। अधिकांश ऐसे संभावित हीरो, जिसमें स्त्री-पुरुष दोनों सम्मिलित हैं, अपना पूरा जीवन स्वयं पर अविश्वास करके बिताने के उत्तरदायी हैं। यदि वे स्वीकार लें कि उनके अंदर असीम मानसिक संसाधनों का वास है, तब उनमें आत्मनिर्भरता के जागरण में तिल भर की देरी नहीं लगेगी। यह उन्हें अधिकांश बाधाओं, यहाँ तक कि बड़े संकटों से भी पार कराने में सहायक होगा।"

असाधारण व साधारण के मध्य पतली लकीर की लक्ष्मण रेखा है—पत्थर की लकीर द्वारा नहीं। वह है प्रत्येक असाधारण का इन विशेष गुणों का धारक होना—अपने कर्म, लक्ष्य एवं स्वयं पर ठोस विश्वास। अनेक साधारण में उन गुणों की उपस्थिति है, पर असाधारण में उनका रंग कुछ अधिक गाढ़ा!

दाहिना हाथ खोने के बावजूद दुनियावालों का परामर्श दरकिनार कर हंगरी के पिस्टल शूटिंग चैंपियन कैरोली टकाक्स ओलंपिक खिताब जीतने का ख्वाब खुली आँखों से देखते रहते—क्योंकि वे औसत दर्जे के बजाय कट्टर दिलवाले जीवात्मा थे। उन्होंने किस्मत कोसने, स्वयं को असहाय मान लटके मुँह से घिसट-घिसटकर जिंदगी व्यतीत करने तथा अपने में नकारात्मक भावनाओं के उत्पादन का विकल्प त्यागना उचित समझा। कैरोली ने अपवाद स्वरूप असाधारण मानसिकता अपनाकर अपने शर्तों पर भविष्य की ओर बढ़ने को तरजीह दिया। अंततः वे अपनी पटरी से उतरीं, रेलगाड़ी को पटरी पर पुनः दौड़ाते हुए अनेक ओलंपिक एवं विश्वस्तरीय पदक जीतकर इतिहास को अपना नाम दर्ज करने के वास्ते बाध्य कर दिया।

विजय निश्चित हो तो कायर भी लड़ता है,
पर पराजय निश्चित होने पर लड़नेवाला ही असाधारण योद्धा
कहलाने का अधिकारी होगा

असाधारण इनसान बंद आँखों से नहीं, खुली आँखों से सपना देखनेवाले व्यक्तित्व हैं। उनका मनोरथों, ख्वाबों को अपने मनोपटल पर पूरा फैलाए रहने से तिरस्कार,

अस्वीकार्यता, अपमान जैसे ठग वहाँ अपनी जगह बनाने के पहले भाग खड़े होते हैं। वे लक्ष्य के प्रति बाध्यता, पीड़ा के अहसास को लक्ष्य के प्रति सुखात्मक अहसास, प्रेरणा (motivation towards pleasure) द्वारा विस्थापित करने की दमदार मनोवृत्ति के सम्राट् एवं वक्त-जरूरत पर केवल अपनी लाठी के सहारे चल निकलनेवाले और 'इंटर्नल रेफरेंस मानसिकता' के स्वामी होते हैं।

असाधारण लोगों के अंदर लक्ष्य विजय करते हुए की मोहक चित्रकथा का सक्रिय रहना आम है। यदि वे 'मिशनरी' हैं, तब स्वयं को अपने मिशन पर हर रोज, हर अवस्था में एक-एक पग आगे बढ़ते हुए की कल्पना में मशरूफ रहना उनकी आदत है, भले ही उनके द्वारा उठानेवाला प्रत्येक पग खूबसूरत महिला के मत्थे पर चमकती छोटी बिंदी समान हो। भाई साहब, वे इन रणनीतियों के पुरजोर अनुपालक हैं—

- प्रत्येक लक्ष्य, कार्य को इतना तवज्जो देना, जैसे वह उनका मिशन हो।
- हर हसरत को मिशन के चश्मे से देखना या उसे ऐसा रचित करना, जिससे वह उनके मिशन का छोटा या बड़ा अंग बन जाए।
- प्रयास द्वारा अपने कार्य-कौशल को औसत दर्जे के लोगों से ऊपर ले जाना, और
- लक्ष्यार्थ कर्म एवं प्रक्रिया को कुछ विशेष या अलग ढंग से करना।

तन खिलाड़ी जैसा, पर चेहरा अत्यंत अनाकर्षक। एक तो करेला ऊपर से नीम चढ़ा, बोलते समय चेहरे की मांसपेशियाँ भिंच जाने से मुख कुरूप हो गया। हीरो क्या हीरो के चपरासी के रोल लायक नहीं! निर्माता पीठ पीछे उसका मजाक उड़ा, हँसते-हँसते लोटपोट हो जाते। पर वह अपनी 'खुदी' से कसकर चिपका रह कभी अपनी सफलता के विश्वास से महरूम न हुआ। अंततः उसकी आंतरिक दृढ़ता (strong sense of self) से प्रारब्ध नतमस्तक हो गया और एक विश्वप्रसिद्ध निर्माता ने उसे अपनी फिल्म में मुख्य भूमिका दे दी। तत्पश्चात् उसकी गाड़ी ऐसी चली कि आज तक रुकने का नाम नहीं। कृपया उसका नाम बताएँ? वे हैं महान् हॉलीवुड अभिनेता सिल्वेस्टर स्टैलान। कितने प्राणी अपनी बदसूरती पर नाज कर स्वविश्वास का दामन यथावत् पकड़े रहते हैं?

जरूरी नहीं, असाधारण मनुष्य माता के गर्भ से असाधारणता का सूट-बूट पहन बाहर आते हैं। वास्तविकता यह है कि प्रत्येक साधारण शख्स असाधारण चेतन प्रयास द्वारा असाधारण बनते रहे हैं। उनकी झोली में वह आसमान से अंगूर की तरह कभी नहीं टपका। शुरुआती दौर में उनमें से निन्यानबे प्रतिशत मामूली, जमीनी जीव रहे हैं, अनेक भुखमरी, भावनात्मक परेशानियों की गिरफ्त में और उनमें से कुछ कम-से-कम कई एक बार आत्महत्या का प्रयास करनेवाले। कइयों पर बेरहम दुनियावालों ने मूर्ख, अयोग्य, पैदाइशी असफल का लेबल चस्पाँ कर दिया। बहुतेरे उपहास का पात्र बननेवाले जमातों

की शोभा बढ़ाते रहे। भारत के लाल, लाल बहादुर शास्त्री अत्यंत गरीब गँवई परिवार से थे; अमर सिम्फोनिस्ट मोजार्ट (Mozart) ताजिंदगी मनोसमस्या, शराबखोरी से घिरे रहे।

असाधारण भी साधारण की तरह प्रतिकूल स्थितियों, तनाव से घिरे रह बारंबार गिरते-पड़ते रहते हैं, पर चेतन प्रयास करके स्वयं को स्थिर, शांत बनाने के गुणधारक और साधारण की तरह गिरकर औंधे मुँह पड़े रहने के बजाय झाड़-पोंछकर उठने में निपुणता के स्वामी। प्रतियोगी मुक्केबाज के घूँसे से उन्हें भी दिन में तारे दिखता है, पर उनके लिए यह क्यू' है, तुरंत सँभलकर उससे बचने या प्रतिभागी पर आक्रमण करने का।

केवल विंबलडन विजेता या धनकुबेर को असाधारण जीव से अलंकृत करना अन्याय नहीं तो और क्या है! साधारण काम करते बेटे को पढ़ा-लिखा प्रधानमंत्री बनानेवाली मोदी की माँ का कद क्या कुतुबमीनार से ऊँचा नहीं? सेक्स परिवर्तन करा लड़की बनकर जग-हँसाई की मार सहती असहाय बच्ची को गोद लेनेवाली हिंदुस्तान की दुलारी गौरी सावंत का कद क्या एवरेस्ट से कम है?

सर्वोच्च विकल्प—'स्व' आश्रय

जरूरी नहीं कि हम धनवान, सफल, बढ़िया कद-काठी के हों, तभी हममें अपने आत्मनिष्ठा जाग्रत् हो। लॉस वेगस के 'इंपीरियल कैसिनो' में एक शो में पाँच फुटे प्रसिद्ध टी.वी. स्टार ने बंदर की तरह उछलते कहा, 'मैंने एक खूबसूरत लड़की से चक्कर चलाया, उसे अपने जाल में फँसा शादी कर लिया!' वहाँ बैठे नवयुवक-नवयुवतियाँ तो हँस-हँसकर पागल हो गए।

प्राकृतिक आपदा के पश्चात् सबकुछ गँवाए अनेक अरबपति दृढ़ता से परिस्थिति से लोहा लेते देखे जाते हैं, वहीं कुछ स्थिति को अस्वीकार कर पीड़ा भोगते हैं! हमें ऐसा ढलना है कि चाहे वर्तमान पल अप्रिय, अनियंत्रित हो और सफलता हाथ से फिसलती रहे, हम स्वविश्वास का दामन कसकर पकड़े रहें, उसे कभी न छूटने दें। असली बादशाह वह जो निष्फलता, धनविहीनता, बीमारी में भी आत्म-गौरव को फेवीकोल से दिल में चिपकाए रखे और बड़ी, दमदार आत्म-छवि प्रस्थापित किए रहे। साथ में अपने अनन्य नैसर्गिक गुणों व संसाधनों पर भरोसा बनाए रखे, सोचता रहा—'जो भी हुआ, जैसा भी हुआ और आगे जैसा भी होगा, मैं उसे गले लगाए रखने के साथ ऊपर छलाँग मारने को कमर कसे हूँ और प्रतिक्रिया को नकार विकल्प चुनता रहूँगा।' इससे आप हर परिस्थिति के सिर चढ़ बोलेंगे।

प्रकृति के नियमानुसार नियति हरदम, हर पल, हर किसी पर मेहरबान नहीं रहती। पुराने 'मैं' के अंगवस्त्रम् से चिपके रहना दुःख, ग्लानि का गागर है। हम अनचाही स्थिति, अनुभव तथा समय को भले ही अनुकूल बनाने में असमर्थ रहें, पर उसमें

आत्मभरोसा, आत्म-नियंत्रण बनाए रखनेवाले का मस्तक राष्ट्रीय झंडे के समान अविरत गौरवपूर्ण रहता है और रहेगा।

धन, वैभव, अस्मिता लुटाकर पाकिस्तान से आए धनाढ्य पंजाबी शरणार्थी यदि आत्मभरोसे से मगरूर हो जाते, तब क्या वे आज असीम उपलब्धियों एवं मनोस्वास्थ्य के मालिक बन पाते!

कार्यक्रम

1. रात सोने के पहले दिन भर गुजरे उन अनुभवों पर नजर डालिए जो आपके लिए खासमखास रहा। उसमें से एक को सामने दूर रख विश्लेषित करें। क्या आपको अपना आचरण, व्यक्तित्व दृढ़ता से परिपूर्ण दिख रहा? उस क्षण का फिल्म बनाकर देखिए। यदि समान या उसके जैसा पल भविष्य में दुबारा प्रकट हो, तब आप उसमें कैसा सलूक करना चाहेंगे, आपकी शारीरिक अभिव्यक्ति, बोलने का ढंग, चहेरे की रंगत, मनोदशा, मांसपेशियों में तनाव कैसा हो कि आप संतुलित, आत्म-आश्वस्त मनोवस्था से प्रतिक्रिया कर पाएँ। उसमें अपने बरताव, व्यक्तित्व को उद्देश्यानुसार काट-छाँटकर, सुधार कर पूर्ण आश्वस्तता के पश्चात् उसे दिमाग में संगृहीत कर लें। यह भविष्य में आपके द्वारा समान या उससे मिलते-जुलते क्षण से रूबरू होने पर उससे स्थिर मानसिक अवस्था, आत्मभरोसे के साथ निपटने में सहायक होगा। प्रक्रिया समान तरह के अन्य वृत्तांतों पर एक-एक कर अपनाएँ।
2. सामने काल्पनिक परदे पर स्वयं एवं अपने व्यवहार करने के तरीके, हाव-भाव, उठने-बैठने के ढंग को अवलोकित करें। क्या आप स्वयं को 'सुदृढ़ व्यक्तित्वधारक पुरुष/स्त्री' (Person with strong sense of self) का तमगा देंगे? यदि नहीं, तब आपका उसके वास्ते अपने व्यक्तित्व, आत्म-छवि (संदर्भ 'अध्याय 6') में क्या उत्थान लाना अपेक्षित होगा, जिससे आप उसे खुशी-खुशी वह तमगा दे पाएँ?

शब्दावली

1. न्यूरोटिक बिहैवियर (Neurotic behaviour)—अनियंत्रित, बगैर सोचे-समझे व अबुद्धिमत्तापूर्ण आचरण।

2. साइकोलिंग्विस्टिक प्रभाव (Psycholinguistic effect)—सोच, संवाद में प्रयुक्त भाषा का मनोवैज्ञानिक प्रभाव।

3. बाबा आदम—परंपरागत काल्पनिक पात्र, जिन्हें साधारणतया शक्तिशाली, बुद्धिमान माना गया।

4. सेल्फ-वर्थ (Self-worth)—स्वयं की दृष्टि में अपनी अहमियत तथा स्तर।

5. कोग्नेटिव (Cognitive)—सोचने, समझने, सीखने की मानसिक क्रिया से संबंधित।

6. क्यू/उद्दीपक (Cue)—वह स्पर्श, कल्पना, सोच, शब्द या भौतिक वस्तु, जो संपर्क पर हममें विशेष प्रतिक्रिया (शारीरिक या मानसिक या दोनों) उत्पन्न करने का माध्यम बने, जैसे—'व्यक्ति विशेष का चेहरा' देखते ही आपके मूड का उखड़ जाना, यहाँ वह 'विशेष चेहरा' आपमें नकारात्मक मनोदशा पैदा करनेवाला 'क्यू' है।

संदर्भ—

A. टाइम्स ऑफ इंडिया 'संडे टाइम्स', पृष्ठ 2, रविवार, 26 फरवरी, 2017

B. टाइम्स ऑफ इंडिया, 17.7.16

□

3

स्वस्थता, स्वास्थ्य व्यक्तित्व

"हमारा यहाँ तक मानना है कि सभी बीमारियों के पीछे मस्तिष्क मुख्य स्रोत है।"

—जॉन ग्रिंडर, रिचर्ड बैंडलर
(John Grinder (linguistic),
Richard Bandler (psychologist))

आपको निम्न प्रश्न जरूर चकित करेंगे—

1. क्या सिर्फ सोच में प्रयुक्त भाषा, व्यक्तित्व परिवर्तन व आत्मोत्थान द्वारा साधारण से गंभीर रोगों का निवारण या आराम एवं स्थायी स्वस्थता संभव है?
2. कैसे चिकित्सकों की मृत्यु व रोग अंकुरण की 'भविष्यवाणी' सत्य हो जाता है?
3. क्या कैंसर, अस्थमा व अन्य रोग अधिकांशतः मन द्वारा जनित हैं?
4. क्या सोच और संवाद शैली में असाध्य जिस्मानी परेशानी पैदा करने की ताकत है?
5. क्यों एक हानिकारक जीवन-शैली व नकारात्मक मनोवृत्ति बनाए रखते हुए स्वस्थ रहता है, पर दूसरा अनेक मर्जों का शिकार?
6. क्यों एक परिवेश में बढ़ा-फूला एक व्यक्ति स्वस्थ पर दूसरा अस्वस्थ रहता है?

यह पाठ उपरोक्त पर आपको आश्चर्यचकित करनेवाला रुचिकर प्रकाश डालेगा, साथ में प्रबंधन एवं निवारण का गुर बताएगा।

निरंतर हो रहे आधुनिक शोध स्नायुतंत्र द्वारा हमारे तन-मन पर आँखें चुंधियानेवाले प्रभाव का पुख्ता प्रमाण पेश कर रहे हैं। उनके अनुसार लगभग तीन-चौथाई गंभीर व सामान्य बीमारियाँ (जीर्ण हिपैटाइटिस, अस्थमा, कैंसर भी!) 'साइकोलॉजिकली ऑटोजेनिक' (psychologically autogenic) हैं, इसका अर्थ है कि उनके पीछे

हमारी मानसिकता है, मस्तिष्क है, न कि जिस्मानी तथा वंशानुगत गड़बड़ी।

माँ प्रकृति हमें स्वस्थ देह के साथ जमीन पर अवतरित करती है, पर हम खुद अपने अधिकांश शारीरिक व मानसिक विकारों को पैदा करने में मुख्य भूमिका निभाते हैं। आपको आश्चर्य होगा कि रोग उत्पादन में सोच में प्रयुक्त भाषा और शख्सियत की अहम भागीदारी है।

पक्का है कि फर्क डालता है कि हम क्या सोच रहे हैं, साथ में यह भी कि हम 'कैसे' सोच रहे, सोच रहे थे। उसमें चयनित शब्द के अनुसार दिमाग तसवीर बनाता है और उसकी तर्ज पर हममें विशिष्ट भावनात्मक एवं दैहिक परिणाम जनता है। जरा बेवजह मनन कीजिए, 'मैं तनावग्रस्त हूँ' ('I am tensed')। आँख बंद कर देखने पर आप स्वयं को अतीत के किसी तनाव देनेवाले लम्हे के छवि के अंदर पाएँगे। इस नजरिए में आप अनुभव से पूर्णतया लिप्त होकर उसका अहसास कर रहे हैं, अर्थात् 'एसोसिएट (संलिप्त) मनोवृत्ति' से और वह आपको तुरंत तनावग्रस्त कर देता है। एक मिनट इधर-उधर देखकर वर्तमान मनोवस्था से बाहर आकर विचारें, 'मैं तनाव में आ रहा हूँ' ('I am tensing')। अब आप तनाव पैदा करनेवाले लम्हे के अंदर नहीं, वरन् उसे 'दूर' से देख रहे होंगे। इस 'डिसोसिएट (विरक्त) मनोवृत्ति' ने आपके तनाव को पहले की अपेक्षा काफी कम कर दिया होगा। यह साधारण उदाहरण है चिंतन की भाषायी शैली का कमाल व शक्ति और कि मानव कभी-कभी (और अधिकांशतः) कैसे अपने तन के परेशानियों को प्रगाढ़ करने के खुद उत्तरदायी बनने का भागी है! आधुनिक वैज्ञानिकों एवं साइकोन्यूरोइम्यूनोलॉजी (psychoneuroimmunology) विषय ने सिद्ध किया कि हमारा मस्तिष्क ही हमारे द्वारा प्रयुक्त नकारात्मक एवं रोगकारक भाषा, मनोचित्र और भावना को जटिल प्रक्रियाओं द्वारा विशिष्टता से संचालित कर बीमारी उत्पन्न करने का केंद्र है। 'न्यूरो-लिंग्विस्टिक प्रोग्रामिंग' (NLP) भाषागत तरीके का बेहद खूबसूरती से रोगमुक्ति और स्वस्थता बरकरार रखने के लक्ष्यार्थ प्रयोग करनेवाला नया क्षेत्र है।

दैहिक विषमताओं के अंकुरण में अस्वास्थ्यकारी जीने की आदत और नकारात्मक सोच, मनोभावना के अतिरिक्त एक अन्य मुख्य मानसिक जड़ है। वह है—'मैं क्या हूँ', 'मैं कौन हूँ' को अभिव्यक्त करनेवाला 'शख्सियत' (identity); शरीर, मन हवाई जहाज है और वह उसका पायलट। एक क्रांतिकारी खोज है कि शख्सियत हमारी स्वस्थता, अस्वस्थता, मानसिक हालत और विघटनकारी आदत की ओर झुकाव के पीछे बहुत वृहद् कारण है।

'मेरी कोई अहमियत नहीं' ('I am worthless') सोचनेवाला बेवकूफ खुद अपनी जिस्मानी, भावनात्मक कठिनाइयाँ पैदा करने का जिम्मेवार!

विशेष संवाद रचना, जैसे 'मैं हृदय-रोगी हूँ', संवादकर्ता के 'रोगी शख्सियत' (sick identity) का प्रदर्शन है। इस खतरनाक सोच प्रदर्शन से उसने अपने रोग को स्वयं का अविभाज्य हिस्सा बनाकर अपने पूरे शरीर को रोगी बना दिया। जबकि तथ्यानुसार उसका केवल एक अंग—हृदय—ही समस्याग्रस्त है, न कि पूरा तन। वैसा तथाकथित विश्वास उसके स्नायुमंडल को पूर्णतया 'प्रोग्राम' करके लाभप्रद डोपोमाइन, कार्टिसॉल और अन्य हार्मोनों[1] को अधिकता से स्रावित कर उन्हें ही जहरीला कर देंगे। वे बायोरसायन तनाव, हताशा उत्पादित करेंगे। इससे सफेद रक्त कोशिका की 'किलर टी कोशिकाओं' की संख्या कम होने से आंतरिक स्वास्थ्यदायक तंत्र ध्वस्त हो जाएगा। 'मैं डायबिटिक हूँ' कथन में पीड़ित के रक्त शर्करा को बढ़ाने एवं उसे स्थायी बनाने की ताकत है। विकार को 'मैं' का अंग बनाने से उसका शरीर उसे त्यागने को तैयार नहीं होता और वह जाने-अनजाने में खुद उसे स्थायी या जानलेवा बनाने के उत्तरदायित्व से मुँह नहीं मोड़ सकता। वैसी मानसिकता जड़ है—औषधि, सकारात्मक सोच, काउंसलिंग के अप्रभावी होते रहने का। बहुसंख्य लोगों के अस्वस्थ होने तथा बीमारियाँ व्यक्तित्व पाने में यह एक चिंताजनक वजह है।

'मेरा रक्त में शुगर अधिक हो गया है', 'मेरे में नकारात्मक आदत है', 'मेरे अमुक अंग में विकृति है' न्यूरोलॉजिकल लेवल्स के 'व्यवहार स्तर' पर सोच है। इसमें यह विश्वास निहित है—'मेरी समस्या परिवर्तनशील है, इसके लिए मैं उत्तरदायी हूँ और नियंत्रण मेरे हाथ में है', क्योंकि मस्तिष्क के लिए 'व्यवहार' एक बदली जा सकनेवाली अभिक्रिया है। 'नकारात्मकता मेरे एक विशेष अंग में है, न कि मुझमें' धारणा के तहत बुद्धि में केवल अंग विशेष में हुए मर्ज का चित्र उपजता है (जो सत्य भी है), न कि पूरे देह के बीमारमय होने की अवस्था की छवि जैसा कि 'रोगी शख्सियत' मानने की दशा में। तंत्रिका-तंत्र एवं फिजियोलॉजिकल काररवाइयाँ देह के उस भाग में आई अस्वाभाविकता से पिंड छुड़ाने को सक्रिय हो उठती हैं।

एक बहुत महत्त्वपूर्ण प्रयोग में 'स्टैनफोर्ड अर्थराइटिस सेंटर' (Stanford Arthritis Center, USA), अमेरिका के मनोवैज्ञानिकों ने 'I have arthritis' ('मुझे गठिया है') सोचनेवाले एक समूह को उसके बजाय 'I am arthritising' ('मुझे गठिया हो रहा है') सोचने को कहा गया। क्या आप विश्वास करेंगे, मात्र इससे उनके दर्द में अट्ठाईस प्रतिशत तथा सूजन में बीस प्रतिशत की कमी आई और चलने-फिरने में बहुत आराम मिला।

अति महत्त्वपूर्ण है कि शख्सियत संबंधित आत्मधारणाएँ (beliefs related to identity) हमारे अंदर की प्रबल मनोवैज्ञानिक बल हैं। हमारी समस्त न्यूरोलॉजिकल व फिजियोलॉजिकल क्रियाएँ व आरोग्यकारी व्यवस्थाएँ उसके तर्ज पर संचालित,

क्रियाशील होती हैं। 'डिसोसिएटिव आइडेंटिटी डिसऑर्डर' (Dissociative identity disorder) का मरीज समय-समय पर विभिन्न शख्सियत में जीता है और उसके अनुसार उसका व्यक्तित्व और अन्य सभी प्रतिक्रियाएँ पल में दूसरा रूप ले लेती हैं। एक ऐसा आदमी जब स्वयं को मधुमेह, रक्तचाप का रोगी समझता है, तब शोधकर्ताओं के सामने ही उसका रक्त शुगर, रक्तचाप बढ़ जाता एवं उसका व्यवहार, हाव-भाव, व्यक्तित्व उसकी नई पहचान के अनुरूप ढलकर उसे वाकई रोगी दिखनेवाला बना देते हैं। अपने को स्वस्थ मानते ही उसका सबकुछ पुनः सामान्य हो जाता है! ऐसे अनेक वैध उदाहरणों के आँकड़े शोधकर्ताओं के पास उपलब्ध हैं। यह आश्चर्यजनक जैविक प्रक्रिया मानव का स्वयं को स्वस्थ व अस्वस्थ करने की योग्यता तथा उसके आत्म-पहचान की अभिनव समर्थता का प्रमाण है।

अपने को पैदाइशी अथवा आनुवंशिक अवसादग्रस्त माननेवाले को वास्तव में 'अवसाद-ग्रसित व्यक्तित्व' में रूपांतरित होने में तिल भर की देरी नहीं लगती। इससे वह चौबीसों घंटे अवसाद से घिर जाता है। एक चेन स्मोकर[2] द्वारा स्वयं को अपने अंदर 'सतत सिगरेट पीनेवाले शख्स' के रूप में देखते रहने से जाहिर है, उसका मस्तिष्क उसे हर पल कश खींचने को ढकेलेगा ही!

नकारात्मक 'मैं' का फल है विषाक्त तन एवं मन

शख्सियत परिवर्तन से हमारी समस्त आंतरिक जैविक प्रक्रियाओं में अविभूत तब्दीली से विस्मयकारी परिणाम आना आश्चर्यजनक नहीं, ऊपर उल्लेखित 'डिसोसिएटिव आइडेंटिटी डिसऑर्डर' इसका सजीव उदाहरण है। आदत, व्यक्तित्व एवं मानसिक कार्यकलाप नवीन स्वरूप ले लेंगे। आपने दूसरा धर्म स्वीकारनेवाले या आकस्मिक घटना के पश्चात् किसी में आँख फाड़नेवाला बदलाव देखा होगा, जैसे—बीहड़ नशेड़ी का यकायक सात्त्विक बन जाना। '(अब) मैं धर्मपरायण हिंदू/सिक्ख हूँ' हो जाने से व्यक्ति का मस्तिष्क उसके अस्वास्थ्यकारी संलिप्तता को उसकी शख्सियत से विलग करने में तुरंत तत्पर हो, उसे तहेदिल से रातोरात त्याग बैठता है, दोस्तों के लाख मनाने के बावजूद मदिरा-सिगरेट की ओर निहारता नहीं! उसके बायोरसायन तथा फिजियोलॉजिकल क्रियाओं में सकारात्मक परिवर्तन से आया शरीर में आमूल-चूल बदलाव उसे व्यसन त्याग के बाद होनेवाले घबराहट, सिरदर्द (जिसे पोस्ट विदड्रॉल सिम्पटम (Post withdrawl symptom) कहते हैं), से महफूज रखता है। अध्ययनानुसार हानिकारक पदार्थ से लिप्तता को धीरे-धीरे के बजाय यकायक छोड़ना सर्वाधिक प्रभावी उपाय है।

हमें अपनी शख्सियत के खिलाफ जाना गवारा नहीं, क्योंकि वह हमारे द्वारा मूल विश्वासों के विपरीत जाना होता है। कभी-कभी अचंभित करनेवाला वाकया सामने

आता है, किसी का कुछ दिनों में कैंसर या अन्य दुष्कर बीमारी का यकायक विलुप्तता का। यह जादूगरी है, 'मैं पूर्ण स्वस्थ शख्स हूँ' की अवधारणा स्थायित्वता से दिल से चिपकाए रहने का। 'अमुक आदत, रोग मेरी शख्सियत का हिस्सा नहीं' मानने पर अचेतन उसकी तिलांजलि को तुरंत सक्रिय हो उठता है, क्योंकि उन्हें अपनाए रखना उसके आत्म-पहचान के विपरीत होगा। मनोवैज्ञानिक डॉ. पॉल पियरशल ने विख्यात पुस्तक 'सुपर ज्वॉय' में लिखा, "मेरे शरीर में रोग हो सकता है, पर 'मैं' रोगी नहीं। रोग स्वतः चला जाएगा।"

आप अचंभित रह जाएँगे कि कैथी गुडमैन का स्तन कैंसर तीन महीने में बिना रेडिएशन, कीमोथैरेपी के गायब हो गया। वह प्रत्येक दिन, प्रतिपल 'स्वयं को बिल्कुल स्वस्थ तन में होने' की कल्पना करती रहती थीं, जैसे उन्हें कुछ हुआ ही न हो (द सेक्रेट, रोंडा बायर्न, सायमन एंड स्क्स्टर, न्यूयॉर्क)। महान् मनोवैज्ञानिक विलियम जेम्स ने लिखा, "दिमाग कुछ प्रकार की व्याधियों को बिल्कुल समाप्त कर देता है, मेडिकल विज्ञान की तरह। वह यह क्रिया कुछ विशेष इनसानों में अधिक कारगर तरीके से करता है।"

अपने अथक प्रयास के बावजूद मैं एक भीषण शराबी उद्यमी को लत से पिंड छुड़ाने में असफल रहा था, वह दिन में भी चालू रहता। मेरे आश्चर्य का ठिकाना न रहा, मैं तब कामयाब हो पाया, जब मैं उसे स्वीकार करा पाया कि 'स्वस्थ आदत वाला निष्ठावान पिता' बनना उसकी जान से प्यारी बेटी के भविष्य के लिए निहायत जरूरी है। यह है शख्सियत की अनुपम ताकत!

कुछ लोग मर्ज के फलस्वरूप पारिवारिक सदस्यों के प्यार, ध्यानाकर्षण का केंद्र बनने या अन्य लाभ के कारण उसे अपना वास्तविक पहचान बना लेते हैं, जैसे—एक स्त्री लकवा को अपने व्यक्तित्व का हिस्सा बनाकर स्वयं को लकवाग्रस्त व्यक्तित्व के रूप में देखती थी। इस कारण महँगी-से-महँगी चिकित्सा उस पर बेअसर रही, क्योंकि अंदर से वह अपने लकवाग्रस्त स्त्री होने के अहसास से विमुक्त नहीं हो रही थी। उस अवस्था में जीने के लिए सकारात्मक रुचि व अर्थ निर्मित करना तथा उसे अपने 'मैं' की नई पहचान बनाना स्वस्थता वापसी में अति सहायक है, साथ ही वैसे लोगों का परनिर्भर होने के बजाय सम्मानजनक आत्मनिर्भर अस्तित्व के हकदार होने का भी। अपने अध्ययन से मनोवैज्ञानिक डॉ. पॉल पियरशल ने निष्कर्षित किया—" 'मैं कौन हूँ' का पूर्ण स्पष्टता से उत्तर जानकर जीनेवाले स्त्री/पुरुष को मनोरोग, रुग्णताएँ कम सताती हैं और वैसा होने पर वे शीघ्र विदा हो जाती हैं और जल्द पास नहीं फटकतीं।"

हर उम्र में स्वस्थता, रोगमुक्त रहने का पहला सरल नियम है—दृढ़ता से 'मैं पूर्ण स्वस्थ व्यक्ति हूँ' की आत्म-छवि सीने से चिपकाए रखना। उसका एक सुगम

तरीका है—'स्वस्थ व्यक्तित्व' होने का अभिनय, आचरण करते रहना। इससे आपकी सफलतादायक अचेतन साइको-साइबरनेटिक्स तंत्र[3] 'स्वस्थ होने व बने रहने' के लक्ष्य को पाने एवं उसमें सहायक दैहिक व मानसिक विषमताओं तथा संक्रमण को दूर रखने को अविरत प्रयासरत रहेगा। अंतरराष्ट्रीय मोटिवेशनल वक्ता बॉब प्रॉक्टर का कथन—"स्वयं को पूर्ण स्वस्थ तन में कल्पना करते रहें।"

हर आयु में 'मैं जवान, ऊर्जावान, प्राणशक्ति से भरपूर सामान्य वजनवाला स्त्री/पुरुष हूँ' का आकर्षक आत्मचित्र आपको हर उम्र में वाकई वैसा बनाए रखेगा, आपकी बढ़ती आयु के अप्रिय ऊपरी, अंदरूनी असर को कसकर पकड़े रहेगा।

शख्सियत बनाम निरोगी, रोगी काया

सिद्धित है शख्सियत, स्वस्थ बने रहने, अस्वस्थता तथा रोगमुक्त होने की गतिशीलता के बीच परस्पर शक्तिशाली परोक्ष संबंध है। व्यक्ति की इम्यून-प्रणाली (रोग प्रतिरोधक तंत्र) उसके आत्म-पहचान की आंतरिक प्रतिनिधि की तरह काम करती है। इसका प्रमाण है—उसकी सफेद रक्त कोशिकाएँ उसके 'स्वयं' के लिए खतरा बनीं बाह्य एवं आंतरिक विषाणुओं और समस्याग्रस्त कोशिकाओं को नष्ट करके देह का अस्तित्व बचाए रखने की भूमिका निभाती हैं। इस कारण आधुनिकतम मनोविज्ञान 'एन.एल.पी.' इम्यून-प्रणाली को 'फिजियोलॉजिकल शख्सियत' (physiological identity) कहता है। एक अन्य उदाहरण इसका सशक्त सबूत है—हमारी शख्सियत पर खतरा बननेवाले अनुभव का हममें साधारण अथवा बीहड़ विकार पैदा करना। पुत्र का व्यापार पर कब्जा जमाने से पिता का सिंहासन डाँवाँडोल है। अपना अस्तित्व बचाए रखने को पिताश्री अति सक्रिय होकर बेगैरत व्यवहार करने लगे। उनकी सफेद रक्त कोशिकाएँ[4] उनका अनुसरण करती अस्वाभाविक प्रतिक्रिया करने लगती हैं, यही एलर्जी का मूल है।

'जॉन हॉपकिंस हॉस्पिटल' (John Hopkins Hospital) के सह-संस्थापक सर विलियम ओसलर (Sir William Osler) ने कहा, "आदमी में क्या रोग है, यह जानने से ज्यादा महत्त्वपूर्ण है यह जानना कि किस तरह के लोगों में उसके पनपने की जमीन तैयार रहती है।" अंतर्मुखियों में रक्तचाप, हृदय रोग, गंभीर अवसाद तथा निराशावादियों में कैंसर का अधिक प्रकोप अवलोकित है। नकारात्मक व्यक्तित्वधारकों की रोग अवरोधक शक्ति दुर्बल होने से उनमें बीमारियों की संभाव्यता सदैव उपस्थित है; यह समय की बात है, वह कब मुँह उठा ले! ध्यान देने पर आप देखेंगे कि अति नकारात्मक और दुष्ट प्राणी कोई-न-कोई व्याधि तथा मानसिक कष्ट भोगता रहता है। दोनों नराधम हिटलर एवं स्टालिन गंभीर व्याधियों से शापित थे।

तकनीक 5 : 'क्रांतिकारी बौद्धिक परिवर्तन' (Revolutionary neurological change) से स्थायी स्वस्थता, रोगमुक्ति

अपनी दैहिक समस्या को सुविधा निमित्त 'X' कहें। मनन कीजिए, आप 'X' को किस वाक्य में सोच रहे हैं और आपके अंत:करण में उसकी कैसी छवि है। यह ज्ञान देगा कि 'X' आपके किस चेतन स्तर पर पैदा है—आपने उसे अपने व्यक्तित्व का अंग बनाया है या उसे मात्र एक शारीरिक प्रतिक्रिया (मनोवैज्ञानिक निगाह से 'व्यवहार') मान रहे।

1. रोगी शख्सियत का स्वस्थ शख्सियत द्वारा विस्थापन

आप सोच रहे हैं, 'मैं 'X' रोगी हूँ' ('मैं गठिया रोगी हूँ' ('I am arthritis patient'))। उसे विस्थपित कर अब ऐसा सोचिए कि 'मेरे अंग विशेष में 'X' है' ('मेरे घुटने में दर्द है')।

'मैं स्वस्थता की मूर्ति हूँ' के मेटाफोरिक[5] रूप में स्वयं की कल्पना कीजिए। उस आत्म-छवि को मनोपटल पर सामने स्थायित्वता से प्रस्थापित करें।

दैनिक जीवन पूर्ण स्वस्थ व्यक्ति माफिक अभिनय करते रहें, वैसा अच्छा आचार-व्यवहार अपनाएँ। इसमें कोई कोताही नहीं।

2. रोगकारी विश्वास के स्थान पर स्वास्थ्यकारी विश्वास

क्या आपका मत है ''X' (कैंसर, मधुमेह…) मेरे मौत के साथ जाएगा या वह न जानेवाली बीमारी है ?' उसके स्थान पर विश्वास कीजिए—'जब उसका 'X' चला गया तो मेरा क्यों नहीं!' और 'शरीर में विकटतम व्याधि समाप्त करने का प्राकृतिक गुण है'। धीरे-धीरे आपका मस्तिष्क आपकी नई धारणा के तर्ज पर अस्वास्थ्यकारी काररवाइयों को स्वास्थ्यकारी क्रियाओं द्वारा प्रतिस्थापित करना प्रारंभ कर देगा।

3. आवश्यक कौशलता का विकास

आप स्वीकार कर बैठे हैं कि 'मुझमें 'X' को भगाने का माद्दा नहीं, कौशल नहीं।' आपको 'X' विलोपन में सहायक प्रत्येक यथोचित विधा, व्यायाम, जैसे—योगासन, रिलैक्सेशन पद्धति, 'एन.एल.पी.' आदि के प्रति रुचि जाग्रत् कर उसे सीखना, अपनाना होगा।

4. व्यवहार में सुधार

वादा कीजिए—'मैं 'X' समापन में सहायक सभी आवश्यक मार्ग तथा स्वस्थ जीवन-शैली (प्राकृतिक खानपान, टहलना…) का वरण करूँगा'।

5. परिवेश प्रबंधन

निष्पक्षता से विचारिए—'क्या 'X' उत्पादन में मेरी भूमिका नहीं?' उसके लिए परिवार, कार्यस्थल को दोषी ठहराना आपमें आत्म-अनियंत्रण एवं असहायपन का अहसास जाग्रत् करेगा। 'X' अंकुरण को अपने अंदर स्वीकारने से आपमें विश्वास जागेगा कि 'जब मैं 'X' को स्वयं पैदा कर सकता हूँ, तब मैं उसे भगा भी सकता हूँ'।

सुखद, सकारात्मक तथा आरोग्यकारी वातावरण अपनाइए। मनन कीजिए—'मैं सिर्फ अपने रोगों की बातें करनेवालों से कैसे दूरी बनाऊँ?', 'स्वस्थता सहायक व बेहतर माहौल बनाने के लिए मुझे क्या पग उठाना चाहिए?'

'सकारात्मक व्यक्तित्वधारक' साधारणतया स्वस्थ शरीर के स्वामी और अधिकतर गंभीर विकारों से दूर रहते हैं। दार्शनिक हर्ब शेपहर्ड, जॉर्ज शेशन द्वारा अनुसंधान में आध्यात्मिक जनों में यही अवस्था पाई जाती है।

'स्वस्थ व्यक्तित्वधारक' और 'बीमारिया व्यक्तित्वधारक' स्त्री/पुरुष का अस्तित्व सच्चाई है। 'बीमारिया व्यक्तित्वधारकों' का अशक्त आंतरिक 'मैं/अहं' उनके इम्यून-तंत्र को दुर्बल कर देता है। इससे वे अपने उम्र के बड़े हिस्से अस्वस्थता, तनाव, मनोविकार की गिरफ्त में रहने को मजबूर हैं। उसके विपरीत, 'स्वास्थ्य व्यक्तित्वधारकों' में उनका सशक्त 'मैं/अहं' उनके इम्यून-तंत्र को सक्षम बनाकर उन्हें उम्र के बड़े भाग शारीरिक व मानसिक स्वस्थता का तोहफा नवाजता रहता है।

सतत क्रोध, आक्रामकता, अधीरता में सराबोर रह काम में डूबे रहने और दूसरों से प्रतियोगिता करनेवाले को विशेषज्ञ 'टाइप ए व्यक्तित्व' (type A personality) कहते हैं। वे अधिकांशतः व्यापारी, अधिकारी वर्ग से हैं। अध्ययनानुसार वे तनाव, हृदय विकार की संभावना से सर्वाधिक घिरे रहते हैं। शांत, विवेकशील, सृजनात्मक और सकारात्मक चित्तधारक 'टाइप बी व्यक्तित्व' (type B personality) से नामित हैं। इम्यून शक्ति की वृद्धि करनेवाले हार्मोनों और रक्त संचालन के अत्यधिक सक्रियता से वैसा जीव उन विसंगतियों तथा मधुमेह से बचे रहने के साथ साधारणतया स्वस्थ तनधारी होते हैं।

एक शोधानुसार निराशावादी आशावादी इनसान की अपेक्षा अधिक बीमार पड़ते हैं

और उनका हृदय एवं हृदय रक्तवाहिनी की व्याधियों (cardio vascular diseases) तथा कैंसर से ज्यादा प्रेमाभाव रहता है। ('साइंस' पत्रिका, अमेरिका, 1980)

'ऑर्गन लैंग्वेज' : शब्द-चिकित्सा

संवाद, सोच में चयनित रोगसूचक शब्द हममें साधारण व विषम व्याधियाँ एवं भावनात्मक असंतुलन पैदा करने की असीम ताकत से लबरेज हैं। एक मिनट को 'तनाव' (हृदयघात) शब्द पर ध्यान केंद्रित करें। क्या 'फिल्म' उभरी आपके दिमाग में? तनावग्रस्त होते हुए का अहसास व छवि! अंत:करण में संबंधित विकार के 'घटित होते हुए का चित्र' उपजने से व्यक्ति उसके मानसिक असर को वास्तविकता में महसूस करने लगता है। यही वजह है कि 'बॉस को देखते ही मेरी खोपड़ी गरम हो जाती है' कहनेवाले कर्मचारी का बॉस को देखते वाकई सिरदर्द में डूबने में समय नहीं लगता।

किसी अंग में दैहिक समस्या तथा उसके कारण होनेवाली आंतरिक क्रिया को अभिव्यक्त करनेवाले शब्द, वाक्य को 'ऑर्गन लैंग्वेज' (organ language) कहा गया है। उसके खतरनाक साइकोलिंग्वस्टिक[6] प्रभाववश उत्पन्न हानिकारक मानसिक और फिजियोलॉजिकल प्रतिक्रियाएँ व नाना प्रकार के विषकारी हार्मोन हमारी इम्यून-व्यवस्था को क्षीण करने के भागी हैं। परिणामस्वरूप, रोग का भविष्य में सच्चाई बनना अति मुमकिन। 'एन एनॉटमी ऑफ इलनेस एज पसबव्ड बाय द पेशंट' में सेल्फ-हीलिंग चैंपियन डॉ. नॉर्मन कजन (Dr. Norman Cousin) ने लिखा, "भाषा में प्रयुक्त शब्द आपमें रोग जनने एवं आपकी जान लेने में समर्थ हैं।"

भाषा हमें स्वस्थ, शक्तिशाली बनाती है,
अंदरूनी एवं भावनात्मक गड़बड़ियों का शिकार भी

ऑर्गन लैंग्वेज में तन की रक्षात्मक प्रणालियों को ध्वस्त करने का बल है, जैसे एक अचंभित करनेवाले उदाहरण में। एक औरत अपने पुरुष मित्र से संबंध बिगड़ने के पश्चात् उसे 'कैंसर समान' कहने लगी। बाद में वह सर्वाइकल कैंसर का शिकार हो गई! इसका दूसरा अर्थ निकालिए, 'कैंसर समान' भाषा प्रयुक्त करते-करते उसका अपना रोग प्रतिरोधक तंत्र क्षीणता का शिकार हो गया!

ऑर्गन लैंग्वेज के अध्ययन से सिद्ध है कि उससे उत्प्रेरित विकार वास्तव में मन जनित कर रहा, न कि बदन में कोई मेडिकल अथवा आनुवंशिक गड़बड़ी। इस तरह मन द्वारा उत्पादित विकार को चिकित्सक 'साइकोलॉजिकली ऑटोजेनिक' कह देते हैं। क्या यह सोच का देह पर अभूतपूर्व आधिपत्य का पुख्ता प्रमाण नहीं?

ऑर्गन लैंग्वेज हममें नकारात्मक अभिव्यक्ति की संभावना बनाते हैं, सुखद बात

यह है कि वे उसके शत प्रतिशत होने की निश्चितता नहीं बनाते। पर वह हमारा दैहिक समस्या के प्रति अनुचित झुकाव और थोड़ा-बहुत विश्वास अवश्य दरशाते हैं। 'उसे देख मुझे हार्ट अटैक होते-होते बचा' प्रदर्शित कर रहा कि उस संवादकर्ता के अचेतन में 'मुझमें हार्ट अटैक संभव है' विचार का वास है। इससे उसका स्नायुतंत्र उसे उस ओर शनैः-शनैः ढकेलने लगेगा, ताकि स्नायुतंत्र अपने मालिक की इच्छा को देर-सबेर सच्चाई बना सके!

हमारा अर्द्धचेतन शरीर में हो रहे एवं आ चुके परिवर्तन के अनुरूप भाषा का चुनाव करता रहता है। यही वजह है, सतत बीमार रहनेवाले केवल अपने मर्ज की बात करके आपको पका डालते हैं—'पीकू' फिल्म में भास्कोर बनर्जी (अमिताभ बच्चन) की तरह। आप अपने संवाद, सोच में ऑर्गन लैंग्वेज को पकड़कर स्वयं में आ चुके या भविष्य में वैसी संभावना बना रहे तन की मुसीबतों को अग्रिम में ज्ञात करके उसके निवारणार्थ उचित कदम उठा सकते हैं।

अथक प्रयासों के बावजूद आप शारीरिक अथवा मानसिक अस्वस्थता से त्रस्त रहते हैं या घाव नहीं भर रहा या दवा बेअसर है। क्या आप—

- अपने व्यक्तित्व को 'बीमारिया व्यक्तित्व' का लिबास ओढ़ा दिए हैं?
- मायूसी, नाउम्मीदी या अन्य नकारात्मक मनोस्थिति के दामन से चिपके रहते हैं?
- अपने स्वस्थता एवं रोगमुक्ति में अरुचि रखे हैं?
- सतत दबाव, तनाव से घिरे रहते हैं?

सोच में शब्द विशेष का अधिकाधिक अमल तंत्रिका-तंत्र को अपने अनुरूप सतत 'प्रोग्राम' करने का भागी है। अतएव, रोग-सूचक भाषा के ज्यादा प्रयोग से सक्रिय अस्वास्थ्यकारी फिजियोलॉजिकल एवं कोशिकीय मेटाबॉलिज्म[7] का चेन रिएक्शन स्थायी अनचाहे प्रभाव का उत्तरदायी है। आदतन 'काम करते-करते मेरी हड्डी चकनाचूर हो गई' बकनेवाला बुद्धिहीन आदमी अपनी रीढ़ में खराबी को खुद-ब-खुद आमंत्रण देता रहा। वर्तमान युगी चिकित्सक रुग्णताओं, सिरदर्द, तनाव से सामान्य जनसंख्या की अपेक्षा ज्यादा त्रस्त रहने को बाध्य हैं।

अति आवश्यक है ऑर्गन लैंग्वेज का प्रयोग निम्नतम या न करना और 'कैंसर', 'हार्ट अटैक', 'ब्लड प्रेशर' जैसे शब्दों का अनावश्यक या ज्यादा प्रयुक्त करने से पूर्णतया बचना।

आपका भीमकाय चिकित्सकीय, स्वास्थ्यदायक यंत्र

हमारी आधे से अधिक गाढ़ी कमाई इलाज में खर्च होती है, अनेक का बरबादी का कारण। पर आप विस्मित होंगे जानकर कि हमारा मस्तिष्क तथा अचेतन सृष्टि का सबसे काबिल डॉक्टर एवं वैकल्पिक चिकित्सा का स्रोत है। खास बात यह कि ये दोनों दोस्त चौबीसों घंटे हमारे आज्ञा के इंतजार में दंडवत् रहते हैं।

आधुनिक साइकोसोमैटिक[8] विशेषज्ञों ने मानव की अकल्पनीय आत्म-स्वास्थ्यकारी समर्थता को प्रमाणित कर दिया। उनके अनुसार हमारी चेतन व अचेतन मानसिक प्रक्रियाएँ और जीवन शैली लगभग नब्बे प्रतिशत जिस्मानी गड़बड़ियों को नियंत्रित व खात्मा करने में दक्ष हैं। इस नई जागरूकता के आधार पर अब वे ट्यूमर, थायरॉइड समस्या इत्यादि को साध्य मानते हैं, जबकि डॉक्टर उन्हें असाध्य! 'एनाटमी ऑफ एन इलनेस एज पसबव्ड बाय द पेशंट', पृष्ठ 87, में डॉ. नॉर्मन कजन (Dr. Norman Cousin) लिखते हैं—

"वह दिन दूर नहीं, जब मेडिकल शोध निष्कर्षित कर सकते हैं कि कैसे मानव मस्तिष्क में जीवन प्रक्रिया को सही पटरी पर चलाने और पूरे तन को दर्द, व्याधियों के विरुद्ध शक्ति प्रदान करने के उद्देश्य से शरीर को सक्रिय करने की क्षमता है। जब उससे प्राप्त ज्ञान अधिक उन्नत हो जाएगा, तब दवा का प्रयोग एवं मेडिकल चिकित्सा नए ऊँचाइयों को छूने लगेगा।"

बुद्धि का देह पर सीधे बाधाविहीन असर का अनेक अकाट्य दृष्टांत मौजूद है, जैसे ऊपर वर्णित 'डिसोसिएटिव आइडेंटिटी डिसऑर्डर' (Dissociative identity disorder) धारकों का उदाहरण। एक ल्यूकेमिया (रक्त कैंसर) पीड़ित महिला कल्पना विधि अपनाकर उससे निजात पा गई [रॉबर्ट डिल्ट्स, टिम हालबम और सूजी स्मिथ (Robert Dilts, Tim Hallbom, Suzi Smith), पुस्तक 'बिलिफ्स पाथवे टू हेल्थ एंड वेलबीइंग', मेटामाफर्स प्रेस, अमेरिका]। 'हुआक्सिया झिंनेंग कुंग क्लिनिक एंड ट्रेनिंग सेंटर', झिंहुआंगडाओ, चीन (Huaxia Zhineng Qigong Clinic and Training Centre, Qinhuangdao) में 'ची लेल', 'एन.एल.पी.' और अन्य मानसिक चिकित्सा पद्धतियों द्वारा (दवा व बगैर दवा के भी) तीन माह के कोर्स के पश्चात् सैकड़ों कैंसर स्वास्थ्यार्थी पूर्ण सामान्य हो, वहाँ से विदा लेते हैं! बस जरूरत है, अपने चामत्कारिक सेल्फ-हीलिंग कौशल को अलाउद्दीन के चिराग की तरह उद्दीप्त करने की।

अस्वस्थता का नब्बे प्रतिशत जिम्मेदार कौन?

स्वास्थ्यकारी और अस्वास्थ्यकारी परिणामों का मनोस्थिति, मनोवृत्ति से सीधा प्रगाढ़ रिश्ता तथ्य है। मानवजात की ज्यादातर साधारण, जीर्ण व जानलेवा रोग उसकी

नकारात्मक जीवनयापन एवं मानसिकता तथा तनाव का सीधा उत्पाद हैं। खोखला मन देह खोखला करनेवाली चिनगारी है। साइकोसोमैटिक अनुसंधानकर्ताओं ने नकारात्मक भावनाओं तथा उसके दमन के कारण भीषण अस्वास्थ्यकारी नतीजों की पुष्टि कर दी।

क्या आपने कभी विचारा कि बहुतेरे सोने के पलंग पर सोने तथा सकारात्मक भोजन एवं जीवन-शैली के बावजूद तमाम छोटी-बड़ी व्याधियों, तनाव से क्यों लड़ते रहते हैं? यह उनकी समस्या के पीछे मानसिकता के योगदान का प्रत्यक्ष सबूत है। दूसरा प्रमाण—एक व्यक्ति 'एच.आई.वी.' (HIV) संक्रमित होते हुए सामान्य रहता है, वहीं दूसरा अभागा उसके कारण अकाल मृत्यु का शिकार!

दुर्भाग्य है कि अधिकांश एलोपैथी चिकित्सक अनेक बीमारी की जड़ बाह्य विषाणुओं को मान रहे हैं। पर इस सिद्धांत के प्रणेता लुई पास्चर ने अपने जीवनकाल के अंत में खुद स्वीकारा था कि दोषी वे नहीं, बल्कि तन की नकारात्मक अवस्था है।

सतत नकारात्मक विचार, मनोदशा और तनाव हमारे अंदर कार्टिसॉल (cortisol), एड्रिनलिन (adrenalin), नॉरएड्रिनलिन (noradrenalin), 'एस.टी.एच.' (STH) जैसे स्वास्थ्य सहायक हार्मोनों की मात्राएँ अत्यधिक बढ़ाकर उन्हें आंतरिक विष बनाने की वजह हैं। उससे जिस्म की रक्षात्मक तथा आरोग्यकारी प्रणालियों की क्षमताओं का ध्वस्त होना प्रारंभ है। यह अनेक संक्रमित व असंक्रमित मुसीबतों, यहाँ तक कि ब्रेन हेमरेज, लकवा भी जनने का जड़ है—

> "यदि आप बुद्धिमत्ता की खोज में हैं, तब आपको बुद्धिमत्ता मिलेगी। यदि आप स्वस्थता की चाह रख रहे हैं, तब आप रोगमुक्त हो स्वस्थ हो जाएँगे।"
>
> **—विलियम क्लेमेंट स्टोन**
>
> *सह-लेखक 'सक्सेस थ्रू पॉजिटिव मेंटल एटीट्यूड'*

आपने स्वयं अवलोकित किया होगा कि सीधे-सादे, आध्यात्मिक मनवाले और किसी का हक न मारनेवाले बिस्तर पर कम पड़ते हैं या नहीं पड़ते और साधारणतया उनका गंभीर मर्ज से छत्तीस का आँकड़ा है। दूसरी ओर, विकृत एवं जहरीले स्वभाववाले, सतत असंतुष्ट रहनेवाले, अगले को बेवकूफ बना अपना उल्लू सीधा करनेवाले, दूसरों के अधिकारों को हनन करनेवाले और दूसरों से जलने व उनकी तरक्की हजम न करनेवाले अधिकतर किसी-न-किसी मनोसमस्या, रुग्णता के जाल में फँसे।

घृणा, जलन, शोक तथा दुःख और आशाविहीनता तथा अकेलेपन के अहसास इत्यादि से आई जीवनी शक्ति में क्षीणता हमारी सेल्फ-हीलिंग प्रक्रिया को अवरुद्ध कर हममें तमाम परेशानियाँ लाने का सुगठित स्तंभ है। 'द पावर ऑफ योर सबकॉन्शस माइंड' (The Power of Your Subconscious Mind) में डॉ. जोसेफ मर्फी (Dr.

Joseph Murphy) लिखते हैं, कैसे एक शख्स में उसकी क्रोधी प्रवृत्ति उसमें अल्सर जनने का स्रोत हुई। एक साल में मृत हुए कैंसर पीड़ितों के एक समूह पर अध्ययन से दिखा कि वे सभी अवसाद, प्रताड़ित होने के अहसास तथा दूसरों के प्रति नाराजगी से भरे थे। भय, असहायता, प्रतिशोध की भावना रक्त शर्करा बढ़ाता है, जिसे 'मधुमेह' का नाम दे दिया गया! 'टाइप बी मधुमेह' को 'रोग' कहना गलत है, वह मात्र नकारात्मक मनोदशा एवं अस्वास्थ्यकारी रहन-सहन का उत्पाद है। अतएव सकारात्मक प्रवृत्तियाँ अपनाने से रक्त शर्करा का पटरी पर आना निश्चित होगा। 'रोग' और 'मधुमेह' स्वयं में ऑर्गन लैंग्वेज हैं। इससे उनमें भीषण एंकर एवं व्यक्तित्व का अभिन्न अंग होकर फिजियोलॉजिकल खराबियाँ जनने का वृहद् दमखम है।

जिन्न आपके अंदर सो रहा, उसे क्यों नहीं जगा रहे?

मानव की खोपड़ी के बीच सुरक्षित रखा, सिर्फ तेरह-चौदह सौ ग्राम का मटमैले सफेद रंग का सतत कार्यरत मस्तिष्क सबसे प्रबलतम स्वास्थ्यदायक हथियार है। कैंसर अनुसंधानकर्ता युजीन पेंडरग्रस ने कहा, "हर किसी के दिमाग में वह शक्ति निवास करती है, जिसे प्रयुक्त कर वह अपना कैंसर बढ़ा सकता है, घटा भी।' हममें आरोग्यकारी एवं सुरक्षात्मक गुण की मौजूदगी का मेडिकल प्रमाण उपलब्ध है। किसी मानसिक व अन्य तदबीरों द्वारा उन्हें सक्रिय करने से सफेद रक्त कोशिका की 'टी कोशिका' एवं 'एन. के. कोशिका' और इम्यूनोग्लोब्यूलिन[?] के परिमाण में विस्तार हमारे आरोग्यकारी तंत्रों की शक्तियों में अपार वृद्धिकारक है। दिमाग के एमिग्डैला (Amygdala) भाग द्वारा स्रावित—

- हार्मोन वैसोप्रेसिन (Vasopressin) मांसपेशियों में खून का प्रवाह बढ़ाता है।
- हार्मोन इंडोर्फिन (Endorphins) का काम दर्द निवारक दवा का है।
- हार्मोन एड्रिनलिन (Adrenaline) एवं नोराएड्रिनलिन (noradrenaline) के जिम्मे खून में बढ़े ग्लूकोज को सामान्य स्तर लाकर मधुमेह रोकने की भूमिका है।

हमारी कोशिकाएँ अपनी रोगकारक मेटाबॉलिज्म को हर समय उखाड़ फेंकने में प्राकृतिक रूप में सक्षम हैं, पर हमें उनका सकारात्मक जीवन-शैली, भावना, सोच द्वारा सहयोग करना होगा। 'न्यू इंग्लैंड जनरल ऑफ मेडिसिन' (1977) में प्रकाशित शोध-पत्र के अनुसार हम अपने स्वास्थ्य-सहायक निकायों को चेतन प्रयास से जाग्रत् करके स्वस्थता प्राप्त करने की अपूर्व क्षमता के स्वामी हैं।

जिस्मानी कठिनाइयों के पीछे है—नकारात्मक मानसिकता द्वारा तंत्रिका प्रणाली की नकारात्मक 'प्रोग्रामिंग'। पर सकारात्मक मानसिकता अपनाते उसके सकारात्मक

'रि-प्रोग्रामिंग' की प्रक्रिया के अविलंब शुभारंभ से विकार लुप्तता का श्रीगणेश उसी क्षण प्रारंभ! वजह है—भावना, सोच, रोग अवरोधक प्रणाली तथा जैविक (फिजियोलॉजिकल) प्रक्रियाओं का एक-दूसरे की काररवाइयों को प्रभावित करना। बता दें, पूर्व में विशेषज्ञ उनके बीच प्रत्यक्ष संबंध नकार रहे थे। अब अत्याधुनिक अध्ययनों ने स्नायुमंडल के मुख्यतम भाग 'सेंट्रल नर्वस सिस्टम' (मस्तिष्क व स्पाइनल कार्ड) तथा रोग निरोधक तंत्र के बीच परस्पर सीधा संवाद व्यवस्था प्रमाणित कर दिया।

नकारात्मक करनी, मनोदशा एवं भावना का प्रेम, आत्मसंतुष्टि, सद्भाव, आध्यात्मिकता द्वारा प्रतिस्थापन से जादुई परिणाम आना आश्चर्यजनक नहीं। उससे सफेद दाग के जाने का दस्तावेज मौजूद हैं। मेरे पास आया, एक बैंक अफसर अनिद्रा, रक्तचाप, बेचैनी से दु:खित था। उसके मनोविश्लेषण से ज्ञात हुआ कि मूल में उसका एक अवैध रिश्ता था! केवल सही रास्ता चुनने से ही उसकी समस्या बिन दवा सामान्य हो गई।

अस्वस्थता का हितकारी उपयोग

- 'बीमारी से मैं क्या सीख ले सकता हूँ, इसका क्या सकारात्मक अर्थ है?', 'मैं इसे अपने लाभार्थ कैसे प्रयुक्त करूँ?'
- 'नकारात्मक सोच, मनोवस्था, मनोवृत्ति एवं व्यवहार (न्यूरोटिक, लड़ाका प्रवृत्ति¨) से मेरा क्या हित साधन हो रहा?', 'क्या उनका विस्थापन मेरे सेहत की वापसी में सहायक नहीं होगा?'

आधुनिक मनोवैज्ञानिकों ने साबित किया कि निम्न तत्त्वों में हमारी स्वास्थ्यदायक ताकतों को अति उत्प्रेरित करके हमारी स्वस्थता वापसी में व हमें स्थायित्वता से स्वस्थ बनाए रखने की प्रबल क्षमता है—

- जीने की तीव्र तमन्ना एवं उमंग बनाए रखना।
- मनमाफिक जीवन, मनोवांछित उपलब्धियाँ एवं सुख मिलने की निश्चितता।
- लक्ष्य/मिशन प्राप्ति की पूर्ण संभावना।
- ध्येय आधारित जीवन—'मेरे जीने का अर्थ क्या है?', 'स्वस्थ होने पर मैं किस प्रकार का आदमी बनूँगा?', 'स्वस्थता वापसी मेरी आकांक्षाओं को पाने में कैसे सहायक होगा?'

शोधकर्ताओं के अनुसार मकसद के साथ जीनेवाले लोगों में दवा की प्राभाविकता अधिक है। वे खतरनाक-से-खतरनाक बीमारियों से पूर्णत: स्वस्थ होते देखे गए हैं।

जरूरी नहीं कि उनका लक्ष्य बड़ा रहा हो। 'मुझे बेटी का भविष्य बनाना है' जैसा पक्का इरादा या मिशन समान रूप से जादुई परिणामदायक होगा। जबकि, अनेक उद्देश्यविहीन और लालसाविहीन हृदय विरक्तता व निराशा के चंगुल में फँस सोचने लगते हैं, 'ठीक होने से कोई लाभ नहीं', 'मृत्यु बेहतर विकल्प है'। यह विश्वास उन्हें पलंग से दुबारा उठने का मौका नहीं देता!

संसार को हम किस चश्मे से देख रहे, यह बहुत फर्क डालता है, हमारे मर्ज को भगाने व हमारा स्वास्थ्य बनाए रखने में। मात्र 'गिलास आधा खाली है' के बजाय 'गिलास आधा भरा है' की मनोदृष्टि दिल एवं उसकी रक्तवाहिनियों के रोगों (cardiovascular diseases) से स्वर्ग सिधारने का खतरा कम करने में सक्षम है।

अंतरराष्ट्रीय मोटिवेशनल स्पीकर बॉब प्रॉक्टर के अनुसार—'स्वास्थ्य भावना-युक्त शरीर में बीमारी रुक नहीं सकती।' 'द आर्चिव ऑफ जनरल सायक्याट्री' (नवंबर, 2004 अंक) में प्रकाशित शोध-पत्र से स्पष्ट है कि सकारात्मक मानसिकता एवं मनोवस्था रखनेवालों में दिल एवं अन्य समस्याओं से मरने की आशंका लघु है। मानवीय, दयालु, भातृभाव दृष्टिवालों की कोशिकीय सायटोटाक्सिक[10] क्षमता विस्तारित और उनका इम्यूनोलॉजिकल प्रणाली[11] ताकतवर होती है। इससे उन्हें जुकाम, हृदय व्याधियाँ, एथियोस्कलेरोसिस[12] अधिकांशतः पकड़ नहीं पाते।

अंदर घुटते रहना बेहद खतरनाक अंजामों की माताश्री है। विशेषज्ञ से सहायता लेकर और निकटतम से बात, व्यायाम या रुचियाँ पूरी करके दबी भावनाओं, दुःख, पीड़ा को निर्दयता से बाहर फेंक दीजिए। अप्रदर्शित क्रोध को खुलकर व्यक्त करने और गुस्से को प्यार, क्षमा से विस्थापित करने से लोगों के कैंसर में अभूतपूर्व सुधार या उससे पूर्ण निवारण प्राप्त हुआ है।

प्रतिदिन किसी भी समय योग, शवासन, ध्यान या अन्य मनमाफिक शैली द्वारा अपने को पूर्ण शांतावस्था में लाने को नियमित दिनचर्या बना लीजिए। विख्यात 'सिल्वा माइंड कंट्रोल' विधा के प्रवर्तक जोश सिल्वा के अध्ययनानुसार अपने को पूर्ण रिलैक्स करना मधुमेह, कैंसर से बचने तथा अस्थमा, भीषण पीड़ा से आराम पाने की रामबाण औषधि है। उससे रक्त संचार और स्वास्थ्यवर्धक हार्मोनों के उत्पादन में अत्यंत बढ़ोतरी दर्ज है।

समाज और चिकित्सकों का इतना जबरदस्त रोल!

डॉक्टरों की डायग्नोसिस, विधि, परामर्श आँख मूँद अपनाना समाज का स्वाभाविक कार्यक्रम है। पर उनका अनेक व्यक्तिगत कमियों, मानवीय भूल, वैश्विक हितों से जकड़े होना सामान्य है। उनके गलत निर्णयों से बहुतेरे ऊपर चले गए या

ताउम्र अपाहिज बने। मैं उनसे चिकित्सा न कराने की राय कतई नहीं दे रहा, पर उनके द्वारा विकट बीमारी, बड़ा ऑपरेशन, महँगी विधा अपनाने की सलाह में अन्य विशेषज्ञों से मशविरा अवश्य करें, साथ में मानसिक तदबीर, योग, एक्यूपंक्चर, होम्योपैथी, आध्यात्मिक मार्ग जरूर स्वीकारें।

रोग निवारण व स्वस्थ तन की संजीवनी

- दिन के अधिकांश समय सकारात्मक मनोदशा में रहना।
- स्वस्थ बने रहने की ओर आत्म-प्रेरित रहना।
- भविष्य में आनेवाले अनुभवों का सकारात्मक होने का विश्वास।
- पारिवारिक विभेद, आत्मद्वंद्वता एवं तनाव का सही प्रबंधन।
- अपने व्यवसाय को आनंद के साथ करना या वह काम करना, जिससे सुख-संतुष्टि मिले।
- आशावादिता, जीने की प्रखर लालसा।
- मकसद बनाते रहना।
- मूल्य आधारित संतुलित जीवन जीना।
- सकारात्मक मनोवृत्ति, भावना एवं सोच।

बाह्य स्रोतों द्वारा देह पर पड़े नकारात्मक भावनात्मक व शारीरिक असर का नाम 'नोसेबो प्रभाव' है। डॉक्टरों का नकारात्मक संवाद शैली, व्यावसायिक रवैया और दोस्ताना-रहित भाव-भंगिमा, पत्थर जैसा चेहरा स्वास्थ्यार्थियों में 'नोसेबो प्रभाव' का जनक है। उससे स्वस्थ व्यक्ति का रोगी और साधारण विकार का दुरूह बनना सामान्य है, मृत्युजनक भी! मेरे परिचित डॉक्टर मरीज को चेतावनी दे रहे थे, 'मधुमेह असाध्य है, तुम्हें ताजिंदगी दवा खानी पड़ेगी।' जाहिर है, वहाँ उपस्थित सभी वैसे जन 'मधुमेह असाध्य है' का दृढ़ विश्वास बना लेंगे! उसे अकाट्य सच्चाई मानते हुए उनका मस्तिष्क उनके मधुमेह को शर्तिया असाध्य कर देगा।

यदि आपके डॉक्टर, वैद्य, हकीम विघटनकारी मानसिकता के शिकार हैं, आपके द्वारा अपनाई वैकल्पिक विधाओं का उपहास उड़ा रहे हैं, तब उनसे पिंड छुड़ाकर मित्रवत्, सहानुभूतिपूर्ण चिकित्सक ढूँढ़ने निकल पड़िए।

'मैं रोगी व्यक्ति हूँ' जैसी अवधारणा 'शख्सियत आधारित विश्वास' (belief related to the identity) की श्रेणी में है। कथन कि 'यह आपके परिवार में आनुवंशिक समस्या है, अतः भविष्य में आप भी हृदय रोगी होंगे' से पीड़ित में गहन

'शख्सियत आधारित विश्वास' धर जाना तय है। उसका दिमाग उसी क्षण से उस 'लक्ष्य' को वास्तविकता बनानेवाली आंतरिक जैविक प्रक्रिया प्रारंभ कर देगा, भले ही उस अभागे में वर्तमान में हृदय व्याधि पैदा करनेवाली कोई वैध शारीरिक समस्या न हो! इसलिए आनुवंशिक सिद्धांत वर्तमान युग में गंभीर, असाध्य रोगियों की फौज खड़ी कर रहा है। प्रसिद्ध पुस्तक 'सुपर ज्वॉय', पृष्ठ 17 में डॉ. पॉल पियरशल लिखते हैं—"आधुनिक उपचार व्यवस्था वर्तमान मानव सभ्यता के सम्मुख खड़ी शायद ही किसी बड़ी चिकित्सकीय चुनौती को सुलझा पाई हो।' [अब तो नए विषय सेल बायोलॉजी (Cell biology) के अंतर्गत अत्यंत महत्त्वपूर्ण शोध ने पक्का कर दिया कि वंशानुगत रोग की धारणा निहायत अवैज्ञानिक है। उसके अनुसार आनुवंशिक वजहों से हमारी कोशिकीय मेटाबॉलिज्म कितनी गड़बड़ा गई हो, उसे विश्वास (Belief) द्वारा सही रास्ते पर लाया जाना अति संभव है!]

डॉक्टर समाज का कथन मात्र संभावना है, उनका निर्णय व्यक्तिगत है, वह अटल सत्य नहीं। प्रत्येक आदमी की अपनी दैहिक क्षमता, जींस और शख्सियत तथा उसका अपने रोग, मौत संबंधी विश्वास का उसके स्वस्थता, अस्वस्थता, रोगमुक्ति, मृत्यु में अति विशिष्ट योगदान है। अड़तालीस वर्षीय डॉ. नॉर्मन कजन (Dr. Norman Cousin) रीढ़ में बीमारीवश डॉक्टरों के अनुसार सिर्फ छह महीने के मेहमान थे, पर अंतर्मन की बात मानते हुए उन्होंने उनके द्वारा प्रदत्त प्राणदंड को अस्वीकार कर दिया। वे वैकल्पिक तरीके अपनाकर पूर्ण स्वस्थ होकर सामान्य उम्र तक जिए। (नॉर्मन कजन, 'एनाटमी ऑफ एन इलनेस एज पसबव्ड बाय द पेशंट'।) अनेक अनुसंधानकर्ताओं के पास घातक व्याधियों से मरने के कगार पर पड़े हजारों लोगों के आँकड़े हैं, जो चिकित्सक द्वारा तय समय-सीमा से अधिक या पूरी उम्र जिए।

परंपरागत उपचार जगत् का ध्यान केवल विकारों पर है, स्वस्थता पर नहीं। डॉ. अब्राहम मास्लोव जैसे आधुनिक मनोवैज्ञानिकों के क्रांतिकारी चिंतन से बीसवीं शताब्दी के मध्यार्थ से स्वस्थ रहकर जीने की अभिलाषा अब निरंतर फलने-फूलनेवाला विशाल वृक्ष बन चुका है। मानव-व्यवहारशास्त्री एश्ले मॉण्टेग्य का कहना है, "चिकित्सकों को स्वस्थता के बजाय रोगों में दिलचस्पी लेना सिखाया जाता है, जबकि उनको व सामान्य नागरिकों को विश्वास दिलाना चाहिए कि स्वस्थता पाना, रहना ही रोगमुक्ति का सर्वोचित साधन है।"

कार्यक्रम

1. निर्धारित करें—स्वस्थता के उपरांत आप भविष्य में क्या, कैसा बनना चाहेंगे, आप किस शख्सियत में भविष्य में आगे बढ़ना पसंद करेंगे, उदाहरणार्थ— 'स्वस्थ होने पर मैं स्वस्थ व्यक्तित्ववाला सफल व्यवसायी बनूँगा'।
2. मनन कीजिए—स्वस्थता वापसी आपके उद्देश्य प्राप्ति में कितना सहायक सिद्ध होगा।
3. कल्पना कीजिए—व्यसनमुक्त व्यक्ति होने पर आपके प्रगति, मनोस्वास्थ्य व सफलता का ग्राफ कितना ऊपर कुलाँचे मार सकेगा।
4. मुमकिन है, रोगकारी भाषा का अधिक उपयोग आपकी मजबूरी हो। उनका निम्नतम प्रयोग करने के साथ उन्हें सकारात्मक फ्रेम देना स्वास्थ्यकारी, लाभप्रद है। उदाहरणस्वरूप, रक्तचाप को असहजता/व्याकुलता कहें।

शब्दावली

1. हार्मोन (Hormone)—तन की सभी जैविक क्रियाओं—भूख लगने से लेकर भावना, प्रजनन तक—को प्रबंधित करनेवाली इंडोक्राइन ग्रंथियों द्वारा स्रावित बायोरसायन।

2. चेन स्मोकर (Chain smoker)—एक सिगरेट बुझी नहीं कि दूसरी चालू, निरंतर धूम्रपान करनेवाला।

3. साइको-साइबरनेटिक्स तंत्र (Psycho-cybernetics system)—हमारी नैसर्गिक अचेतन सफलता-सहायक प्रणाली।

4. सफेद रक्त कोशिका (White blood corpuscle)—संक्रमण से रक्त में प्रवेशित बाह्य रोगकारक विषाणु विनाशक रक्त कोशिकाएँ।

5. मेटाफोर (Metaphor)—अलंकृत, कल्पना युक्त कथन, कहानी या उपमा, जो एक अनुभव, स्थिति या प्रक्रिया को दूसरे से जोड़े—'मैं अपने मन का राजा'।

6. साइकोलिंग्विस्टिक (Psycholinguistic)—सोच, संवाद में प्रयुक्त भाषा का मस्तिष्क पर मनोवैज्ञानिक असर।

7. मेटाबोलिज्म (Metabolism)—जीव द्वारा गृहीत खाद्य पर होनेवाली रासायनिक चयापचय प्रक्रिया। उसका उत्पाद है—ऊर्जा, विजातीय पदार्थ।

8. **साइकोसोमैटिक (Psychosomatic)**—मन, मस्तिष्क, शरीर के परस्पर प्रभाव से संबंधित।

9. **इम्यूनोग्लोब्यूलिन (Immunoglobulin or antibody)**—सफेद रक्त कोशिका द्वारा स्रावित ग्याकोप्रोटीन बायोरसायन। उन पर रक्त में संक्रमण से आए रोगकारक विषाणुओं को पहचानने और उनसे चिपकने का उत्तरदायित्व है, तत्पश्चात् सफेद रक्त कोशिका द्वारा उन विषाणुओं का काम-तमाम!

10. **सायटोटाक्सिक (Cytotoxic)**—शरीर की कोशिका को हानि पहुँचाने की योग्यता से संबंधित। उदाहरण—जहर का सायटोटाक्सिक गुण।

11. **इम्यूनोलॉजिकल प्रणाली (Immunological system)**—रोग अवरोधक व्यवस्था—सफेद रक्त कोशिका, तिल्ली (spleen) और अन्य अंग व कोशिकाएँ।

12. **एथियोस्कलेरोसिस (Atherosclerosis)**—धमनियों (हृदय से अंगों को रक्त पहुँचानेवाली रक्त नलिकाएँ) में रसायन जमने से उनका संकुचित, कठोर हो जाना—ढेरों खतरनाक दैहिक परेशानियों की जननी।

संदर्भ—

A. डॉ. बर्नी सेगल (Bernie Siegel), 'लव मेडिसिन एंड मिरैकल' (Love, Medicine & Miracle), हार्पर पेरेनियल, न्यूयॉर्क, अमेरिका

B. ब्रूस लिप्टन (पी-एच.डी.) (Bruce H. Lipton), 'द बायोलॉजी ऑफ बिलीफ' (The Biology of Belief), हे हाउस, इन., अमेरिका

C. रिचर्ड बैंडलर और जॉन ग्रिंडर (Richard Bandler, John Grinder), 'फ्रॉग इंटू प्रिंसेज' (Frog Into Princes), रियल प्यूपल प्रेस, ऊटा, अमेरिका

D. लुइस हे, 'यू कैन हील योर लाइफ' (You Can Heal Your Life), हे हाउस इन., अमेरिका

□

4

मानसिक स्वास्थ्य, प्रफुल्लित हृदय

- 'क्या आप दिन के अधिकतर हिस्से में नकारात्मक मानसिक अवस्था में रहते हैं, परेशान और तनावग्रस्त रहते हैं?'
- 'क्या आपको सेक्स में मजा नहीं आ रहा?'
- 'क्या अतीत के अनेक पीड़ादायी, अप्रिय अनुभव आपको तंग कर रहे हैं, आपको नहीं छोड़ रहे हैं?'
- 'क्या आप किसी अंग में दर्द को कम या निम्नतम करना नहीं चाहेंगे?'
- 'क्या आप सुख के अहसास से दूर हो गए?'
- 'क्या आपको अपना वैवाहिक जीवन नीरस महसूस हो रहा है?'
- 'क्या आपको जिंदगी आनंददायक नहीं लग रही, उदासीनता का बोध हो रहा है?'
- 'क्या पति/पत्नी से विरक्तता की अनुभूति हो रही है, उनसे तलाक, टकराव का अंदेशा उभर रहा है?'
- 'क्या आपमें शराब, ड्रग, जीवन से विरक्तता की प्रवृत्ति जन्म ले रही है?'
- 'क्या आपको कभी-कभी आत्महत्या की ओर रुझान का आभास होता है?'

एक कुत्ते ने जंगल में मटरगश्ती करते समय अपनी ओर शेर आते देखा। उसकी जान सूख गई, सोचा, 'आज मेरा काम तमाम'! उसे सामने कुछ हड्डियाँ पड़ी दिखाई दीं। वह शेर की ओर पीठ कर उसमें से एक को चटखारा ले चूसते हुए ऊँची आवाज में बड़बड़ाने लगा, 'शेर खाने का मजा ही कुछ और है, कुछ और मिल जाए तो क्या कहने!' शेर बड़बड़ाया, 'बाप रे, यह कुत्ता तो शेर खाता है।' उसे साँप सूँघ गया और दुम दबाकर रफू-चक्कर!

लोमड़ी, जिसका कुत्ते से पंगा था, दूर से यह नजारा देख खिसिया गई। उसकी कुटिल बुद्धि चलने लगी। उसने सोचा, 'शेर को पटाने का इससे अच्छा मौका और

कहाँ! मुझे उसके शिकार में थोड़ा-बहुत मिल जाया करेगा, मेरी जान सलामत रहेगी और कुत्ते से हिसाब भी बराबर कर लूँगी।' वह फटाफट शेर से मिलने चल पड़ी। कुत्ता उसे जाते देख समझ गया कि दाल में कुछ काला है। लोमड़ी ने जंगल के राजा को पूरा माजरा बयाँ कर दिया। सुनते ही शेर आँख लाल-पीली कर दहाड़ा, 'चल, अभी कुत्ते का काम-तमाम करें।' वह लोमड़ी को पीठ पर बैठा सटपट निकल पड़ा। चालाक लोमड़ी का जलवा देखने लायक था!

शेर-लोमड़ी को अपनी ओर आता देख कुत्ते का सिर चकराने लगा। वह समझ गया यदि मगज की सूई जल्द न घूमी तो आज मेरा ऊपर का सफर तय है। उसे एक युक्ति सूझी। शेर की ओर पीठ करके हड्डी चूसते हुए तनिक जोर से बोलने लगा, 'बेवकूफ लोमड़ी को गए एक घंटा हो चुका, पर अभी तक शेर को पटाकर नहीं ला सकी!'

शेर की घिग्गी बँध गई, वह उलटे पैर भाग खड़ा हुआ।

अगले दिन लोमड़ी महारानी शेर के पेट के अंदर।

दिमाग की उच्च क्रियाशीलता को सक्रिय करने के लिए उसका उसके प्रकृति अनुसार उपयोग अति आवश्यक है। वैसा न करनेवाले अपने नैसर्गिक गुणों को प्रतिरूपता से प्रयोग करके अपने भाग्य में अनपेक्षित नतीजों और दर्द की पटकथा लिखने के दोषी होंगे।

'अलोहा एयरलाइन (Aloha Airline) फ्लाइट 243' विमान दिनांक 28.4.1988 को हीलो, हवाई, अमेरिका से होनोलुलु की ओर निकला। पर मात्र बीस मिनट के उपरांत 'एक्सप्लोसिव डिकंप्रेशन' गड़बड़ी से उसकी छत उड़ गई! मीलों ऊपर बिना छत सैकड़ों किलोमीटर प्रति घंटे की रफ्तार से उड़ रहे यात्रियों, कर्मचारियों का हालेदिल का अंदाजा कोई कैसे लगा सकता है? अदम्य साहस, धैर्य प्रदर्शित करते हुए पायलट अंततः तेरह मिनट पश्चात् उस यान को मुई एयरपोर्ट पर उतार लेता है। इसकी मिसाल वायुयान इतिहास में दर्ज हो गई। आश्चर्यजनक रूप से केवल एक महिला फ्लाइट एटेंडेंट की हवा द्वारा खींच लिये जाने से मृत्यु हुई। इससे ज्यादा डरावना अनुभव भला किसी के भाग्य में क्या होगा! उसके बाद कई मुसाफिरों ने हवाई यात्रा से तौबा कर लिया, कई फोबिया के गिरफ्त में आ गए। पर छत्तीस वर्षीय महिला सह-पायलट मैडलिन टापकिंस पहले से अधिक आत्मविश्वासी हो, उसी व्यवसाय में डटी रहीं।

कारण क्या है समान अनुभव, घटना का भिन्न-भिन्न व्यक्तियों पर भिन्न-भिन्न प्रभाव का?

लगभग सौ अरब विशेष सूक्ष्म 'न्यूरॉन' (Neuron) कोशिकाओं द्वारा गठित मानवीय मस्तिष्क इस सृजन की सर्वाधिक चमत्कारी, अनुपम जैविक मशीन है। उसकी एक सेकंड के सूक्ष्मतम भाग से ज्यादा तेज संवाद भेजने, संपर्क साधन की क्षमता

एक ट्रिलियन बाइट प्रति सेकंड प्रोसेसर[1] वाले कंप्यूटर के समकक्ष है। उसकी अनुपम काररवाइयों में खराब अनुभवों, नकारात्मक भावनात्मक अभिव्यक्तियों, नकारात्मक मनोवस्था, अस्तरीय कार्य-शैली, अनिच्छित परिणाम को तीव्रता से मनचाहे तरीके से संपादित करने और मनोस्वास्थ्य को पटरी पर लाने की अभूतपूर्व क्षमता है, पर तभी जब हम उसे उसके अनुसार प्रयुक्त करें। उन महोदय का एक बड़ा दुश्मन है—आत्मबल से उन्हें चलाना! यही साधारणतया उनके द्वारा प्रतिकूल प्रतिक्रियाओं, निरर्थक फलों का जनक है। 'बीबीसी मैगजीन' में प्रकाशित एक अमेरिकी शोधानुसार आत्मबल का प्रयोग तनाव, कुंठा की वृहद् संभावनाओं की जड़ है। कष्टकारी स्मृति तथा हानिकारक आदत को जबरदस्ती सकारात्मक बनाने की चेष्टा करके देखिए! प्रसिद्ध फ्रांसीसी फार्मेसिस्ट इमाइल कूवे (Emile Couve) ने कहा था, "आत्मशक्ति और कल्पना के बीच परस्पर टकराव में बाजी कल्पना के हाथ है।"

उपरोक्त उदाहरण में अलग-अलग यात्रियों ने समान घटना की अपने मन में पृथक्-पृथक् तसवीर बनाई, तत्पश्चात् उसी आधार पर प्रत्येक के स्नायुतंत्र ने उनकी निजी सोच के तर्ज पर उनमें विभिन्न भावनात्मक फल जनित किया। इससे सिद्ध है कि अनुभव नहीं, बल्कि मस्तिष्क द्वारा उसे देखने-समझने का ढंग ही हमें निडर अथवा फोबियाग्रस्त और सशक्त अथवा कमजोर बनाता है! समस्या बाह्य चीजों में नहीं, आते-जाते पल में नहीं, वरन् हमारी सोच द्वारा उसे दिए गए मौलिक स्वरूप और अर्थ में है।

'एन.एल.पी.' अप्रिय व्यक्तिगत सोच (Subjective thought) को तब्दील कर उससे उपजित खराब असर को निम्नतम या समाप्त करने का पक्षधर है, न कि उसके साथ जीने-मरने का संबंध बनाए रखने को। परंपरागत मनोविज्ञान के नक्शेकदम को अनुकरण करने के बजाय 'एन.एल.पी.' ने हमें समर्थ किया कि कैसे हम नकारात्मक क्षणों को—

- खुद पर हावी न होने देकर विभिन्न मनोसमस्याओं से बचें, और
- लाभदायक दिशा और छवि प्रदान कर अपनी जिंदगी को खराब, अनियंत्रित होने से बचाएँ।

पीड़ादायी, आत्मविश्वास-हरक आंतरिक आवाज

प्रतिकूल अंदरूनी वाणी में हमारी राह पर काँटे, पत्थर बिछाने की ताकत है; उसके कठोर लय में निंदात्मक, व्यंग्यात्मक, अपमानजनक होने से हृदयहीनता से दिल चीरने के लायक। और परिणाम है—आत्महीनता, कुंठा, मनोरोग, व्याधि, खोखला व्यक्तित्व और असफलता तथा आत्महत्या की प्रवृत्ति भी।

सबमॉडल्टी[2] सोच में शामिल तत्त्वों (मनोछवि, भाषा, भावना) को विशिष्टता

नवाजती है। उस आधार पर मानसिक चित्र का रंग, प्रखरता…और आत्मबल की तीव्रता, लय आदि की विशिष्टता सबमॉडल्टियाँ कहलाएँगी। वे नकारात्मक आत्मसंवाद के विध्वंसकारी भावनात्मक प्रभाव को समाप्त करने में अत्यंत उपयोगी हैं। एक बहुत विस्मयकारी मनोवैज्ञानिक रहस्य मैं आपको बता रहा हूँ—आत्मबल का संबंध पूर्व स्मृति से होने से वह दिमाग में दाएँ-बाएँ, ऊपर-नीचे या बाहर से निकलती प्रतीत होती है। उसके उद्गम-स्थल के स्थानांतरण से आत्मबल द्वारा प्रदत्त असर में काफी कमी निश्चित है—शिजोर्फेनिया[3] मरीज में तो अति कारगर!

तकनीक 6 : कष्टकारी आत्मसंवाद पलों में निष्प्रभावी

1. आपके मन ने चीत्कार लगाया, 'तुमसे कुछ भी ठीक नहीं होता' या 'तुम साक्षात्कार में विफल होगे।'
2. आभास कीजिए, वह दिमाग में कहाँ से निकल रहा। उसे शनैः-शनैः बाएँ, ऊपर, नीचे, आगे, पीछे एवं शरीर के बाहर करके देखिए कि असर किस जगह न्यूनतम हो गया।
3. सोचिए, आपके पास टी.वी. का 'रिमोट' है। उससे नकारात्मक आत्मसंवाद का तीखापन, तीव्रता, गति को अत्यधिक कम कर दें, जैसे कोई आपके कानों में फुसफुसा रहा। हो गया उसका असर फुस्स!
4. उसे बिल्ली की म्याऊँ-म्याऊँ की तर्ज दे दें। अब आपको उस पर हँसी आएगी!
5. कल्पना कीजिए, वह हरे रंग का गुब्बारा बन गया है। उसे धीरे-धीरे दूर करते अंततः क्षितिज में विलुप्त कर दें, यह उत्तम काररवाई 'साइनस्थेसिया प्रक्रिया' कहलाता ही है।

आत्मसोच व संवाद में 'मैं' का प्रयोग शक्तिशाली है। उसका शख्सियत के परिचायक होने से अभिव्यक्त होता है कि 'यह मेरे द्वारा चयनित विकल्प है' (न कि अन्य द्वारा)। 'मैं', 'मुझे' को 'तुम', 'वह' से प्रतिस्थापन नकारात्मक आत्मबल को काफी हद तक गौड़ होने में समर्थ है, मस्तिष्क सोचता है 'मैं वैसा नहीं, तुम/वह वैसा है।' 'मैं जीवन में कुछ नहीं कर पाया' को 'वह जीवन में कुछ नहीं कर पाया' और 'मैं मंच पर घबरा गया, (इसलिए) मैं किसी लायक नहीं' को 'वह मंच पर घबरा गया, वह किसी लायक नहीं' में बदलाव खराब मनोवस्था व अपने का अयोग्य होने के विश्वास को उड़न-छू कर देगा।

आत्म-प्रताड़क आत्मसंवाद को 'क्यू'[4] मानकर उसमें 'मैं' का प्रयोग कर उसकी पुनर्संरचना सकारात्मक कर दें, इसे 'रिफ्रेमिंग' कहते हैं। जैसे ही वह सिर उठाए, उसे वैसे प्रारूप में ढाल दें। आदतन ऐसा करने से हर उत्पन्न अप्रिय आंतरिक भाषायी आवाज स्वचालितता से हितकारी, सुखात्मक, आत्म-प्रेरक स्वरूप ले लेगी—

- 'तुम नहीं कर सकते' → 'मैं कर सकता हूँ'
- 'तुम हर काम गड़बड़ा देते हो' → 'मैं लक्ष्य को सही अंजाम तक पहुँचाने में सक्षम हूँ'
- 'तुम अयोग्य हो' → 'मैं योग्य हूँ'
- 'तुम पैदाइशी बीमारिया औरत हो' → 'मैं पैदाइशी स्वस्थ औरत हूँ'

अवस्था (State)

कभी-कभी आप सुबह उठते ही अच्छे मूड में होते हैं, सबकुछ खुशगवार है, मित्र आपसे प्रसन्न रहते हैं, दिन का सब काम एवं परिणाम आपके पसंदीदा तौर पर होता है, आपको आभास हो रहा 'दुनिया मेरी मुट्ठी में'। पर खराब दिमागी अवस्था में उठने पर दिनचर्या गड़बड़ा जाती है; आप पत्नी से बात नहीं करते, गुर्राते हैं। यह मनोवस्था, मनोविज्ञान में 'स्टेट'/अवस्था (state), जैसे 'उत्तेजना', 'भ्रमित मन', 'सिरदर्द' इत्यादि। 'स्टेट'/अवस्था अहसास (फीलिंग) को अनुभव (फील) करने की स्थिति है। इसमें वर्तमान भावना, अनुभव, सोच व शारीरिक अभिव्यक्ति का संगम है। भावना व मनोदशा एक-दूसरे के पूरक हैं। इसका आधुनिक मनोविज्ञान में महत्त्वपूर्ण स्थान है। सकारात्मक मनोवस्था तमाम उपलब्धियों, मानसिक स्वास्थ्य, आकर्षक व्यक्तित्व का सुनहरा द्वार है। इस तथा दूसरे अध्यायों में उल्लेखित होगा अपनी मनोदशा का लगाम पकड़ने का सूत्र, जिससे आप जो भी करें, उसमें असीम दक्षता से करने में समर्थ होकर विजयी बनें।

अंतर्वस्था अधिकांशतः अचेतनता से प्रकट एवं विदा होती रहती है। वह दैनिक जीवन में आने-जानेवाले पलों के प्रति मनोवृत्ति द्वारा प्रभावित तथा निर्धारित है। काफी देर हो गई, युवा बेटी घर नहीं लौटी। बुरे खयाल से आपका दिल डूबने लगा। आप स्वयं को समझाती हैं, 'कंपनी में कार्यवश देरी हो रही होगी।' आपके मस्तिष्क में उसका ऑफिस में व्यस्तता का फिल्म चलने लगा। अतः आपने सोचा, 'मैं बेकार परेशान हो रही हूँ, यह तो प्रतिदिन की बात है' और आप आराम से दैनिक कामकाज निपटाने लगीं। प्यारी बिटिया के आते उसे गले लगा लेती हैं। पर उसके प्रति दिमाग में गलत बातों का चित्र बनते रहने पर आप अंदर उबलती रहेंगी, तनाव से घिरी रहेंगी। परिणामस्वरूप, उसके आते ही आप बेचारी पर बरस पड़ेंगी, जबकि वह ऑफिस में ही कार्यरत थी। अधिकांश माता-पिता द्वारा बच्चों को बिन वजह, बिन प्रमाण नकारात्मक 'मैप' से देखना उनके

बीच अप्रिय व्यवहार, घरेलू बिखराव एवं हिंसा का मूल है। बेस्ट सेलर लेखक एंथनी रॉबिंस का 'अनलिमिटेड पावर' में कथन, "अपनी भावनाओं पर काबू रखकर आप प्रतिदिन गुजरनेवाले अनुभवों को चेतन रूप से अपने अनुसार दूसरी दिशा देकर उन्हें इच्छानुसार अनुभव करने में समर्थ हो सकते हैं।"

"भावनाओं पर असंख्य अनुसंधान करने पड़ेंगे, तभी इसमें छुपा नंगा सत्य उजागर हो पाएगा।"

—क्लॉड देबसे (Claude Debussy, 1862–1918),
महान् फ्रांसीसी संगीत कंपोजर

मनोस्थिति हमारी समस्त बायोलॉजिकल क्रियाओं पर त्वरित वृहद् असर निस्तारित करने की उत्तरदायी है। इससे वह हमारी सोच, व्यवहार, कार्यक्षमता को सीधा प्रभावित करने के योग्य है। क्वांटम भौतिकशास्त्री डॉ. जॉन हैगलिन (quantum physicist Dr. John Hagelin P.Hd.AR.M.A.) के अनुसार, "मेडिकल विज्ञान अब धीरे-धीरे समझने लगा है कि हमारी सोच, मनोदशा, भावना किस स्तर तक और कैसे शारीरिक तत्त्वों तथा उसकी संरचनाओं, काररवाइयों को निर्देशित करते रहते हैं।" मेडिकल अध्ययन ने सोमवार को लोगों का मिजाज गरम रहने से उनमें हृदयाघात तथा सड़क पर दुर्घटनाओं में बढ़ोतरी को प्रमाणित कर दिया।

भावना एवं अवस्था का चोली-दामन का साथ है, वे एक सिक्के के दो पहलू हैं। दोनों एक-दूसरे को प्रभावित, निर्धारित करते रहने के भागी हैं। मनोवस्था हमारी भावना समेत सभी दैहिक तथा मानसिक क्रियाओं पर बिना हमारे चेतन संज्ञान असर डालने के लिए उत्तरदायी है। सकारात्मक भावना सकारात्मक अवस्था (स्टेट) की उत्पादक है, नकारात्मक भावना नकारात्मक अवस्था की—इसका उलटा भी सत्य है। अमर डच चित्रकार विंसेंट वॉन गाफ (Vincent Von Gogh, 1853–90) ने कहा, "हमें यह नहीं भूलना चाहिए कि भावनाएँ जीवन की बागडोर सँभालती हैं एवं हम उनका अचेतनता से अनुसरण करते रहते हैं।"

अंत:स्थिति दुनिया देखने-समझने का नजरिया तथा उसके अनुसार विशिष्ट व्यवहार तय करनेवाला मानसिक तत्त्व है। गुस्से में आपका अप्रिय व्यवहार करना, भिन्न दृष्टिकोण डालना, पर आत्म-संतुलित रहने पर उनका सुधरना उदाहरण है। दिमागी पारा गरमाने पर छब्बूजी का बेवजह कर्मचारी, ग्राहक से उलझना सीरत है। मई के पैंतालीस डिग्री तापमान में आप दूसरों से कैसे पेश आते हैं, वहीं कुछ देर एसी में बैठने के बाद कैसे!

आपका मस्तिष्क अनुभव एवं संसार को कैसे मंथन करके जज्ब करेगा, आपकी प्रतिक्रिया कैसी होगी और दूसरा आपसे कैसा आचरण करेगा और आपकी कार्यशीलता क्या परिणाम लाएगी, आपको आश्चर्य होगा कि उनके निर्धारण में आपके 'मूड' (अवस्था) का महत्त्वपूर्ण योगदान है। यही निर्धारित करेगा, किस क्षण को कैसा रंग दिया जाए—सकारात्मक या नकारात्मक, अच्छा अथवा बुरा। मनोस्थिति बदलने से आपकी बाह्य एवं अंदरूनी दुनिया तुरंत नए स्वरूप में ढल जाती है। प्रियतम के आने के इंतजार में प्रेमरस से सराबोर प्रेमी को सबकुछ रंगीन नजर आ रहा, प्रेमिका सोनपरी है। पर एक दिलजले ने उसे फोन किया कि वह उसे धोखा दे रही है। एक पल में दिमाग में 'पहलेवाली रसीली तसवीर' का 'प्रेमिका के दूसरे आशिक के साथ होने की तसवीर' द्वारा विस्थापन होने से प्रेमी का दिमागी पारा चढ़ने लगा। पृथ्वी घूमने लगी और माशूका का चेहरा रसविहीन, विकृत हो गया—भले ही यह 'टेरिटरी' (वास्तविकता) न हो, एक बदमाश दिलजले का झूठ-फरेब हो! लेस्ली कैमरॉन व माइकल लेब्यू (Leslie Cameron, Michael Lebeau) अपनी प्रसिद्ध पुस्तक 'द इमोशनल होस्टेज' में लिखते हैं, "अनुभव को किस रूप में लिया जाए, यह उस समय आपमें बह रही भावना (एवं मनोवस्था) द्वारा तय किया जाता है।"

घटना को नकारात्मक या अव्यावहारिक ढाँचा देना कष्ट, अनचाही मनो-अवस्था और मनो-समस्याओं की जननी है। सफलता, मानसिक स्वास्थ्य की आधुनिक मनोविज्ञान 'एन.एल.पी.' सिद्धांतानुसार 'मैप इज नॉट द टेरीटरी' (Map is not the territory); यहाँ 'मैप' का अर्थ 'निजी सोच' और 'टेरीटरी' का अर्थ 'वास्तविकता' है। सहयोगी का आपको बिन अभिवादन किए निकलने से आपने तिरस्कृत महसूस किया। तिलमिलाकर अगली बार आपने भी उसे नजरअंदाज करना प्रारंभ कर दिया। दोनों के बीच लगातार ऐसा होने से संबंध में खटास बढ़ती गई, उसकी परिणिति भविष्य में एक गंभीर नतीजे के रूप में उभरकर सामने आया। परंतु मामला अभी रुका नहीं—कई लोगों द्वारा अनजाने में आपके प्रति वैसा रुख अपनाने से आपने विश्वास बना लिया कि 'सब मुझे नापसंद करते हैं'। फलस्वरूप आप आत्महीनता, निराशा में डूबने लगे। जबकि संभव है, उनमें किसी की भी आपको आघात पहुँचाने की मंशा न हो, सबकुछ अनजाने में हुआ हो!

अरुण की पहली खासियत—दिन भर निराशा ओढ़े रहना; दूसरी खासियत—आप उससे कोई भी बात कीजिए, वह अहमक उसे दुःख-दर्द की ओर मोड़ ले जाएगा। परिणाम—दोस्त उससे कतराने लगे। भला, कौन रोक सकता था, उस गधे को मनोरोगी बनने से!

खराब मनोवस्था निम्नस्तरीय जिस्मानी व आंतरिक प्रक्रियाओं के द्वारा आपके अस्तरीय प्रदर्शन, विफलता, नाकाबिलियत और मानसिक व व्यवहार संबंधी गड़बड़ियों की उत्पादक है, आपके प्रतिभावान, समर्थ होते हुए भी। परीक्षा, व्यापार और अन्य में हुनर, सहज बुद्धि, संवेग का बेहतरी से उपयोग में असमर्थ रहने पर मनमाफिक व अच्छा प्रदर्शन असंभव होगा। विश्वस्तरीय प्रतिस्पर्द्धा में एक उत्तम खिलाड़ी में देशवासियों की आशा से आया तनाव उसकी निष्फलता की अहम जड़ बनना आम है। हम साधारणतया टी.वी. में देखते रहते हैं, उखड़े मूड में चैंपियन का पूरे फॉर्म से न खेल पाने से उसका अपने से कम योग्य प्रतिभागी से पराजित हो जाना। और उसके फैन लटके मुँह से सफाई देते फिरते हैं, 'वे फॉर्म में नहीं हैं इसलिए'! कोच से अनबन-वश विराट कोहली का उतरा चेहरा, उनका हालेदिल साफ बयाँ कर रहा था और वे 'आयाराम-गयाराम बन गए'। उस अंतरराष्ट्रीय मैच में चिर प्रतिद्वंद्वी पाकिस्तान के समक्ष घुटना टेकने से करोड़ों भारतीयों के सीने पर साँप लोट गया। पर उनसे कम अनुभवी साथी ने अत्युत्तम प्रदर्शन किया। क्या विराट कोहली उससे कम काबिल थे?

द्वितीय विश्वयुद्ध में प्रतिपल 'गैस चैंबर' में घुटकर मरने के भय के बीच भी अनेक यहूदी अपनी मनोदशा नियंत्रित, आशान्वित तथा शांत रख सके थे। और वे ही उस यंत्रणापूर्ण स्थिति का बेहतरी से सामना कर पाए और उनमें से ही अधिकांश स्वतंत्र होने तक जीवित रहे, न कि हताश हो चुके बंदी।

किसी अनुभव को इच्छानुसार अनुभव करना हमारे वश में है—असरदार जनों का अति विशिष्ट गुण। बेस्ट सेलर लेखक एंथनी रॉबिंस (Anthony Robbins) ने 'अनलिमिटेड पावर' में उल्लेख किया, "हममें अपनी भावनाओं पर काबू रख प्रतिदिन अपने पर गुजरने वाले अनुभवों को चेतन रूप से मनमाफिक दिशा देकर उन्हें वांछित तरीके से अनुभव करने की समर्थता है।" प्रत्येक क्षण को हम उस समय किस मनोदशा में हैं, उसके द्वारा निर्धारित रंग से देखते-समझते, अहसास करते हैं। दूसरे अर्थ में—मनोवस्था सुनिश्चित करती है, हम अनुभव को कैसा अनुभव करें। यही वजह है कि भिन्न लोगों का एक ही वृत्तांत को विलगता से अहसास करने का।

विशेष या अनजान व्यक्ति से मिलने के पहले, किसी दबाव या बाध्यता की दशा में, दूसरे के अप्रिय आचरण और अनचाहे, अप्रत्याशित घटना के पश्चात् कुछ गहरी श्वास लेकर शांत, स्थिर हो लें। तत्पश्चात् दीर्घकालिक व अल्पकालिक ध्येय को ध्यान रख माकूल व्यवहार, विकल्प चुनें। यह इनमें लाभप्रद होगा—

- उबलते भावना का नियंत्रण में,
- इच्छित, लक्ष्यानुरूप एवं सकारात्मक मूड में आने में,
- प्रोएक्टिव रेस्पॉन्स करने में,

- प्रकरण की संतुलित मन से समझदारीपूर्वक विश्लेषणात्मक, रचनात्मक बुद्धि से विवेचना करने में,
- कठिनाइयों के उगने के पहले उन्हें समाप्त एवं उनका यथोचित प्रबंधन करने में।

हर इनसान दिन का अधिकतर हिस्सा एक विशेष मनोस्थिति में गुजारता है, जिसे उसका 'बेसलाइन स्टेट' (Baseline state) कहते हैं। ऐसे शख्स परिवार, कर्मचारियों के साथ अत्यंत शुष्क 'बेसलाइन स्टेट' में रहते हैं, चहकते तभी हैं, जब यार-दोस्त उनसे मिलने आएँ! अवसाद, व्यथा के मारे के पास कितनी खुशियाँ बाँह पसारे आएँ, पर उसका मुँह दिन भर बंदर जैसा लटका रहेगा। दार्शनिक हेनरी डेविड थ्योरो (Henry David Thoreau, 1817-1862) दुःखित मन से कह रहे हैं, "अधिकांश लोग गहन निराशा, व्यग्रता के साथ जीवन यापन के आदी हैं।"

कौन किस बेसलाइन स्टेट से जिंदगी का अधिकतर हिस्सा बिताता है, कार्यरत रहता है, यह बहुत फर्क डालता है उसकी नियति को निर्दिष्ट पथ पर बढ़ाने को! प्रभावी, सफल जीव भी सामान्य लोगों की तरह आंतरिक उथल-पुथल और नकारात्मक अवस्था द्वारा मथे जाते रहते हैं, पर वे उसमें अनावश्यक या जरूरत से अधिक या दिन भर विचरण नहीं करते।

सकारात्मक मनोवस्था में प्रारब्ध, उपलब्धियों, स्वस्थ और कार्य-कुशलता को सुगमता से उच्च धरातल पर पहुँचाने का गुर समाहित है। उस अवस्था को पाने का यथार्थ प्रथम पग है—दिन का अधिकांश हिस्सा शांत, संतुलित रहते बिताना, अर्थात् उन्हें अपना बेसलाइन स्टेट बनाना।

हमें सुख, सफलता, दिली सुकून के लिए अपने नकारात्मक बेसलाइन स्टेट का सकारात्मक बेसलाइन स्टेट द्वारा प्रतिस्थापन करना होगा। बहुतेरे शख्स पेशा, कार्य में रमे रहकर सामान्य से अधिक विचलित, उत्तेजित रहते हैं। इससे भावनाजन्य रोग (Psychosomatic disease) एवं मानसिक विकार शीघ्रता से उन्हें अपनी बाँहों में बाँधने में कोताही नहीं करता। एक उत्तम विकल्प है कि स्वयं, कार्यस्थल, प्रक्रिया में ऐसा बदलाव लाएँ कि वह उन्हें प्रसन्नता प्रदान करे। महान् कथाकार मार्क ट्वेन (Mark Twain, 1835-1910) परामर्श दे रहे हैं, "अपने व्यवसाय को आनंददायक कृत्य बनाएँ।"

मूड व क्रियाशैली का स्तर एक-दूसरे पर निर्भर है

डॉ. रॉबर्ट अर्नस्टीन, 'स्टैनफोर्ड यूनिवर्सिटी', अमेरिका के शोध से रोग प्रतिरोधक तंत्र (इम्यून-सिस्टम), बीमारी तथा मनोदशा के बीच परस्पर ठोस रिश्ता सिद्धित हो

चुका है। नकारात्मक बेसलाइन स्टेट विभिन्न स्वभाव संबंधी और आंतरिक दुर्गुणों की मातृभूमि है। अधिकांश समय दुःख, चिंता, उग्रता, उदासी से चिपके रहनेवाला अपने तन-मन को शनैः-शनैः क्षीण करते रहने का उत्तरदायी है। देर-सबेर रक्तचाप, मधुमेह और हृदय-मर्ज से जकड़ना उसके भाग्य में लिखा होगा। न्यूरोसाइंस वैज्ञानिकों ने उसकी जड़ को ढूँढ़ निकाला। अधिक समय तक अवसाद में रहने से उत्पन्न तनाव और अवसाद परस्पर मिलकर SAD नामक चेन प्रक्रिया (Chain reaction) के जनक हैं। उससे सक्रिय 'एड्रिनोकार्टिकोट्रॉपिक हार्मोन' (Adrenocorticotropic) एवं 'पैरासिंपैथेटिक-एड्रिनल-कार्टिकल सिस्टम' (Parasympathetic–adrenal-cortical system) रोग अवरोधक प्रणाली को क्षीण कर अनेक साधारण व गंभीर रोगों की उत्पादक है—मृत्यु भी!

हर कार्य को श्रेष्ठता से संपन्न करने के वास्ते उसके अनुरूप मनोदशा में आना अनिवार्य है। प्रस्तुतीकरण के पहले लक्ष्यानुरूप मूड उत्तम तथा सर्वोच्च प्रदर्शन में सहायक है। प्रतिरूप एवं नकारात्मक अवस्था में मानसिक व शारीरिक क्षमता का बेहतरी से संचालन की आकांक्षा मूर्खतापूर्ण है। परिस्थिति कितना विकराल हो, पर कुछ विरले लोग खेल, मैनेजमेंट, व्यापार, लेखन, अभिनय में बड़ी उपलब्धियाँ पाने तथा सर्वोच्च प्रदर्शन (पीक परफॉर्मेंस) के हकदार रहे हैं। उनकी खासियत है—हालात, स्थान और परिप्रेक्ष्यानुसार अपनी अंतर्वस्था को परिवर्तित करने में सिद्धहस्तता से उनका अपनी भावनाओं का अच्छे ढंग से क्रियान्वन में निपुणता। यह उनमें बढ़िया समस्या निवारण योग्यता तथा सृजनात्मकता का जागरण करने के साथ दूसरे की उग्रता से सही ढंग से निपटने का गुण उड़ेलता है।

प्राभाविकता से पढ़ने, सीखने एवं स्मरणशक्ति बढ़ाने के उद्‌देश्यार्थ प्रत्येक छात्र को उसके अपने विशेष मूड में आना जरूरी है—यह उसका 'लर्निंग स्टेट' (Learning state) होगा। कुछ विशेष संगीत सुनने के उपरांत उसमें प्रवेश कर लेते हैं।

धीर चित्त एवं आध्यात्मिक मनोवृत्ति धारण करने का गुण शराब, ड्रग, तंबाकू, सिगरेट से मुक्ति दिलाने या उनसे दूरी बनाने या उनके प्रयोग में लगाम लगाने में सहायक है, क्योंकि उनके उपयोग का प्रमुख उद्‌देश्य है—खराब, अप्रिय मनोवस्था से बाहर निकलना या चरमानंद की अनुभूति। तब हम क्यों न आत्म-लाभार्थ बुरे मार्ग के बजाय अच्छे और अनजान काल्पनिक पथ के बदले चहुँमुखी हितकारी विकल्प को प्राथमिकता दें? 'द इमोशनल होस्टेज' में भावनाओं के विशेषज्ञ लेस्ली कैमरॉन व माइकल लेब्यू (Leslie Cameron and Michael Lebeau) का परामर्श, "सभी अनुभव एवं स्थिति में ऐसी मानसिक अवस्था चुनें, जो आपके एवं दूसरों के जीवन का उचित रूप से ध्यान रख सके।"

मनोवांछित अहसास

हम स्वयं हैं अपनी आंतरिक स्थिति के रचनाकार। हमारी बायोलॉजिकल संरचना हमें सदैव परिस्थिति, परिवेश के अनुसार आत्महित तथा लक्ष्य-प्राप्ति में सहायक यथोचित अवस्था में प्रवेश कराने में कुशल है। प्रमाण—हम प्रतिदिन सैकड़ों विभिन्न चित्तवृत्ति में आते-जाते रहते हैं, कभी शीघ्रता से, कभी धीरे-धीरे। फिल्म के दृश्य की पंटरी पर आप अनेक मनोभाव, अवस्था में डूबते-उतराते रहते हैं।

अत्यंत पीड़ादायी 'मोटर न्यूरॉन' व्याधि ने स्टेवन शैकल को चलने-फिरने से लाचार बना दिया। उन्होंने कहा, 'मैं कब प्रसन्न रहूँ या दुःखी, यह मेरा निर्णय है।' संत व गरीब हर स्थिति में खुश, संतुष्ट रहते हैं, वहीं अनन्य अरबपति सर्वसुविधा संपन्न होते हुए व्यथित। क्या मजाक है!

अनुभव 'स्टीम्यूलस'[5] बनकर सेकंड की सूक्ष्मतम अवधि में न्यूरोलॉजिकल प्रक्रिया द्वारा अनुरूप दिमागी तथा फिजियोलॉजिकल[6] (श्वास गति, रक्तचाप…) अभिव्यक्ति जनने का उत्प्रेरक है। इसलिए अनुभव का सकारात्मक आंतरिक चित्रण सकारात्मक मनोदशा और उसका नकारात्मक आंतरिक चित्रण नकारात्मक मनोदशा अंकुरित करेगा। विचलित करनेवाले वृत्तांतों ('स्टीम्यूलस') को अच्छा रंग देने की शैली 'कंटेंट रिफ्रेमिंग' है।

'एन.एल.पी.' मन, मस्तिष्क और शरीररूपी मिट्टी को
उपजाऊ बनाने का उपयोगी साधन है

असाधारण एवं प्रतिकूल हालात में आत्म-संतुलन बरकार रखनेवाले लोगों पर अध्ययनों ने दिखाया कि वे भीषण-से-भीषण नकारात्मक मानसिक तसवीर व पल को सकारात्मक या आत्म-हितकारी फ्रेम देने के गुणधारी हैं। द्वितीय विश्वयुद्ध में यातना शिविर में नराधम नाजियों ने प्रसिद्ध यहूदी डॉ. विक्टर फ्रैंकल के समक्ष उनके पत्नी, भाई को बेरहमी से मार डाला। डॉ. विक्टर ने मंथन किया कि 'मैं कैसे पागल होने से बचूँ?' वे उस भयानक स्थिति में भी सकारात्मक अर्थों, तत्त्वों को ढूँढ़कर अपनी मनोदशा को संयमित करने में सफल हुए, जबकि कई अन्य बंदी मनोरोगी हो गए।

किससे विरक्त रहें, किससे आसक्त रहें?

घटना हमें उसी स्तर तक उद्वेलित कर पाएगी, जितनी प्रगाढ़ता से हम उससे भावनात्मक रूप से जुड़े या विलग रहेंगे। उसका पुनः स्मरण करने पर वह मस्तिष्क में वर्तमान में उसी रूप में प्रकट हो, हममें ठीक वैसा असर डालता है, जैसा उसने पूर्व में जब घटित हुआ था, तब हममें डाला था।

यादों के समंदर से एक खुशगवार लम्हा चुनकर जेहन में लाइए। उदाहरणार्थ, जब आप बचपन में पहली बार पुरस्कृत हुए थे। इस स्मृति की छवि बड़ी होगी, आपके मानसिक पटल पर बिल्कुल सामने, सिनेमा की तरह जीवंत एवं चलायमान। आप उस चित्र के अंदर होने से भूत में हुए उस क्षण के अहसास को पूरी तरह वर्तमान में महसूस कर रहे होंगे। दो मिनट आँख खोल दाएँ-बाएँ देख दिमाग खाली करें। अब कल्पना कीजिए, आप छत पर खड़े हैं और उस वृत्तांत की फिल्म सामने दूर पर चल रही है। अपने मनोभाव पर क्या फर्क महसूस किया आपने? आपकी मनोदृष्टि में फर्क आने से अब आपमें पुरस्कार पाते हुए पल के प्रति विरक्तता का भाव आ गया होगा और आप उसे ऐसे देख रहे होंगे, जैसे मैदान में बच्चों को बिन लगाव के खेलते देखते हैं। एक खासमखास बात—इसमें आप वर्तमान उम्रवाले नहीं, वरन् उस उम्रवाले होंगे, जब आपको पुरस्कार मिला था! अन्य विभेद—पहले नजरिए से स्मृति अधिक सुखात्मक होगी, पर दूसरे विरक्त नजरिए से उससे सुखानुभूति के आभास की उत्कटता निम्न होगी और इसमें उपस्थित आवाज, अहसास की तीव्रता पहलेवाले की अपेक्षाकृत काफी कम। संदर्भ एक है, पर आपके दो भिन्न मनोदृष्टि ने समान प्रसंग को दो पृथक् अनुभवों में परिवर्तित कर दिया और आपमें प्रत्येक का भावनात्मक प्रभाव बदल दिया। 'एन.एल.पी.' में पहलेवाला 'एसोसिएट' (संयुक्त) व दूसरावाला को 'डिसोसिएट' (विरक्त) दृष्टिकोण है। वास्तव में, हजारों वर्ष पूर्व महात्मा कृष्ण ने इनका संज्ञान कर लिया था। (पुस्तक में मैं 'एसोसिएशन' के लिए 'विरक्त' तथा 'डिसोसिएशन' के वास्ते 'संयुक्त' शब्द का भी प्रयोग करूँगा।)

चित्र 4.1 : विरक्त एवं संयुक्त मनोदृष्टि

प्रसंग से डिसोसिएट होना उससे जुड़ी भावनात्मक अनुभूति कम करने का कारण है, जबकि उससे एसोसिएट होना उसके विस्तार का। अतीत में आपके रिश्तेदार ने आपको बहुत अपमानित किया था। वह दृष्टांत आपको आज तक विचलित कर रहा, आपमें आत्महीनता भर रहा। इसका मूल है—आपका उस याद से अति लिप्तता। इसे ऊपर वर्णित खेल के मैदानवाले उदाहरण के जैसा विरक्त स्वरूप दे दें। उसकी आकृति आपके दिमाग में छोटी, कम प्रखर, धूमिल हो जाएगी! आप वेदना से उबर चुके होंगे और वह पहले की अपेक्षा कम अपमानजनक लग रहा होगा!

अनुभव, सोच अपनी विशिष्ट अंदरूनी रचना (Mental representation) के आधार पर हममें उसके अनुरूप मनोदशा उत्पादित करनेवाला स्रोत है। मनोचिकित्सक जॉन ग्रिंडर व सहयोगियों के अनुसंधान से निष्कर्षित हुआ कि स्नायुतंत्र की एक नैसर्गिक प्रवृत्ति है—आने-जानेवाले प्रत्येक क्षण को हमारे व्यक्तिगत निर्णय व मानसिकता के अनुसार विरक्त अथवा संयुक्त स्वरूप देना।

दिमाग की कार्य-प्रणाली है—हम पर प्रभाव न पड़नेवाले अनुभवों (नकारात्मक और सकारात्मक दोनों) को विरक्त (डिसोसिएट) फ्रेम और हम पर असर डालनेवाले अनुभवों (नकारात्मक और सकारात्मक दोनों) को संयुक्त (एसोसिएट) फ्रेम प्रदान करके उनके घटित होने के काल के हिसाब से मस्तिष्क के स्मृति विभाग में संगृहीत करते रहना। हमारी मानसिकता पर निर्भर है, कौन पल किस फ्रेम में रहेगा।

सुख का बोध इस बुद्धिमत्ता में है कि हमें किस प्रसंग से
आसक्त रहना चाहिए और किससे अनासक्त

आपका वर्तमान शारीरिक ढाँचा, मनोदशा आपके पूर्व अनुभवों के सम्मिलित मानसिक असरों का फल है। इसकी आधारशिला है, आपका किस-किस से कितना जुड़ाव है और किस-किस से कितनी विरक्तता।

विरक्तता एवं लिप्तता पैदा करना अनुभव की अपनी विशिष्ट सबमॉडल्टियों का काम है, उससे अनुरूप मनोस्थिति उपजती है।

एसोसिएट अभिवृत्ति में आपका लम्हे (सकारात्मक अथवा नकारात्मक) के साथ पूर्णरूपेण संयुक्त होने से उसके वर्षों पुराना होने पर भी आपको अहसास होता है कि उसका वीडियो हूबहू उसी अंदाज में आपके दिमाग में वर्तमान में चल रहा। एक सैनिक से उनके द्वारा भाग लिये युद्ध के बारे में पूछकर उनकी मुखमुद्रा पर ध्यान दें। वे सम्मोहित अवस्था में पहुँच उसमें खो जाएँगे, उनके दिल में जंग चलना प्रारंभ!

प्रारब्ध हमारी झोली में सदैव प्रसन्नतादायक अनुभव नहीं भरता। जरूरी नहीं कि

व्यापार में पैसा बरसता रहे और हम हरदम दूसरे को पछाड़ आगे बढ़ते रहें, तभी हम बढ़िया महसूस करें; यह हममें खुशी जनने के उद्देश्यार्थ परनिर्भरतावाली मानसिकता है। हमें हर हाल और विफलता, हार, हानि, दुःख के बीच भी प्रफुल्लित रहने की वजह ढूँढ़ना होगा और इसकी एक अति प्रभावी कला है, भूत के अच्छी स्मृतियों से सदा जुड़े रहना।

नकारात्मक पलों के साथ आदतन लिप्तता जानते-बूझते विषपान है। वैसा करनेवाला मनोविकार, शक्तिहीनता, दुःख, अक्षमता से मुहब्बत कर बैठेगा, उसमें आत्महत्या की ओर रुझान अति संभव! जीर्ण अवसाद, मायूसी से ग्रसित बंदे की फितरत है सकारात्मक, मधुर अवसरों को दफन कर अधिकाधिक दुःखदायी पलों, घटनाओं से चिपके रहना। डरावनी एवं तनाववाली यादों से प्रेम प्रसंग करनेवालों को देर-सबेर रक्तचाप, तनाव, सिरदर्द के जाल फँसना ही होगा।

अनचाहे व असफल अवसरों से असाधारण आसक्ति की आदत में उपलब्धियों, उत्तम स्मृतियों को गर्त में ढाँक जिंदगी स्याह, तबाह करने का भरपूर दम है। कौन रोक पाएगा ऐसे इनसान को मदिरा में डूब यकृत विकृत कर मंद-मंद मृत्यु से आलिंगन करने की ओर बढ़ने से?

खराब पलों से विरक्तता हमें अपने मानसिक स्वास्थ्य के हितार्थ उसके द्वारा जनित प्रबल नकारात्मक अनुभूतियों का मिनटों प्रबंधन करने की निपुणता देता है—बगैर खर्चीले मनोवैज्ञानिकों के पास जाए। मौजूदा मनोदशा बरकरार रखते हुए हम उसके द्वारा उत्पादित अप्रिय अहसास महसूस करेंगे, पर कम तीव्रता से। विरक्त होने का हुनर आपको आत्म-नियंत्रण पाने की काबिलियत प्रदान करेगा।

विरक्त मनोवस्था में आप वाक्यों द्वारा उत्पन्न भावनात्मक प्रभाव से परे हटकर सोचने की योग्यता पाते हैं—सही विश्लेषण के वास्ते एक अपेक्षित गुण। उससे प्राप्त सीख लक्ष्य तथा हित के अर्जन में उपयोगी सिद्ध होगी।

सफलता व कर्म के मार्ग पर अविचलित हो आगे बढ़ने का एक रहस्य है—अनुभवों, परिवार, भावनाओं से अलग हो निर्णय करना, विकल्प चुनना। सैनिक इससे भलीभाँति अवगत हैं। महाभारत युद्ध में सगे-संबंधियों को सामने देख अर्जुन आत्मवेदना से ग्रस्त हो कर्म से मुँह मोड़ने लगे। श्रीकृष्ण महाराज के इस ज्ञान ने अर्जुन का आंतरिक चक्षु खोल दिया, 'अर्जुन, नाना प्रकार के संबंधों, बंधनों से विरक्त हो, धर्म के लिए युद्धरत हो, यही तुम्हारा कर्तत्व है।' तत्पश्चात् अर्जुन नाना प्रकार की आसक्तियों से पृथक् हो धर्मयुद्ध के लिए बाण उठा लिये।

उल्लास में गुणात्मक वृद्धि अब मुट्ठी में!

प्रसंग में सबमॉडल्टी परिवर्तन उनमें आधारभूत तब्दीली लाने में सक्षम है। सोच,

अनुभव, स्मृति वही रहेंगे, पर उनकी संरचना बदलने से उनका पूर्व अर्थ, पहचान और मानसिक प्रभाव नया स्वरूप ले लेगा।

किसी लम्हे से लिप्तता की पहचान है, उसकी छवि का मनोपटल में काफी निकट एवं बड़ा होना। उस अवस्था में आपकी मुखमुद्रा में उस क्षण के प्रति एकाग्रता झलकेगी, देह तनिक आगे झुक जाएगी, आँख की पुतलियाँ फैल जाएँगी और साँस का तरीका, चेहरे की रंगत उस पल में निहित भावना के अनुरूप ढल जाएगी। तन की इस विशिष्ट गैर-भाषागत अभिव्यक्ति को 'एसोसिएट फिजियोलॉजी' (Associate physiology) कहेंगे।

तकनीक 7 : 'एसोसिएट फिजियोलॉजी' से सुखात्मक अवस्था

1. पिछले रविवार यारों के साथ मटरगश्ती करनेवाला एक अवसर सामने लाइए। उसे दिमाग में धीरे-धीरे निकट लाते हुए विशाल कर दें और उसे सिनेमा की तरह बहुआयामी, आकर्षक बना दीजिए।
2. हीरो के माफिक उसके अंदर प्रवेश कर इसमें पूर्णतया रमकर वर्तमान में उसका मजा लीजिए। उसे अभी स्वयं पर गुजरते हुए अहसास करते ठीक वही सोचिए, देखिए जैसा उस समय हुआ था।
3. आनंद के आभास को पूरे शरीर में फैलाकर उसे हर अंग में पूरी तरह अनुभव करें।
4. नेत्रों की पुतलियाँ फैला (Defocused) लें, जैसे सुंदर स्त्री/पुरुष निहारते वक्त होता है। बदन थोड़ा आगे झुकाएँ।
5. श्वास-गति, अंगों में तनाव/ढीलापन, पास्चर, मुखाभाव वैसा कर लें, जैसा तब होता है, जब आप अति प्रसन्न होते हैं।
6. विधि को भूतकाल में आए प्रत्येक अच्छे प्रसंगों के साथ एक-एक कर प्रयुक्त करें और खाली समय या रात सोने के पहले उनमें बारी-बारी से डूब बिना जेब हल्का किए बहुरंगी सिनेमा का रसास्वादन करें और अपनी सुखानुभूतियों में अति बढ़त लाएँ।

(**चेतावनी**—पद्धति को नकारात्मक वाक्यों के साथ कदापि प्रयुक्त न करें।)

पति-पत्नी के बीच दूरी तलाक का बड़ा स्रोत है—

- परस्पर बिताए हसीन लम्हों को भुला देना एवं उनसे दूर रहना।

- आपस में घटित हुए खराब, अनचाहे वाकयों से चिपके रहना।

अपने सेक्सुअल लम्हों के साथ उपरोक्त 'एसोसिएट फिजियोलॉजी' शैली अपनाना आपके आनंद में चार चाँद लगा परस्पर भावनात्मक संबंध ठोस करेगा। ऐसे करनेवाले दादाजी परिवार में उधम नहीं मचाते, बस दादी के साथ गुजारे हसीन अनुभवों में मस्त रहते हैं।

भूतकाल के अधिकाधिक अच्छे प्रसंगों को उज्ज्वल स्वरूप देकर उनसे संलिप्तता उनके सम्मिलित सकारात्मक परिणामों में असीम वृद्धिकारक है (जबकि दु:खी, हतोत्साहित आत्माएँ उन्हें धुँधले, अस्पष्ट स्वरूप में संगृहीत किए रहते हैं!)। सदैव खुश रहनेवालों की स्वाभाविक फितरत है—छोटे-से-छोटे अच्छे पलों का भी भँवरे की भाँति रसपान करते रहना। यह उनके हृदय को जिंदादिल, उर्वरक बनाते हुए मुफ्त में उनके 'सुखात्मक आयाम'[7] (Happiness quotience) के उछाल में निहायत सहायक है। उसके परिणामस्वरूप उत्पादित प्रबल सकारात्मक मानसिक संसाधन (रिसोर्स) हमारे लक्ष्य-ग्रहण तथा कठिनाइयों से निपटने के वास्ते हममें यथोचित मनोवृत्ति, क्षमता, मानसिक शक्ति को प्रज्वलित करने में विशाल योगदान देता है। हिटलर के यातना शिविरों में आत्म-संतुलन बनाए रखनेवाले 'असाधारण बंदी' खाली समय में अपने परिवार के साथ बिताए अच्छे क्षणों में आदतन डूबते रहने के आदी थे।

सफलता और अपने को रोग से मुक्ति करने से जुड़ाव रखना हममें अपार बुद्धिमत्ता (Intelligence), कौशलता, जागरूकता (Awareness) का आमरस भरने का गुरुमंत्र है।

दु:ख, हताशा उड़न-छू!

एक प्रताड़ात्मक क्षण (यह अत्यधिक डरावना या ज्यादा तीव्र न हो, जिससे आपकी तबीयत बिगड़ जाए) लें, जो आज तक आपको दु:खित कर रहा, जैसे—एक परीक्षा में असफलता। उसे आपने मानसिक पटल पर निकट लाकर विशाल, आकर्षक आकार दे दिया होगा; तभी तो वह आपको आज तक तंग कर रहा। उसे श्वेत-श्याम बनाकर अपने दिमाग से निकालकर सामने बाहर दूर रख दीजिए, अब देखिए कमाल!

किसी क्षण से विरक्तता की दशा में उसका छवि आपकी मस्तिष्क में फासले पर होती है। उससे उस पल के याद आने पर आपकी पुतलियाँ संकुचित एवं त्वचा, चेहरे की रंगत हलकी हो जाती है और आप कुरसी पर पीछे टेक लगा आराम से बैठ जाते हैं। भाव-भंगिमा का यह ढंग 'डिसोसिएटेड फिजियोलॉजी' है।

तकनीक 8 : 'डिसोसिएटेड फिजियोलॉजी' से नकारात्मक अनुभव के प्रभाव में निम्नता

1. कुरसी पर बैठ जाइए, सिर हल्का सा उठाकर कमर पीछे टिकाइए, जैसे सिनेमा हॉल में फिल्म 'शोले' देखने जा रहे। नेत्रों की पुतलियाँ सिकोड़ लें, जैसे सामने आसमान में दूर उड़ती पतंग देखने पर होता है।
2. एक दु:खात्मक घटना लें, जो आज तक आपमें मानसिक परेशानी उत्पन्न कर रही हो (यह भयावह या ज्यादा तीव्र न हो, इसके लिए 'डबल डिसोसिएशन' पद्धति माकूल है (संदर्भ 'अध्याय 9')। इससे स्वयं को बाहर निकाल लें, इसमें आपकी आयु उस समय वाली होगी। प्रसंग को अपने से अलग कर शनैः-शनैः लगभग पचास-सौ फीट आगे कर दें, अब वह बहुत छोटा हो जाएगा। उसे भावहीनता से ऐसे निहारें, जैसे बहुमंजिले इमारत से नीचे आते-जाते वाहन को निहारते हैं।
3. उसे मटमैला रंग दे दीजिए।
4. अतीत के सभी अनचाहे तजुर्बों को एक-एक कर यही फ्रेम प्रदान कर दीजिए। उनका सम्मिलित नकारात्मक मनोप्रभाव निम्नतर होने से आपकी मनोदशा, मानसिक स्वास्थ्य उन्नत होती जाएगी।
5. भविष्य में आने-जानेवाले खराब अवसरों पर यही नजरिया अपनाने की प्रवृत्ति डाल लें।

   (**चेतावनी**—इसे सकारात्मक लम्हों पर कदापि न प्रयुक्त करें, उनके रसविहीन होने से आप उनके लुत्फों से महरूम हो जाएँगे और आप उदासीन मनोदशा में आ जाएँगे।)

बलात्कार, सर्जरी जैसे तीव्र वाकयों के पश्चात् व्यक्ति उसके कष्टकारी भावनात्मक प्रभाव के चक्रव्यूह में अपने को फँसा महसूस करता है, चाहकर भी उसके बाहर निकलने को मजबूर। उन लम्हों से विरक्तता (डिसोसिएशन) आपको उनसे अप्रिय मानसिक परिणामों से अलग करेगा। उसके साथ आपमें उनसे निपटने के लक्ष्यार्थ विवेकशीलता, समझदारी का गुर भरेगा। अग्निशमन विभाग, लंदन के जवान हृदय विदारक दृश्यों से गुजरने के उपरांत आंतरिक संतुलन बनाए रखने को उपरोक्त 'डिसोसिएशन' पद्धति से प्रशिक्षित किए जाते हैं।

अंग में दर्द एवं मानसिक तनाव की स्थिति में तन से विरक्तता उसे सहने की क्षमता

देने तथा उसकी तीव्रता कम करने में सहायक है।

इस अध्याय में उल्लेखित प्रक्रियाओं द्वारा आप बगैर मनोवैज्ञानिक सहायता मिनटों में अच्छे तथा खराब क्षणों का बेहतरी से सामना कर पाएँगे। अपनी भावनात्मक अवस्था तथा बेसलाइन स्टेट दिन के अधिकतर हिस्से सकारात्मक, संतुलित रखने में सफल होंगे। बॉक्स में दी दोनों युक्तियों को नियमित स्वभाव बनाने से वे आपके अचेतन में गहराई से बैठ जाएँगी। यह आपके मनोस्वास्थ्य, योग्यता (कोग्नेटिव एबिलिटी), सुख में उत्तरोत्तर उठान लाने में मददगार सिद्ध होगा।

मित्रो, क्या आप अब अमर कवि जॉन मिल्टन (John Milton, 1608–74) के इस कथन पर अविश्वास करेंगे—'मस्तिष्क अपनी स्वर्ग जैसी दुनिया नरक बना सकता है और नरक जैसी दुनिया स्वर्ग भी? मेरे खयाल से कभी नहीं।'

पांडित्य

क्या अनचाही परिस्थिति से ऊँची-से-ऊँची हस्ती भी अछूते रह सकते हैं? क्या प्रतिदिन आनेवाले अप्रिय क्षणों को रोकने की है किसी में है कूवत? पर हम नकारात्मक आवृत्तियों को किस मनोदृष्टि से देख कैसी प्रतिक्रिया करें, हम इसके महाराजाधिराज हैं। याद रखिए, मानवीय स्नायुतंत्र प्रत्येक अनुभव को अपनी मानसिकता एवं लक्ष्यानुसार परिवर्तित कर उसे अपने अनुसार अनुभव करने में और उसे अपने लाभानुसार प्रयुक्त करने में पूर्णतया दक्ष है। है न यह विस्मयकारी बात! किंतु यह तभी संभव है, जब हम हितप्रद ज्ञान अपनाएँ, अपनी मानसिकता एवं नजरिया बदलें और यथोचित कदम उठाएँ। दु:खी जन की फितरत है, सिर्फ अपने भाग्य को कोसते रहना। भगवान् ने मनुष्य को अपने जीवन-वर्धन के लिए सबकुछ उपहारस्वरूप नवाजा है। उसे लगभग नब्बे प्रतिशत प्रयुक्त न कर आसमान देख खुद व भाग्य को कोसते रहते हैं।

नकारात्मक घटना और परिस्थिति के हाथों में स्वयं की कमान देना अप्रिय, अस्वास्थ्यदायक अंत:स्थिति उत्पन्न करने का प्रथम पग होगा। यह अति हानिकारक और दुर्भाग्यपूर्ण है। 'डिसोसिएशन' (विरक्तता), 'एसोसिएशन' (लिप्तता) हमें सभी अनुभवों में सकारात्मक अवस्था में रहने का और उसे अपने लाभार्थ परिवर्तित करने का उत्कृष्ट गुण भेंट करता है। हम प्रवीणता पाते हैं कि कैसे सकारात्मक पलों को अधिकतम आनंददायी तथा अनचाहे क्षणों को काफी हद तक बेअसर कर सकें।

हम किस वृत्तांत को किस दृष्टि से देख रहे हैं, यही उसके प्रति हमारी मानसिक प्रतिक्रिया का निर्धारक है और इसके निर्णय से हम या 'श्रीमान सुखीराम' बनेंगे अथवा 'श्रीमान दु:खीराम'। उससे एवं किसी परिप्रेक्ष्य से लक्ष्यानुसार 'डिसोसिएट'

एवं 'एसोसिएट' होने की बुद्धिमत्ता हमारा 'सुखात्मक आयाम' (हैप्पीनेस क्वाशियंस) विस्तारित कर जिंदगी श्रेष्ठता से जीने में मददगार है।

हम दिन में कई मरतबा स्वभावत: नकारात्मक एवं सकारात्मक पलों से विरक्त और कई बार नकारात्मक एवं सकारात्मक पलों से संयुक्त होते रहते हैं

खराब लम्हों से विलग व अच्छों से जुड़े होने की मानसिकता का उत्तम मनोवस्था पैदा करने के साथ सेहत वृद्धि में अति योगदान है, क्योंकि लगभग नब्बे प्रतिशत बीमारी का मूल नकारात्मक सोच, भावना व मनोदशा है। हरदम प्रसन्न दिखनेवाले उस खास दिमागी हुनर के मालिक होते हैं। शोकाकुल, विषादग्रस्त, नीरस जीवों की सीरत ठीक उसके विपरीत—सुखात्मक अवसरों से विरक्तता तथा दु:खद अवसरों में कुछ ज्यादा लिप्तता। ऐसे मानुष आपको 'यह दुनिया, यह महफिल मेरे काम की नहीं' गाते हुए देश के हर गली, कूचे में उद्देश्यहीनता से इधर-उधर भटकते दिख जाएँगे। मेरे बचपन का एक मित्र इस स्वभाववश गंभीर मनोरोग के बाहुपाश में बँध गया। पत्नी की छोटी-सी गलती से उसके साथ गुजारे अनन्य रसीले पलों को नकारनेवाले पति के भाग्य में सुखी वैवाहिक जीवन लिखा रह सकता है क्या?

पारंपरिक मनोविज्ञान के ठीक विपरीत, 'एन.एल.पी.' की विलक्षणता है, यह हममें स्वयं को सर्वोत्तमता से संचालित करने की दक्षता हासिल कराता है।

मानसिक शांति

नकारात्मक मनोदशा विकट समस्या है। उसे बदलने के ध्येयार्थ ही लोग ड्रग, शराब लेते हैं, बाबाओं के चक्कर-पर-चक्कर लगाते हैं, घर-बार त्याग योगी बन जाते हैं और अपने उत्तरदायित्वों से विमुख हो परिवार को बरबादी के कगार पर खड़ा कर देते हैं!

मनोवैज्ञानिकों, संतों के अनुसार सभी नैसर्गिक मानसिक संसाधन ('शांति' उसमें से एक है) हम सबमें प्राकृतिक रूप में विद्यमान हैं, बस उसे स्वीकारने व प्रयोग की दरकार है। हिंदू दर्शन कहता है, 'शांति का प्रत्येक मानव की आत्मा में निवास है'। एक हिंदी गाना है, 'बंदे, शांति तेरे मन में, तू बाहर क्यों भटक रहा!'

शांति रूपी कमल हमारे हृदय में सतत खिला है, बस उसकी सुगंध को सूँघने की आवश्यकता है। सकारात्मक विचार, मनोवृत्ति तथा कर्म और आशावादिता, सदाचार, अध्यात्म, स्वस्थ जीवन-शैली एवं विरक्त और संयुक्त दृष्टि का यथोचित उपयोग स्थायी आत्मिक शांति अधिग्रहण का ठोस मार्ग है।

प्रज्ञता (Wisdom)

1. नकारात्मक, दु:खद अनुभवों में लिप्तता और सुखद, सकारात्मक अनुभवों को दबाना ड्रग, शराब, आत्महत्या के प्रति झुकाव और उदासी, हताशा की जड़ है।
2. अच्छे प्रसंगों से लिप्तता (एसोसिएशन) व खराब से विरक्तता (डिसोसिएशन) मानसिक सुख, आत्म-प्रेरणा, रोग तथा दर्द से मुक्ति तथा स्वस्थता के पथ को सुलभ बनाने वाली संजीवनी है।
3. परस्पर कामुक, उल्लासपूर्ण अवसरों को दिल से चिपकाए रखना व अप्रिय पलों की उपेक्षा पति-पत्नी के बीच प्रगाढ़ प्रेम का कमल खिलाने और उनमें पनप रहे तलाक, टकराव पर लगाम लगाने में उपयोगी होगा।
4. अबुद्धिमत्तापूर्वक व जरूरत से ज्यादा संयुक्तता एवं विरक्तता अहितकारी है। असामान्य कामुकता (सेक्स एडिक्शन) का आधार है सेक्सुअल कल्पनाओं से असाधारण लगाव, जबकि उससे यथोचित संलिप्तता सेक्सुअल सुख में अपार वृद्धिजनक होगा।
5. प्रखर व भीषण नकारात्मक घटना से पूर्ण विरक्तता अनिवार्य है, यह भावनात्मक समस्या निवारक है।

कार्यक्रम

1. रात सोने के पहले दिन भर में गुजरी अच्छी अनुभूतियों से बारी-बारी लिप्त (एसोसिएट) व अनचाहों से विरक्त (डिसोसिएट) हो लें। आपके सुखात्मक आयाम में बढ़त आएगी।
2. लिस्ट बनाइए, आपमें किन-किन मनोवस्था को किसी भी समय स्वयं प्राप्त करने का कौशल है, उदाहरणार्थ—जोश, मानसिक शांति…।
3. क्या आपका खुशनुमा पलों से छत्तीस का आँकड़ा बनाए रखनेवाले एवं सिर्फ अपने दु:ख से चिपके रहनेवाले से सामना हुआ? दोनों के व्यक्तित्व, 'बेसलाइन स्टेट' में समानता अवलोकित करें।

शब्दावली

1. प्रोसेसर (Processor)—कंप्यूटर में डाटा को संचालित, विश्लेषित, संगृहीत करनेवाला 'सीपीयू' (CPU) हार्डवेयर।

2. सबमॉडल्टी (Submodality)—सोच रचित करनेवाले भाषा, भावना एवं

कल्पना की सूक्ष्मताएँ, जैसे—मनोछवि का रंग, दूरी, आयाम¨।

3. शिजोफ्रेनिया (Schizophrenia)—एक मानसिक रोग, जिसमें पीड़ित में अन्य मनोसमस्या के अतिरिक्त उसे मस्तिष्क में आवाज सुनाई पड़ती है।

4. उद्दीपक (Cue)—वह विशेष स्पर्श, बोल, मानसिक चित्र, वस्तु, अनुभव आदि जो स्वचालितता से स्वयं या दूसरे में खास शारीरिक एवं भावनात्मक प्रतिक्रिया पैदा करें।

5. स्टीम्यूलस (Stimulus)—ऊपर उल्लेखित 'उद्दीपक' के अनुरूप अर्थ।

6. फिजियोलॉजिकल (Physiological)—प्रत्यक्ष एवं अप्रत्यक्ष जैविक प्रक्रियाएँ, जैसे—श्वास व हृदय गति, खून का दौरा, मुख की रंगत¨।

7. सुखात्मक आयाम (Happiness quotience)—हर्ष की अनुभूति और उसे करानेवाले मानसिक कारणों का विस्तार।

8. रिएक्टिव प्रतिक्रिया (Reactive response)—बिन सोचे-समझे किया गया अहितकारी अथवा नकारात्मक व्यवहार/प्रतिक्रिया।

9. प्रोएक्टिव प्रतिक्रिया (Proactive response)—विवेक से विचारकर किया गया आत्म-हितकारी अथवा सकारात्मक व्यवहार/प्रतिक्रिया।

□

5

सफलता-बाधक मोटी दीवार पर बुलडोजर

"हम चाहे कितनी आशाएँ करें, कितनी सच्चाइयों से रूबरू हों और लक्ष्य के लिए कितना प्रयासरत रहें, पर परिवर्तन वास्तविकता और सतत नियम है। डरे बगैर इसे स्वीकारिए। अज्ञात को जानने, ढूँढ़ने की चेष्टा करो; न ही इससे डरो, न ही इससे आसक्ति करो।"

—जोसेफ ए. बॉर (Joseph A. Bauer)
लेखक 'लव मी टेंडर, लव मी टू'
(Love Me Tender, Love Me True)

अपने लक्ष्य-प्राप्ति के परिप्रेक्ष्य में—

- आपका परिवेश सकारात्मक है, आपकी प्रतिक्रिया, शख्सियत माकूल है और आपमें आत्मविश्वास है, फिर भी आपमें लक्ष्य-प्राप्ति के प्रति शंका, असहायपन का आभास है, क्योंकि आप नहीं जानते (How?) करना है।
- आपमें क्षमता है और परिवार भी सहयोग कर रहा है, पर आत्मविश्वास नहीं आ रहा है।
  (You have ability to do that and have family support, but not feeling confidence.)
- आपमें काबिलियत है, आत्मविश्वास है, पर समाज आपका विरोध कर रहा है।
  (You have ability and confidence, but society is opposing you.)
- आपमें यथोचित गुण जाग्रत् करने की क्षमता है एवं परिवेश सकारात्मक है, बावजूद इसके भयंकर आत्महीनता के मारे आप सोच रहे हैं, 'मैं इस तरह का मानस नहीं, जो वह कर सके।'

(You know you can develop ability and your environment is positive, but believe 'I am not such type of person who can do that'.)

- आपकी शख्सियत/व्यक्तित्व लक्ष्यानुकूल है। आप जानते हैं, आप उचित ज्ञान, कुशलता पा लेंगे और आपका मंजिल चुंबन में पूर्ण विश्वास है, पर आप भ्रमित हैं कि 'आगे बढ़ने के लिए मुझे क्या करना होगा।'

  (You have ability and proper identity, you believe in your success and know environment will help you, but you don't know how to proceed ahead.)

स्थिति चाहे जितनी विकट हो, आँधियाँ चाहे जितनी तेज हों, हर परिस्थिति में सफलता का पैमाना सभी के अंदर विद्यमान है, बस जरूरत है—उस उद्देश्यार्थ अपने अंदर उर्वर जमीं तैयार करने की!

निष्फलता, अप्रिय परिणाम के पीछे गलत धारणा, नकारात्मक नजरिया के अतिरिक्त अपनी कमियों से आँख मूँदना तथा स्वयं को परिस्थिति एवं लक्ष्यानुसार न बदलना जैसे कारण सम्मिलित हैं और अपनी सोच व रीतियों को न सँवारना तथा अड़ियल रुख में हमारी प्रगति में ब्रेक लगाने का दम है। वैसा रवैया कार्य-कुशलता, बौद्धिकता के मार्ग में निश्चित तौर पर बाधक है। मैनेजमेंट के 'पीटर सिद्धांत' (Peter Principle of Management) के तहत स्वयं में तब्दीली से परहेज सफलता, संवाद, उन्नति के मार्ग में रोड़े के रूप में खड़ा हो जाता है।

सफल जन अपनी में अपूर्णताओं से ईमानदारी से रूबरू होने के बाद उसका समुचित प्रबंधन करने से गुरेज नहीं करते—विफल जन ठीक उसका उलटा।

आत्मोत्थान तथा विकल्पों से परहेज करते सुख, समृद्धि एवं शिखर चूमने की कामना अज्ञानी या दिमागी दिवालिएपन का शिकार ही करेगा। वे अनचाहे नतीजों को अंत अवस्था मानकर मैदान को सदा के लिए नमस्कार कहनेवाले जीव होते रहे हैं।

खुली मनोवृत्ति, अपने सभी आयामों को लचीला बनाए रखना एवं प्रत्येक अवस्था में लक्ष्य-विजय की तमन्ना प्रभावशाली व्यक्तित्व तथा अनुपम उपलब्धियाँ पाने का मंत्र हैं। 'एन.एल.पी पूर्वानुमान' (NLP Presupposition) सफलता व श्रेष्ठता के अधिग्रहण में सहायक अनेक व्यावहारिक अवधारणाओं का संगम है। उसमें एक प्रमुख सिद्धांत है—'किसी व्यवस्था में सबसे अधिक परिवर्तनशील तत्त्व वहाँ सर्वाधिक असरकारक होगा।'

डॉ. ग्रेगरी बेटसन (Dr. Gregory Bateson) द्वारा एक अत्यंत उपयोगी खोज ने हमारे चेतन और बुद्धि के किस स्तर पर रुकावट विराजमान है और उसे सुधारने

की क्रिया को अति सुलभ कर दिया, जबकि परंपरागत मनोवैज्ञानिक, बुद्धिजीवी उससे अनजान रह अँधेरे में तीरंदाजी किया करते हैं। इससे उनके द्वारा प्रदत्त परामर्श का लाभ कम या शून्य रहना सामान्य है।

आधुनिक युगी विशेषज्ञ दृढ़ता से मान रहे हैं कि अपने में समयानुकूल व यथोचित परिवर्तन लाना मुश्किल कतई नहीं। यह हर उम्र, हर दशा में पूर्णत: संभव है। इसका एक प्रत्यक्ष उदाहरण है—समय और अनुभव का बड़े-बड़ों में क्षणों में परिवर्तन ले आना।

"सृजनशील लोग लचीला रुख एवं स्थिति के तर्ज पर ढलनेवाले होते हैं और अपनी सोच को आवश्यकतानुसार नया स्वरूप देने को तत्पर।"

—ए.जे. क्रॉप्ले (A.J. Cropley),
रचनात्मकता पर शोधकर्ता

सृष्टि की महानतम अनूठी संरचना मानव मस्तिष्क परिप्रेक्ष्य, अनुभव, विचार को अनेक आयामों से सोचने-समझने, विश्लेषित करने में सक्षम है। इस नैसर्गिक गुण को मद्देनजर रखते, मानसिक बदलाव की ओर पथगमन की सरल युक्ति होगी—

- अभीष्ट इच्छा एवं ध्येय की आपूर्ति के वास्ते स्वयं की सोच, मनोदृष्टि, कार्य-पद्धति को अनेक प्रकार से प्रयुक्त करने की मंशा बनाए रखना, और
- प्रत्येक फलदायक विकल्प को चुनने को सदैव आतुर रहना।

मनुष्य का अपने सभी पहलुओं में सुधार लाने की सामर्थ्य उसके कई महान् योग्यताओं में से एक है। यह उसे अन्य सभी जीवों से ऊँचे श्रेष्ठी के प्रकोष्ठ में रखने की वजह है। मानव के लचीलेपन के हुनर पर शोधकर्ता अमेरिका के मनोचिकित्सक रॉबर्ट जे. लिफ्टन (Robert J. Lifton) ने प्रमाणित किया कि स्वपरिवर्तन मानव का नैसर्गिक मनोवैज्ञानिक गुण है। उन्होंने कहा, "हम अपने में हर वक्त आमूल-चूल बदलाव लाने में समर्थ हैं।"

एक अमेरिकी विश्वविद्यालय द्वारा अध्ययन ने सिद्ध किया—लक्ष्य-प्राप्ति में मस्तिष्क का लगभग उतना योगदान है, जितना शरीर का। इसकी जड़ है मस्तिष्क को संचालित करनेवाली सॉफ्टवेयर[1], अर्थात् 'सोच' (thought) का व्यक्ति की विभिन्न वास्तविकताओं और उसकी चेतनावस्था के तर्ज पर नित ढलते हुए कार्यरत होते रहने का गुणी होना। नई टेक्नोलॉजी के अंतर्गत रंगरूट पायलट का पहले एक कमरे में रखे साइम्यूलेटर[2] पर अभ्यास वास्तविक प्रशिक्षण को अत्यधिक प्रभावी बनाने का अंग है।

एक परिप्रेक्ष्य को मानव भिन्न तरीके, दृष्टि से कल्पना करने तथा विचारने में सक्षम हैं, जिसे 'स्पेशियल इंटेलिजेंस' (Spatial intelligence) कहते हैं। अब आधुनिक

वैज्ञानिक मान चुके कि दृष्टिकोण (Perspective), विश्वास (Belief) का उचित उपयोग परिणामों को संतुष्टिदायक स्तर पर पाने या उसे उन्नत करने में अति कारगर है।

इस अध्याय में आप जानेंगे कि कैसे मानसिक और व्यवहारगत अवरोध (धों) को पहचानकर उसे दूर करें, जिससे इच्छित क्षेत्र में दृढ़ता, आत्मविश्वास से सराबोर होकर सफलता एवं वांछित फल की माला पहन सकें।

न्यूरोलॉजिकल स्तर (Neurological Levels)

इंग्लैंड के अमर मानव-व्यवहारशास्त्री डॉ. ग्रेगरी बेटसन का स्नायुमंडल की दिशा निर्धारित करनेवाले मानसिक तत्त्वों पर क्रांतिकारी अध्ययन है। उन्होंने परप्वाएजों[3] पर अनुसंधान कर अन्वेषित किया कि 'मस्तिष्क आंतरिक व बाह्य घटकों पर आधारित विचारों को विशेषज्ञता से सीढ़ी के पायदान की तरह शृंखलाबद्ध करके अपने में सँजोए रखता है।' इस वैचारिक क्रमबद्धता (हायरार्ची) को उन्होंने 'न्यूरोलॉजिकल लेवल्स' कहा। उसमें स्थित प्रत्येक स्तर को 'न्यूरोलॉजिकल लेवल'। नीचे से ऊपर के क्रम में वे हैं—

परिवेश (Environment) हमारा समाज, कार्यस्थल, देश आदि है। इसमें हमें मृत्यु तक प्रभावित करनेवाले सभी स्थल, लोग शामिल हैं। इसका बोध 'कहाँ ?' (Where?) प्रश्न के उत्तर से होगा। कर्मचारी कहता है, 'वह मेरे लिए समस्याएँ उत्पन्न करता रहता है, जिससे मैं काम में मन नहीं लगा पा रहा।' आपके द्वारा 'वह' कहाँ पर ? पूछने पर कर्मचारी स्पष्टता से उत्तर देगा कि उसका 'वह' से मंतव्य कंपनी के अमुक सहभागी से या अन्य व्यक्ति विशेष से है।

'एन.एल.पी.' (NLP) के अनुसार **व्यवहार** वह है, जो हम चेतन रूप से देखते, सोचते, करते हैं। ध्येय विजय में यदि व्यवहार बाधा बन रहा है, तब 'क्या ?' (What?) प्रश्न द्वारा उसका संज्ञान संभव है। 'मेरा अंग्रेजी न बोल पाने के पीछे क्या वजह है ?' का उत्तर हो सकता है—'बोलने का अभ्यास न करना' या 'संकोच'। उस पटरी पर यथोचित कदम उठाना जरूरी होगा।

सफलता में सहायक अचेतन या अर्ध-अचेतन कार्य-शैली को **काबिलियत** (Ability, competence) कहते हैं। मनोवैज्ञानिक दृष्टि से अपने को बदलने की कला, उत्तम संवादकला की योग्यता, विपरीत परिस्थिति में मानसिक संतुलन बनाए रखने की दक्षता आदि 'काबिलियत' की परिधि में आएँगे। यह 'कैसे ?' (How?) द्वारा निर्धारित है। देखना होगा, हम कैसे त्रुटिहीनता से प्रक्रिया करें, कैसे अपनी उचित सामर्थ्यता का उपयोग करें कि सफलता, श्रेष्ठता सुनिश्चित हो जाए। मस्तिष्क व शरीर

के उचित समरूप संचालन से युक्त आवश्यक कौशल का प्रयोग विजय सिद्धि का रहस्य है।

विश्वास (Belief) जीवन तथा स्वयं को निश्चित दिशा प्रदान करनेवाला विशेष दृढ़ विचार है। यह प्रदर्शित करता है 'लक्ष्य हमारे लिए क्यों महत्त्वपूर्ण है', 'मैं उसे क्यों प्राप्त करना चाह रहा'। वह 'क्यों?' (Why?) को अभिव्यक्त करता है।

शख्सियत (Identity) भौतिक तन और अभौतिक मन को संचालित करनेवाला केंद्रबिंदु है। वह 'मैं क्या हूँ, कौन हूँ?' (Who I am?) प्रश्न का उत्तर है, जैसे—'मैं खिलाड़ी हूँ', 'मैं नाकाम आत्मा हूँ'।

व्यवहार व परिवेश 'निम्न स्तर', विश्वास व काबिलियत 'उच्च स्तर', तथा शख्सियत 'उच्चतर स्तर' कहलाते हैं। सामानों पर लगा बहुआयामी होलोग्राम लेबल समान प्रकार के असंख्य पर प्रत्येक अपने में पूर्ण स्वतंत्र सूक्ष्म चित्रों का संगम है। प्रत्येक चित्र एक इकाई है, पर वे सभी एकीकृत होकर बड़े स्वरूप में बिल्कुल उसी तरह दिखाई पड़ते हैं, जैसे वे स्वयं दिखाई पड़ते हैं। प्रत्येक न्यूरोलॉजिकल लेवल भी एक-दूसरे को प्रभावित करते हुए पूरे न्यूरोलॉजिकल लेवल्स को सम्मिलित स्वरूप देने में अपनी भागीदारी निभाते हैं, साथ ही प्रत्येक आदमी के व्यक्तित्व को मौलिकता प्रदान करते हैं। व्यवहार, गुण, शख्सियत क्या व कैसा हो, इसे निर्धारित करने का माध्यम विश्वास (Belief) है। शख्सियत मूर्तिकार की तरह है, जो अपने अनुरूप आचरण, कौशल, विश्वास का चयनकर्ता है, उदाहरणार्थ—हम देखते हैं, किसी का पियक्कड़ होने के पश्चात् उसका आचरण, कुशलता, धारणा, संगत उसके नए आत्म-पहचान के तर्ज पर ढलना तय है।

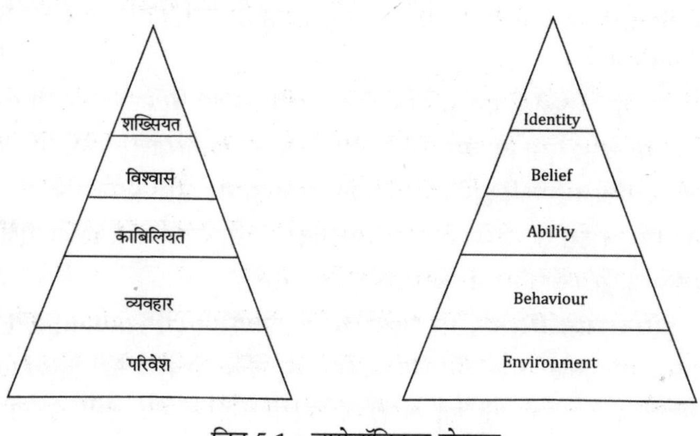

चित्र 5.1 : न्यूरोलॉजिकल लेवल्स

आप विचार को जिस न्यूरोलॉजिकल पायदान पर रखकर सोचेंगे, उसका आकार-प्रकार उस अनुरूप ढलकर वह आप पर तदनुसार प्रभाव डालेगा। ऐसा इसलिए कि हर न्यूरोलॉजिकल स्तर पूर्णरूपेण स्वतंत्रता से बाह्य दुनिया को देखने-समझने में समर्थ होने से उसका इंद्रियों पर अपने अनुसार असर है। होलोग्राम के माफिक प्रत्येक स्तर भिन्न अस्तित्व रखते हुए आपसी सामंजस्यता से समस्त क्रियाएँ निस्पादित करने के जिम्मेदार हैं। उनके उपयोग को विस्तृत करनेवाले अंतरराष्ट्रीय लब्धप्रतिष्ठित मानव व्यवहार विशेषज्ञ रॉबर्ट डिल्ट्स (Robert Dilts) के अनुसार, "प्रत्येक स्तर अपने में एक संपूर्ण संगठन समान है। उसकी संरचना व कार्य-रीति भिन्न है, जिससे वह मस्तिष्क के कार्य को अंजाम देनेवाले सरकिट (यहाँ इसका मंतव्य मस्तिष्क का संवाद प्रणाली से है) को गहराई से संचालित करते रहने के लिए उत्तरदायी हैं।"

मानव अपनी प्रतिक्रिया, भावना, गुण, वातावरण का
लक्ष्यानुसार प्रबंधन में दक्ष है, पशुजी इस गुण से महरूम

अक्षमता, विवशता और पैदाइशी असफल होने के अहसास का उद्गम स्थल अधिकांशत: न्यूरोलॉजिकल स्तर है, उसका उसी स्तर पर निदान वांछित फल पाने को शर्त है। गलत पायदान, दिशा पर ध्यान देते रहने से आप अँधेरे में हाथ-पैर मारते रहेंगे और ध्येय के वास्ते कुछ न कर पाने के असहायपन की भावना से ग्रसित हो निराशा में गोते लगाते रहेंगे, जैसा अधिकांश लोगों का प्रारब्ध है। महान् भौतिकशास्त्री अल्बर्ट आइंस्टीन ने स्वीकारा, "चेतन के जिस स्तर से अवरोध उत्पन्न हो रहा है, वहीं से उसके निवारण से स्थायी हल संभव है।" कृपया निम्न पर नजरें इनायत करें—

- **पारिवेशिक धरातल पर अवरोध का उत्पादन (Problem arising at Environmental Level)**—'परिवार ने मुझे सहयोग नहीं किया, इसलिए मैं व्यापार में निष्फल हो गया।'

(परिवार पर उँगली उठाने से प्रकट है कि आप अपनी विफलता की जड़ उसे मान रहे हैं। जब तक आप ऐसा विश्वास करते रहेंगे, तब तक हतोत्साहित रहेंगे और सफलता के लिए दुबारा प्रयासरत नहीं होंगे। परिवेश का समयानुसार और अपने समर्थता यथोचित प्रबंधन निहायत जरूरी है, जैसे—पारिवारिक सदस्यों को सहयोग के लिए राजी करना, घर के बजाय अन्य स्थान पर अभ्यास करना या अन्य।)

- **व्यवहारगत धरातल पर अवरोध का उत्पादन (Problem arising at Behavioural Level)**—'मैंने व्यापार के लिए उचित प्रबंधन नहीं किया।'

(आपको अपने नाकामी का कारण व्यवहारगत दिख रहा, इसलिए आप उचित जानकारी इकट्ठा कर पुन: चेष्टारत होंगे।)

- **काबिलियत स्तर पर अवरोध का उत्पादन (Problem arising at Ability Level)**— 'उद्योग कैसे लगाया जाता है, इसमें मैं निपुण नहीं।'

(बजाय हाथ-पैर ढीला कर बैठ जाने के, आप उद्योग लगाने का तरीका सीखकर, पढ़कर नया उद्योग संस्थापित कर सकते हैं।)

- **विश्वास स्तर पर अवरोध का उत्पादन (Problem arising at Belief Level)**—'इसका अर्थ यह नहीं मैं व्यापार में विफल हो गया, वरन् वास्तव में मैंने उससे बहुत कुछ सीखा।'

(आप आत्म-प्रेरित, संतुलित रहेंगे। उसके विपरीत यदि आपने स्वीकार लिया 'मैं व्यापार नहीं कर सकता, वह मेरे खून में नहीं', तब आपने खुद पर वृहद् नकारात्मक मनोवैज्ञानिक डालने का बीजारोपण कर दिया। भविष्य में किसी प्रकार का व्यापार करने के खयाल से आपका हाथ-पैर फूलना तय।)

- **शख्सियत स्तर पर अवरोध का उत्पादन (Problem arising at Identity Level)**—'मैं व्यापार के लायक नहीं।'

(आप आत्महीनता से ग्रस्त हो ताजिंदगी पुन: किसी व्यवसाय के बारे में सोचेंगे तक नहीं। पर यदि आप मानते हैं 'व्यापार मेरे लहू में है', 'मैं पैदाइशी उद्यमी हूँ', तब ध्येय के पथ पर आपके समक्ष चाहे बड़ी-से-बड़ी बाधाओं का पहाड़ खड़ा हो, आप चाहे कितनी बार औंधे मुँह गिरे हों, आप सीना तानकर डटे रहेंगे और सफल व्यवसायी बनकर रहेंगे!)

यदि एक न्यूरोलॉजिकल स्तर पर सोच आपको नकारात्मक भावनात्मक दिशा में ले जा रही है या विफलता का सबब बन रही है, तब आप उसे दूसरे पायदान पर लाकर या उसी पायदान पर उसे सकारात्मक रंग-रूप प्रदान कर विजय सुनिश्चित कर सकते हैं। आप दिल-ही-दिल मान चुके हैं कि 'मैं कभी मोटिवेशनल स्पीकर नहीं बन सकता', जबकि आपके हृदय में उसका सपना विद्यमान है। उसे शख्सियत स्तर पर ले जाकर स्वयं को जीवंत छवि में 'एक सफल मोटिवेशनल वक्ता' के रूप में कल्पना करें और अकेले शीशे के सामने बोलने के अभ्यास द्वारा वक्ता की तरह बोलने का हुनर विकसित करना प्रारंभ कर दें। आपमें आत्मविश्वास का पंख फैलना आरंभ।

हमारी बौद्धिक व दैहिक योग्यता सभी न्यूरोलॉजिकल लेवल्स की सम्मिलित प्रक्रिया का फल है। बुद्धिमत्तापूर्वक सबका एकमयता से या प्रत्येक का अलग-अलग उपयोग अविश्वसनीय नतीजे, उच्च प्रदर्शन एवं कौशल को श्रेष्ठतम स्तर पर ले जाने का रहस्य है।

न्यूरोलॉजिकल लेवल्स का अध्ययन सिद्ध करता है—जाति, नस्ल, धर्म, रंग के परे कामयाबी, योग्यता इस पर निर्भर है कि कर्मकर्ता किस न्यूरोलॉजिकल स्तर पर सोच-विचार करके किस दृष्टि से स्थिति, परिणाम को देख, सुन, समझ रहा और निर्णय ले रहा है।

मेरे खयाल से न्यूरोलॉजिकल लेवल्स मनोविज्ञान में महान् इजादों में एक है। इसके समंदर में मकसद अधिग्रहण, आत्मोत्थान, व्यक्तित्व विकास, मानसिक एवं शारीरिक स्वास्थ्य, रोगमुक्ति इत्यादि विषयों में महत्त्वपूर्ण उपयोग का रहस्य समाहित है और इसका दक्ष प्रयोग पैरेंटिंग, खेल के साथ लगभग सभी क्षेत्रों में निश्चित उत्थान या श्रेष्ठता प्रदान करने में समर्थ। इस मॉडल के अन्वेषक ग्रेगरी बेटसन के कथनानुसार, "न्यूरोलॉजिकल स्तरों का उचित उपयोग सही प्रकार से चेतन और अचेतन बदलाव लाने तथा उत्तमता से सीखने, सोचने, प्रदर्शन एवं संवाद करने में सहायक होगा।"

'मैं नहीं कर सकता' से 'मैं कर सकता हूँ' की ओर

जॉर्ज नया व्यवसाय करने की सोचते, पर उसे पूरा करने को आगे बढ़ नहीं पाते या थोड़ा-बहुत आगे बढ़ते, पर फिर पैर पीछे खींच लेते, उन्हें लगता कि उन्हें कोई अंदर से खींच रहा है। रोहन अपनी महत्त्वाकांक्षाएँ, ख्वाब मन में दबाए रखता, वह उसे पूरा करने को हिम्मत न जुटा पाता, झिझकता रहता। स्वनिर्धारित सीमा में बँधे, वे दोनों औसत दर्जे के आदमी रह कुंठित जिंदगी बिताए, जबकि दोनों में उच्चता का गुण मौजूद था। लगभग निन्यानबे प्रतिशत लोग अपनी प्रतिभा, इच्छा और हसीन किस्मत स्वयं में सदा के लिए दफन करने के दोषी हैं। नाटककार ऑस्कर वाइल्ड (Oscar Wilde, 1854-1900) मर्माहत हो बोले थे, 'बहुत लोग अपने अंदर खूबसूरती, प्रतिभाओं का संगीत लिये परलोक सिधार जाते हैं।'

बाह्य रुकावटों से आप पार पा सकते हैं, पर आंतरिक गतिरोध से मुश्किल से। बहुत लोग योग्य होते हुए भी आगे बढ़ने की हिम्मत, आत्म-प्रेरणा नहीं जुटा पाते। चेष्टारत होने पर उन्हें स्वयं से ही सहयोग नहीं मिलता। उन्हें संज्ञान नहीं होता कि बाधा कहाँ से उत्पन्न हो रही है और यह मानसिक है या शारीरिक! आधुनिक मनोवैज्ञानिक एकमत हैं कि सफलता या विफलता का बीज का प्रस्फुटन पहले अंदर से है, उससे बना पेड़ बाद में मुँह बाहर निकलेगा।

सोच से अंदरूनी बाधा की वजह का बोध

- आपकी सोच 'मेरे जैसा आदमी यह नहीं कर सकता', 'समझ में नहीं आता मेरे में समस्या कहाँ है?' से स्पष्ट है, कठिनाई उपजने का केंद्र आपकी शख्सियत है।
- 'मुझे अहसास हो रहा है, मैं असफल हूँगा' से व्यक्त है कि वजह है आपकी खुद संबंधित नकारात्मक धारणा।
- 'मैं यह कैसे कर पाऊँगा' आपमें यथोचित कौशल के अभाव की ओर इंगित कर रहा है।
- 'पूरी लगन, मेहनत से कार्य करने के बावजूद मैं विफल रहता हूँ', व्यवहार स्तर पर समस्या प्रकट कर रहा है।
- 'ऐसे संस्थान में रहते, मैं उच्च पद पर कभी न पहुँच पाऊँगा!' से जाहिर है, आपकी उन्नति न कर पाने का कारण वह खास परिवेश (संस्थान) है।

भ्रम, अवरोध का एक या अधिक स्तर से अंकुरित होना संभव है, जैसे आपका मान रहे 'मैं कंपनी में तरक्की कर सकता हूँ, मेरे में यथोचित प्रतिभा भी है, पर मेरे खिलाफ सहयोगी बॉस का कान भर रहे हैं और मैं नहीं जानता इसके लिए मैं क्या व्यवहार अपनाऊँ, मैनेजमेंट के समक्ष कैसे अपना पक्ष रखूँ'। मॉडलिंग आपका सपना है, पर आप नहीं जानतीं मॉडलिंग कैसे (How?) किया जाता है और आपके अनुसार 'मेरा चेहरा मॉडलिंग लायक नहीं' (जो आपका अपनी शख्सियत पर आधारित विश्वास है, पर वास्तविकता नहीं। मुलाहिजा फरमाइए 'जनरल सिमैंटिक' मनोविज्ञान के सिद्धांत 'मैप इज नॉट द टेरीटरी' पर, अर्थात् व्यक्तिगत सोच का सच्चाई न होना संभव है)। आपकी शख्सियत और काबिलियत अपने स्तर से आपमें मानसिक गतिरोध पैदा करेंगी और आपका दिमाग 'उसके बारे में सोचो भी मत' चिल्लाते रहकर आपमें आत्महीनता, हतोत्साह का गुबार पैदा करता रहेगा।

ध्येय सिद्धि के अतिरिक्त न्यूरोलॉजिकल स्तर का स्वभरोसा, उत्साह, आंतरिक एकमयता (Inner congruency) के उत्थान में वृहद् योगदान है। ऐसा इसलिए कि यह निश्चित सूत्र का अनावरण करता है कि कैसे हम स्वयं अपनी अंदरूनी, बाहरी रुकावटों के जड़ को पहचानकर और उसे दूर कर विजय की अधिकतम संभावना बनाएँ।

हम अनेक बार अनेक वजहों से मकसद अंगीकार करने में असमर्थता, अक्षमता (Incapability) महसूस करते हैं। आपके विश्वास 'मैं उसे नहीं कर सकता', 'मैं

सफल नहीं हूँगा' के मूल में एक या अनेक कारण होगा। मंजिल चुंबन के वास्ते कदम बढ़ाने के पहले उस रास्ते के पत्थर को हटाना पहली शर्त होगी। इस यथार्थ विभिन्न बौद्धिक स्तर पर क्रम से मंथन अनिवार्य है।

आपको आभास है, 'मैं 'X' नहीं कर सकता' ('X' सफलता दिलानेवाली क्रिया या कार्य प्रदर्शित कर रहा है)। सबसे निचले पदक्रम 'परिवेश' से प्रारंभ करते हुए क्रमवार तरीके से उच्चतर स्तर 'शख्सियत' तक पहुँचकर आत्म-विश्लेषित करें कि आपके किस न्यूरोलॉजिकल पायदान द्वारा समस्या खड़ी की जा रही है।

1. 'मैं [यहाँ/वहाँ) 'X' नहीं कर सकता।' ('I can not do 'X' (here/there).']

आपकी कठिनाई का स्रोत परिवेश है।

बहुत लोग परिवार या समाज के असहयोगी रुख के सामने नतमस्तक हैं। वे कहते हैं, 'बॉस का व्यवहार मुझमें तनाव उत्पन्न कर रहा', 'वे मेरी सफलता नहीं चाहते'। प्रश्न करें, 'कहाँ, कौन ऐसा नहीं चाहता?' इससे आपके दिमाग में एक इनसान का चित्र आएगा या पूरे समूह का। अधिक स्पष्टता से आत्मचिंतन करने पर ज्ञात होगा कि एक, दो या तीन लोग ही उत्तरदायी हैं, न कि पूरा जाति, धर्म विशेष या प्रतिष्ठान जैसा आप पहले मान चुके थे। अब आप पहले की अपेक्षा अधिक बेहतरी से उचित कदम उठा पाएँगे।

कुछ जन मकसद को निगाह रख अपने परिवेश को बदलने, सुधारने को प्रयासरत नहीं होते, जिससे वे नाकाम हो जाते हैं। पर पुरुषार्थी (स्त्री, पुरुष) स्वयं को विवश समझने के बजाय यथाशीघ्रता से परिवेश का कुशल प्रबंधन करने को तत्पर रहते हैं, जैसे—असहयोगी जनों से सहयोग लेने को रणनीति बनाना। मनन करें—'मैं कैसे उसके अनुरूप बन सकता हूँ', 'मुझे अपने में क्या, कहाँ, कैसे परिवर्तन लाना पड़ेगा?', 'मुझे क्या/कौन गुण विकसित करना चाहिए?', 'परिवार त्याग एकमात्र विकल्प होने पर क्या मेरे पास लक्ष्य पाने को यथोचित संसाधन, गुण, धन उपलब्ध है?'

2. 'मैं 'X' नहीं कर सकता।' ('I can not do 'X'.')

प्रश्न 'मैं क्या नहीं कर सकता या पा रहा?' ('What exactly I can not do?') पर विचरना सहायक होगा, उस असंगत, प्रतिरूप या अन्य बरताव के संज्ञान में जो आपकी असमर्थता की भावना के पीछे खड़ा हो गया।

बॉस का सबके सामने आदतन आपकी तीक्ष्ण आलोचना से आप सिरदर्द के शिकार हो गए। स्वयं से प्रश्न कीजिए, 'मैं क्या नहीं कर पा रहा, जिससे वह नाराज है?'

प्राप्त उत्तर से बॉस का आपके प्रति अनुचित स्वभाव का मूल जानना संभव हैं—'उनसे बातचीत के दौरान मेरा आत्मविश्वास डोलने से मैं उसे सही तरीके से जवाब नहीं दे पाता', 'मैं उनके द्वारा दिए उत्तरदायित्व को ठीक समय में पूरा करने में असमर्थ हूँ'…। अपने द्वारा दी गई उस प्रतिक्रिया का माकूल प्रबंधन कर आप बॉस के व्यंग्य बाणों का समझदारी से प्रत्युत्तर देने में समर्थ होंगे, जिससे आपकी नौकरी खतरे में न पड़े।

3. 'मैं 'X' नहीं कर सकता।' (I can not do 'X'.')

आप नहीं जानते, क्रिया कैसे (How?) की जाए, अर्थात् आपमें यथोचित काबिलियत का अभाव। चिंतन करें—'लक्ष्यार्थ हुनर कैसे पाया जाए?' ('What should I do to achieve desired ability to do that?')

आपका सहयोगी बॉस से सभी प्रोजेक्ट हथिया लेता है और आप सिर खुजाते हुए सोच में पड़े रहते हैं, 'मियाँ, वह ऐसा करता कैसे है?' आपको भी वह मिले इसके लिए जरूरी है बॉस से संबंध बनाने का गुर सीखना, सहयोगी जैसी संवाद कला विकसित करना आदि।

अंतरराष्ट्रीय मापदंड के अनुसार अंग्रेजी बोलना विदेश या कॉल सेंटर में काम करने को आवश्यक है। उसके लिए हॉलीवुड सिनेमा देखना, पश्चिमी अंग्रेजी समाचार चैनल सुनना व अन्य उचित कदम उठाना ही होगा। व्यवहारगत स्तर पर केवल 'थैंक्यू', 'हलो', 'वेलकम', 'एक्स्क्यूज मी' बोलने से, जो हमारे देश के अनेक नवधनाढ्यों में फैशन है, से काम नहीं चलेगा।

मुमकिन है, आपमें योग्यता है, पर उसके उपयोग में असमर्थता महसूस कर रहे या घबरा रहे हैं। इस बंधन से निजात पाने को सोचें, 'कौन रोकता है मुझे उसे प्रयुक्त करने में?' ('What prevens me for that?'), 'उसे यदि उसे अन्य कर सकता है, तब मैं क्यों नहीं?'

याद रखिए, हर विद्या, चाहे कितनी दुष्कर हो, प्रत्येक सामान्य व्यक्ति द्वारा हासिल करने योग्य है। एक 'एन.एल.पी.' सिद्धांतानुसार—"वह कार्य, जिसे किसी ने कर लिया हो और वह हुनर जिसे दूसरे ने सीख लिया हो, वैसा दूसरा भी कर सकता है।' (If one person has done something and has learned something, other can also do same.)

कामयाब व्यक्ति की कला, गुण को हूबहू प्रयोग कर अत्यंत कम समय में लगभग समान दर्जे का परिणाम, सफलता हासिल करना सरल है, उसे 'मॉडलिंग' पद्धति कहते हैं। वर्तमान में इसका उपयोग विश्व स्तर पर खेल, शिक्षा से लेकर मैनेजमेंट तक में उच्च काबिलियत का विकास और सर्वोच्चता गृहीत करने में है।

4. 'मैं 'X' नहीं कर सकता।' ('I can not do 'X'.')

विफलता के अंदेशे के मूल में आपका ध्येय आधारित नकारात्मक, अतार्किक या अवास्तविक धारणा है।

आप विषय के प्रकांड पंडित हैं, पर उसके बारे में मंच पर बोलने के नाम से आपका हाथ-पैर फूलना प्रारंभ, क्योंकि आपका दिल चिल्ला रहा, 'मैं नहीं बोल सकता, घबरा जाऊँगा'। अनेक मशहूर हस्ती भी इस बीमारी से घिरे हैं। यदि आप स्वीकार लें कि 'मैं सबके सामने आत्मविश्वास से बोल सकता हूँ' तब आपका यह गुण स्वतः शनैः-शनैः उठने लगेगा और हाँ, अच्छे वक्ता होने के लिए अभ्यास नितांत आवश्यक होगा। (सफलता का विश्वास के प्रस्थापन के वास्ते देखें—'अध्याय संख्या 11')

5. 'मैं 'X' नहीं कर सकता।' ('I can not do 'X'.')

कारण है—स्वयं को विफल शख्सियत स्वीकारना। आप मान चुके, 'मैं लक्ष्य-प्राप्ति के लायक नहीं' या 'मैं विफल व्यक्ति हूँ'। उस प्रकार के शख्सियत स्तरीय विश्वास के कारण जड़ता, आत्महीनता को उखाड़ फेंकने के उद्देश्य से आत्म-प्रश्न कीजिए—'यदि मैं नहीं तो कौन?', 'यदि उसे कोई दूसरा कर सकता है तो मैं क्यों नहीं?', 'जिसने वह किया है, उसमें और मुझमें क्या विभेद है, क्या मेरा खून नीला-पीला है?'

आप सैनिक बनना चाहते हैं, पर मन में स्वयं को सैनिक स्वरूप में नहीं देखते और दुबले-पतले ढुलमुल जीव हैं, निश्चित है कि अपने इरादे के प्रतिरूप व्यक्तित्व, शारीरिक संरचना के मालिक होने से आप साक्षात्कार में नौ दो ग्यारह कर दिए जाएँगे, भले ही आप परीक्षा में उत्तम अंक पाएँ हों। विषय के विपरीत पहचान धारण किए प्रत्याशियों को साक्षात्कार में अस्वीकारना निश्चित है, ध्येय के समरूप शख्सियत अति आवश्यक है। स्वयं को सैनिक रूप में देखें व समझें और योद्धा की तरह तन, चाल-ढाल, व्यक्तित्व, संवाद, आत्मविश्वास, आत्मनियंत्रण, चतुराई, बल, धैर्य उन्नत करें, साथ में अपने में अन्य सभी न्यूरोलॉजिकल स्तर के अनुरूप सुधार आपके चयन को शत-प्रतिशत सुनिश्चित कर देगा।

एक उच्च कारोबारी अत्यंत व्यस्त होने से अपने बच्चों की उपेक्षा कर रहा था। मैंने उसे कल्पना में अपने को उत्तम पिता की आत्म-छवि में देखने को कहा एवं उसे अच्छे पिता बनने का गुर सिखाया। इसके पश्चात् वह अपने बच्चों के समुचित विकास के लिए पूर्ण ध्यान देने लगा।

मकसद अधिग्रहण के मार्ग में बाधा, अक्षमता का उद्गम स्रोत क्या है, की

जानकारी से ही सफलता सुनिश्चित होगी कि वह परिवेश, व्यवहार, कौशल, विश्वास अथवा शख्सियत में निहित है। 'वे मुझे परेशान कर रहे हैं' कथन से युवा बेटी साफ तौर पर परिवेश स्तर पर किसी की ओर इंगित कर रही है और यह कि उसने मान लिया कि मामला उसके नियंत्रण से बाहर जा चुका। आप पूछ सकते हैं, 'स्पष्टता से बताओ कहाँ, कौन?' उत्तर आ सकता है, बॉस या सड़क के कुछ असामाजिक तत्त्व।

पूर्व विफलता से सफलता

अतीत में आपने एक ध्येय पाने के लिए अपनी संपूर्ण क्षमता, आत्मशक्ति लगा दी थी, किंतु नाकाम रहे, जैसे एक मरतबा मंच पर खड़े होते ही आप डर से जकड़ गए थे और आपने दृढ़ता से मान लिया था, 'मैं कभी ठीक से बोल नहीं सकता।' आपको आज भी उसकी चाहत है, पर अंदर से दिल चीखता है, 'बेवकूफ, दुबारा चेष्टा मत करना'। अपने न्यूरोलॉजिकल पदक्रमों में नीचे से ऊपर की पायदान पर विचरण करते आत्म-विश्लेषण उस दबी अभिलाषा को वर्तमान में पूर्ण करने में सहायक होगा।

- **क्या उँगली परिवेश पर उठनी चाहिए?**

आपको लग रहा था कि सुननेवाले आपको नकार रहे थे या वे आपमें कोई रुचि नहीं दिखा रहे थे। एक मनोवैज्ञानिक सिद्धांत 'व्यक्तिगत विचार (मैप) वास्तविकता (टेरीटरी) नहीं' (Map is not the territory.) के तर्ज पर संभावना है, वह मात्र आपका मात्र भ्रम (मैप) था, सच्चाई (टेरीटरी) नहीं। संभव है दर्शकों में कौतूहलता का होना।

- **क्या कारण व्यवहारगत था?**

बिन समुचित जानकारी बोलना विचार में शून्यता लाएगा या कितना बोलना है, कैसे बोलना है, आपने इसकी तैयारी नहीं की थी।

- **क्या समस्या का आधार काबिलियत थी?**

आप विषय के प्रकांड पंडित हैं, पर आपको नहीं मालूम था कि 'कैसे' बोला जाता है, तब भी आप सफलता की कामना कर रहे थे? वास्तकिता में मंच पर बोलने के पहले आपको तब तक बोलने का अभ्यास करते रहना चाहिए था, जब तक आपको अंदर से अहसास न हो जाता कि 'मैं अच्छे तरीके से भाषण दे सकता हूँ, 'मैं अच्छा वक्ता हूँ'।

- **क्या जड़ आपका अविश्वास था?**

आप 'मैं नहीं बोल सकता, तब भी मंच पर आ गया' सोचकर घबरा गए थे, जबकि आपमें आवश्यक प्रतिभा, ज्ञान, कौशल मौजूद था। 'मैं बोल सकता हूँ' विश्वास का जागरण आपकी घबराहट को विस्थापित कर सकता है।

- **क्या आपकी शख्सियत जिम्मेदार थी?**

आपको महसूस हो रहा था, 'मेरे जैसा आदमी वक्ता नहीं बन सकता' या 'मैं तो हकलानेवाला व्यक्ति हूँ'। समाधान था—उस क्षण स्वयं को सफल वक्ता के रूप में देखना।

अतीत की वह समस्या लीजिए, जिसे हल न कर पाने की वजह से आपको प्रताड़ित किया गया था या एक असफलता। सामने काल्पनिक दीवार पर इसकी संपूर्ण फिल्म चलाएँ और कुरसी पर पीछे टेक लगाकर उसे ऐसे निहारें, जैसे आप अपने मातहत कर्मचारी के प्रोजेक्ट की तार्किकता, निष्पक्षता से जाँच कर रहे हैं।

- अनिच्छित परिणाम या विफलता के लिए आप दोष स्वयं पर दे रहे हैं या भाग्य या किसी अन्य पर? यदि ऐसा है तो क्यों? क्या आप उस नतीजे या असफलता को अपने नियंत्रण में रखनेवाला बना सकते हैं? जैसे किसी ने बेईमानी करके आपके विश्वास को तोड़कर आपको घाटा दिया, इसमें आप कुछ नहीं कर सकते, पर यह जरूर सोच सकते हैं, 'उससे सीख लेकर मैं कुछ ऐसा करूँगा कि उससे अधिक पैसा कमा सकूँ, साथ ही भविष्य में ध्यान रखूँगा कि उसकी पुनरावृत्ति न हो'।
- क्या रोड़ा परिवेश में निहित था? वर्तमान में उसके प्रबंधन के लिए आपके नजर में कितने विकल्प हैं? कल्पना कीजिए, आपने समस्यात्मक संबंध या मुहल्ला बदल दिया है, क्या अब ध्येय विजय मुमकिन है? क्या आपमें आत्मविश्वास, आत्मबल प्रस्फुटित हो रहा है? यदि नहीं, तो ऐसा क्या होना चाहिए कि वैसा हो?
- क्या दूसरे की कार्य-रीति, आचरण असंगत था? मनन कीजिए—कैसा क्या हो, आप अपनी सोच, स्वभाव में क्या परिवर्तन लाएँ, जिससे वह व्यक्ति वर्तमान में वैसा करे, जैसा आप उससे पहले करने की अपेक्षा कर रहे थे, जो आपके लिए लाभप्रद हो।
- क्या आप अपनी कमी को नजरअंदाज करते रहने के दोषी हैं, उचित कार्य-कौशल अंकुरित करने में कोताही करते हैं या कठिनाइयों से शुतुरमुर्ग की तरह आँखें मूँदे रहते हैं। आज आप इसे कैसे दूर करेंगे, इसके लिए आपकी क्या रणनीति होगी?
- क्या उस वक्त आप 'जब उसे कोई न कर पाया, तब मैं कैसे?' धारणा के साथ कार्यरत हुए थे? अब उस सोच को कैसे सुधारेंगे?
- क्या बाधक आपकी अक्षम शख्सियत थी, उस पल आपके दिल में अंकित था, 'मैं इस लायक नहीं' या 'मैं हीन इनसान हूँ'? अब उसे भगाने के लिए आप अपने में क्या आत्मोत्थान लाएँगे?

- उस अवस्था में लक्ष्यार्थ कौन सा गुण, तरीका अपनाना सहायक होता, जैसे—व्यक्ति विशेष से तारतम्य बनाना, संवाद कला उन्नत करना, धैर्य/उग्रता या अन्य मानसिक संसाधन (रिसोर्स) जाग्रत् करना या कुछ और।

कार्यक्रम

1. अपने को उद्देश्य व समय के अनुसार बदलना महान् गुण है। एक ऐसा इरादा बनाइए, जिसमें आपका संपूर्ण व्यक्तित्व समा जाए, आप उससे एकीकृत हो जाएँ, वह आपको अपना मिशन लगे, जैसे—देश का सबसे बड़ा प्रकाशक बनना या राष्ट्रीय चैंपियन बनना। इस उद्देश्यार्थ आपके संगी-साथी, परिवार किस प्रकार से आपका सहयोग कर सकते हैं? क्या आपको लगता है कि उस स्वप्न को हस्तगत करने के वास्ते आप स्वयं को अपने सभी न्यूरोलॉजिकल चरण के पटरी पर ढाल लेंगे?
2. अपने प्रिय का लाइफ कोच (Life coach) बनकर उसकी अतीत की एक नाकामयाबी की विवेचना करें कि उसका कौन न्यूरोलॉजिकल तत्त्व(वों) विफलता का जड़ बना था। इससे वह पूर्व के उन लक्ष्यों को दुबारा पाने की सोच सकेगा, जिसे पाने में वह नाकाम रहा था या उसे आत्मविश्वास मिलेगा कि भविष्य में अभिप्राय सिद्धि में समान प्रकार के न्यूरोलॉजिकल स्तर आधारित बाधाओं, कमियों से कैसे निपटा जाए।

शब्दावली

1. सॉफ्टवेयर (Software)—कंप्यूटर को लिखित नियमानुसार संचालित करनेवाला अस्पर्शनीय प्रोग्राम। सोच (Thought) हमारे जैविक कंप्यूटर स्नायुमंडल को क्रियारत किए रहनेवाला सॉफ्टवेयर है।

2. साइम्यूलेटर—कठिन प्रशिक्षण के वास्ते प्रयुक्त विशेष कंप्यूटर आधारित मशीन, जो अंदर से वैसा आभास देगा जैसा वह मशीन जिसका प्रशिक्षण देना है। हवाई जहाज चलाना, ड्राइविंग आदि में इसका प्रयोग अब सामान्य है। इस प्रक्रिया में मानसिक तत्त्व का उपयोग अधिक है, शरीर का अपेक्षाकृत कम। आजकल बाजार, माल में इसका उपयोग मनोरंजन के लिए हो रहा है।

3. परप्वाएज (Porpoise)—डॉल्फिन (Dolphin) की तरह, पर उससे छोटी नाकवाली मछली।

□

6

दृढ़, आकर्षक, नियंत्रित व्यक्तित्व

क्या आप—

- मनोकामना, मिशन के प्रति हतोत्साहन विस्थापित कर शक्ति, साहस, उत्साह संचार करने के आकांक्षी हैं?
- स्वयं के बारे में अच्छा अहसास करना नहीं चाहेंगे?
- लौहस्वरूप व्यक्तित्व (Person with strong sense of self) के स्वामी होना चाह रहे हैं?
- जीवन से प्यार करना चाहेंगे?
- स्वस्थता की कामना रखते हैं?
- आंतरिक आवाज को सफलतादायक, पुरजोर बनाना चाहेंगे?

मित्रगण, यदि आपका उपरोक्त का उत्तर 'हाँ' है, तब आपकी खिदमत में पेश है यह अतिविशिष्ट पाठ।

आप पाते होंगे कि अनेक प्रगाढ़ योग्यता एवं अच्छे व्यक्तित्व के मालिक हैं, फिर भी आत्महीनता, नाकाबिलियतपन, असहायपन के आभास से जकड़े व विफलता के मारे हैं! कुछ लाख प्रयत्न एवं आत्मबल लगाने के बावजूद मनोवांछित आत्म-बदलाव में असमर्थ, पर दूसरे सरलता से स्थिति, समय व लक्ष्यानुसार कारगर आत्म-परिवर्तन में माहिर! बहुतेरे आकर्षक हैं, पर अनाकर्षक, मरियल प्रतीत होते हैं, पर अनेक बिरले सामान्य होते हुए आकर्षक, प्रभावी।

हुजूर, एक अभ्यास कीजिए। आराम से बैठ आँख बंद कर अपने मनोपटल पर स्वयं को निहारें। प्रकट तसवीर कैसी नजर आ रही है और उसके बारे में क्या विचार है? उत्पन्न जानकारी से आप अवश्य अचंभित होंगे। अब दर्पण के सामने खड़े होकर वास्तविक स्वयं और उस महोदय के बीच तुलनात्मक अध्ययन करें। आप पाएँगे, वे दोनों एक-दूसरे के लगभग जुड़वाँ भाई लग रहे हैं! हमारा शरीर ठीक वैसा निर्मित होता है, हम खुद को ठीक

वैसा दिखते हैं, वैसा लगते हैं, जैसा हम हृदय में स्वयं को 'देखते' रहते हैं।

प्रत्येक मनुष्य व्यक्तिगत धारणा, भावना से युक्त आत्मचित्र दिल में बिठाए रखता है, यही उसकी 'आत्म-छवि' (Self-image) है। वह हममें सभी दैहिक व मानसिक प्रक्रियाओं को मौलिकता प्रदान करनेवाला कोग्नेटिव (मानसिक) पक्ष है। इस क्रांतिकारी ज्ञान को सर्वप्रथम मनोवैज्ञानिक प्रेसकाट लेकी (Prescott Lecky) 'सेल्फ कॉन्सिस्टेंसी' (Self-consistency) सिद्धांत से विश्व सम्मुख लाए। प्लास्टिक सर्जन डॉ. मैक्सवेल माल्टज ने उस पर आधारित नए मनोविज्ञान 'साइको-साइबरनेटिक्स' (Psycho-cybernetics) गठित किया।

तकदीर की लकीर तय करने में आत्मबल, कार्य-कौशलता, मेहनत और भाग्य की भागीदारी उतना नहीं, जितना पूर्व विशेषज्ञ मान रहे थे। आत्मदर्पण वर्तमान में 'मैं क्या, कैसा हूँ' ('How and what I am') का आत्मविचार एवं रूपरेखा है। इस कारण हम प्रारब्ध व उपलब्धियों को पहले से ही निश्चित सीमा में बाँध चुके होते हैं। शोधकर्ता कैरोल एस. ड्वेक (Carol S. Dweck) ने अपनी प्रसिद्ध पुस्तक 'माइंडसेट द न्यू साइकोलॉजी ऑफ सक्सेस' में कहा, "बीस वर्षीय मेरे शोध से सामने आया कि स्वयं के बारे में सोच, विश्वास, छवि बहुत असरदार तरीके से प्रभावित करता है कि आप अपने जीवन राह को आगे किस ओर मोड़ेंगे।"

चंद्रमा अपनी भव्यता और सूरज अपनी शक्ति का आभास कराता है,
परंतु जब हम स्वयं को दर्पण में निहारते हैं, तब हम ब्रह्मांड के
सर्वोत्तम सृजन को निहार रहे होते हैं

आत्म-छवि की पटरी पर आपकी वर्तमान योग्यता, व्यक्तित्व रूप लेता है, न कि वास्तविकता में आप क्या हैं, दिखने में कैसे हैं तथा कितने योग्य, सक्षम हैं। ऐसा इसलिए कि उसे हम व्यक्तिगत सोच, विश्वास के रंग पर रचित करते हैं, न कि वास्तविकता, सच्चाई को निगाह में रख।

वह मानव की समस्त न्यूरोलॉजिकल प्रक्रियाओं एवं कोशिकीय मेटाबोलिज्म पर गहन असर डालता है। इससे उसका तन-मन पर शक्तिशाली प्रभाव प्रत्यक्ष दिखता है। जीवन के अधिकांश हिस्से स्वस्थ बने रहने, रोगी से निरोगी बनने तथा बगैर किसी वाजिब मेडिकल कारण व्याधि उत्पादन में उसकी विस्मयकारी भूमिका है।

विकार, व्यसन को आत्मपहचान का अंग बनाने से उनका सतत विद्यमान रहना शत-प्रतिशत निश्चित हो जाएगा। स्थायी 'स्वस्थ व्यक्ति' (Healthy personality) की आत्म-छवि ताजिंदगी स्वस्थता बरकरार रहने की अधिकतम संभावना बनाने का मंत्र

है, जबकि 'बीमारिया व्यक्तित्वधारक' (Sickly personality) की आत्म-तसवीर हमारी सकारात्मक जीवन शैली अपनाने के बावजूद सदा रुग्णता से घिरे रहनेवाले बीमारिया इनसान का! व्यायाम तथा तमाम नियामत के बावजूद अपने को मोटा स्वीकारे रहने की आदत निहायत हानिकारक है और व्यावसायिक कंपनियों, काउंसलरों की जेब तगड़ी करते रहने का भी। भाई सा'ब, संभव है, आप भी इसके भुक्तभोगी हों।

आत्मदर्पण का हमारे प्रमुखतम स्वधारणाओं का मिश्रण होने से स्नायुमंडल उसका 'आदेश' मानने को बाध्य रहेगा। इससे वह हमारे आचरण, प्रतिक्रिया, आदत, व्यक्तित्व को सतत 'प्रोग्राम'[1] करते रहने का भागी है। उसमें हमें अक्षम/सक्षम, सुंदर/असुंदर, आत्मविश्वासी/आत्महीन, सफल/निष्फल बनाने का वृहद् बल विद्यमान है। वह हमारे प्रवीणता और अन्य सभी आयामों में 'रिपल इफेक्ट'[2] डालने का उत्तरदायी है। क्या ये मन-मस्तिष्क का तन पर दबदबे का एक पुख्ता प्रमाण नहीं?

डॉ. मैक्सवेल माल्टज (Dr. Maxwell Maltz) अवलोकित करते, जब चेहरे की प्लास्टिक सर्जरी के पश्चात् व्यक्ति स्वयं को आकर्षक समझने लगता, भले ही वास्तव में वैसा हुआ हो अथवा नहीं, तब उसका आत्मसम्मान शीघ्र बिल्ली की तरह उछाल मारने लगता और कार्य-शैली, कामयाबी, उन्नति का ग्राफ चढ़ जाता। उसकी जड़ बाह्य नहीं, वरन् आंतरिक स्वचित्र था, क्योंकि चेहरे का कार्य-शैली, कामयाबी, उन्नति से कोई प्रत्यक्ष संबंध नहीं।

आत्मचित्रण की ताकत शाब्दिक सोच से हजारों गुना अधिक होने से उसे सुधारने से हमारे मुख्यतम विश्वासों का सुधरा स्तंभ परवान ले लेगा। इससे उसके द्वारा किया आत्म-परिवर्तन कहीं अधिक द्रुतगामी व स्थायी है। नए युगी मनोविशेषज्ञों व मोटिवेशनल वक्ताओं के लिए वह अब त्वरितता से भावनात्मक समस्या निवारण तथा आत्मोत्थान का एक प्रमुख हथियार बन चुका। आप अनन्य अप्रिय अनुभवों, स्थितियों से रूबरू हो दुखात्मा बन चुके, अब उससे निजात पाना चाह रहे हैं। सोच परिवर्तन व आत्म-बदलाव अप्रभावी हो रहा है या मंद गति से लाभ दे रहा है। सुगम, तीव्रतम तदबीर है—स्वयं की 'हर हाल में खुश, आत्मसंतुष्ट व्यक्ति की प्रतिमा' हृदय में सँजोए रखना। यह आपको रास्ते में आनेवाले अप्रिय पलों को सकारात्मक अहसासों से युक्त होकर झेलने की दक्षता से नवाजेगा। साहब, आपको अब क्या किसी फकीर-गुरु की दरकार होगी?

तकनीक 9 : 'अत्युत्तम मैं' का गठन

1. आपकी वर्तमान आत्म-तसवीर

आपके सामने दीवार पर एक विशाल धवल परदा है। कल्पना कीजिए, वहाँ आपका बहुआयामी प्रतिरूप बड़े आकार में विद्यमान है। आप एक शिल्पकार की भाँति उसे बदलकर अपनी नई झकास प्रतिमा गढ़ने जा रहे हैं।

2. स्वनिर्माण

अपने मिशन, सपने, लक्ष्य, व्यवसाय, रुचियों, सामाजिक उत्तरदायित्व से तालमेल बिठाते अपनी एक अनुरूप शख्सियत तय करें, उदाहरणार्थ— 'मैं पारिवारिक उत्तरदायित्व निभानेवाला सफल उद्यमी हूँ।'

परदे पर विजराजमान अपनी पुरानी पेंटिंग में अपनी महत्त्वाकांक्षा, शख्सियत ('मैं पारिवारिक उत्तरदायित्व निभानेवाला सफल उद्यमी हूँ'…) और मिशन की तर्ज पर व्यक्तित्व, चाल-ढाल, मैनरिज्म[3] का रंग-रोगन चढ़ा दें। तन, मुख को बहुरंगी, सुंदर, तेजस्वी रंग-रूप दे दें। अपने व्यक्तित्व को कैसा दिखना चाहे रहे हैं? चेहरे से कैसा ओज, भावना (रोब/लावण्यता…) अभिव्यक्त करना चाह रहे हैं? अपने लिंग के आधार पर हुनर, स्वभाव, विशेषता और अंगों में इच्छित विकास को समावेशित करें। महिलाओं को उसमें नारीत्व, अंगों में यथा विकास, मुख पर नूर तथा पुरुषों को उसमें मर्दाना गुण, शक्ति, शारिरिक सौष्ठव आदि अवश्य भरना है। कल्पना करें, एक पीतल की हाँडी में आत्मबल, स्वस्थता, पुरुषार्थ, ऊर्जा का मिश्रित सुनहरा शरबत लबालब भरा है। इसे परदेवाली छवि में उड़ेल दें। यह प्रक्रिया अत्यावश्यक है।

उसमें 'इमोशनल इंटेलिजेंस'[4], 'सॉफ्ट स्किल'[5] और स्थिति अनुसार यथोचित विकल्प चुनने और लचीलापन होने का स्वभाव डालें। वह अपने में लक्ष्यानुरूप धैर्य, आक्रामकता, साहस एवं जोश भरने तथा विकटतम परिस्थितियों में संतुलित रहने में निपुण है, ताकि वक्त जैसा हो, पहाड़ी कितनी दुर्गम हो, उसके अपनी प्रगतिशीलता, विजय का रथ मस्ती से बेरोक-टोक झमाझम चलता रहे।

3. **आत्म-विश्लेषण**

स्वयं के नए ब्लूप्रिंट में कहीं खराब, अतार्किक, अव्यावहारिक नजरिए तथा अवगुणों की छाप तो नहीं? फिल्म निर्देशक की तरह सही तरीके से आत्म-मूल्यांकन करते अपनी कमियों, नकारात्मकताओं, विरोधाभासों एवं आपत्तिजनक बातें को छीलकर उसमें उत्तम, दमदार, आत्म-हितकारी मनोवृत्तियों एवं सकारात्मक मानसिक संसाधनों व तत्त्वों का मधुरस भरें। उसे तब तक जीवंत, सजीव, भव्य और बाहुबली/दीपिका पादुकोण जैसी अद्भुत मूर्ति गढ़ने तक सुधारते रहें, जब तक आपका हृदय बोल न उठे, 'अरे, अब तो यह बोलने, उठकर चलनेवाली है।' इस अवस्था में आपको अपार आत्मगौरव व संतुष्टिता का बोध होना चाहिए। मन में अट्टहास कर कहें, 'यह अत्युत्तम मैं हूँ'।

पूर्ण संतुष्ट होने पर उसे अपने मनोपटल पर पूरा फैला दें, कहीं जगह न छूटे। आपकी स्नायविक-प्रणाली अद्भुत आत्म-छवि अपनाने को सक्रिय हो उठेगी।

क्या आपके दिल में अंतर्द्वंद्व है? उसका निवारण अवश्य करें। समयाभाव की अवस्था में उसे बाद में सुलझाएँ, अन्यथा आपका अवचेतन 'अत्युत्तम मैं' को अस्वीकार कर देगा। अपने आदर्श पुरुष, रोल मॉडल को मन में बुलाकर या वास्तविकता में मिलकर उनसे सहायता लेना उचित होगा, उनके व्यक्तित्व, चेहरा-मोहरा और सकारात्मक तत्त्वों को अपनाना फलप्रद है।

'अत्युत्तम मैं' को प्रतिदिन रात सोने के पहले निहार प्रफुल्लित हों। वह आपके अचेतन में प्रविष्ट हो स्थायी हो जाएगा। आप इसकी नजर से दुनिया देखने और आभास करने लगेंगे, न कि पुराने आत्म-छवि के चश्मे से।

एक युवा अधिकारी अनियंत्रित अत्यधिक क्रोध की समस्या से परेशान था। बॉस संग संबंध बिगड़ने से नौकरी खतरे में पड़ी और वह मानसिक असंतुलन से घिर गया। मैंने उसे सतरंगी फिल्म में स्वयं को 'मंद गति से विवेकशीलता से प्रतिक्रिया करनेवाले शख्स' के रूप में कल्पना करने को कहा। अनेक अभ्यासों के पश्चात् नए नजरिए को दिल में स्थायित्व से बैठाने पर उसका आचरण विवेकशील, बुद्धिमत्तापूर्ण हो गया।

बहुत लोग आंतरिक सुदृढ़ता (Person with sense of strong self) जाग्रत्

करने का सपना देखते रहते हैं और वह केवल उनका सपना रह जाता है। मैं आपको वैसा व्यक्तित्व बनने की सुगम युक्ति बता रहा हूँ—स्वयं की 'संपूर्ण आकार की सजीव, स्पष्ट, प्रखर, बहुआयामी (Multi-dimensional) सुंदर मूर्ति' हृदयपटल पर स्थायित्वता से प्रस्थापित किए रहें।

सकारात्मक आत्मप्रतिमा धारक में आत्मनिर्भरता के साथ 'लक्ष्य पाने का यकीन' (Belief to achieve goal) एवं अपने को अधिक ऊँचाई पर ले जाने का विराट् गुण होना सामान्य है।

बदलते समय, स्थिति, उम्र, शख्सियत, व्यवसाय के अनुसार आत्मस्वरूप तब्दीली से परहेज भावनात्मक परेशानियों व मानसिक असंतुलन की जड़ बनना अति संभव है। आज आप बॉलीवुड में हीरो हैं, चारों ओर आपकी वाह-वाह हो रही है, पर कल जब आप सफेद बालोंवाले बुजुर्ग बन जाएँगे और आपको कोई न पूछे, तब उस समय आपका क्या हालेदिल होगा! समयानुसार 'खुदी' में माकूल परिवर्तन से परहेज करनेवाले क्या असीमित धन-दौलत व भरा-पूरा परिवार होने के बावजूद शराबी, आत्महत्या करनेवाले और सूखकर कंकाल बनते क्या समाज में कम हैं? राजेश खन्ना ने 'स्व' एवं आत्म-छवि परिवर्तन से परहेज किया। उनकी आदत व रोग प्रतिरोधक शक्ति में भीषण प्रभाव पड़ने से वे निरंतर बीमार रहने लगे व असमय बूढ़े दिखने लगे और अंतत: समय के पूर्व अपने चाहनेवालों को छोड़ विदा हो गए। उनके विपरीत, अमिताभ बच्चन आज भी बुलंदियों पर कुलाँचें मार रहे!

भीषण बाधाओं की जन्मस्थली

आत्मदर्पण हमारा प्रमुखतम विश्वासों का एकजुट समूह है। उसका नकारात्मक होना खतरनाक तरीके से आत्महीनता, खराब प्रवृत्तियों, अस्वस्थता, खराब मूड, मनोसमस्याओं तथा अनेक कमियों, दुर्गुणों को जनने का मास्टरमाइंड है। उसमें एक प्रतिभाशाली को अकुशल, बुद्धू बनाने और अच्छे-खासे छात्र को साधारण परीक्षा में भी पटकनी देने की कूवत है। उसके स्वामी के भाग्य में आते-जाते हर अनुभवों को नकारात्मकता से अहसास करने की पटकथा लिख चुका होता है।

उच्च पदस्थ व विभूतियों में नकारात्मक आत्मस्वरूप का निवास अद्भुत बात नहीं। उनमें भी दुर्गुणों का वास आसमान में तारों की तरह आम है। विजय माल्या, नीरव मोदी के बारे में आप क्या कहेंगे? अकूत वैभव, धन, प्रसिद्धि के बादशाह होने के बावजूद निरंतर आत्म-असंतुष्टता से सराबोर आत्माएँ! और अंततोगत्वा उसका परिणाम!

अनेक लोग आदतन उदासी के साए में डूबे रहते हैं, चाहे वे विंबलडन चैंपियन हों, उनकी पत्नी रूपमती हो या घर में सोने की सिल्लियाँ भरी हों! भेद है—उनका स्वयं

को सदा दु:खी जन के रूप में देखते रहना, अपने जीवन की सभी सकारात्मकताओं को नकारते हुए। स्नायुमंडल 'साहब' के आदेशानुसार विशिष्ट हार्मोन डोपामाइन सतत स्रावित करते रह उन्हें अवसादग्रस्त बनाए रखता है।

हम वर्तमान में वैसे हैं, जैसा आंतरिक प्रतिरूप बनाते रहे हैं

अपने को खराब, बदसूरत स्वीकारने का परिणाम है—अस्तरीय प्रदर्शन, अक्षमता का अहसास और कारवाई के दौरान हकलाने, घबराने जैसी दशा का। डॉ. मैक्सवेल माल्टज ने देखा, जो महानुभाव प्लास्टिक सर्जरी के पश्चात् स्वयं को पहले की भाँति अनाकर्षक मानते रहते, उनके कार्य-कौशल, प्रतिभा, तरक्की, सफलता पर पहले की तरह ग्रहण लगा रहता और उनमें आत्महीनता का निवास पूर्ववत् रहता, भले ही वे प्लास्टिक सर्जरी के पूर्व एवं बाद दिखने में अच्छे या सामान्य होते!

तकनीक 10 : आत्मोन्नति

1. **आपकी वर्तमान आत्म-छवि**

   आँख बंद कर दिल के शीशे में स्वयं का दर्शन कीजिए। कैसी तसवीर उभरी? यही आपकी आत्म-छवि है, जो आपके अचेतन के मंदिर में सदा रहा करती है। यह जीवंत है या नीरस, रंगीन है या उदासीन? पूरा है या अधूरा? चेहरा सामान्य है या असामान्य? तन लंबा, बड़ा है या छोटा? शारीरिक सौष्ठव कैसा है? आप स्वयं को पसंद कर रहे हैं अथवा नहीं? खुद के बारे में अहसास (फीलिंग) सकारात्मक है अथवा नकारात्मक? सूक्ष्म आत्म-विश्लेषण करके एक कामगार के द्वारा खदान में सोना चुनने के माफिक उसमें अधिकाधिक गुण-अवगुण, अच्छाइयाँ-खराबियाँ ढूँढ़ने की चेष्टा करें। अपने बारे में अनेक आश्चर्यजनक तथा अनजान बातों, तथ्यों के अनावरण से आप विस्मित होंगे। अति संभव है, आपका आत्म-दृष्टिकोण का दूसरा रूप ले लेना।

2. **स्व एवं व्यक्तित्व उत्थान**

   क्या आपकी आत्म-छवि ऐसी है—

- **अस्वस्थ एवं विकारग्रस्त**—आपमें आगे खतरनाक दैहिक परिणामों का अंदेशा। सामान्य शरीरवाले का अपने को एक पैरविहीन या किसी अंग को रोगी देखना उसका आगे वैसा होने की भविष्यवाणी है। मंत्र—स्वयं की संपूर्ण आकृति में स्वस्थ तन की छवि का निर्माण। स्नायविक प्रणाली

उस दिशा में सक्रिय हो उठेगी। चिकित्सकीय परामर्श अवश्य लें।

- **खोखला**—व्यक्तित्वविहीन व्यक्तित्व और चिर नकारात्मक मनोभावना व गाढ़ी हीन-ग्रंथि से सराबोर जीवात्मा। हवा के झोंके की तरह कभी इधर, कभी उधर, अपना कोई वजूद नहीं। समाधान—उसे सामान्य, सकारात्मक, प्रखर, सुंदर रचित करना।
- **अपूर्ण, टेढ़ा-मेढ़ा**—विकृति व्यक्तित्वधारक होने से मानसिक समस्या, खतरनाक व्यवहारगत गड़बड़ियों और बीहड़ व्यसन की उपस्थिति। उसे अतिशीघ्र संपूर्ण, सामान्य, सकारात्मक स्वरूप देना होगा।
- **पूर्ण आकार में, पर तसवीर प्रखर और नकारात्मक है**—प्रबल नकारात्मक व्यवहार, आत्म-दृष्टिकोण और मनोवस्था के साथ आत्म-असंतुष्टि की उपस्थिति। स्वयं को नापसंद करना और अपने अच्छे काम, सफलता की अनदेखी करने की प्रवृत्ति; दूसरों को खुश करने को प्रयासरत रहना, न कि स्वयं-सुखाय कार्य करना। आत्म-छवि के हानिकारक तथा नकारात्मक तत्त्वों को निकाल फेंकना होगा। उसे मनमोहक, सकारात्मक चित्रित कर उसमें अपनी अधिकाधिक अच्छाइयों, विशेषताओं को उड़ेलें।
- **पूरे आकार में, पर उसकी प्रखरता एवं नकारात्मकता की तीव्रता कम है**—आत्म-स्वीकार्यता की कमी, पर उसकी उत्कटता कम; हल्के अप्रिय मनोदशा में रहना। अपनी अप्रिय व खराब चीजों को आत्म-छवि से विलग कर उसे सकारात्मक, मनभावन, बहुआयामी, ज्यादा प्रखर बनाएँ और उसमें अपने अधिकाधिक अच्छी बातों, गुणों की गंगा बहाएँ।
- **पूर्ण, कम प्रखर या नीरस, पर सकारात्मक है**—आप अपने गुणों को यथोचित तवज्जो नहीं देने के अपराधी हैं। अपने को ज्यादा पसंद नहीं करते हैं और आपमें आत्मसम्मान की कमी है। उसे अधिक प्रखर, आकर्षक, बहुआयामी बना दें। अपने में निहित सकारात्मक, उत्तम तत्त्वों की तीव्रता व्यावहारिकता के स्तर तक बढ़ाएँ।
- **प्रखर, खूबसूरत, संपूर्ण और सकारात्मक है**—आपमें आत्म-स्वीकार्यता का रस गाढ़ा है, आप स्वयं को पसंद करते हैं। आत्मविश्वास का रंग अधिक चटक करने के लिए उसमें अपनी ज्यादा-से-ज्यादा अच्छाइयों, योग्यताओं का रस भर दें।

आपको आश्चर्य होगा कि आकर्षक या अनाकर्षक प्रतीत होने में आत्मस्वरूप की विशाल अहमियत व रोल है। काफी हद तक आप अपनी आत्म-छवि के कारण आकर्षक हैं अथवा अनाकर्षक लगते हैं, न कि सत्यता में आप कैसे हैं। आप आकर्षक होते हुए स्वयं को अनाकर्षक या अनाकर्षक होते हुए स्वयं को आकर्षक समझते हैं, तब उसके अनुरूप आपकी बायोफिजियोलॉजिकल एवं स्नायविक प्रक्रियाएँ आपको वैसे साँचे में ढाल देंगी। अंत:करण में स्वयं को आकर्षक, सुंदर देखने से आपके चेहरे में रक्त का दौरा बढ़ने एवं चाल-ढाल, हाव-भाव में आत्मविश्वास के प्रवेश से आप वाकई वैसी मूर्ति में तराश दिए जाएँगे। सामान्य रंग, कद-काठी वाली नवयौवना अपनी हसीन आत्म-छवि वश अपने रूप-रंग एवं व्यक्तित्व में उत्थान से आपके जिगर पर कैंची चला डालती है। दूसरी ओर, अनाकर्षक और नकारात्मक आत्मस्वरूप से अपने को निम्न समझनेवाली युवती संगमरमरी काया की स्वामिनी होने के बावजूद वास्तव में वैसी व्यक्तित्व में ढल जाएगी।

प्रकाशित तकदीर

आधुनिक मनोविज्ञान 'एन.एल.पी.' तहत अनुसंधानों से प्रकट हुआ कि भूत, वर्तमान व भविष्य काल प्रत्येक शख्स की व्यक्तिगत मानसिकता के अनुसार विशिष्ट प्रारूप, दूरी में उसके दिमाग में निश्चित दिशा में प्रस्थापित रहता है।

आँख बंद कर अपनी भविष्य रेखा (Future timeline) देखें। एक आसान उपाय है। ऑफिस जाने की तरह उस काररवाई को आनेवाले समय में निहारना, जिसे आपको प्रतिदिन करना है। साधारणतया यह आपके मस्तिष्क के दाहिने ओर होगा, आपके वामहस्त होने पर आपके बाईं ओर। इसके आयाम, लंबाई, रचना पर मुलाहिजा फरमाएँ। वृहद्ता से ध्यान देने पर आपको उसमें आपका स्वयं की अपेक्षित आयु, उपलब्धियाँ, योजना वगैरह दृश्यगोचित होंगी।

आपकी भविष्य-रेखा जितनी स्पष्ट होगी, उतना आप अपने सिद्धांतों, आकांक्षाओं के प्रति स्पष्ट एवं प्रतिबद्ध होंगे। उसमें अस्पष्टता आपकी भविष्य के प्रति अनिश्चितता तथा आपके लक्ष्यों में अस्पष्टता दरशाती है।

जीवन रस से भरपूर, मकसद आधारित जीवन जीनेवाले और भविष्य के प्रति जागरूक इनसान में भविष्य काल अधिक दूर तलक जाता है, वैसा न करनेवालों में कम दूरी तक।

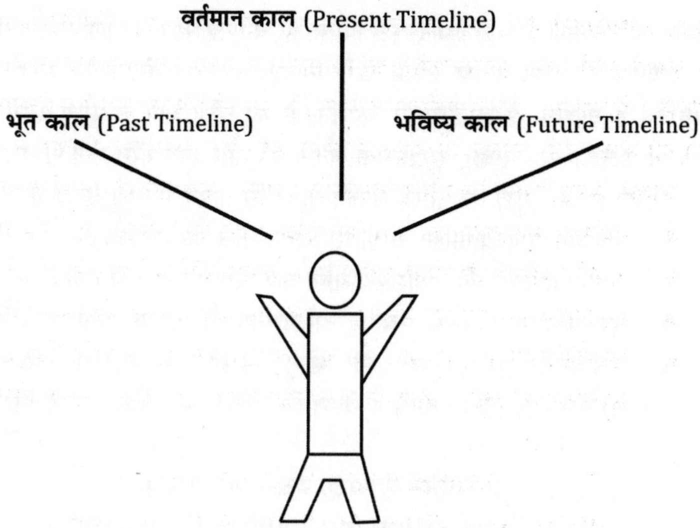

चित्र 6.1 : काल रेखा

आपको अपना आगे आनेवाला समय अच्छा दिख रहा है अथवा नीरस? भविष्य को अंधकारमय देखनेवाले गहन कुंठा, मानसिक रोग, व्यथा के चंगुल में फँसे, पर उसे आकर्षक, साफ देखनेवाले प्रसन्नता, उत्साह के तलैया में गोते लगानेवाले जीव होते हैं।

उसके मनमोहक, जीवंत होने से उसके धारक का अपने अच्छे भविष्य के प्रति आश्वस्तता प्रदर्शित है; वह ध्येय के प्रति प्रेरणा, सुखात्मक मनोवस्था और जिंदादिली का जीवात्मा है। उसके विपरीत, भविष्य-रेखा का उदासीन, धुँधला होना उसके धारक का अपने लक्ष्य के प्रति रुचिहीनता का द्योतक है। वह व्यक्ति अकर्मण्यता तथा जीवन से विरक्तता का शिकार रहेगा तथा सूखे व्यक्तित्व का मालिक होगा। इस प्रकार की भविष्य-रेखा साधुओं-वैरागियों में आम है।

अनेक चिंघाड़ते थकते नहीं कि 'समय, काल पर किसी का वश नहीं'। महत्त्वाकांक्षा एवं लक्ष्य निर्माण के अभाव से उनका भविष्य काल 'बहुत निकट' पर समाप्त हो जाता है या होता ही नहीं। वे आरामपसंद, अपुरुषार्थी जीव हवा के अनुसार बहते और जो भी हो रहा, जैसा भी हो रहा, उसे अकर्मण्यतापूर्वक स्वीकार करते रहते हैं। वे कल्पनाविहीनता, स्वप्नविहीनता और बिना वजूद के जीने के जीती-जागती मिसाल हैं। दोस्तों के कहने-बहकाने पर अपनी जिम्मेदारियों को ढकेल नित शराब, पार्टी! दीर्घकालिक अवधि में उनके प्रारब्ध में दु:ख, परेशानियों का घोंसला बनना आम है।

भविष्य काल का छोटा, काला/मटमैला होना अंधकारमय भविष्य के आभास की

अचेतन अभिव्यक्ति है—अवसादग्रस्त आत्माओं की खासियत। जाहिर है, किसी में भी ऐसा सबमॉडल्टी युक्त भविष्य उसमें वैसी मनोदशा का बीज बोएगा ही। उससे बचने की युक्ति है—सुखात्मक व सकारात्मक कामनाओं का बीज बोने के साथ आगे आनेवाले समय को अच्छा-से-अच्छा, सुखात्मक बनाने की ओर अग्रसरित होते रहना।

जीवन में रस, सुख का सीरप घोलने के वास्ते अपने भविष्य काल में—

- मकसद, महत्त्वाकांक्षा आधारित जीवन जीने को तवज्जो दें।
- अपनी हसरतों को यथासमय प्राप्त कर लेने की दशा में देखें।
- हर अवस्था, आयु में 'स्वस्थ, आत्मसंतुष्ट मैं' की कल्पना करते रहें।
- मनोवांछित उम्र (अस्सी, सौ···साल) में सभी अभिलाषाएँ प्राप्त करके पूर्ण आत्मसंतुष्ट युक्त प्रकाशित चेहरा लिये स्वयं को विश्राम करते निहारें।

सफलतादायक स्वप्रेरणा कला
(Self-motivation mechanism for success)

एक पिद्दी मालगाड़ी पर बेदर्द रेल कर्मचारियों ने टनों सामान लाद दिया, जिसे खींचने की हिम्मत उसके फरिश्तों में भी कहाँ! पर पहाड़ी के पार माशूका बाँह फैलाए प्रतीक्षारत थी। सामने दुर्गम पहाड़ी देख रेलगाड़ी की आँखों में आँसू छलछला आया। पर बेचारा करे तो क्या करे? आखिर उसने हिम्मत बाँधी और चोटी पर चढ़ते-चढ़ते दमदार आवाज में मन में बोलना शुरू किया, 'मैं पार कर लूँगा, मैं पार कर लूँगा···'। अंततः मूँछों पर ताव देते उस पार पहुँच अपनी छमिया को गले लगा लिया!

प्रश्न—विशेष कार्यों के कर्ता, असाधारण व्यक्तित्वधारक और आत्म-प्रेरित तथा खुशदिल मिजाज के सम्राट् किस विधा के पंडित होते हैं?

उत्तर—लक्ष्य-सहायक प्रेरक आत्मबल (Self-affirmation) के।

हममें से अधिकांश अनजान हैं कि तिरस्कार, आलोचना के पश्चात् उत्पन्न नकारात्मक मनोदशा से शीघ्रता से कैसे निपटा जाए, कैसे विफलता का आत्मविश्वास से सामना किया जाए। समय के पूर्व या कर्म के दौरान मध्य हथियार डालनेवाले ज्यादातर इसी जमात की शोभा बढ़ाते रहे हैं।

सकारात्मक आत्मबल हमारे अंदर सकारात्मक सोच को दृढ़ता से अचेतन में प्रस्थापित करने को दमदार रूप से सक्षम है। किसी कारण हताशा, विफलता, तनाव से ग्रस्त सज्जनों के लिए आत्मबल का ज्ञान रॉकेट साइंस है। प्रसिद्ध काउंसलर रिचर्ड केंट मैथ्यूज (Richard Kent Mathews) कहते हैं, "आत्मबल में कोई अलौकिक या अप्राकृतिक बात नहीं, वे तो बस अपनी नैसर्गिक प्रवृत्ति से लाभ पहुँचाते हैं।" 'जर्नल ब्रेन एंड विहैवियर', अमेरिका में प्रकाशित एक शोधानुसार आत्मबल का मस्तिष्क के

बायोरसायनों को संतुलित और तनावकारक हार्मोन कार्टीसॉल को कम करने से वह हमारी सहनशक्ति में वृद्धिकारक है।

जहरीला आंतरिक दुश्मन

नकारात्मक आंतरिक आवाज काँटे बिछाती है, हमें अंदर-ही-अंदर घुलाने की उत्तरदायी। अधिकांश लोगों का परिस्थितवश पीड़ादायी, हानिकारक आत्मसंवाद में लिप्तता की आदत उनमें निराशा, अक्षमता, अस्तरीय प्रदर्शन और अन्य भीषण भावनात्मक परिणामों का बीज है। स्वयं को दोष देनेवाली बातों को मस्तिष्क में बार-बार दोहराने की स्थायी प्रवृत्ति हतोत्साहन, अकुशलता, विफलता तथा आत्मपीड़ाजनक है। लक्ष्य पूरा करने के पहले बेहद खराब अंदाज में किसी का दिल बोलता है, 'तुम असफल होगे' और वह बेचारा काबिल होते हुए भी हतोत्साहित हो पलंग पर लंबूलेट! कुछ चेतना से सोचते हैं, 'मैं कर लूँगा', 'मैं सफल रहूँगा', पर उनके दिल से आती आवाज, 'तुम्हारे जैसा आदमी यह नहीं कर सकता' उन्हें पीछे खींचती रहती है। इससे वे अंतत: थक-हारकर प्रयास छोड़ बैठ जाते हैं, माइक पकड़ते ही जड़ हो जाते हैं, चाहे वे अपने विषय के प्रकांड पंडित हों।

अंदर से प्रस्फुटित अप्रिय, तीक्ष्ण वाक्बाणों का सर्वोचित प्रबंधन अत्यधिक हितकारी है। उन्हें दबाना एवं अनदेखी हल नहीं। उसमें कार्य, प्रदर्शन के दौरान मुँह उठाकर हमें हतप्रभ करके हमारा रास्ता रोकने का बल है। उनमें हमारे काबिल होते हुए भी हमें नाकाबिल बनाने का गुण है।

सदा आपकी खिदमत में

आत्मसंवाद हममें अनुरूप न्यूरोलॉजिकल प्रक्रियाएँ पैदा कर मस्तिष्क में यथोचित मानसिकता-मनोदशा सक्रिय करता है—कंप्यूटर भाषा में 'प्रोग्राम'। उसे समस्त स्नायुमंडल को कंडीशन करने में महारत और आसानी से हमारे विश्वास को बदलने की योग्यता हासिल है।

लक्ष्य-सहायक आत्मसंवाद विजयपथ के प्रशस्तीकरण के लिए आत्मविजय, आत्म-प्रेरणा और अनेक मानसिक गुणों के जागरण का प्रचंड हथियार है। बेस्ट सेलर 'चिकन सूप फॉर द सोल' के सह-लेखक जैक कैनफील्ड (Jack Canfield) कहते हैं, "आत्मबल में आपके तन के रिद्म से समाहित हो आपके एवं आपके मंतव्य के साथ एकमय होने का गुण है।" उसके लगातार प्रयोग से हम अपने में गहरी-से-गहरी पैठ बनाए अपने को नाकाबिल (Belief in self-incapability) मानने को अपने को काबिल मानने के विश्वास (Belief in self-capability) द्वारा विस्थापित कर सकते

हैं। जबकि उस मानसिकता को बदलने के लिए अन्य दिमागी पद्धति ज्यादा समय लेगी और संभव है, उससे मनोवांछित परिणाम भी न मिले। विश्व चैंपियन मुक्केबाज मुहम्मद अली का उद्गार, "बार-बार मन में एक विशेष वाक्य दोहराना उसका विश्वास में तब्दील होने का रहस्य है।"

अंतरबोल में लगभग सभी आंतरिक रुकावटों और गंभीर अविश्वासों को फाइटर जेट की तरह तुरंत पार करने का बूता है। कामयाब इ-कॉमर्स व्यवसायी ये शन-जियान कहते हैं, "सकारात्मक आत्मबल नकारात्मक दिमागी बड़बड़ को बेअसर करने में समर्थ है।" आप नए कार्य, उद्यम या साक्षात्कार पर जाने का साहस, विश्वास नहीं जुटा पा रहे या आप उसे सफलतापूर्वक करना चाह रहे, पर आपका अंतर्मन हिचकिचाहट, भ्रम से पीछे हट रहा। मन में दबंगई से अनेक बार दहाड़ें, 'मैं कर सकता/सकती हूँ, मेरे में आत्मविश्वास है।' आपका सतही विश्वास गाढ़े-से-गाढ़े विश्वास के रंग से रँग जाएगा और आपका भविष्य का पल उस अनुरूप घटित होना प्रारंभ हो जाएगा। लक्ष्य संभव होने के विश्वास एवं अहसास के जागरण से सफलता का आपकी मुट्ठी में आना बड़ी बात नहीं।

अचेतन उन नई सोचों, विश्वासों को सिरे से नकार देता है, जो उसके पुराने सोच, विश्वासों के अनुरूप न हो। इस वजह से हमें नई सोच, विश्वास अविश्वसनीय, असंभव या हास्यापद नजर आते हैं। न्यूरोसाइंस वैज्ञानिकों के अनुसार जितनी मरतबा हम नए आत्मबल की पुनरावृत्ति करते हैं, उतनी बार वह अचेतन में गहराई से बैठ जाता है और तंत्रिका-तंत्र की कोशिकाओं न्यूरॉन (Neurons) के मध्य संवाद कायम करनेवाले 'न्यूरल स्टैंड पाथवे' (Neural strand pathway) के प्रगाढ़ होने से न्यूरॉन सरलता से पुरानी सोच, विश्वास को हटाकर नइ्र् सोच, विश्वास को बाँह खोल अपनाने लगता है; अंततः हम स्वाभाविकता से उन्हें व्यक्तिगत परिप्रेक्ष्यों एवं ध्येयों के वास्ते सही मान लेते हैं।

लक्ष्यार्थ कर्म के पहले, उसके दौरान एवं उसके बाद, लक्ष्य-सहायक आत्मबल से ये लाभ प्रस्फुटित हैं—

- व्याकुलता, निरुत्साहित मनोवस्था, संकोच, संशय तथा आवश्यकता से अत्यधिक स्वयं पर ध्यान देने एवं आत्म-नुक्ताचीनी (Self-judgment) के स्वभाव से स्वत्रंतता,
- स्वभरोसा, आंतरिक बल, आत्मनियंत्रण, अंत:प्रेरणा का जन्म और उनमें बढ़त, और—
- नकारात्मक मनोदशा का सफलता-सहायक मनोदशा द्वारा विस्थापन।

एक राष्ट्रीय स्तर के धावक का प्रतियोगिता के वक्त आंतरिक आवाज 'तुम

अयोग्य हो' आने से उसका प्रदर्शन दिन-प्रतिदिन निम्नस्तरीय होता गया। उसके पास शारिरिक बल, कौशल, स्टेमिना था और भरपूर अभ्यास कर रहा था, खानपान उत्तम था। समाधान मिला—खेल के पहले एवं उसके दौरान प्रेरक आत्मबल अपनाना। मात्र उससे उसका प्रदर्शन कुलाँचे मारने लगा।

महान् ओलंपिक एथलीट जैकी ज्वायनर कर्सी (Jackie Joyner Kersee) अमेरिका के ईस्ट सेंट लुइस, इलिनॉयस, में अत्यंत गरीब परिवार में जनमीं, पर खेल उनके रक्त में। गरीबी, हिंसा से भरा मुहल्ला तथा अनेक गंभीर बीमारियाँ उनका रास्ता अवरुद्ध करने को कमर कसे थीं। उन्होंने कहा, "मैं कभी हतोत्साहित न होती। मेरे पास आगे बढ़ने को कुछ-न-कुछ अवश्य अवश्य होता। मैं खुद से कहती रहती, 'तुम्हें बहुत मेहनत करना है; तुम्हें सफल होना ही है'।"

"सकारात्मक आत्मबल दीर्घकालिक अवधि में संकुचित आत्मसंवाद/ सोच को सशक्त व प्रेम भरे सोच द्वारा प्रतिस्थापन के योग्य है।"

—ये शन-जियान, हांगकांग

सफल इ-कॉमर्स व्यवसायी

सोच द्वारा सामने मुँह बाए और जीर्ण असफलतादायक विश्वास को सफलतादायक विश्वास द्वारा भगाना कठिन मामला है। पर आत्मबल द्वारा वैसा करना कहीं अधिक तेज है। उसने इंग्लैंड फतह का सपना देखा—उसके पूर्व किसी में इस हिमाकत की जुर्रत कहाँ! वह स्वयं से पुरजोरता से सतत कहता रहता, 'कुछ भी असंभव नहीं।' उसका सफल होने के विश्वास (belief in success) के परत-दर-परत गाढ़ा होते रहने से अंततः उसके मस्तिष्क ने उसमें साहस, ऊर्जा, पुरुषार्थ का लौह स्तंभ खड़ा कर ही दिया। एक साधारण सैनिक से फ्रांस के सर्वोच्च पद पर आसीन हो नेपोलियन ने इंग्लैंड की छाती पर दाल दल अधिकांश यूरोप पर फ्रांस का झंडा लहरा दिया, जिसे पहले अनेक बड़े-बड़े योद्धाओं द्वारा नामुमकिन कृत्य कहा गया।

हममें से कौन दबाव, अवरोधों से रूबरू नहीं होता। उनसे सामना करने की व्यक्ति की क्षमतानुसार उस पर सफलता का बरपा होना तथ्य है। आत्मबल उन्हें त्वरितता से सहन करने, उनके बीच आगे बढ़ते रहने और कार्य को मनोवांछित ढंग से करने को हमें उत्प्रेरित करनेवाला मास्टर है। समस्या आने पर ठट्ठा मार तेज आवाज में कहें, 'तुम समस्या हो, हा...हा...हा...मैं तुम्हें कुचल दूँगा', आपका जज्बा युवा हिरनी की तरह छलाँग मारने लगेगा।

आत्मबल भावनात्मक अवस्था एवं मनोदशा को तेजी से पटरी पर लाने का आसान माध्यम है, उस दशा में भी जब आपको विकल्पहीनता, दिशाविहीनता का अहसास हो

या आप भ्रमित हों। हांगकांग के युवा ये शन-जियान अपनी नौकरी से अच्छा-खासा कमा रहे थे। पिताश्री की असाध्य बीमारी से उन्हें नौकरी छोड़ना पड़ा। बीस हजार डॉलर उधार लेकर इ-व्यापार प्रारंभ किया। शुरुआती दौर में लाखों डॉलर कर्ज में डूब, हताशा में गोते लगाने लगे। स्वनिष्ठा व मानसिक संतुलन बनाए रखने को उन्होंने एक सौ एक व्यक्तिगत आत्मबल बनाए। एक माह पश्चात् उन्हें 97 डॉलर का पहला ऑर्डर मिला! उसके बाद चमत्कार और शनैः-शनैः उनकी आय 1000 डॉलर प्रतिमाह। आज वे दसियों लाख डॉलर के स्वामी हैं। उन्होंने लिखा, "सकारात्मक आत्मबल आपके दिमाग को खोलने का काम करता है और उस ओर देखने लगता है, जिस ओर संभावना है, अवसर है, न कि कठिनाई, बाधा।"

ऐसी स्थिति आ सकती है कि आपको वह करने को कहा जाए, जिसे करने का आपको अनुभव न हो, ऐसे में आत्मबल आपका हाथ थाम लेगा। मेरे क्लब मैसोनिक लॉज में यकायक मुझे सामाजिक सेवा पर बोलने को कहा गया, जिस पर मेरी तैयारी न थी। मैंने आत्मबल का सहारा ले उसे बखूबी संपन्न किया।

बारूदी आत्मबल

'एन.एल.पी.' में आत्मबल को अधिकाधिक प्रभावी बनाने की तदबीर है, वह है—उसमें अधिकतम रेप्रेजेंटेशनल सिस्टम्स (Representational systems) का प्रयोजन। अर्थात् उसमें लक्ष्यानुरूप मानसिक चित्र, मनोभाव, अंदाज और अहसास का निवेश। इससे वह हाँडी में वाष्प की तरह बलशाली होकर हमें अरुणिमा सिन्हा भी बना सकता है और दारासिंह भी।

आत्मबल अपने लय, तीव्रता तथा रिसोल्यूशन के अनुपात में हममें आत्मशक्ति (Will power) एवं शारीरिक दमखम में वृद्धिकारक है। उसे अत्यधिक प्रभावी करने के लिए उसके लय, रिद्म, रिसोल्यूशन आदि को दमदार, प्रखर बनाएँ। उसके साथ अनुरूप शख्सियत/व्यक्तित्व के आकर्षक छवि में स्वयं को श्रेष्ठतम प्रदर्शन करते हुए की कल्पना करें। इससे अनेक ने प्रथम प्रयास में साहसिक कार्य एवं लोहे की रॉड को गले से मोड़ने जैसे कठिन कृत्य किए हैं (निवेदन है, बगैर विशेषज्ञ द्वारा प्रशिक्षण ऐसा कतई न करें)। एक विश्वप्रसिद्ध चिंतक ने कहा, 'बगैर कल्पना आत्मबल व्यर्थ है।'

'शख्सियत आधारित' आत्मबल (Self-affirmation related to identity) चाबुक की भाँति असरदार व तीव्र है, क्योंकि शख्सियत बदलाव से हममें 'आधारभूत परिवर्तन' (generative change) का प्रवेश सौ फीसदी निश्चित है। वर्तमान से ही 'मैं डॉक्टर हूँ', 'मैं चैंपियन हूँ' का आत्मबल आपके व्यक्तित्व को इसी पल से वैसे चोले में रँगना प्रारंभ कर आपके स्वप्न को हकीकत का स्वरूप देना आरंभ कर देगा।

आत्मबल जितना स्पष्ट एवं समाधान आधारित होगा, उतना कारगर। पाँच मिनट में किसी प्रक्रिया को पूर्ण करने के उद्‌देश्य से 'मैं पाँच मिनट में यह सफलतापूर्वक कर लूँगा' वाक्य बारंबार दोहराना अत्युत्तम फल का उत्पादक है।

अपने को शीशे में देखिए—सामने आपका सबसे बड़ा दुश्मन खड़ा है,
सबसे प्रबल सखा भी, है ना भाई साहब!

आप किसी मानसिक व शारीरिक वजह से पूरी समर्थता, शक्ति के प्रयोग में असमर्थ हो रहे हैं या आंतरिक मसला, संशय आपको पीछे ढकेल रहा है। ऐसे परिप्रेक्ष्य में आंतरिक भाषायी सोच तथा आत्मबल में प्रयुक्त शब्दों को लक्ष्यानुरूप ढालना अति उपयोगी होगा, जैसे—'मैं अपनी क्षमता का सर्वोत्तमता से उपयोग कर पा रहा हूँ।'

आत्मसंवाद को सफलता सहायक बनाने के वास्ते यथोचित रणनीति, कार्य-पद्धति, कौशल का संज्ञान अति आवश्यक है। बगैर वाजिब हुनर 'मैं प्रतियोगिता जीत जाऊँगा' सोचना कूड़ेदान की तरह निरर्थक रहेगा!

'मैं भविष्य में ऐसा बनूँगा, वह करूँगा' परिणामविहीन है, साथ में तनाव-जनक। मस्तिष्क सोचता है, 'पगले, अभी से मैं प्रयास क्यों करूँ, आगे देखा जाएगा।' दूसरी ओर, वर्तमान काल के 'प्रेसेंट कंटिन्यूअस टेंस' (Present continuous tense) में आत्मचिंतन से मस्तिष्क मकसद को प्राप्य मानकर उसे ग्रहण करने को ईमानदारी से जुट जाएगा। 'मैं आत्मविश्वासपूर्वक उसके सवालों का सामना कर रहा हूँ' आपमें वाकई वैसा उत्तमता या बेहतरी से कर लेने की निपुणता जाग्रत् कर देगा।

'मुझे दो माह में पुस्तक पूरा करना है' माफिक मानसिक बाध्यता का अहसास करानेवाला अंतरबोल मनोसमस्या, तनाव और कर्म टालते रहने (Procrastination) की प्रवृत्ति का जनक है। सोच में प्रयुक्त इस प्रकार के वाक्यों में साधारणतया 'करना है/ करना होगा', 'चाहिए' ('have to' 'should' must...) आदि शब्द/शब्द विन्यास का उपयोग किया जाता है। इस विशेष भाषागत संरचना का नाम 'मॉडल ऑपरेटर्स ऑफ नेसेसिटी' (Modal operators of necessity) है। उसके बजाय 'मैं दो माह में आनंदपूर्वक पुस्तक पूरा कर रहा हूँ' आत्मसंवाद आपमें आत्म-उत्साह की तरंगें अंकुरित कर मकसद में पूर्ण कामयाबी दिलाएगा।

कार्यक्रम

1. आपको शब्दकोश में अपने बारे में सिर्फ एक वाक्य में लिखना है—क्या आप 'आत्म-प्रेरित, आत्मबली, पुरुषार्थी, आकर्षक, मर्दानापन/नारीत्वता से भरपूर स्त्री/पुरुष' लिख पाएँगे? (आपकी आयु क्या है, उसका कोई अर्थ नहीं) 'न' पर अपनी आत्म-छवि में तुरंत परिवर्तन करें।
2. जब कोई आपका विश्वास, मनोबल ढहाने की चेष्टा करे, अपने मानसिक पटल पर स्वयं का सजीव आत्मविश्वासी व्यक्तित्व का बड़ा फोटो पूरा फैलाकर देखें।

शब्दावली

1. **प्रोग्राम (Programme/program)**—कंप्यूटर, मस्तिष्क या किसी मशीन को स्वचालितता से दिशा निर्धारित/नियंत्रित/संचालित करने की दशा या करना या उसे वैसा करवाने का गुण रखनेवाला अस्पर्शनीय तत्त्व। कंप्यूटर में इस प्रक्रिया को अंजाम देनेवाला 'सॉफ्टवेयर' कहलाता है।

2. **रिपल इफेक्ट (Ripple effect)**—ऐसी अवस्था जिसमें एक छोटा कारण परिणामस्वरूप वृहद् प्रभाव का जनक है, जैसे—तालाब में फेंके एक कंकड़ का छोटी तरंग पैदा करते हुए उसमें वृहद् प्रभाव उत्पन्न करना।

3. **मैनरिज्म (Mannerism)**—बोलते, कार्य करते समय व्यक्तिगत गैर-भाषायी विचित्रता, जैसे—संवाद वक्त कंधे उचकाते रहना।

4. **इमोशनल इंटेलिजेंस (Emotional intelligence)**—अपनी भावनाओं को समझदारी, बुद्धिमत्ता से प्रयुक्त करने की मानसिक योग्यता और उसे पारस्परिक संबंधों को प्रगाढ़ करने में प्रयुक्त करने का कौशल।

5. **सॉफ्ट स्किल (Soft skill)**—समस्या-निवारण कला, समझाने का गुण, व्यवहार-कुशलता…आदि।

□

7

निश्चित, स्थायी सफलता के लिए लक्ष्य निर्माण

- कैसे एक 'जन्मजात सफल' व दूसरा 'जन्मजात विफल' बन जाता है?
- बहुतेरे प्रतिभाशाली योग्य होते हुए महत्त्वाकांक्षा अंगीकार करने में निष्फल रहते हैं, क्यों?
- क्यों अनेक उसे नहीं प्राप्त कर पाते, जिसकी आकांक्षा वे ताजिंदगी हृदय में सँजोए रहते हैं!
- क्या आप व्यक्तिगत, व्यावसायिक और व्यापारिक मकसदों के प्रति उत्साह नहीं जगा पाते?

यह पाठ उपरोक्त का व्यावहारिक (Practical) हल व सतत दामन पकड़े रहनेवाले कामयाबी के रहस्य खोलने का क्रिस्टल क्लियर आलेख है।

बहुत से जन सपना देखने में कंजूसी नहीं करते, बड़ी-बड़ी योजनाएँ बनाते हैं, उनमें दमदार हुनर भी होता है, पर जितना कदम आगे बढ़ाते हैं लक्ष्य उतना दूर खिसकता जाता है। इससे उनकी अभिलाषाएँ, योग्यता ताउम्र उनके मन में दबी रह दम तोड़ देने को बाध्य हैं। कविवर ऑलिवर वेंडल होम्स (Oliver Wendel Holmes, 1809-1894) दु:खित हो कह उठे, "बहुत से लोग दिल में प्रतिभा की ज्वाला जलाए एवं अपूर्ण स्वप्न के साथ कब्र में चले जाते हैं।"

सकारात्मक सोच को रामबाण मानना भारी भूल, उसे हर जगह लागू करना असंभव। वह जमीन तैयार करने के काबिल है, पर उसका अनेक मामलों में असहाय सिद्ध होना बड़ी बात नहीं—इसमें सफलता, नीति-निर्धारण भी शामिल है। मेरा आपसे प्रश्न—'आप सकारात्मक सोच से कार्य-कौशल, रणनीति कैसे विकसित करेंगे?', 'बिलियर्ड खेलना कैसे सीखेंगे?' मैं देख रहा हूँ कि आप सिर खुजा रहे हैं! एक नहीं, अनन्य उदाहरण हैं।

"सर्वप्रथम कल्पना करें, आखिर आप चाहते क्या हैं!"

—सु नाइट (Sue Knight)
अंतरराष्ट्रीय मैनेजमेंट कंसल्टेंट

केवल डटे रहना, योग्यता और मेहनत मंजिल चुंबन का शर्तिया नुस्खा कतई नहीं। लक्ष्य आधारित त्रुटियों के वश ज्यादातर लोग पूर्ण लगन एवं सफलता के विश्वास के साथ श्रम करने के बावजूद मनोवांछित नतीजे से दूर खिसक जाते हैं, अंततः 'मेरे भाग्य में नाकामी लिखी है' या 'मैं पैदाइशी असफल हूँ' धारणा के साथ वे मैदान से रफू-चक्कर। वे हृदय में 'विफलता का डर' (Fear of failure) का काँटा अंकुरित करके अन्य इच्छाओं को पूरा करने से मुँह मोड़ने लगेंगे, चाहे नए व्यापार का प्रस्थापन या नौकरी के लिए आवेदन करना हो।

क्या ब्रह्मांड में कोई ऐसी भौतिक, अभौतिक, मूर्त एवं अमूर्त वस्तु है, जो बगैर नियम और अस्पष्टता के संचालित हो? शत-प्रतिशत न। भाई साहब, सफलता तथा विफलता दोनों विशेष नियम, मनोवृत्ति तथा क्रिया का परिणाम हैं, वे अनायास ही हमारी झोली में नहीं टपकते। शोधानुसार वह लगभग नब्बे प्रतिशत मानसिकता का अंजाम है। मेरा शत-प्रतिशत मानना है कि अधिकांश जनसंख्या का उस मानसिकता से अनजान रहना ही उनकी नाकामी की वृहद् वजह है।

कूपमंडूकता नहीं, खुला वैज्ञानिक व व्यावहारिक दृष्टिकोण असीम संभावनाओं और तमाम उपलब्धियों का द्वार है। अपार सफलता पानेवाले अपने प्रारंभिक दिनों से ही विशेष मनोवृत्ति, जागरूकता एवं स्वभाव के स्वामी रहे हैं—यह उनकी जमीन को उर्वर बनाने का विशाल कारण रहा। अप्रतिम कामयाबियाँ उनकी झोली में अनायास नहीं गिरतीं। यदि कभी ऐसा हुआ, तब वह रेगिस्तान में कमल की तरह होगा।

लक्ष्य-विहीन अवस्था की अभिव्यक्ति

- 'मैं पिछड़ता गया, वह तरक्की करता गया!'
- 'मैं क्या चाहता हूँ, उसकी स्पष्ट तसवीर नहीं बना पाता।'
- 'मैं सदा भ्रमित रहता हूँ।'
- 'मैं सबकुछ करता हूँ, बहुत मेहनत करता हूँ, फिर भी नाकामी गले पड़ती है।'

रूढ़िवादी दलील एवं परंपरावादी विचार के विपरीत मकसद को देखने, सोचने, समझने और विश्वास की प्रमुख भागीदारी है कि प्रतिफल क्या, कैसा होगा। यह मनोवृत्ति

वास्तव में अग्रिम में आधारशिला रख देता है कि आप आगे विजयी भव बनेंगे या औंधे मुँह गिरेंगे और उनमें से प्रत्येक की कितनी संभावना है। यह उसी प्रकार है, जैसे काफी हद तक भवन का नक्शा अग्रिम में प्रदर्शक है कि उसके पूर्ण होने के उपरांत उसका प्रारूप कैसा होगा, वह सुंदर, मजबूत होगा या कुरूप, कमजोर।

हर परिस्थिति में आगे बढ़ने और उसमें श्रेष्ठ प्रदर्शन करनेवाले प्रतिबद्धता से मस्तिष्क के विशिष्ट संचालन के माहिर खिलाड़ी होते हैं। उनकी खास आदत है—'समाधानमूलक सोच' (Outcome thinking) अपनाना, न कि 'समस्यामूलक सोच' (Problematic thinking) और वांछित परिणाम की रूपरेखा बनाकर और उसे ध्यान में रखकर ही कार्यरत होते रहना।

स्नायुमंडल सोच में प्रयुक्त शब्दों, मनोचित्र और उनके तरीकों के अनुरूप मानसिक योग्यता, शारीरिक क्षमता सक्रिय करनेवाला केंद्र है। 'एन.एल.पी.' का पूरा नाम 'Neuro-Linguistic Programming' में समाहित 'लिंग्विस्टिक' (Linguistic) तथा 'प्रोग्रामिंग' (Programming) यही इंगित कर रहा। 'एन.एल.पी.' संस्थापन का मुख्य ध्येय रहा है—उच्च स्तरीय परिणाम पाने के उद्देश्य से कैसे निश्चित रणनीति, शैली, मानसिकता का संज्ञान किया जाए। अंतरराष्ट्रीय मैनेजमेंट कंसल्टेंट सु नाइट ने लिखा, "'एन.एल.पी.' आपके स्वयं, व्यापार तथा जीवन के वास्ते वह फल प्रदान करने में सहायक है, जिसकी आप कामना करते हैं।" मेरी पत्थर समान धारणा है कि 'एन. एल.पी.' का ज्ञान व्यक्ति को जितना शीघ्र होगा, उतना ऊँचा उसका सफलता का ग्राफ ऊपर छलाँग लगाएगा!

कमी, गलती कहाँ? उसे कैसे सुधारें

सफलता के कारगर तरीकों को जानने के लिए अध्ययनरत अमेरिकी शोधकों ने देखा कि कामयाब जन अपने लक्ष्यों को एक विशेष स्वरूप में बनाते हैं। यी प्रमुख वजह है उनका ज्यादातर मंजिल पर बैठ मुसकराने का, जबकि विफल जन आदतन उसका ठीक उलटा।

भाषाविद् जॉन ग्रिंडर, मनोचिकित्सक रिचर्ड बैंडलर ने मनचाहा फल पाने के उद्‌देश्यार्थ सोच में भाषा के विशिष्ट प्रयोग की अनेक कारगर युक्तियाँ विकसित कीं। उन्होंने उनमें से कुछ को दूसरे सफलतादायक सूत्रों के साथ क्रमबद्ध करके 'वेल-फॉर्मड गोल कंडीशंस' (Well-formed Goal Conditions) मॉडल रचित किया। यह मंजिल विजय को अधिकाधिक सुनिश्चित करने में आश्चर्यजनक रूप से सहायक है। वे हैं—(सुविधा निमित्त नीचे वर्णन में 'X' इच्छा/लक्ष्य प्रदर्शित कर रहा।)

प्रथम अवस्था—लक्ष्य का स्पष्टतम होना

(Goal must be specific.)

स्पष्टता स्पष्ट मनोदृष्टि की परिचायक है, अस्पष्टता भ्रमित मनोवस्था की।

एक महात्माजी की कुटिया हरे-भरे जंगल के चौराहे पर प्रस्थापित।

एक भटका यात्री उनसे रास्ता पूछने आया। उन्होंने पूछा, 'कहाँ जाना है?' यात्री ने सामने पहाड़ की चोटी की ओर इशारा किया, बाबा ने मार्ग बता दिया।

कुछ देर बाद दूसरा भूला भटका पथिक आया। स्वामीजी, 'बच्चा, कहाँ जाना है?' पथिक, 'पता नहीं।'

महात्मा जी विरक्तता से बोले, 'बेटा, फिर किसी रास्ते से जाओ, फर्क नहीं पड़ता।'

क्या आप घोड़े की एक विशेष प्रकृति से अनजान हैं? उसे खुला छोड़ने पर वह घास खाने और यहाँ-वहाँ भटक मटरगश्ती करने लगता है। वह अपने मालिक के घर की ओर तब तक नहीं बढ़ेगा, जब तक मालिक उस पर सवारी कर उस ओर न ले जाए। हमारे स्नायुतंत्र महाराजजी भी लक्ष्यविहीन होने पर दिशाहीनता का दामन पकड़ने में सिद्धहस्त हैं।

भ्रम तथा दिशाहीनता अंधकार का द्वार है। अस्पष्ट लक्ष्य बुद्धि को भूल-भुलैया में भटकाकर नाकामयाबी और दुर्भाग्य की दास्तान लिखने का भागी है। वह बड़ी वजह है—व्यक्ति का अपनी मनोकामना से आकर्षण महसूस न होने की। आपने ठाना आपको व्यापार करना है। उस अवस्था में आपका मस्तिष्क 'पता नहीं किस क्षेत्र में व्यापार करना है' सोचकर बाकी अंगों को ध्येयापूर्ति में सहायक 'इलेक्ट्रोमैग्नेटिक संदेश' (Electromagnetic impulses) तब तक नहीं भेजेगा, जब तक आप निर्णय न कर लें कि आपको किस क्षेत्र में क्या व्यापार करना है।

सही फैसला कि 'मैं क्या चाहता हूँ', 'मैं क्या बनना चाहता हूँ', 'मैं क्या करना चाहता हूँ', 'मैं कैसा होना चाहता हूँ', 'मैं कहाँ पहुँचना चाहता हूँ' से परहेज से जिंदगी उद्‌देश्यहीनता से यहाँ-वहाँ भटकते व्यतीत हो जाएगी, जैसी अवस्था लगभग नब्बे प्रतिशत जनसंख्या की है। बहुतों की इच्छाएँ मन में दबी रह उन्हें कुंठित बनाती रहती हैं, क्योंकि पता नहीं कि आखिर वे चाहते क्या हैं! वे इस बाबत आँख मूँदे रहते हैं कि भविष्य में उन्हें क्या पाने का अधिकार है, वे क्या पा सकते हैं।

बुद्धि को आप जितनी सूक्ष्मता से संचालित करेंगे, उतनी तेजी और उत्तमता से वह आपके इच्छित मार्ग को सुगम बनाने को प्रयासरत होगी, इसलिए सफलतम लोग निश्चित, अर्थपूर्ण तथा उचित लक्ष्य निर्मित करने के बाजीगर होते हैं।

स्पष्टतम दृष्टि लक्ष्य-प्राप्ति में सहायक केंद्रित मनोवस्था, दिमागी योग्यता, प्रोत्साहन, ऊर्जा, प्रबल आत्मशक्ति के उत्पादन की फैक्टरी है। हजारों साल पहले गुरु द्रोणाचार्य की अंत:दृष्टि में वह ज्ञान (Intelligence) था, जिसे मद्देनजर रख वे पांडवों को धनुर्विद्या सिखाए थे। रोमन दार्शनिक सेनेका (Seneca, 4 BC-65AD) ने कहा, "आपको सुनिश्चित करना है कि आपको किस किनारे पर उतरना है, तभी आप सही दिशा वाली हवा के सहारे वहाँ पहुँच पाएँगे।"

- **अस्पष्ट/कम स्पष्ट**—'मैं लेखक बनूँगा।'
- **स्पष्टतर**—'मैं राजनीति में लेखन करूँगा।'
- **स्पष्टतम**—'पश्चिम एशिया मेरा मुख्य विषय होगा।'

साइबरनेटिक्स वैज्ञानिक जॉन वेनर एवं पाल जान न्यूमैन (Norbert Wiener, John Von Newmann) के अनुसंधानानुसार इस सृजन के सर्वोत्तम कंप्यूटर मानवीय दिमाग में सफलता सहायक एक अति विशिष्ट मानसिक सॉफ्टवेयर प्रस्थापित है। उसे उन्होंने 'सर्वो-प्रणाली' (Servo system) नाम दिया। इसकी विशेषता है कि साफ ध्येय के ज्ञात होने की स्थिति में वह आपमें आत्म-प्रेरणा जाग्रत् कर आपको गाइड की तरह सीधे उस ओर ले जाने को सर्वाधिक असरदार तरीके से अग्रसरित हो जाता है। आधुनिक मिसाइल में कंप्यूटरीकृत व्यवस्था ठीक इसी प्रकार से दुश्मन के जहाज को नेस्तनाबूद करनेवाला मेकैनिज्म है, पर तभी जब मिसाइल में लक्ष्य 'जहाज' की स्पष्टतम जानकारी 'फीड' कर दी जाए। यह अचेतन 'सर्वो-प्रणाली' सभी क्षेत्रों में सफलता सहायक है—कविता लिखने, वैज्ञानिक खोज से लेकर क्लाइंट में आप क्या प्रभाव पैदा करना चाह रहे हैं और स्वयं को सुंदर बनाने तक में। बस पहली शर्त है—जो आप करने जा रहे हैं, उसकी सही रूपरेखा आपके दिमाग में विद्यमान हो।

'सर्वो-प्रणाली' में सफलता सहायक केंद्रित दृष्टि (Focused state) व अनुरूप कौशलता विकसित करने के साथ शरीर की मांसपेशियों को समरूपता से सक्रिय करने और चेतन-अचेतन में सतत चल रहे विभिन्न विचारों को एकीकृत करने की निपुणता है, उसी प्रकार से जैसे सभा में गुटरगूँ करते सभी सदस्य तभी पूरे सामर्थ्यानुसार कार्यरत होते हैं, जब सर्वमान्यता से एक ध्येय को स्वीकार लें।

मोटापाग्रस्त बहुत लोग अनेक कदम उठाने, अनेक प्रयास के बावजूद मनोवांछित शारीरिक अवस्था प्राप्त करने से मशहूर या महँगे सैलून में मोटी रकम खर्च कर कुछ वजन घटाकर उसमें स्थिर रह जाने को मजबूर होते हैं। इसकी जड़ है—उनका निर्धारण

न करना कि वे अपना तन कितने वजन का चाहते हैं और एक निश्चित समय में कितना वजन घटाना है। उनका अंतर्मन 'कितने?' (How much?) के चिंतन में उलझा रहता है, या कुछ घटने पर मान लेता है, 'यही अंत है।' व्यावहारिकता से दिमागी चलचित्र में देखिए, आपको कितने-कितने समय में कितना वजन कम करना है। उसके पश्चात् उसे हिस्से-हिस्से में बाँटकर प्रत्येक हिस्से को एक निश्चित अवधि में पाने का लक्ष्य बनाएँ। आपमें तनाव, मानसिक समस्या के बजाय आत्म-प्रेरणा जाग्रत् रहेगी और आपका जिस्म परिवर्तित भार के अनुकूल शनैः-शनैः मानसिक, बायोलॉजिकल व हार्मोनल बदलाव करता रहेगा उनमें आपसी तालमेल बनाए रखते हुए। सकारात्मक जीवन-शैली एवं खानपान और आत्म-उत्साहवर्धन (Self-motivation) के साथ यह प्रक्रिया आपको मनोवांछित फल अवश्य दिलाएगा, चाहे आप कितने मोटे हों। लोग यह पद्धति अपनाकर अपना वजन दस किलो और उससे अधिक कम करने में सफल हुए हैं। बेस्ट सेलर लेखक एंथनी रॉबिंस (Anthony Robbins) उनमें एक हैं।

निशानेबाजी में सर्वोच्च प्रदर्शन के लिए पहला रहस्य है—निशाना लगाते समय 'बुल'[1] के भी सबसे बीच 'काल्पनिक केंद्र' में ध्यान लगाना, 'बुल' पर नहीं। एक अभ्यास में गुरु द्रोणाचार्य अर्जुन को मछली पर तब तक तीर चलाने से मना करते रहे, जब तक अर्जुन को सिर्फ मछली की आँख दिखने न लगी। हम जानते हैं, द्वापर युग में अर्जुन सर्वश्रेष्ठ धनुर्धर थे।

सह-लेखक जैक कैनफिल्ड (Jack Canfied) ने रोंडा बायर्न (Rhonda Byrne) की विश्वप्रसिद्ध 'द सीक्रेट' (The Secret) वीडियो मैगजीन में खुलासा किया कि उन्होंने बेस्ट सेलर 'चिकन सूप फॉर द सोल' के विक्रय से पहले आठ हजार डॉलर प्रतिवर्ष, तत्पश्चात् एक लाख डॉलर प्रति वर्ष कमाने का सपना देखा था—और वाकई यह वास्तविकता बना!

जितना अधिक हो सके, उतना बड़ा ध्येय तथा उसकी प्राप्ति का समय एवं अन्य अधिकाधिक विवरणों का सूक्ष्मतम खाका खींचिए, कल्पना कीजिए। उसी स्वरूप में वह आपकी झोली में गिरेगा, यहाँ तक कि घर के बजट में कब, कितना, कैसे खर्च करना है, आपको अपने व्यवसाय में कब, कैसे, कहाँ, क्या उन्नति करना है।

द्वितीय अवस्था—नकारात्मक वाक्य के बजाय सकारात्मक वाक्य में लक्ष्य; उसका उद्‌देश्य फल प्राप्ति हो, न कि किसी से विरक्तता या उससे हटने की प्रवृत्ति से

(Goal should be in positive sentence, not negative. Goal should intend to achieve something, not to avoid something.)

सकारात्मक, उपयुक्त मकसद और दिशा को चुनने से हम अपने परम मित्र हैं, पर उनके अनुपयुक्त, नकारात्मक होने पर हम अपने दुश्मन।

कृपया सोचें—'मुझमें अस्वस्थता नहीं, स्वस्थता की तमन्ना है।'

आपके अंतर्मन में अपने अस्वस्थ होने की तसवीर गाहे-बगाहे झलक गई होगी, भले ही आपने उसके साथ 'नहीं' लगा दिया हो! स्नायुतंत्र सोच में प्रयुक्त शब्दों (Linguistic pattern of thought) और मानसिक आकृति के आधार पर क्रियाशील होने का गुणधारक है। आपका मगज बारंबार उस ओर जाएगा और वह वैसी भावनात्मक प्रतिक्रिया पैदा करेगा, जिसे आप नहीं चाह रहे, पर उसे सोच रहे!

सोच में प्रयुक्त भाषायी संवाद को 'साइकोलिंग्विस्टिक' (Psycholinguistic) कहते हैं। उसका प्रतिरूप गलत होना अवांछित प्रतिफल के उत्पादन में विशाल हिस्सा निभानेवाला तत्त्व है। सकारात्मक साइकोलिंग्विस्टिक का मस्तिष्क में नकारात्मक साइकोलिंग्विस्टिक की अपेक्षा अधिक बेहतरी, तीव्रता से जज्ब होने से वह ज्यादा असरकारक है। 'जॉन हॉपकिंस विश्वविद्यालय', अमेरिका, में शोधानुसार बुद्धि नकारात्मक वाक्य को समझने में सकारात्मक वाक्य से ज्यादा समय लेता है। कदाचित् इसलिए आधुनिक सम्मोहनकर्ता एक सकारात्मक शब्द के स्थान पर दो या अधिक नकारात्मक शब्द प्रयुक्त करते हैं, ताकि दिमाग भ्रमित हो सम्मोहित हो जाए, उदाहरणार्थ—'ऐसा नहीं हो सकता कि आप सम्मोहित न हों।'

अनेक जनों का इस पर ध्यान रहता है कि उन्हें क्या नहीं चाहिए, उन्हें क्या नहीं करना चाहिए, बजाय इसके कि वे क्या चाहते हैं, वे क्या करना चाह रहे। वैसा नकारात्मक साइकोलिंग्विस्टिक उनमें सतत अप्रिय भावनात्मक प्रभाव लाते रहने का सूत्रधार है, साथ में मनोवांछित नतीजे का हाथ न आने का। 'मैं तनाव में नहीं आना चाहता' से तनावग्रस्त होना लाजिमी है। 'चीनी मत खाओ' की सोच, परामर्श अधिकांशत: बेअसर रहेगे।

'न असफल होने' की चाहत रखनेवाला प्रतियोगी स्वयं को उसके लिए तैयार कर रहा है, क्योंकि उसके अचेतन में 'असफलता' शब्द के प्रवेश ने उसमें 'मेरी असफलता संभव है' का विश्वास बना दिया। सफल होनेवाले सफलता, सुख, मूल्य (Value), लाभ को निगाह में रख लक्ष्य हासिल करने की आकांक्षा करते हैं, न कि विफलता,

हार, दु:ख से बचने की। ऐसी मनोदृष्टि उनमें ध्येयार्थ दबाव बनाए रखने के बजाय उन्हें आत्म-उत्साहित करते रहने का सबब है।

बेस्ट सेलर 'चिकन सूप फॉर द सोल' (Chicken Soup For The Soul) के सह-लेखक जैक कैनफिल्ड का परामर्श—"हम जो चाहते हैं, उस पर हमें निगाह जमाए रखना चाहिए, न कि उस पर जिसे हम नहीं चाहते।" निर्णयित करें, 'मैं यह चाहता हूँ', न कि 'मैं यह नहीं चाहता' या 'मैं इससे दूर रहना चाहता हूँ'। किसी स्थिति, क्रिया में भय की अवस्था में 'मैं नहीं डरूँगा' के विपरीत 'मैं अमुक स्थिति में शांत, आत्मविश्वासी रहूँगा' या 'मैं शांत हूँ' का विचार आपमें शीघ्रता से लक्ष्यार्थ शांतचित्तता का अंकुरण करेगा। 'मैं अवसाद में नहीं रहना चाहता' विचारनेवाला उस समय अपने को अवसाद में ला चुका।

'मैं पराजय से बचना चाहता हूँ' को 'मैं विजयी बनूँगा' से विस्थापित करने से आपके दिमाग में जीतते हुए की छवि छाने लगेगी। 'सेल्फ इफेकॅसी' (Self-efficacy) सिद्धांत के तहत आपकी सफलता के वास्ते अति आवश्यक क्षमता ध्येयानुसार उन्नत होने लगेगी। आप लक्ष्य की ओर चुंबक के माफिक आकर्षित होकर उस यथार्थ पथ गमन को आनंददायी, सुगम महसूस करेंगे।

ध्येय से 'बचने', 'दूर रहने' की प्रवृत्ति उसके प्रति तनाव, विकर्षण की जनक है। 'मुसीबतें मुझसे दूर भाग जाएँ' आपके मस्तिष्क में अनन्य काल्पनिक मुसीबतों का चित्र उपजेगा और आप तुरंत हतोत्साहित हो जाएँगे! उसका बेहतर विकल्प 'मैं मुसीबतों से हँसते-हँसते दो-चार हाथ करूँगा', आपके लहू में उत्साह, आत्मबल का संचार कर आपको कठिनाइयों से आत्मविश्वासपूर्वक बेहतरी से सामना करने की सिद्धि प्रदान करेगा। साहब, क्या यह असत्य है?

किसी वस्तु, अहसास (फीलिंग), परिप्रेक्ष्य, नाकामी से हटने के उद्‌देश्य से बना मकसद (Goal that is away from something or to avoid something) आपका उसके प्रति आपकी बाध्यता दरशाता है। उसे सोचने से ही आपमें अरुचि, उत्साहहीनता का मुँह उठने लगेगा। दूसरी ओर किसी वस्तु, अहसास (फीलिंग), परिप्रेक्ष्य, कामयाबी और मूल्य के प्रति आकर्षण से या उसे पाने के ध्येय से बना लक्ष्य (goal towards something) आपमें स्फूर्ति का रस भरेगा और उसे पाने के वास्ते आपकी आत्म-दृढ़ता सुदृढ़ करेगा। चैंपियन खिलाड़ी 'मैं खेल में सबसे ऊँचा शिखर पाऊँगा', 'खेल मेरा जीवन है' जैसी भावना से ओतप्रोत हो मैदान में ताल ठोंककर उतरते हैं, न कि मन को दबाव में लानेवाला 'मैं उसे पछाड़ना चाहता हूँ' के मनसूबे से। अन्य उदाहरण—

- 'मैं दूसरी नौकरी पकड़ूँगा, ताकि बॉस का चेहरा दुबारा न देखूँ।' → 'मैं ऐसी नौकरी ढूँढ़ूँगा, जहाँ अपनी काबिलियत का सर्वोच्च उपयोग कर सकूँ।'

- 'मैं पुनः प्यार करके दिल दुबारा टूटना बर्दाश्त नहीं कर पाऊँगा।' → 'मैं अभी प्यार-व्यार के चक्कर से परे रह ध्यान कॅरियर बनाने में लगाऊँगा।'
- 'ज्वैलरी व्यापार मुझे आर्थिक कष्ट से निजात दिलाएग।' → 'ज्वैलरी व्यापार मुझे आत्मनिर्भरता दिलाएगा।'

संभव है कि आपको विकर्षक एवं नकारात्मक अप्रिय इरादे को सकारात्मकता प्रदान करना कठिन महसूस हो। इस दशा में स्वयं से अधोलिखित प्रश्न का उत्तर प्राप्त करना उसमें निहित सकारात्मक मूल्य अथवा मंतव्य को उजागर कर देगा, इसे मद्देनजर रख उस अनुरूप लक्ष्य को परिवर्तित कर दें।

- 'यह मुझे क्या देगा?'
- 'उसे पाना मेरे लिए क्यों महत्त्वपूर्ण है?'

जैसे—

'मेरी इच्छा है, मुझे अमुक क्षेत्र में हानि न हो।'

'यह मेरी कौन कामना या मंशा पूरी करेगा?'

'मेरा धन सुरक्षित रहेगा।'

आपका सुधरा ध्येय— 'मैं ऐसा व्यापार करूँगा, जिसमें मेरा पैसा ज्यादा-से-ज्यादा सलामत रहे, खतरा निम्नतम हो।'

तृतीय अवस्था—लक्ष्य स्वयं का हो, न कि अन्य द्वारा निर्धारित

(Goal should be made by you, not by others.)

अन्य के द्वारा आपके लिए चयनित ध्येय आपमें भावनात्मक परेशानी, तनाव, अयोग्यता पैदा करेगा और उससे प्रकट होगा आंतरिक अवरोध। विशेषकर भारतीय युवकों/युवतियों में वैसा करना मनोविकार, नाकामी, शैक्षणिक अक्षमता की विशाल जड़ है।

वर्तमान में माता-पिता की आकांक्षा पूरी करने के वास्ते बाध्यतावश विशेष कॅरियर का चुनाव विद्यार्थियों को आत्महत्या की प्रवृत्ति, जीवन से विरक्ति की ओर ले जा रहा। मेडिकल कॉलेज के एक प्रोफेसर का बेटा उनके ढकेलने पर बारंबार 'पीएमटी' देता। पर फेल हो-होकर अत्यंत कुंठित हो गया। पर किसी तरह हिम्मत बाँध बगावत कर सॉफ्टवेयर इंजीनियर बना। आज उसके पास बँगला है, गाड़ी है, खुशहाल परिवार है, साथ में 30 साल की उम्र में पत्नी के साथ चौबीस लाख की वार्षिक आय, जितना उसके पप्पाजी भी न कमा सके!

एक महिला अपनी बेटी को टी.वी. रियलिटी प्रोग्राम में चयनित कराने के ध्येयार्थ

अभ्यास करने को सोते-जागते प्रताड़ित करती, क्योंकि वह स्वयं स्टेज डांसर बनने की अपनी महत्त्वाकांक्षा पूरी न कर पाई थी! फल—उसकी बारह वर्षीय बेटी का मनोरोगी हो जाना।

अपनी इच्छाएँ पुत्र-पुत्री पर लादना विपरीत व विध्वंसकारी प्रतिक्रियाओं का जनक है। मैं आपको अत्यंत दुर्भाग्यपूर्ण सत्य वाकया सुना रहा हूँ—एक अमेरिकन अरब लड़की के रूढ़िवादी पिता का फरमान था कि उसे लड़कों से बात नहीं करना है, उनके साथ कॉलेज कैफेटेरिया में नहीं जाना है। आपको विश्वास नहीं होगा कि प्रतिशोधवश लड़की वेश्यावृत्ति करने लगी!

तृतीय शर्तानुसार लक्ष्य या कार्य का निम्न मॉडल होना चाहिए—

- 'मैं 'X' बनूँगा/करूँगा' (न कि 'मैं उनके लिए 'X' बनूँगा/करूँगा, क्योंकि वह कह रहे हैं')।
- 'मैं अपना 'X' प्राप्त करना चाहता हूँ' (न कि 'वह चाहते हैं, इसलिए मैं उनके 'X' का आकांक्षी हूँ')।

चतुर्थ अवस्था—'भविष्य काल' के बजाय वर्तमान काल में निर्मित लक्ष्य अधिक प्रभावी

(Goal should be in present tense, not in future tense)

भविष्य काल (Future tense) में ध्येय 'मैं 'X' बनूँगा/करूँगा/चाहता हूँ' का अनिश्चितता, अगंभीरता दरशाने से आप उस ओर केंद्रित नहीं हो पाएँगे। उसे टालना (Procrastination) आपका स्वभाव बन जाएगा।

यह मनोवैज्ञानिक तथ्य है, लक्ष्य-विजय पर शत-प्रतिशत भरोसा निश्चित लक्ष्य विजय का महत्त्वपूर्ण मंत्र है। पूर्ण स्पष्टता से दिमाग में 'कर्म करते हुए अंत परिणाम को प्राप्त कर लेने की कल्पना' को 'आउटकम फ्रेम' (Outcome frame) कहते हैं। यह सफलता की संभावना, उत्साहित मनोवस्था तथा विश्वास के जागरण में अप्रतिम रूप से वृद्धिकारक है। 'वर्तमान सातत्यबोधक काल' (Present continuous tense) में मनोरथ 'मैं आनंददायी तरीके से मकसद पा रहा हूँ' आपमें अंत:प्रेरणा जाग्रत् कर आपके मनोपटल में उसे गृहीत करते हुए की छवि स्वचालितता से प्रकट कर देगा। 'मैं आत्मविश्वासपूर्वक बात कर रहा हूँ' आपके संवाद संबंधित हुनर को प्रभावित करनेवाली सोच (belief related to the capability) को सक्रिय कर आपकी संवाद प्रणाली में उत्थान लाएगा, न कि 'मैं आत्मविश्वास से बात करना चाहता हूँ' वाक्य में सोच।

निकटतम समय पानेवाला ध्येय अपने प्रति स्वाभाविक आकर्षण का जन्मदायक

है, जबकि दूर/कल पानेवाला ध्येय उदासीनता का। 'मैं कल से अपना वजन कम करना प्रारंभ करूँगी' अप्रभावी सिद्ध होता रहा है। कल आने पर आप पुन: वैसा मत बनाएँगी/बनाएँगे! मस्तिष्क में भाव पनपता है, 'चूँकि यह इरादा अमहत्त्वपूर्ण, अर्थहीन है, अतएव बाद में देखा जाएगा, आज तो यार एक आइसक्रीम गटक लो'। इसके विपरीत इसी पल से ही इच्छित वजन में स्वस्थ शरीर की मनमोहक आत्म-छवि अति कारगर सिद्ध रहेगा।

प्राथमिकताओं का निर्धारण जितनी शीघ्रता से होगा, उतना जल्द, असरदार तरीके से प्रारब्ध चंगुल में आएगा। 'आपुन शादी के बाद पैसे के बारे में सोचेगा', 'स्नातक होने उपरांत कॅरियर के बारे में विचारूँगा'—अपने भाग्य को काले रंग से पोतने का तरीका है। जब आप चेतेंगे, तब बाजी हाथ से फिसल चुकी होगी; आपके हाथ आएगा कुढ़न, तनाव, अँखियों के समक्ष अँधेरा!

पाँचवीं अवस्था—लक्ष्य का व्यावहारिक तथा एक निश्चित अथवा यथोचित समय में प्राप्य-योग्य होना

(Goal should be realistic, and should be realizable in stipulated time)

अकर्मण्य, आलसी, स्वप्नदर्शी और विफल जन अव्यावहारिक एवं आधारहीन हसरतों के सपनों में मस्त रह अपना वक्त व्यर्थ करते रहते हैं, जबकि बुद्धिमान स्वप्नदर्शी तथा चैंपियन शख्स व्यावहारिक, ग्राह्य-योग्य हसरतों के सपने तथा समय के सदुपयोग में।

मस्तिष्क 'निशाना संभाव्य है' और 'उसमें यथाशीघ्र सफलता मिलेगी' के अहसास पर ही प्रबल मानसिक व शारीरिक क्षमता, मानसिक संसाधन (Resource), उत्साह जाग्रत् करने में समर्थ है, वरना न बाबा न!

मनोकामना का वास्तविक व तयशुदा अवधि में प्राप्त होनेवाला होना उसके अधिग्रहण की गारंटी है, न कि उसका मृग-मरीचिका जैसा एवं बगैर सीमाबद्धता वाला होना। बुद्धिमान व्यापारी पहले एक छोटा व्यापार निश्चित काल में प्रस्थापित करके उसमें पैसा कमाने के उपरांत अधिक सक्षम होने पर ही बड़े व्यापार की आधारशिला रखने की योजना बनाते हैं।

बड़ी महत्त्वाकांक्षा तथा मिशन को छोटे-छोटे लक्ष्यों में विभाजित कर प्रयासरत होना उसे संभाव्य की श्रेणी में रख देगा। एथलेटिक्स में कुख्यात एक मील की दौड़ का 'फोट मिनट बैरियर' को तोड़नेवाले रोजर बैनिस्टर ने पहले एक मील को कई भागों में विभक्त कर प्रत्येक को निश्चित समय में दौड़ने का अभ्यास किया था। प्रति माह में एक

अध्याय पूरा करने का मनसूबा पुस्तक लिखने की लालसा को अति सुगम बनाएगा।

'मैं बनूँगा तो अंबानी बनूँगा' सोचते रहने के बजाय मनपसंद उद्योग लगाने पर ध्यान केंद्रित करना अति फलप्रद है। यह आपको बहुत लुभाएगा और उस मार्ग पर पदचरण करते संभव है कि आप एक दिन अंबानीजी से भी आगे बढ़ जाएँ! मैंने कइयों को रातोरात टाटा-बिरला बनने की आरजू को संगिनी बनाए स्वर्ग सिधारते, आत्महत्या करते, बरबाद होते देखा है। रातोरात हीरो-हिरोइन बनने की कल्पना से अनेक नवयुवक-नवयुवती ड्रग-शराब, गलत रास्ते, आत्महत्या की भेंट चढ़ गए—वर्तमान में एक भीषण समस्या!

'हाऊ टू बी रिच लाइक रिक् देवोस' (How to be Rich Like Rich Devos) में रिक् देवोस (Rich Devos) ने अपनी अप्रतिम उपलब्धियों का रहस्य बताया, "स्वप्न देखिए, पर उसे हासिल करने के वास्ते व्यावहारिक, मूर्त, ठोस लक्ष्य बनाइए, यही आपके सपनों को साकार कर सकता है।" प्रारंभिक चरण में रिक् देवोस अपने कार गैराज में समान साफ करनेवाले पदार्थ 'क्लीनर' का निर्माण कर उसे बेचते थे। उसमें पग-पग तरक्की करते, वे एक-एक कर बड़ा कदम उठाते गए। अंजाम है—उनके एवं सहयोगी द्वारा वर्तमान में अरबों डॉलर मूल्य के नेटवर्क मार्केटिंग कंपनी 'एमवे कॉरपोरेशन' (Amway Corporation) का संस्थापन।

छठी अवस्था—व्यक्ति विशेष बनने के बजाय उसकी तरह गुण विकसित करना

(Instead of 'I want to be him', goal should be ability based)

विभूतियों, अरबपतियों के समकक्ष होना कठिन, किंतु उनकी जैसी योग्यता विकसित कर और उनके पदचिह्नों, आदर्शों का पालन करके तरक्की करना व सफलता या उच्च सफलता पाना अपेक्षाकृत आसान है। साथ में यह मंजिल विजय को सुगम करेगा।

मेरे एक निकट हीरोनुमा रिश्तेदार मुंबई में किस्मत आजमाने गए और उनका सामना एक दिन अमिताभ बच्चन से हो गया! उनका पैर छूकर वे तपाक से बोले, 'मैं भी एक दिन आपके जैसा बनूँगा!' अमिताभ के साथ वहाँ उपस्थित सभी लोग मंद-मंद मुसकराए, शायद उनको यह सुनने की आदत पड़ गई हो। अकूत धन, अमूल्य समय व्यर्थ करने के पश्चात् आज वे महाशय वापस आ पैतृक व्यवसाय कर रहे हैं! बच्चनजी होने की अभिलाषा असंभव या अव्यावहारिक ऐसी है, जैसे एक दुर्बल व्यक्ति का एवरेस्ट पर चढ़ने का प्रयास। हाँ, 'मैं अमिताभजी की तरह अभिनय में बेहतरीन अभिनेता

बनना चाहता हूँ' की मंशा अवश्य प्राप्य-योग्य है। हीरो-हिरोइन बनने के उद्देश्यार्थ असाधारण परिस्थितियाँ नितांत आवश्यक हैं, बॉलीवुड की किसी हस्ती से खास रिश्ता, जान-पहचान अत्यंत महत्त्वपूर्ण, अन्यथा कीमती वक्त, संसाधन, जवानी, पैसा बरबाद होने में देर कहाँ! कितने आत्महत्या कर चुके, असंख्य लड़कियाँ वेश्यावृत्ति को मजबूर। याद रखें—सबकुछ लौटना संभव है, पर बीता क्षण, जवानी कदापि नहीं।

अभिताभ बच्चन माफिक प्रवीणता अंकुरित करने की चेष्टा करते रह सीढ़ी चढ़ना आपको फिल्म-स्टेज के क्षेत्र में बहुत ऊपर ले जाएगा और संभव है आप उनसे आगे निकल जाएँ, क्योंकि हम सबमें महानता का अंकुर प्राकृतिक रूप में विद्यमान है और अमिताभ भइया भी तो आखिर हाड़-मांस के पुतले हैं! ब्रह्मांड में कोई परिणाम एक अंत स्थिति नहीं! महानता सतत गतिमान प्रक्रिया है, गौरवशाली मानव इतिहास को एक नहीं अनन्य महान् शख्सियतों ने शोभायमान किया है।

सातवीं अवस्था—लक्ष्य आपके द्वारा करनेवाला और आपके नियंत्रण में हो, न कि दूसरे द्वारा करनेवाला एवं उसके नियंत्रण में

(Goal should be controlled by you, not by others)

बॉस द्वारा आदतन उच्च अधिकारियों के समक्ष आपकी आलोचना, डाँट-फटकार से आप अपमानित महसूस कर रहे हैं। आपका मनोस्वास्थ्य, दांपत्य जीवन पर तनाव, समस्या हावी हो चुकी। आपकी दिली इच्छा है, बॉस यह न करे। उसका हृदय परिवर्तन और उसे खुश करने का आपका हर जतन व्यर्थ गया। पर आपको पता नहीं वैसा व्यवहार उस लोमड़ी बॉस द्वारा आपको उत्तरदायी ठहराकर उच्च अधिकारियों के समक्ष अपने को पाक-साफ सिद्ध कर बच निकलने की रणनीति है। प्रश्न है—जिस पर आपका कोई वश नहीं उससे आप अपनी लालसा कैसे पूरा करा पाएँगे, जो लगभग नामुमकिन एवं अव्यावहारिक है! अन्य को बदलने की ख्वाहिश भावनात्मक परेशानियों का उद्गम स्थल है। उत्तम विकल्प है—अपने नजरिए, स्वभाव और स्वयं को परिस्थितिनुसार ढालना। निरंतर रुख मोड़नेवाली हवा को दूसरी दिशा देना असंभव है, पर नाव के पाल को उसकी धारा के अनुरूप मोड़कर किनारे पर पहुँचना आसान है—यही हमारी मुट्ठी में, यही प्रज्ञता है। पुस्तक 'सक्सेसफुल प्रेजेंटेशन स्किल' के लेखक एंड्रयू बैडबरी ने कहा, 'आप केवल एक व्यक्ति को बदल सकते हैं, वह हैं आप स्वयं।' 'मैं ऐसा आत्म-बदलाव लाऊँगा कि उसके (बास) किसी गलत सलूक के सामने संतुलित रह अपने दूरगामी हित को ध्यान रखते हुए बुद्धिमत्तापूर्वक प्रतिक्रिया करने में समर्थ रहूँ' की तरह लक्ष्य से आप अपने क्रोध, हताशा से उबर और

आत्मविश्वास बनाए रह सकेंगे। साथ ही बेहतर काम ढूँढ़ने तक नौकरी बचा लेंगे।

प्रसिद्ध 'एनजाइटी एंड पैनिक अटैक्स' (Anxiety and Panic Attacks) पुस्तक में रॉबर्ट हार्डी, पॉलिन नेफ (Robert Hardy & Pauline Neff) लिखते हैं—एक अति योग्य महिला अधिकारी को बॉस नित मानसिक यंत्रणा देता। वह अंततः घबराहट का शिकार हो गई। वह तभी सामान्य हो पाई, जब उसने बॉस के सामने अपने को आत्मविश्वासी बनाए रखना सीख लिया।

विश्व के सफलतम हिप्नोथैरैपिस्ट[2] डॉ. मिल्टन एरिक्सन (Dr. Milton Erickson) पीड़ित में वांछित असर लाने के वास्ते कभी उस पर जोर-दबाव न डालते, न अपना बाल नोंचते, बल्कि अपने संवाद एवं सम्मोहन शैली को लक्ष्यानुसार सतत परिवर्तित करते रहते। उनके द्वारा मनोरोगियों, व्यसन के मारों में लाया सकारात्मक प्रभाव का ग्राफ संसार में सर्वाधिक रहा।

आठवीं अवस्था : लक्ष्य का प्रमाण पद्धति

(Define evidence procedure of goal to know it has been received in the desired form)

जूलियन मैंटले (Juliane Mantle) एक पहुँचे हुए वकील थे। पैसा कमाने तथा तरक्की करने को पागलपन की हद तक दीवाने, वर्तमान युग का एक सामान्य रोग। न घर-परिवार की परवाह, न स्वास्थ्य की चिंता। अंततः एक दिन कोर्ट में उन्हें हृदयघात (हार्ट अटैक) हुआ और वहीं गिर पड़े। जूलियन को सबकुछ छोड़ बिस्तर पर लेटना पड़ा। लंबे अंतराल के बाद अस्पताल से छूटने पर उन्होंने सोचा कि मैंने रुपए के चक्कर में अपना जीवन तबाह कर लिया और जान से लगभग हाथ धो बैठता। जब जिंदगी एवं स्वास्थ्य ही नहीं, तब क्या धन और सफलता लेकर चाटूँगा! उन्होंने अपना महँगा घर, लक्जरी कार 'फरारी' बेचा और शांति की तलाश में हिमालय, भारत की ओर कूच कर गए। (पुस्तक 'द मॉन्क हू सोल्ड हिज फरारी, लेखक रॉबिन शर्मा, प्रकाशक हार्पर कॉलिंस, कनाडा)

आपको कैसे संज्ञान होगा, 'मैं जैसा ध्येय चाह रहा था, उस स्वरूप में वह मुझे मिला अथवा नहीं?' प्रमाण-पद्धति (Evidence procedure) व्यक्ति द्वारा उन तय प्रमाणों का विवरण है, जो सुनिश्चित करता है कि मनोरथ वांछित स्वरूप में गृहीत हुआ अथवा नहीं और मेरे लिए सफलता का क्या अर्थ एवं उसकी सीमा क्या है। यह शर्त ध्यान, खेल, लेखन··· में भी उपयोगी है।

'मुझे सफलता चाहिए', 'मैं सफल व्यक्ति कहलाना चाहता हूँ' गर्वोक्ति करनेवाले

एक ढूँढ़ो हजार मिलते हैं! पर उनमें नब्बे प्रतिशत लोग सफलता की 'कहाँ तक', 'कब तक' की परिभाषा निश्चित नहीं करते। वर्तमान भागमभाग युग में ऐसे अधिकारी, व्यापारी अपने स्वास्थ्य, परिवार के हितों की बलि देकर लगातार आगे बढ़ने के लिए दिन-रात एक किए-किए अंतत: डायबिटीज, उच्च रक्तचाप से जकड़ जाते हैं। वैसे शख्स को 'टाइप ए व्यक्तित्व' (type A personality) कहा गया। इन पर सर्वप्रथम अध्ययनकर्ता कार्डियोलॉजिस्ट डॉ. मेयर फ्रेडमैन के अनुसार उनमें हृदयरोग की बहुत संभावना उपस्थित है। इन दिनों अनेक उत्साही नवयुवकों में भरी जवानी में यह स्थिति पैदा हो रही है। सवाल है, 'क्या मिले, आप कहाँ तक पहुँचे कि आप अपने को सफल मानें।' आपको पूरी स्पष्ट तसवीर खींचनी होगी—'जब मैं यहाँ तक पहुँचूँगा या जब मैं यह कर लूँगा, तब मैं स्वयं को सफल समझूँगा।', 'जब मैं स्वर्ण पदक जीतूँगा, तब मेरा सपना पूरा होगा', 'मैं तब तक प्रयासरत रहूँगा, जब तक प्रोजेक्ट हासिल न कर लूँ'। उनकी लक्ष्य-प्राप्ति की प्रमाण-पद्धति होगी मनोकूल फल की प्राप्ति।

इंद्रियाँ उत्तम प्रमाण-पद्धति का दायित्व निभाती हैं—आप क्या सोचेंगे, क्या देखेंगे, क्या महसूस करेंगे, जिससे तय हो कि आप इच्छित परिणाम पा चुके हैं? ('What will I think, see and feel to know outcome is achieved?') भाषण देने के पहले आप सोच रहे होंगे, उस समय 'मैं आत्मविश्वासी रहूँगा', पर मंच पर बोलते वक्त आप आत्मविश्वास का अहसास न करने से आप अपने को प्रभावी वक्ता के रूप में पेश करने और अपनी प्रतिभा का उत्तम प्रयोग करने से वंचित रह गए। विचारें आप चैतन्यता (Mental awareness), ऊर्जावान या अन्य क्या मनोवस्था महसूस करना चाहेंगे, आपके किस अंग में कैसा तनाव और शिथिलता आए, आपका पास्चर कैसा हो और आपका दिमाग क्या सोच, कल्पना कर रहा हो कि आपको लगे कि 'मैं आत्मविश्वासी हूँ' (I am confident)। और अपने में आत्मविश्वास विकास हेतु यथोचित तरीका, हुनर सीखें।

अनेक के लिए धन या प्रसिद्धि का अर्जन लक्ष्य है, पर कितना, कहाँ तक, इसका निर्धारण उनके दिमाग में नहीं आता, अनजान हैं उन्हें कहाँ रुकना, कहाँ ठहरना है। वैसे जीवों का एक के बाद एक सोने का पहाड़ खड़ा करने में अत्यधिक मशरूफ होने से परिवार, मित्रों और अपने मानसिक व शारीरिक जरूरतों से अंतत: निहायत दूर निकलना तय है और एक दिन नीरसता, आत्मशून्यता, भविष्यहीनता के अहसास से घिरना उनकी नियति। इससे कइयों द्वारा शराब, ड्रग, आत्महत्या को गले लगाने का विकल्प चुनना अपवाद नहीं। महान् रॉकस्टार एल्विस प्रेस्ले का हाल किससे छुपा है भला! उनका विराट् वैभव, शोहरत के स्वामी होने के बावजूद ड्रग सेवन करने से खुद खरीदे गए असमय मृत्यु के काल में समाना जगजाहिर है। अनेक अंतरिक्ष यात्री कार्य-निवृत्त होने

पर गंभीर व्यसनी होते या विषाद से घिरते देखे गए। अच्छे, सुखमय, सफल भविष्य को मद्देनजर रख बनाई गई रुचियाँ, कामनाएँ हमारे रक्त में जीवनी शक्ति, स्फूर्ति, प्रेरणा के संचार के वास्ते अति आवश्यक हैं।

नौवीं अवस्था—लक्ष्य का 'इकोलॉजिकल' होना

(Goal should be ecological)

सफलता से उत्पन्न अप्रिय स्थिति का बुद्धिमत्ता (Intelligent) से नियोजन उसकी स्थिरता के वास्ते निहायत आवश्यक है।

एक साहब अमेरिका में कार्यरत हैं। बेटी को न बुलाते, पर पत्नी को बुलाते रहते! कुरेदने पर बोले, 'मैं नहीं चाहता कि मेरी बेटी अमेरिकी संस्कृति में पले-बढ़े।' श्रीमानजी पैसे में नहाने लगे, पर बेचारी बेटी मनोरोगी हो गई! बेटी को यदाकदा वहाँ बुलाते रहने से परिवार की रेलगाड़ी सुगमता से छुक-छुककर आगे बढ़ती रहती।

सफलता अर्जन के पश्चात् एवं महत्त्वाकांक्षी, मिशन की ओर बढ़ने से बहुतेरों का तनाव, बीमारी से घिरना वर्तमान युग में सामान्य है। एक अधिकारी कमरतोड़ मेहनत से उच्च अधिकारी बने, पर अनेक दुश्मन खड़े कर लिये और भावनात्मक कठिनाइयों से लद गए। कामयाबी से उत्पन्न किसी प्रकार के अप्रिय नतीजे को 'इकोलॉजिकल प्रभाव' (Ecological influence) कहा गया। इसका पहले या बाद में उचित प्रबंधन सफलता को सुखदायी, स्थायी बनाने को निहायत जरूरी है, वरना दुर्भाग्य, मनोसमस्या और 'सफलता से डर' (Fear of success) से बचाव मुश्किल!

कल्पना करें—ध्येय विजय के पश्चात् परिवार/समाज/कार्यस्थल में क्या मसले उभर सकते हैं, जिसमें लक्ष्य अधिग्रहण को प्रभावित, बाधित करने का माद्दा है। उनसे निपटने को अग्रिम में—

- खुले दिल से रणनीति बनाएँ।
- लक्ष्य पर पुनर्विचार कर देखें, वह कितना जरूरी है, उसमें बदलाव की दरकार तो नहीं?
- आत्मचिंतन करें, क्या ध्येयार्थ आपके द्वारा आगे दिए जानेवाला बलिदान, धन, समय उचित है।

एक नजर

1. **प्रथम अवस्था**—स्पष्टतम लक्ष्य
2. **द्वितीय अवस्था**—नकारात्मक के बजाय सकारात्मक वाक्य में लक्ष्य; उसका

उद्देश्य फल प्राप्ति हो, न कि किसी से विरक्तता, दूर जाना।

3. तृतीय अवस्था—लक्ष्य स्वयं का हो, न कि अन्य द्वारा आपके वास्ते निर्धारित।

4. चतुर्थ अवस्था—'भविष्य काल' के बजाय 'वर्तमान सातत्यबोधक काल' में निर्मित लक्ष्य अधिक प्रभावी है।

5. पंचम अवस्था—लक्ष्य का व्यावहारिक तथा यथोचित समय में प्राप्य-योग्य होना।

6. छठी अवस्था—सफल व्यक्ति जैसा बनने के बजाय उसकी तरह गुण विकास।

7. सातवीं अवस्था—ध्येय आपके द्वारा करनेवाला तथा आपके नियंत्रण में हो, न कि दूसरे के द्वारा करनेवाला एवं उसके नियंत्रण में।

8. आठवीं अवस्था—सफलता की प्रमाण का पद्धति निर्धारण।

9. नौवीं अवस्था—लक्ष्य का 'इकोलॉजिकल' होना।

दबाई गई ख्वाहिशों का विश्लेषण

अपूर्ण कामनाओं में आत्म-प्रताड़ना, अतृप्तता जैसी विघटनकारी मनोग्रंथियों के साथ भविष्य में नाकामियों के अंकुरण की अपार शक्ति है। मानव एक सर्वोत्तम जैविक मशीन है, मात्र उसमें अपने दिशा, कार्य-प्रणाली व पूर्व लक्ष्यों को संशोधित करने की अप्रतिम योग्यता का निवास है।

1. ध्यान में लाइए, पूर्व की एक विफलता या एक सपना, जो सपना ही रह गया—आप युवावस्था में मुंबई में ज्वैलरी व्यापार प्रस्थापित करना चाह रहे थे, पर नाकाम रहे या नया घर का सपना धरा-का-धरा रह गया। उसकी टीस आज तक आपके दिल में है।
2. क्या यह 'प्रथम अवस्था' की आपूर्ति कर रहा?
3. क्या यह आपके द्वारा आपके लिए निर्मित है तथा क्या इसका निष्पादन और उस पर आपका अंकुश है? (संदर्भ 'तृतीय एवं सातवीं अवस्था')
4. क्या यह 'छठी अवस्था' की आपूर्ति कर रहा?
5. उसके नकारात्मक वाक्य में या किसी समस्या, परिप्रेक्ष्य से भागने का उद्देश्य होने पर उसे 'वर्तमान काल' (Present tense) में सकारात्मक परिणाम/सकारात्मक मूल्य प्राप्त करनेवाले वाक्य में परिवर्तित करें। (संदर्भ 'द्वितीय अवस्था')
6. क्या वह आज भी प्राप्त करने योग्य (Realizable) है? 'न' पर चिंतन

करें, यदि आप उसमें अपनी वर्तमान स्थिति, परिवेश, उम्र, गुण, व्यक्तित्व, शारीरिक अवस्था को ध्यान रख सुधार लाएँ, तब उसके पाने की कितनी संभावना है। (संदर्भ 'पंचम अवस्था')

7. क्या लक्ष्य त्याग बेहतर विकल्प होगा, जिससे आपको अभी सुख-शांति और बेहतर आर्थिक सुरक्षा मिल सके?
8. समयानुसार रुचियाँ, आवश्यकताएँ बदलती हैं, अतएव क्या वह वर्तमान में प्रासंगिक है?
9. आज की लक्ष्मण-रेखा पर ध्यान रख क्या उसे अर्जित करने की अधिकतम या निम्नतम समय-सीमा निर्धारित की जा सकती है? (संदर्भ 'पंचम अवस्था')
10. योजना बनाएँ—आपकी अभिलाषा की कब, कहाँ पूर्ण होने की सबसे ज्यादा संभावना है, धन की व्यवस्था कैसे करेंगे, कौन-कौन लोग आपकी ओर सहायता का हाथ बढ़ा सकते हैं, मित्रों, पत्नी···का क्या, कितना और कैसी भूमिका, कार्यभार होगा।
11. मकसद के वास्ते यथोचित मानसिक संसाधन (रिसोर्स), काबिलियत कैसे पाएँगे?
12. अवरोधों से निपटने को रूपरेखा बनाएँ—आँख बंद कर सजीव कल्पना कीजिए कि तमाम चेष्टा, उपक्रम करके आपने मंजिल फतह कर ली है। आप किन-किन नाकामियों, बाधाओं से रूबरू होते रहे? क्या कोई 'इकोलॉजिकल प्रभाव' उपस्थित हुआ? अग्रिम में उनके नियोजन की सर्वोचित कार्यनीति तैयार करें। (संदर्भ 'नौवीं अवस्था')
13. क्या आत्म-आलोचना सिर उठा रही है, या आप भ्रमित हो रहे हैं? उनका निवारण अति आवश्यक है। प्रत्येक आत्म-आलोचना (एक मन कह रहा कि 'यह मेरा सपना है', पर दूसरा विरोध कर रहा कि 'अब इसमें बहुत खतरा है'···) के मूल में सकारात्मक इरादे का संज्ञान कर उनमें परस्पर समझौते द्वारा उनके बीच एक मत बनाइए। माकूल पग उठाने का वादा कर प्रत्येक भ्रम, उलझन, डर की चिंता दूर करें, मसले का हल निकालें। तत्पश्चात्, एकीकृत मन से और ठोस आत्मविश्वास युक्त हो कदम उठाएँ।
14. कामयाबी के उपरांत स्वनिर्धारित प्रमाण पद्धति का उपयोग कर सुनिश्चित हों कि सही फल मिला या नहीं। 'न' पर मस्तिष्क में पूरी प्रक्रिया का सिनेमा देखकर विवेचना करें कि आपको अपनी शैली, प्रयास के किस चरण में क्या, कैसा बदलाव लाना है।

कार्यक्रम

1. क्या पूर्व में कोई व्यक्ति या संस्था आपके द्वारा अपने स्वप्न पाने के मार्ग में रोड़ा बना था? 'हाँ' पर उस स्मृति की याद पुनः ताजा करके चिंतन कीजिए, आप वर्तमान में अपनी मनोदृष्टि, आत्म-छवि, शख्सियत, नीति, विश्वास, हुनर में क्या अपेक्षित परिवर्तन लाएँगे, जिससे संतुलित मनोस्थिति और सुचारु रूप से कार्य करके आप अपने आज के परिवेश में उस मनोकामना को पूरी कर सकें।
2. अतीत की एक कामयाबी और एक नाकामी को दिमागी पटल पर लाएँ। दोनों का 'वेल-फॉर्मड गोल कंडीशंस' आईने में तुलनात्मक विश्लेषण कर अपनी उस निष्फलता, सफलता का रहस्य ढूँढ़िए।
3. एक व्यक्ति की विफलता का 'वेल-फॉर्मड गोल कंडीशन' के धरातल पर जाँचे। मार्गदर्शन कीजिए कि अब वह उसे कैसे सफलता में तब्दील कर सकता है। वह आपका ताउम्र ऋणी रहेगा, आपका सच्चा मित्र सिद्ध होगा।

शब्दावली

1. बुल (Bull)—निशानेबाजी में निशाना लगानेवाले लक्ष्य/पट का सबसे बीच का गोला/निशान।

2. हिप्नोथेरैपिस्ट (Hypnotherapist)—सम्मोहन द्वारा मनोचिकित्सा एवं व्यक्तिगत समस्या समाधान करनेवाले विशेषज्ञ।

□

8

स्वचिकित्सा (Self-Healing)

आपके समक्ष अनेक उदाहरण आए होंगे कि सकारात्मक सोच और जीवन-शैली, सही औषधि का सेवन तथा चिकित्सक के अथक प्रयास के बावजूद रोगमुक्ति विफल या मनोवांछित प्रभाव, लाभ दूर रहता है। डॉक्टर मगज मारकर थक जाते हैं कि ऐसा क्यों?

अब आधुनिक अध्ययनों ने सिद्ध कर दिया कि विकार और उसकी बढ़ोतरी में नकारात्मक सोच, रहन-सहन, वातावरण एवं खानपान का दोषी होना आवश्यक नहीं! अतएव, उसके लिए स्वयं को उत्तरदायी ठहराना अनुचित है। दैहिक समस्या सुनिश्चित करने व उसे स्थायित्व प्रदान करने में निम्न मनोवैज्ञानिक तत्त्वों का उत्तरदायी होना अति संभव है—

- दिमाग में रोग का यथास्थिति बने रहने की तसवीर
- व्याधि के प्रति अनुचित दृष्टिकोण
- किसी पूर्व गंभीर घटना का बुरा अचेतन असर

'कोड' प्रणाली

सोच तथा स्वस्थता बीमारी से सीधा मानसिक रिश्ता अब शत-प्रतिशत प्रमाणित है। 'साइकोन्यूरोइम्यूनोलॉजी' नाम के मस्तिष्क तथा रोग अवरोधक शक्ति के बीच परस्पर संबंधों का अध्ययन करनेवाले विषय ने उस पर आधारित शोधों में अपना रोल बखूबी निभाया है।

मनोवैज्ञानिक रूप से सोच को रचित करनेवाले मुख्य तत्त्व हैं—'मानसिक चित्र', 'भाषायी संवाद' और 'भावना'। उनमें से प्रत्येक की विशिष्टता 'सबमॉडल्टी' कहलाती है, उदाहरणार्थ—किसी कल्पना का अनोखा आकार, प्रखरता इत्यादि उसकी सबमॉडल्टी होगा। रोग के प्रति व्यक्ति विशेष का नजरिया और उसकी सबमॉडल्टी दोनों मिलकर

रोग अवरोधक तथा सहायक तंत्रों को अधिक या कम सक्रिय या निष्क्रिय करने के उत्तरदायी हैं।

अतीत के एक साधारण चोट को याद करें। यह आपके बिना प्रयास स्वत: चला गया होगा। अधिक संभव है, उसकी छवि सिनेमा की तरह चलायमान होगी। अब पूर्व के एक ऐसे घाव या बुखार पर ध्यान दें, जो बहुत दिन बाद ठीक हुआ था। यह आपको धुँधला, निर्जीव नजर आएगा! दोनों स्मृतियों पर अधिक ध्यान देने पर उनकी तसवीर, अहसास आदि के परस्पर सबमॉडल्टियों, अर्थात् आकार, दूरी, रंग, तीव्रता⋯, में अधिक विभेद आपकी पकड़ में आ जाएगा!

सबमॉडल्टी सोच को मौलिकता देते हैं। स्नायुतंत्र अपने एक अनुपम कार्य-विधि द्वारा बदन की समस्या एवं रोगग्रस्त भाग को विशिष्ट संरचना देकर उसे स्वस्थ, सामान्य भाग से अलग करके भिन्न कर देता है, जिसे 'कोडिंग' कहते हैं। उसके आधार पर मस्तिष्क 'स्वत: एवं आसानी से ठीक होनेवाले' और 'देर से तथा न ठीक होनेवाले' विकार को वर्गीकृत करके स्मृति (मेमोरी बैंक) में विभिन्न स्थान पर रखता है।

प्रत्येक कोडिंग विशिष्ट मंतव्य की अभिव्यक्ति है। इसकी अनदेखी करना दैहिक अस्वाभाविकता के उत्तरोत्तर खराबी की वजह बन सकता है। एक गठिया पीड़ित को दिमाग में अपना घुटना काले धब्बा जैसा नजर आना वहाँ रक्त संचालन के अवरुद्धता का संकेत था!

"कोई रोग असाध्य नहीं, उसे वैसा बनाने के लिए दिमाग जिम्मेदार है।"

—डॉ. बर्नी सीगल (Dr. Bernie Siegel)

'लव, मेडिसन एंड मिरेकल'

एक अत्यंत महत्त्वपूर्ण बात सामने आई है कि जब तक आप बदन में आई विषमता को बिगड़ते हुए या यथास्थिति में बने रहने की कल्पना करते रहते हैं, तब तक सकारात्मक सोच और रहन-सहन अख्तियार करने के बावजूद उससे पीछा छूटने की कामना असंभव है। साथ ही उसका यथास्थिति में रहने या उसका साधारण से असाध्य बनने की संभावना मुँह बाए खड़ी रहेगी। ऐसा इसलिए कि आप उस दशा में चेतन मन से समस्या के सामान्य होने की अभिलाषा कर रहे होते हैं, पर आपके अर्द्धचेतन में उसका यथास्थिति रहने की मंशा बरकरार है! मुख्य बात है, आप अंदर से विश्वास ही नहीं कर रहे होते कि आप सामान्य हो रहे हैं, होने जा रहे हैं या होंगे! स्वयं को मरीज मानते रहने से भला हमारा नैसर्गिक स्वास्थ्यदायक तंत्र कैसे सक्रिय होगा? हमें मानना पड़ेगा कि अचेतन ही चेतन को चलानेवाला 'ड्राइवर' है।

मस्तिष्क सर्वोच्च एवं अविश्वसनीय परिणाम तभी देता है, जब उसके प्रकृति के अनुसार संचालित किया जाए। हममें आई दैहिक कठिनाई उसके द्वारा वैचारिक तत्त्वों (Representational systems), यानी भाषायी सोच, कल्पना और भावना के उपयोग से तैयार 'रोगकारक रणनीति' का फल है। पर मस्तिष्क उसे 'रोग को सामान्य करनेवाली रणनीति' में बदलने में भी प्राभाविकता से सक्षम है! उस उद्देश्यार्थ बहुसंख्य लोगों के लिए विकार पैदा करनेवाली सोच, मनोवृत्ति बदलना कठिन मामला है, पर चित्त में बनी उसकी छवि को नया स्वरूप देने से वैसा करना अति सरल है। इससे शारीरिक प्रक्रिया में भारी परिवर्तन शत-प्रतिशत तय है। अधोलिखित तदबीर से हम वही करने जा रहे हैं।

तकनीक 11 : आत्मोपचार

1. आपको बुखार, घाव या किसी अंग में रोग है, सहूलियतवश इसे 'X' कह नाम दे दें।

2. **स्वस्थता वापसी का प्रमाण**
   आपमें क्या शारीरिक, मानसिक परिवर्तन हो, 'X' में क्या बदलाव आए कि आपको विश्वास होने लगे कि 'मैं पूर्णतया स्वस्थ हो जाऊँगा या हो गया', जैसे—'मैं पुनः ऊर्जा महसूस करने लगूँगा', 'वहाँ से गिल्टी चली जाए'। इसके निर्धारण में पूर्ण स्पष्टता आवश्यक है। असहजता, संशय होने पर अंतर्मन से परामर्श लें।

3. **विकार की रचना एवं उसकी विशिष्टता (सबमॉडल्टी)**
   आँख बंद कर देखें, 'X' की छवि आपके दिमाग में कैसी बनी है। संभावना है वह आपको निर्जीव, अचल, धुँधली प्रतीत हो। एक महिला के दिमाग में 'भारी मन से बिस्तर पर लेटने' की फिल्म चल रही थी। 'X' का चित्र एक है या अनेक? कुछ में अनेक अंगों में 'X' के उपस्थित होने की आकृतियाँ दिखती हैं। प्रत्येक तसवीर का कोण, दूरी आदि कैसा है? 'X' आपके तन के अंदर दिख रहा है या आपके सामने बाहर?
   'X' गतिशील है अथवा स्थिर? यदि चलायमान है, तब उसकी तेजी कितनी है? उसमें स्थिरता वर्तमान में उसके बने रहने की मंशा अभिव्यक्त करती है।

'X' में समाहित रंगों की तीव्रता, संख्या एवं 'X' का विस्तार, तरीका (गोल या चौकोर···) व उसकी अन्य सूक्ष्मताओं को ध्यान से परखिए। क्या उसमें से कोई बोल, आवाज है ? यदि है, तब कितनी संख्या में ? यह देह में कहाँ से आ रहा (अंदर-बाहर, सामने, ऊपर या नीचे) ? इसकी लय, ताल इत्यादि क्या है ? कुछ में 'मेरा रोग लाइलाज है', 'मैं पुनः स्वस्थ नहीं हो सकता' जैसा आत्मबल रोग को स्थायित्वता प्रदान करता रहता है।

4. **'रिफरेंस एक्सपियरेंस' (Reference experience) की सबमॉडल्टी**

स्नायुमंडल अतीत में खुद-ब-खुद चली जानेवाली तन की परेशानी को विशेष संरचना देकर संगृहीत कर लेता है, जिसे 'कोडिंग' कहते हैं।

'X' से मिलती-जुलती आपके बिन प्रयास स्वतः ठीक होनेवाली एक पूर्व समस्या लें, जिसका जाना रोका नहीं जा सकता था। किसी अंग में घाव की स्थिति में अतीत की एक साधारण चोट को ले सकते हैं, जिसे अपने आप भरना ही था; जुकाम, न्यूमोनिया की अवस्था में पूर्व का ज्वर लेना उचित होगा, जो एकाध दिन में बिन औषधि विदा हो गया था। इसे 'रिफरेंस एक्सपियरेंस' कहते हैं। कल्पना करें, 'रिफरेंस एक्सपियरेंस' अभी बिल्कुल उसी अंदाज में घटित हो रहा। कुछ लोग ऐसा करने में परेशान हो जाते हैं। पर यह बेमानी है, वह आपको पर दुबारा नहीं होगा, क्योंकि आपका मस्तिष्क उसके निवारण में पूर्णतया दक्ष है। उस अनुभव की तसवीर की दिशा, दूरी, कोण व अन्य को सूक्ष्मता से अवलोकित करें।

क्या उपरोक्त 'रिफरेंस एक्सपियरेंस' स्पष्ट, सजीव, पास, रंगीन है या अन्य संरचना में है ? दृश्य एक है या अनेक ? प्रत्येक कितना बड़ा है, दिमाग में कहाँ प्रस्थापित है ? 'रिफरेंस एक्सपियरेंस' आपमें वह अंदर है या बाहर ? कुछ लोग 'रिफरेंस एक्सपियरेंस' को जिस्म के बाहर ठीक होता देखते हैं, पर कुछ उससे ग्रस्त अंग के स्थान पर। 'रिफरेंस एक्सपियरेंस' की अधिकतम विलक्षणताएँ ढूँढ़िए।

'रिफरेंस एक्सपियरेंस' में संवाद, आवाज उपस्थित है अथवा नहीं ? 'हाँ', पर वे कैसी हैं, उसकी सबमॉडल्टियाँ (लय, ताल, तीव्रता···) क्या है ? 'रिफरेंस एक्सपियरेंस' में निहित अहसास कैसा है (झुरझुरी, सिहरन या

अन्य) ? इसका स्थान, तेजी, फैलाव ?
'रिफरेंस एक्सपियरेंस' किस प्रकार से उसके समरूप स्वास्थ्य/सामान्य अंग से भिन्न दिख रहा, अर्थात् 'कोड' है। क्या वह प्रकाशमय है, खिलता गुलाबी रंग का है, स्पंदित कर रहा। इसका अर्थ है, 'रिफरेंस एक्सपियरेंस' में विकारवाले भाग में रक्त संचार और दूसरी आरोग्यकारक ताकतें उत्तमता से सक्रिय हैं।

'रिफरेंस एक्सपियरेंस' के किस विलक्षणता की वजह से आपमें सकारात्मक आभास है (जैसे—उसका दूसरे अंगों से ज्यादा निखरा होना…), इन्हें नोट कीजिए। ये महत्त्वपूर्ण सूचना प्रदान करनेवाली सबमॉडल्टी (याँ) हैं।

छवि की गतिशीलता (धीमा, स्थिर, तेज) कैसी है? अनेक बार यह समस्या निवारण के समय को पोषित कर रहा होता है, जैसे—तसवीर में धीमी गति से रोगमुक्त होने का दृश्य।

5. **तुलनात्मक विश्लेषण**

'रिफरेंस एक्सपियरेंस' एवं 'X' को दिमाग में अगल-बगल रखकर उनके चित्रांकन, आवाज, अहसास का परस्पर तुलनात्मक मिलान करें। दोनों में वे सूक्ष्मताएँ (सबमॉडल्टी) ज्ञात करें, जो अब तक आपकी 'पकड़' से बाहर रहीं और उनके तरीकों में क्या अतिरिक्त विभेद आप देख पा रहे हैं।

6. **'X' की पुनर्रचना (री-कोडिंग)**

इस पग में 'X' की रचना को बिल्कुल 'रिफरेंस एक्सपियरेंस' की संरचना के माफिक करना है; उद्देश्य है—'X' के प्रति आपके नजरिए को परिवर्तित करके उसे 'रिफरेंस एक्सपियरेंस' के प्रति आपके नजरिए के समान करना। यह होगा 'X' की सबमॉडल्टी को 'रिफरेंस एक्सपियरेंस' की सबमॉडल्टी के समकक्ष करने से। ध्यान रहे, 'X' में उपस्थित विवरणों के तरीकों को केवल दूसरा स्वरूप देना है, न कि खुद विवरणों को बदलना है।

सर्वप्रथम 'X' का चित्र लें जिसमें 'X' बिगड़े हालात में दिख रहा, पर 'रिफरेंस एक्सपियरेंस' में विशेष रफ्तार से उसमें उपस्थित विकार विदा

होता दिख रहा होगा। 'X' को भी 'रिफरेंस एक्सपियरेंस' के समान गति से जाते हुए देखें। मनोपटल में 'रिफरेंस एक्सपियरेंस' जितना दूर है, 'X' को धीरे-धीरे उतना दूर कर दें; वह जितना रंगीन, प्रखर है, 'X' को भी वैसा कर दें; 'X' में रंगों की संख्या उसके अनुसार बढ़ा-घटा दें। 'X' की स्थिति (ऊपर-नीचे, दाएँ या बाएँ), स्पष्टता, कोण इत्यादि को 'रिफरेंस एक्सपियरेंस' के अनुसार ढाल दें।

दिमाग द्वारा 'रिफरेंस एक्सपियरेंस' को विशिष्टता से चित्रण, अर्थात् 'कोड' करना उसका बाकी अंगों से अलहदा नजर आने का कारण है। कुछ लोगों को वह प्रकाशमय प्रतीत होता है। मान लीजिए, आपको भी वैसा लग रहा है और आपको गठिया ('X') है। देखें, घुटना ('X') भी 'रिफरेंस एक्सपियरेंस' के अंदाज में प्रकाशित हो गया और उसमें रक्त संचार प्रणाली, रोग प्रतिरोधक शक्ति सक्रिय होकर उसमें आए समस्त नकारात्मकताओं को बहाए ले जा रहा है।

यदि 'रिफरेंस एक्सपियरेंस' की आकृति आपके तन से बाहर है, तब 'X' को भी अपने शरीर से बाहर लाकर वही स्थान, स्थिति, कोण पर ले आएँ। अब 'X' में उपरोक्त तरीके से सबमॉडल्टी विस्थापित करके 'X' को भी स्वाभाविकता से स्वस्थ/सामान्य होते हुए देखें। परंतु 'रिफरेंस एक्सपियरेंस' का अपने वास्तविक स्थान पर नजर आने की दशा में, 'X' के यथास्थान सभी प्रक्रिया करें।

'X' में नकारात्मक आत्मसंवाद होने पर उसे मौन कर दें, जैसे टी.वी. 'म्यूट' करते हैं।

क्या 'रिफरेंस एक्सपियरेंस' में सेल्फ-हीलिंग सहायक आवाज, बोल की मौजूदगी है? यह मस्तिष्क में कहाँ से आ रहा है—ऊपर-नीचे, दाएँ-बाएँ या सामने से? उसकी तीव्रता, तरंग···क्या है? उन सभी को 'X' की शैली में ढालकर 'X' में ठीक उसी जगह पर समान तरीके से प्रतिस्थापित कर दें। यहाँ आप 'X' में 'मेरा गठिया/बुखार/कैंसर/संक्रमण प्रतिदिन प्रतिपल ठीक हो रहा है' या अन्य स्वास्थ्यकारी आत्मबल डाल सकते हैं, यह हितकारी होगा।

बड़े या अधिक भागों में फैले विकार ('X') को अनेक छोटे हिस्से में विभक्त कर दें। तदोपरांत, उपरोक्त तरीका अपनाते प्रत्येक भाग की सबमॉडल्टी को 'रिफरेंस एक्सपियरेंस' के सबमॉडल्टी के समान कर

दें। उदाहारणार्थ, यदि पूरे शरीर में चकत्ते ('X') फैले हैं, तब उसे छोटे-छोटे टुकड़े में बाँटकर प्रत्येक को उपरोक्त विधि द्वारा 'रिफरेंस एक्सपियरेंस' के समकक्ष करें। तत्पश्चात्, सबको एकीकृत कर दें।

7. **तुलनात्मक विश्लेषण**

'X' एवं 'रिफरेंस एक्सपियरेंस' को मानसिक पटल पर एक-दूसरे के करीब रखकर दोनों के बीच बारीक तुलनात्मक विवेचना करें। 'X' में विस्थापन से बचे प्रत्येक सबमॉडल्टी को त्रुटिहीनता से 'रिफरेंस एक्सपियरेंस' के समानांतर करते जाएँ, जब तक 'X' की मानसिक चित्रण 'रिफरेंस एक्सपियरेंस' के पूर्णरूपेण समरूप न हो जाए। गलतियाँ सुधारें। प्रस्थापन सिर्फ 'X' निहित आकृति, बोल/आवाज, भावना/अहसास के तरीकों का करना है, न कि उसकी मौलिक सामग्री का।

अब 'X' के प्रति आपका नजरिया, सोच बिल्कुल 'रिफरेंस एक्सपियरेंस' के समान है, क्योंकि आपने 'X' की पूर्व रचना को 'रि-कोडिंग' कर उसे पूरी तरह से 'रिफरेंस एक्सपियरेंस' के समकक्ष बना दिया। अब आपका स्नायुतंत्र 'X' को भी 'रिफरेंस एक्सपियरेंस' की तरह स्वतः सामान्य होने वाले रोग की श्रेणी में रख देगा। इससे आपमें ''X' स्वयं दूर होनेवाली बीमारी है' विश्वास जाग उठेगा। इस अवस्था में आपको कँपकँपी, सिहरन या अन्य अनोखा आभास होना संभव है। यह अचेतन द्वारा आपको 'X' का भविष्य में विलुप्त होने का संदेश तरीका है; वजह है, आपमें आत्म-चिकित्सकीय सहायक आंतरिक स्वास्थ्यवर्धक बायोलॉजिकल[1] तथा न्यूरोलॉजिकल[2] प्रक्रियाओं का पुरजोर सक्रिय होना। आपमें सुखात्मक बोध एवं विश्वास न जाग्रत् होने का अर्थ है—'X' का फ्रेम अब भी 'रिफरेंस एक्सपियरेंस' से विलग है। पुनः उपरोक्त युक्ति से दोनों का परस्पर मिलान कर 'X' के उन सबमॉडल्टियों को तब्दील करें, जो बच गए हों।

8. **विश्वास का जागरण**

यदि आप अतीत में किसी समस्या/व्याधि से बिना चेष्टा निजात पा गए थे, तब आपका अचेतन विश्वास बना लेता है कि 'भविष्य उसकी पुनरावृत्ति पर वह स्वतः चला जाएगा।' कल्पना कीजिए, पूर्व में आपको 'X' हुआ

> था और स्वचालितता से चला गया था। इस दृष्टांत को भूतकाल में किसी अनुरूप अवसर में एक वास्तविक अनुभव मानकर अंकित कर दीजिए। यह प्रक्रिया अंतर्मन में यकीन 'अब जब भी 'X' होगा, यह अपने आप लुप्त हो जाएगा' पुख्ता करने में अति सहायक है। मेरे द्वारा इस शैली का अभ्यास कराने पर एक अधिकारी ने छवि बनाई—पिछले वर्ष मार्च में छुट्टी बिताकर घर वापसी पर उसी शाम उसमें पित्त (X) उछल गया था और उसके बगैर ज्यादा ध्यान दिए स्वयं विदा हो गया था।

अनेक अभ्यासियों को उपरोक्त विधि के मध्य किसी पल अंतर्मन में छवि, आत्मबल या आभास द्वारा निश्चित समय में रोगमुक्ति का बोध हुआ है और वास्तव में उन्हें उसी समय-सीमा में पूर्ण लाभ मिला भी।

प्रक्रिया के वक्त बहुत लोग घबराते हैं कि कहीं उनकी पुरानी 'रिफरेंस एक्सपियरेंस' वाली समस्या दुबारा सिर न उठा ले। पर यह असत्य है, क्योंकि आपकी जीवनी शक्ति एवं अन्य आंतरिक प्रतिक्रियाएँ उसे भगाने में पूर्णरूपेण सक्षम हो चुकी हैं, तभी तो शरीर ने उसे खुद-ब-खुद सामान्य कर दिया था।

जीर्ण एवं लंबी बीमारी की विदाई की फलस्वरूप पैदा अप्रिय पारिवेशिक असर से उसके पुन: उत्पन्न होने का आसार बन सकता है। एक उद्यमी के स्वस्थ होने से उसका भाई 'अब मैं स्वतंत्र निर्णय नहीं कर पाऊँगा' सोचकर उधम मचाने लगा। इससे उद्यमी ने दुबारा पलंग पकड़ लिया। आत्म-बदलाव के साथ समस्या निवारण के लिए पथ अपनाएँ।

अभ्यास के वक्त जैविक व हार्मोनल काररवाई से तबीयत खराब होने के लक्षण का पुन: प्रकट होना मुमकिन है। यदि ये साधारण हैं, तब मत घबराएँ; मानसिक संतुलन और अपनी अद्‍भुत प्राकृतिक आत्म-चिकित्सकीय योग्यता पर अटल भरोसा बनाए रखें। पर गंभीर रोग एवं लक्षण की अवस्था में इस मॉडल को योग्य 'एन.एल.पी.' प्रशिक्षक एवं एम.बी.बी.एस. डॉक्टर के संग करना अनिवार्य है।

धैर्य का दामन कसकर पकड़े रहें, पूर्ण या आंशिक लाभ तुरंत या बाद में मिलेगा। शरीर को अपने में अपेक्षित बायोफिजियोलॉजिकल[4] परिवर्तन लाने के वास्ते उपयुक्त समय की दरकार है।

विधा को अधिक प्रभावोत्पादक बनानेवाले अवयव हैं—

- सकारात्मक सोच तथा मानसिकता अपनाए रखना।
- भविष्य में विकार के पुन: लक्षण दिखते ही या उसके प्रकट होने का अहसास

होने पर उपरोक्त शैली का प्रयोग तुरंत प्रारंभ कर दें। इससे उसके मुँह उठाने के पहले या उठाते ही उसकी समाप्ति अति संभव है।

- तीव्रता, गंभीरता की दशा में अभ्यास को प्रतिदिन, प्रति सप्ताह करें।
- सकारात्मक जीवन-शैली व आदत की ताकत समझें। क्या बड़े क्लबबाज बनने के चक्कर में अस्वास्थ्यकारी दिशा में दौड़ते रहते हुए रोग निवारण की कामना निहायत मूर्खतापूर्ण नहीं? क्या धूम्रपान करते हुए खाँसी, कैंसर से आराम या उसके विदा होने की अभिलाषा मृग-मरीचिका नहीं? स्वास्थ्यकारी जीवनयापन, रिलैक्स करना, उचित नींद और व्यायाम आरोग्यता की गति में शर्तिया विस्तार लाएगा।

दैहिक विषमता पर ऊपर चित्रित प्रविधि का प्रयोग उसके प्रति पुरानी स्नायविक रणनीति को नई आत्म-चिकित्सकीय रणनीति में ढाल देता है। यह उसके दुबारा पैदा होने या उसके अंदेशा मात्र पर उसे रोक देगा और उसका स्थायी निवारण अति संभव है। यह आपके अनेक बौद्धिक स्तरों को प्रभावित करके बहुआयामी असर ('जनरेटिव इफेक्ट'[3]) लानेवाली युक्ति है। इससे बदन की दूसरी गड़बड़ियों का भागना मुमकिन है। अंतरराष्ट्रीय मानव व्यवहार विशेषज्ञ डॉ. कॉनरी एंड्रीयास व स्टीव एंड्रीयास पुस्तक 'हर्ट ऑफ द माइंड' (Heart of the Mind) में लिखते हैं—"यह पद्धति आपके सोच की उन विशिष्टताओं (सबमॉडल्टियों) को प्रयुक्त करती है, जिसे आपका अवचेतन स्वाभाविकता से सीधा उपयोग करके आत्मोपचार के वास्ते उपयोग करता रहता है। इस प्रणाली को चेतनता से सकारात्मक मनोवृत्ति अपनाकर करने से अधिक लाभप्रद होना संभाव्य है।"

मानव की नैसर्गिक आत्म-चिकित्सकीय कौशल का विकास उसका अपने पर जिस्मानी नियंत्रण का आभास देने के अतिरिक्त उसे असहायपन की भावना से उबारता है। सामान्य, गंभीर और संभावित मर्ज में उपयोगी इस कला ने कइयों के पुराने, असाध्य मामले में बहुत उपकार किया। इससे यह मॉडल प्रतिकूल स्थितियों के साथ सहायता, औषधि की अनुपलब्धता की दशा में अत्यंत कारगर नुस्खा है—तब भी जब चिकित्सकों के अनुसार मरीज की मृत्यु निश्चित हो या उसकी हालत नाजुक हो! क्या पता कब क्या चमत्कार हो जाए! मानव की कुदरती शक्ति, क्षमता अपरंपार है।

पद्धति को हर स्थिति व किसी भी वक्त वैकल्पिक चिकित्सा के तौर पर अपनाने से कुछ-न-कुछ अच्छा फल मिलने की असीम संभावना है। यह पारंपरिक और आधुनिक इलाज को अधिक प्रभावी करने या उनसे बेहतर परिणाम न मिलने की दशा में उन्हें परिणामदायक बनाने में समर्थ है। सकारात्मक फल न मिलने पर नकारात्मक प्रतिक्रिया, नतीजे का अंदेशा कदापि नहीं, बल्कि असीम लाभ की गुंजाइश है।

वर्णित टेक्नोलॉजी औषधि के प्रयोग तथा डॉक्टर का परामर्श मानने से कतई विरक्त नहीं करती। इस वैकल्पिक प्रणाली का उद्देश्य है—चिकित्सा व गैर-चिकित्सा की दशा में आंतरिक स्वास्थ्यदायक शक्तियों को सुदृढ़ करके आश्चर्यजनक फलों की संभावनाओं का बीज बोना।

'हुआक्सिया झिनेंग कुंग क्लिनिक एंड ट्रेनिंग सेंटर', झिंहुआंगडाओ, चीन, (Huaxia Zhineng Qigong Clinic and Training Centre, Qinhuangdao) में चीनी 'ची कुंग' तथा 'एन.एल.पी.' की संयुक्त शैली द्वारा कैंसर चिकित्सा का प्रावधान है। एक प्रकाशित रिपोर्ट के अनुसार वहाँ एक माह के इलाज के उपरांत बावन प्रतिशत स्वास्थ्यार्थी कैंसर-मुक्त हो गए और बाकी अन्य काफी लाभान्वित। कैंसर पर वैकल्पिक चिकित्सकीय प्रभाव का अध्ययन करनेवाले डॉ. रिचर्ड बोल्सटड और मार्गट हैम्ब्लेट (Dr. Richard Bolstad, Margot Hamblett (2000)) के अनुसार, "हमने पाया पश्चिम में 'ची लेह' (एक चीनी मानसिक वैकल्पिक चिकित्सा) एवं 'एन.एल.पी.' के संयुक्त प्रयोग द्वारा कई रोगी कैंसर के बड़े ऑपरेशन के पश्चात् अल्पतम समय में ठीक हुए।"

सत्य उदाहरण (Case Studies)

1. मनोचिकित्सक कॉनरी एंड्रीयास प्रसव के दौरान स्तन में लाल चकत्ते, गाँठ के साथ ज्वर से व्यथित रहती। एंटीबायोटिक से अल्पकालिक फायदा मिलता और इससे उनके नवजात शिशु का पेट खराब हो जाता। वे अंतर्मन में 'निर्जीव, मटमैली स्थिर तसवीर में स्वयं को दुःखी मन से पलंग पर पड़े हुए' देखतीं। इससे अचेतन उन्हें समय रुकने का, दूसरे रूप में बीमारी को बनाए रखने का संकेत दे रहा था।

पूर्व की एक स्वतः ठीक होनेवाली मिलती-जुलती बीमारी फ्लू ('X') पर ध्यान देने पर उन्होंने पाया कि इसकी छवि उनके दिमाग के दाहिने ओर प्रस्थापित है। इसमें वे 'स्वयं को सेकंडों में बिस्तर से सामान्य होकर उठते व खड़े होते हुए देख रही थीं'। इसकी तेज गति फ्लू के शीघ्र जाने संकेत था। विधि के प्रयोग से उनके स्तन में गाँठ व लाल चकत्ता मात्र दो दिन में खत्म हो गया! तीसरे प्रसव के पश्चात् उपरोक्त लक्षण ('X') सिर्फ दो बार प्रकट हुआ और उसके दिखते ही युक्ति आजमाने पर वह जल्द विलुप्त हो गया। यदाकदा बुखार आया, पर जल्द चला गया। पहले दो प्रसवों में उन्होंने एंटीबायोटिक खाया था, परंतु इस बार जरूरत नहीं पड़ी! पर आराम के बावजूद वे दवा अवश्य साथ रखतीं। स्नायुमंडल ने अपनी कार्यनीति सुधारकर स्तन विकार को बगैर किसी बाह्य सहायता के खुद रफादफा कर दिया।[A]

2. रक्त संक्रमण से आया 'एचआईवी' (HIV) नाम का वायरस इम्यून-सिस्टम

को दुर्बल करके घातक 'एड्स' की वजह है। महामारी का रूप ले चुके इस रोग की कारगर औषधि अभी कोसों दूर है। पद्धति से पीड़ित की आयु में वृद्धि संभव है। आंतरिक जहरीले रसायन एवं विषाणु को 'एंटीजेन' (Antigen) कहते हैं। टेड नाम के 'एचआईवी' संक्रमित युवा में विधा के प्रयोग के पश्चात् उनके पैथोलॉजिकल टेस्ट में एंटीजेन (यहाँ 'एचआईवी' वायरस) शून्य व एंटीजेन विनाशक अंदरूनी बायोरसायन एंटीबाडी (Antibody) की उपस्थिति पाई गई। इसका अर्थ है—उपरोक्त शैली ने 'एचआईवी' को निष्क्रिय कर दिया! वे लगभग तीन वर्ष अधिक जिए, जबकि चिकित्सकों के अनुसार कुछ माह के मेहमान थे। विशेषज्ञों ने इस केस का अध्ययन किया।[B]

'एड्स' विशेषज्ञों ने मान लिया कि मनुष्य की ताकतवर रोग प्रतिरोधक क्षमता (Immune system) संक्रमण से उसमें प्रवेशित 'एचआईवी' वायरस को सुषुप्त किए रह सकती है। एक अत्यंत महत्त्वपूर्ण अध्ययनानुसार लगभग एक हजार 'एचआईवी' ग्रसित व्यक्तियों में लगभग चार 'एड्स' से बचे रहकर ताजिंदगी स्वस्थ रहते हैं (डेब्राह एल बार्न्स, 'लासिंग एड्स एंटीबॉडीज', 'साइंस' पत्रिका, 10 जून, 1988)। इससे सिद्ध है, तन की जीवनी शक्ति को स्वास्थ्यकारी प्रणालियों, स्वस्थ जीवन-शैली, सकारात्मक मानसिकता तथा दवा द्वारा मजबूत करके 'एड्स' को परास्त करने की संभावना है। शोधकर्ताओं ने अब सिद्ध कर दिया कि क्षीण रोग प्रतिरोधक क्षमता (इम्यून-सिस्टम) ही तमाम रुग्णताओं की जड़ है, न कि रोगाणु व अन्य बाह्य कारण। 'एन.एल.पी.' उसे बली बनाने का प्रभावी मॉडल है।

3. एप्रिल इक्कीस साल की उम्र से 'डिजनरेटिव डिस्क डिसीज' (Degenerative disc disease), 'स्पाइनल डिफॉर्मेटिव' (Spinal deformative) एवं असहनीय पीठ दर्द से त्रस्त थीं। इलाज में अथाह पैसा बहने से वे तबाही के कगार पर पहुँच गईं। उपरोक्त तरीके को प्रयोग करने के दौरान उन्होंने एक-एक कर पीठ के छोटे-छोटे हिस्से को 'बहुआयामी फ्रेम में आकर्षक, प्रदीप्त, दूधिया दृश्य' में देखा। 'रि-कोडिंग स्टेप' (क्रम 6) में उन्होंने कल्पना किया कि 'आकर्षक, प्रदीप्त, दूधिया प्रकाश' मंद-मंद फैलते अंततः पूरी पीठ को ढाँप लेता है। इस क्रिया के बाद सहसा उन्हें पूरे शरीर में कँपकँपी तथा आत्मिक आनंद की अनुभूति हुई और उनकी जीर्ण पीड़ा चली गई। चंद दिनों पश्चात् मानसिक परेशानियों के कारण वह पीड़ा पुनः वापस लौटी। मानसिक परेशानियों के यथोचित प्रबंधन से आज वे काफी हद तक यंत्रणा मुक्त हैं।[C]

3. पुराने गठिया के मरीज एरिक का 'रिफरेंस एक्सपियरेंस' (क्रम 4) अतीत में हुआ उनकी कलाई में मोच थी। यह उन्हें 'रंगीन, बड़ा, प्रखर प्रकाशमय' स्वरूप (कोड) में नजर आ रहा था। यह जिस्म द्वारा संदेश था, रक्त संचार का उत्तमता

से सक्रिय हो उसमें आरोग्यकारी पोषक तत्त्वों के प्रवाह का। उन्होंने क्रम से प्रत्येक पीड़ादायी जोड़ को हूबहू वैसे सबमॉडल्टी युक्त संरचना में सोचना प्रारंभ किया (क्रम 6)। पहले सप्ताह एक स्थान पर उनका दर्द बहुत बढ़ गया, तत्पश्चात् गुब्बारा फटने जैसा अहसास और अचानक पीड़ा गायब! उसके बाद प्रति हफ्ते एक जोड़ गठिया से मुक्त होता रहा।[D]

4. प्रख्यात मनोचिकित्सक डॉ. विलियम हार्टन ने लिखा कि युक्ति द्वारा उन्होंने अपने असाध्य जोड़ों के दर्द का खात्मा किया।[E]

क्या व्याधि नहीं जा रही, घाव नहीं भर रहा, दवा अप्रभावी है या पुरानी परेशानी वापस लौट आई? कहीं ऐसा तो नहीं कारण आप खुद हों!

- स्वयं की रोगग्रस्त अवस्था या उसके बढ़ते रहने की तसवीर आपके दिमाग में मौजूद है?
- आपका अस्वास्थ्यकारी जीवनयापन, आदत और खानपान पूर्ववत् है?
- आप स्वस्थता के प्रति आत्म-प्रेरित नहीं?
- अवधारणा 'मैं ठीक नहीं हूँगा, क्योंकि पिताजी का मरते दम तक इसने पीछा नहीं छोड़ा था' या 'यह मुझे अतीत में हुआ था। बहुत कष्ट झेलने के बाद बमुश्किल गया था' आपमें दृढ़ता से पैठ बनाए है? आप उसके विस्थापन से आँख मूँद बैठे हैं!

अंदर के स्वथ्यतादायक डायनासोर को जाग्रत् करना

मनोछवि, भावना का तन पर न्यूरोलॉजिकल एवं बायोफिजियोलॉजिकल असर भाषायी सोच की अपेक्षा कहीं अधिक और शक्तिशाली है। यही उत्तर है, अनेक 'मैं स्वस्थ/रोगमुक्त हो जाऊँगा' सोच के बावजूद वह लक्ष्य प्राप्त नहीं कर पाते। संभव है, उसके साथ वे दिमाग में समस्या के बने रहने की आकृति चिपकाए रहते हों। इससे वे अचेतन मन से विकार की यथास्थिति की मंशा बनाए रखे होते हैं! वे संजीवनी बूटी गटकने पर भी सामान्य नहीं होंगे।

मानवीय मस्तिष्क अपनी समस्त स्वास्थ्यकारी प्रक्रियाओं को चेतनता से गतिशील करने में प्राकृति रूप में अति दक्ष है। निम्न मनोवृत्ति स्नायुतंत्र की उस प्रक्रिया में अग्नि प्रज्वलित करने में अग्निबाण। सुलभता निमित्त मैं समस्याग्रस्त अंग या बीमारी को 'X' लिख रहा।

1. स्वयं को अविरत स्वास्थ्य होते हुए दृश्यगोचित करना

एक बहुत महत्त्वपूर्ण शोधानुसार 'खुद का रोज रोगमुक्त और स्वस्थ होते हुए' की कल्पना स्नायुमंडल को अति सक्रिय करने का माध्यम है। उससे जाग्रत् अनेक जिस्मानी व मानसिक स्वास्थ्यकारी प्रतिक्रियाएँ साधारण व जानलेवा व्याधियों की विदाई करने में अति योग्य। रोंडा बायरन की बेस्ट सेलर 'द सेक्रेट' में कैथी गुडमैन के स्तन कैंसर का आश्चर्यजनक रूप से तीन माह में विलुप्तता का उल्लेख है। कैथी कहती हैं, 'मैं प्रतिदिन प्रतिपल स्वयं को स्वस्थ होते हुए देखती रहती।'

2. 'X'-ग्रस्त अंग को सामान्य मानना एवं स्वस्थ शख्सियत की धारणा बनाए रखना

समस्या के दौरान से निरोगी शरीर/अंग का आत्मचित्र बनाए रखना हममें विश्वास- ''X' एक अस्थायी अभिव्यक्ति है'-के ठोस आकार लेने का मंत्र है। देह विकार (X) को विजातीय चीज समझकर (जो सही भी है) उसके निवारण में तीव्रता से उत्प्रेरित हो उठता है। 'X' को बदन का हिस्सा न मानना चीनी वैकल्पिक चिकित्सा 'हाओ ला' (Hao La) का प्रमुख सिद्धांत है।

3. इम्यून-सिस्टम को 'X' से अधिक बलशाली स्वीकारना

कमजोर रोग निरोधक व्यवस्था का नतीजा है—अंगों में अस्वाभाविकता का जन्म एवं उसका ज्यादा टिका रहना। रोग निरोधक प्रणाली को विकार से अधिक ताकतवर मानने का अर्थ है—उसका विकार पर हावी होना। यह समस्त जीवनदायिनी निकायों को कर्तव्य निर्वहन के लिए उत्प्रेरित करके समस्या के ताबूत में कील ठोकने जैसा होगा।

एक प्रयोग (वाकर, 1997) में कैंसर से जूझ रहे लोगों ने अभ्यास किया कि उनकी ऊर्जावान किलर टी कोशिकाएँ[5] कैंसर कोशिकाओं को निगल रही हैं। केवल इससे उनकी 'किलर टी कोशिकाएँ' अत्यधिक सक्रिय हो गईं और अनेक उस विषमता से मुक्त हो गए।

4. अध्यात्म की प्रबलता

आध्यात्मिक हृदय रखनेवाले को ब्रह्मांड की आरोग्यकारी प्रवृत्तियाँ अपना सुरक्षात्मक घेरा प्रदान करती हैं। चीन की 'ला ची' (La Chi) शैली में एक युक्ति अपनाते हैं, अनेक उसे 'Embodied consciousness' अभ्यास कहते हैं (चैन, 1990, पृष्ठ 150)। इसमें स्वास्थ्यार्थियों को अधोलिखित कल्पना कराई जाती है—

- अपने को विस्मृत करते हुए अंततः सृष्टि में विलय होकर उसमें अपनी जिस्मानी परेशानी उड़ेलना।

- सृष्टि की स्वास्थ्यकारी ऊर्जा खुद में प्रवाहित करना।

ट्राविस वेस्ट (Travis West) रक्त संबंधी एक खतरनाक रुग्णता से इहलीला की समाप्ति के कगार पर थे। अमेरिकी विशेषज्ञ इसकी जड़ ढूँढ़ने में असमर्थ रहे। पर आश्चर्य, एक माह में उनका खून सामान्य हो गया। ट्राविस ने इसका श्रेय दिव्य ईश्वरीय शक्ति को दिया। वे ओलंपिक (1992) में कुश्ती लड़े।[F]

बदन की स्वाभाविकता और अस्वाभाविकता में एक नहीं अनेक तत्त्वों का योगदान है, पर इसमें मानसिक तत्त्वों का सबसे लंबा हाथ है। देह का पूर्णत: स्वास्थ्यकारी पथ पर दृढ़ता से पैर जमाए रखने के यथार्थ दवा के साथ प्रत्येक यथोचित मानसिक विकल्प को अपनाना सदैव कल्याणकारी सिद्ध होता रहा है। ऑनकोलॉजिस्ट डॉ. कार्ल साइमंटन एलोपैथी (Dr. Carl Simonton) के साथ अनेक मानसिक विधाओं को प्रयुक्त करते। उनके चिकित्सा से लाभान्वित कैंसर मरीजों की संख्या विश्व में सर्वाधिक है।

क्या रोग की त्वरित या तुरंत विलुप्तता सच्चाई है?

आधुनिक शोधों से प्रमाणित है कि मनुष्य में दुनिया की प्रबलतम स्वास्थ्यकारक सामर्थ्य का भंडारण है। इसे अंग्रेजी में 'the great therapeutic and regenerative forces' कहा गया। बर्नी सीगल 'लव, मेडिसन एंड मिरैकल' में लिखते हैं, "यह जादुई ताकत हमारे अंदर विद्यमान है।"

हमारी स्नायविक व्यवस्था विश्वास को निर्विवाद 'आदेश' मान उस अनुरूप समस्त मानसिक व शारीरिक काररवाइयों को अंजाम देने का भागी है। 'मैं रोगमुक्त हो जाऊँगा' का लौह विश्वास अचेतन की संपूर्ण समर्थता, बल उद्दीप्त कर देता है। 'द पावर ऑफ योर सबकॉन्शस माइंड' में डॉ. जोसेफ मर्फी ने लिखा, "आपका अर्द्धचेतन वही स्वीकारेगा, जिसे आपका दिल अहसास करता है कि यह सत्य है, केवल सतही शाब्दिक सोच या कथन के आधार पर नहीं।" अचेतन के निम्न मूल्यांकन से खतरनाक एवं रोगजनक स्थिति अति संभव है।

अपने विस्मयकारी जीवनी ताकत पर अविश्वास ('अविश्वास' भी एक प्रकार का 'विश्वास' है) स्थायी स्वस्थता प्राप्ति के साथ व्याधि निवारण का सबसे बड़ा दुश्मन है! यह बदन की प्रत्येक कोशिका में बसी नैसर्गिक स्वास्थ्यदायक सेल्फ-हीलिंग[6] प्रणाली को सक्रिय करनेवाली प्रोग्रामिंग[7] में बाधक तथा बीमारी को दीर्घकालिक एवं गहरा बनाने का सबब है।

'गंभीर, पुरानी समस्या मंद गति से जाएगी या नहीं जाएगी' पुरातनपंथी सोच है। तमाम अध्ययन इशारा करते हैं कि हर व्यक्ति की व्यक्तिगत जैविक संरचना, मानसिकता और क्षमतानुसार उसकी आंतरिक 'टाइम मशीन' विकार के विदाई का अंतिम समय,

गति निश्चित करनेवाला तत्त्व है। अविश्वसनीय प्रतिफल आश्चर्यजनक रूप से तुरंत या शनैः-शनैः मिलना अप्राकृतिक कदापि नहीं।

खुद को रोगमुक्त करने में हम प्राकृतिक समर्थ हैं

डॉ. दीपक चोपड़ा (Dr. Deepak Chopra) ने विश्वप्रसिद्ध पुस्तक 'क्वांटम हीलिंग' (Quantum Healing) में 'क्वांटम हीलिंग' सिद्धांत प्रतिपादित किया। उन्होंने गंभीर कोशिकीय गड़बड़ियों के यकायक सामान्य होने को 'क्वांटम हीलिंग' कहा। डॉ. दीपक के अनुसार यह सामान्य, नैसर्गिक कार्यकलाप है, असामान्य नहीं। विख्यात 'सेल बायोलॉजिस्ट'[8] डॉ. ब्रूस लिप्टन (Dr. Bruce H. Lipton) इसके समर्थन में उतरे। डॉ. चोपड़ा के पुस्तक का सार है—प्रत्येक पदार्थ वास्तव में ठोस, वाष्प अथवा तरल नहीं, वरन् ऊर्जा-पिंड है। अतएव 'ऊर्जा का एक रूप अर्थात् रोगी अंग' का 'ऊर्जा का दूसरा रूप अर्थात् स्वस्थ अंग' में क्वांटम[9] परिवर्तन वैज्ञानिक तथ्य है।'

शोधकर्ता ल्यूक चैन (1999) ने सामने देखा कि चीनी होलिस्टिक चिकित्सकीय कला 'झीनेंग ची कुंग' (Zhineng Chi Kung) द्वारा उपचार से एक मिनट से कम समय में कइयों का कैंसर विलुप्त हुआ और ट्यूमर पिचक गया। कैंसर कोशिकाओं के इस प्रकार के तुरंत विलोपन को ऑनकोलॉजिस्ट[10] 'Spontaneous remission' नाम दिए हैं। न्यूरोसाइंटिस्ट ब्रेंडान ओ'रेगन (Dr. Brendan O'Regan) के डाटाबेस में ऐसे हजारों सत्य केस का प्रामाणिक मेडिकल दस्तावेज है।

हम अपनी वास्तविक सेल्फ-हीलिंग क्षमता को न समझने के गुनहगार हैं। मनुष्य के गागर में अथाह नैसर्गिक आरोग्यकारी शक्ति, ऊर्जा का सागर विद्यमान है। इस विषय पर अनुसंधान अभी शैशव अवस्था में है।

अर्थहीन, सतही सकारात्मक सोच व्यर्थ!

सकारात्मक सोच सीमा बंधित है, उसे संजीवनी बूटी मानना नासमझी है। सतही एवं लीक से बँधी सकारात्मक सोच निरर्थक सिद्ध है, उससे निराशा हाथ लगने पर लोग कहते फिरते हैं, 'सकारात्मक सोच-वोच से कुछ नहीं होता, सब बकवास है।'

अस्वास्थ्यकारी जीवन-शैली, दूषित मानसिकता का साथ लिये तथा दिमाग में रोग का बढ़ते हुए या यथास्थिति की मनोछवि बनाए 'मैं स्वस्थ हो जाऊँगा' या 'मेरा रोग चला जाएगा' रटते रहना मूर्खता की पराकाष्ठा नहीं तो और क्या है? सेल बायोलॉजिस्ट ब्रूस लिप्टन ने अपनी पुरस्कृत पुस्तक 'द बायोलॉजी ऑफ बिलीफ' (The Biology of Belief) के पृष्ठ 97 पर लिखा, "मैं नहीं मानता केवल सकारात्मकता से सोचना दैहिक मुसीबत दूर करने में सदैव समर्थ है। यदि तन एवं जिंदगी के नियंत्रण की डोर

हाथ में रखना है, तब 'सकारात्मक सोच' के अतिरिक्त अन्य चीजों पर गौर फरमाएँ।" बगैर स्वास्थ्यकारी तथा यथोचित पग उठाए, सकारात्मक सोच से लाभ सोचने से समय, संसाधन की बरबादी तय है, साथ में तन में आए अस्वाभाविकता के गहराते रहने की पूर्ण संभावना भी। सकारात्मक सोच के साथ सकारात्मक मानसिकता तथा स्वास्थ्यवर्धक रहन-सहन अपनाकर जिस्मानी भूमि को उर्वर करना अति आवश्यक है, अन्यथा हर तदबीर का व्यर्थ होना सुनिश्चित!

भयंकरतम बीमारियाँ भगाने की दिव्य शक्ति हममें मौजूद

अपनी अनुपम आरोग्यकारी क्षमता का सर्वोच्चता से उपयोग करने में असमर्थता के मूल में प्रमुखतम मनोवैज्ञानिक वजह है—अपने स्वास्थ्यकारी ओजस्विता पर अविश्वास एवं 'मेरी मुसीबत मेरी मृत्यु के साथ जाएगी' माफिक विषाक्त धारणाएँ!

'यूनिवर्सिटी ऑफ विस्काउंसन' में हुए एक महत्त्वपूर्ण शोध ने पुष्टि की कि वंशानुगत कारणों एवं खराब अनुभवों से गुजरने की वजह से हमारी कोशिकीय मेटाबोलिज्म कितनी ही गड़बड़ा गई हो, उसे विश्वास (बिलीफ), सोच द्वारा सही रास्ते पर लाया जा सकता है, क्योंकि फिजियोलॉजिकल प्रक्रियाओं पर पैतृक 'जींस' के प्रभाव की अपेक्षा सोच, विश्वास अधिक प्रभाव डालते हैं। अतएव, आनुवंशिक रोग का सिद्धांत निहायत अवैज्ञानिक है।

'यूनिवर्सिटी ऑफ रोकेस्टर', अमेरिका, (द बायोलॉजी ऑफ बिलीफ, लेखक ब्रूस एच. लिप्टन, हे हाउस इन., कैलिफोर्निया) में हुए एक आधुनिक अनुसंधान ने दिखाया कि हमारी प्रत्येक कोशिका के जींस[11] में मौजूद गुणसूत्रों[12] में वंशानुगत 'सब्टल'[13] आत्म-चिकित्सकी गुण मौजूद है। हर व्याधि को निर्धारित अवधि में समाप्त करने के वास्ते चौबीसों घंटे क्रियाशील रहनेवाला यह तत्त्व अड़ियल एवं विकटतम जिस्मानी विसंगता के विनाश में शत-प्रतिशत निपुण है। विश्व की प्रचंड बायोलॉजिकल ऊर्जाओं में जगह बनाए उस 'साइकिक पावर' (छठी इंद्रिय की अलौकिक शक्ति) को हिंदी में 'जीवनी अग्नि' और चीनी में 'ची' कहते हैं। घाव, चोट का खुद-ब-खुद दुरुस्त होने के पीछे यही महाराजजी हैं।

विशेषज्ञ एकमत हैं कि हमारे अस्सी प्रतिशत दैहिक विकार स्वत: चले जाते हैं, बगैर औषधि के भी (इसका यह मंतव्य कतई नहीं कि आप दवा त्याग दें)! हम यदाकदा सुनते रहते हैं, किसी का असाध्य रोग सामान्यत: या वैकल्पिक उपचार के दौरान लुप्त हो गया। अंतरराष्ट्रीय ख्यातिमान चिकित्सक डॉ. दीपक चोपड़ा के अध्ययनानुसार लगभग एक प्रतिशत जानलेवा, जीर्ण बीमारियों से ग्रसित लोग अनजान कारणों से उनसे पूर्णतया मुक्त हो जाते हैं (पुस्तक क्वांटम हीलिंग, बैंटम बुक्स, न्यूयॉर्क, अमेरिका)। ब्रेन

हेमरेज, क्षतिग्रस्त यकृत, लिंफोसार्कोमा, लकवा आदि से अंतिम साँस गिन रहे पीड़ित सामान्य होकर उठकर चलते देखे गए हैं। डॉ. बर्नी सीगल (Dr. Bernie Siegel) व अन्य होलिस्टिक संस्थानों ने अनेक जनों का प्राणलेवा कैंसर दूर किया है—बिन सर्जरी, कीमोथैरेपी[14], रेडियोथैरेपी[15] या औषधि के ('लव, मेडिसिन एंड मिरेकल्स', हार्पर पेरेनियल, न्यूयॉर्क, 1990)।

वर्तमान युग में आधुनिक ज्ञान द्वारा
दैहिक समस्या को अस्थायी बनाना अति संभव

अमर ऑनकोलॉजिस्ट (Oncologist) डॉ. कार्ल सायमंटन और सहयोगियों द्वारा गंभीर कैंसरग्रस्त मरीजों के एक समूह के एक वर्ष इलाज के उपरांत उनमें से उन्नीस पीड़ितों का कैंसर पूर्णतः लुप्त हो गया ('गेटिंग वेल अगेन', 1978, पेज 11-12)! इसे मन का देह पर आधिपत्यता का पुख्ता वैज्ञानिक प्रमाण स्वीकारा गया।

अपने को गंभीर रोग से मुक्त करनेवाले डॉ. नॉर्मन कजिंस (Dr. Norman Cousins) स्वयं रचित विख्यात पुस्तक 'एनाटमी ऑफ एन इलनेस एज पर्सीव्ड बाय द पेशंट' (Anatomy of an Illness as Perceived by the Pateint) में लिखते हैं—

"मैंने पाया कि तन एवं मस्तिष्क की स्वयं को स्वस्थ एवं सामान्य करनेवाली सामर्थ्यता को कम करके कदापि नहीं आँकना चाहिए, तब भी जब आशा की किरण धूमिल हो और संभावना का प्रत्येक मार्ग अवरुद्ध हो गया हो। हमारे अंदर निहित जीवनी शक्ति का दुनिया में सबसे कम मूल्यांकन किया गया है। विलियम जेम्स ने कहा है कि मानव-जाति अपने स्वयं रचित सीमा से बुरी तरह जकड़ी है। इस बंधन को सीमित करने के लिए आवश्यक है—मनुष्य द्वारा स्वीकारना कि उसकी समस्त नैसर्गिक क्षमताएँ उसे आत्म-संपूर्णता दिलाने एवं आत्मोपचार के लिए हर समय पूरी ताकत एवं समग्रता से कार्यरत हैं।"

स्वस्थता बरकार रखने एवं बदन की दुरूह-से-दुरूह रुग्णता व अस्वाभाविकता को जड़ से उखाड़ने के उद्देश्यार्थ अपने अचेतन का निम्न मूल्यांकन आत्म-अहितकारी है। स्वस्थता वापसी का लौह विश्वास उसके संपूर्ण कौशल तथा अपूर्व बल को उत्प्रेरित करता है। 'द पावर ऑफ योर सबकॉन्शस माइंड' में डॉ. जोसेफ मर्फी ने कहा, "आपका अर्द्धचेतन वही स्वीकारता है, जिसे आपका दिल सत्य-रूप में अहसास करता है, केवल सतही शाब्दिक सोच या कथन को नहीं।"

कार्यक्रम

1. हम अपनी अस्वस्थताकारी स्नायविक क्रिया को स्वस्थताकारी स्नायविक क्रिया में परिवर्तित कर तमाम किस्म की दैहिक व्यथाओं को स्थायित्वता से दूर करने में आत्म-समर्थ हैं।
2. फौलादी विश्वास बनाइए कि 'विकार मेरे द्वारा जनित है, इसलिए मैं उसे समाप्त भी कर सकता हूँ।' यह उसके विलोपन में सहायक आंतरिक काररवाइयों को जाग्रत् करने और बीमारी की अवस्था में आपमें सकारात्मक मनोदशा के अंकुरण का श्रीगणेश है।

शब्दावली

1. **बायोलॉजिकल (Biological)**—तन की जैविक गतिविधियाँ, उदाहरणार्थ—रक्त संचार, हार्मोनों का स्राव...।

2. **न्यूरोलॉजिकल (Neurological)**—सभी स्नायविक काररवाई संबंधित, जैसे—मस्तिष्क द्वारा अंगों को संवाद प्रेषण, नाड़ी-तंत्र की कोशिकाओं में बायोरसायनों की क्रियाएँ...।

3. **जनरेटिव इफेक्ट (Generative effect)**—एक आयाम में परिवर्तन से दूसरे आयाम में प्रभाव, उदाहरणस्वरूप, सोच तब्दीली से स्वभाव में बदलाव।

4. **बायोफिजियोलॉजिकल (Biophysiological)**—बायोलॉजिकल एवं फिजियोलॉजिकल प्रक्रियाएँ, जैसे—रक्त में हार्मोन का प्रवाह, श्वास-गति...।

5. **किलर टी कोशिकाएँ (Killer T cells)**—इम्यून-सिस्टम्स (रोग प्रतिरोधक तंत्र) में शामिल सफेद रक्त कोशिका की एक प्रजाति। यह शरीर में संक्रमण से आए रोगाणुओं का विस्फोट करके विनाश कर देती है।

6. **सेल्फ-हीलिंग (Self-healing)**—स्व-चिकित्सा संबंधित; देह की स्वस्थता बनाए रखने एवं रोगमुक्त होने की नैसर्गिक क्षमता।

7. **प्रोग्रामिंग (Programming)**—कंप्यूटर की विशेष काररवाई, जिसके अंतर्गत वह की-बोर्ड (key board) में टाइप किए निर्देश को अपने में डाले विशिष्ट सॉफ्टवेयर के आधार पर प्रोसेस (process) करके स्क्रीन पर परिणाम दिखाता है।

8. **सेल बायोलॉजिस्ट (Cell biologist)**—जीवों की कोशिकाओं की संरचना और उनकी अभिक्रियाओं का अध्ययन करनेवाले विशेषज्ञ।

9. **क्वांटम (Quantum)**—'जंप' (jump) करने के समान सेकंड के सूक्ष्मतम समय (जिसे मापा नहीं जा सकता) में प्रक्रिया, उदाहरण—एक तरह की ऊर्जा

का दूसरी तरह की ऊर्जा में पल में रूपांतरण।

10. ऑनकोलॉजिस्ट (Oncologist)—कैंसर विशेषज्ञ एम.बी.बी.एस. डॉक्टर।

11. जींस (Genes)—जीव की कोशिकाओं में विद्यमान जीव को मौलिक, विशेष गुण प्रदत्त करने का कारण बननेवाले जैविक भौतिक तत्त्व।

12. गुणसूत्र (Chromosomes)—जींस में उपस्थित माता-पिता के विशिष्ट गुणों को उनकी संतानों में ले जानेवाले स्प्रिंग समान जैविक भौतिक अवयव।

13. सब्टल (Subtle)—जो न दिखाई पड़नेवाला सूक्ष्मतम हो, जैसे—सब्टल प्रक्रिया (process)।

14. कीमोथैरेपी (Chemotherapy)—विशेष अति तीव्र रसायन, जैसे—साइटोटाक्सिक ड्रग द्वारा रोग, विशेषकर कैंसर चिकित्सा।

15. रेडियोथैरेपी (Radiotherapy)—'एक्स-रे' व उस तरह के दूसरे रेडिएशन द्वारा रोग विशेषकर कैंसर चिकित्सा।

संदर्भ—

A, B, C, D, कॉनरी एंड्रीयास एवं स्टीव एंड्रीयास (Connirae Andreas and Steve Andreas), 'हार्ट ऑफ द माइंड' (रियल प्योपल प्रेस, ऊटा, अमेरिका, 1989)

E. डॉ. विलियम हार्टन (Dr. William Horton), 'प्राइमरी ऑब्जेक्टिव—न्यूरो लिंग्विस्टिक प्रोग्रामिंग एंड गुरिल्ला वारफेयर' (इश्कटन बुक्स, शिकागो, 1998)

F. 'स्टार' पत्रिका (14.7.1992), अमेरिका

□

9

अलविदा, श्रीमान डर, हिचकिचाहट और सदमा महाराजजी!

"भय से ही दुःख, भय से ही मृत्यु और भय से ही अनेक बुराइयाँ।"

—स्वामी विवेकानंद

नियति कभी सब पर समान दृष्टि नहीं डालती, वह सभी पर एक तरह से मेहरबान नहीं होती। यहाँ कब किसी के साथ क्या घटित हो जाए, इसे रोकना हमारे वश के बाहर है। सत्य उदाहरणों से स्पष्ट है कि केवल एक अप्रत्याशित घटना ने कइयों को अंदर तक झिंझोड़कर उनकी प्रगति, सुख, भाग्य, मानसिक स्वास्थ्य में ग्रहण लगा जिंदगी तबाह किया है। उसके पश्चात् सामने दो विकल्प दिखते हैं—हम बिन पतवार असहाय नैया की तरह नदी के रहमो-करम पर जिएँ या ऐसी सामर्थ्य विकसित करें कि बीहड़-से-बीहड़ नकारात्मक पल से निपटने में सक्षम बन अपनी नाव के खुद खेवैया बन नियति की बागडोर अपने हाथ में लिये रहें। आपके साथ भविष्य में जैसा भी होनेवाला हो तथा पूर्व में जो भी हुआ हो, इस अध्याय से आप भीतरी संतुलन बरकरार रखते हुए किस्मत को भव्यता के रंग में रँगने के पथ में एक और अत्यंत महत्त्वपूर्ण कदम बढ़ा लेंगे।

आने-जानेवाली अनुभूतियाँ कितनी विकट हों, पर हम उनकी ओर अपनी प्रतिक्रिया को बदलकर उससे उपजित नकारात्मक अहसास को परिवर्तित करने में चेतन रूप से सक्षम हैं। भावनाओं पर अध्ययन करनेवाले लेस्ली कैमरॉन व माइकल लेब्यू लिखते हैं, "आप किस भावना में रहना चाहते हैं, यह निर्णय आपका है और आप किस लम्हे को कैसा अनुभव और महसूस करना चाहते हैं, यह आप पर निर्भर है।" समान घटना, अनुभव एक बंदे के लिए सकारात्मक, अच्छा, अनुकूल होता है, पर दूसरे के लिए खराब, नकारात्मक, प्रतिकूल!

स्वयं की मनोदशा की डोर हाथ से जाने देना दुर्भाग्य को दावत है। आप जितने अधिक दक्ष होंगे, अपनी भावना के मर्म, मूल को समझकर उसे सही तरीके से उपयोग करने में आप उतने अधिक कुशल होंगे, अपने जीवन इतिहास को अधिकतम ऊँचाई तक ले जाने में। नकारात्मक स्थिति झेलने की अवस्था में मस्तिष्क के संचालन में भेद छुपा है कि हम आत्मबली व्यक्तित्वधारक बनें या दुर्बल व्यक्तित्वधारक। तीव्रतम दुर्घटना के पश्चात् मानसिक समस्या का शिकार अपने स्नायुतंत्र को उचित प्रकार से संचालित करके सफल, अविचलित एवं साहसी बन सकता है—परिस्थितियों से लड़ते हुए ऊपर उठनेवालों की स्वाभाविक प्रवृत्ति।

नजरिया कैसे बहुत महत्त्वपूर्ण ?

एक वाकया लीजिए, जिसे याद करने पर वह आज तक आपमें सिहरन या बेचैनी पैदा करता है (यह ऐसा न हो, जिससे आपकी तबीयत बिगड़ जाए), उदाहरणस्वरूप, जब बचपन में किसी ने आपको अकेले कमरे में बंद कर दिया था या आप साक्षात्कार के लिए गए, पर बोलते ही घिग्घी बँध गई थी। 'अध्याय दस' में वर्णित विरक्त मनोवस्था (डिसोसिएट स्टेट) में आकर उस तर्ज पर बैठने का ढंग, आँख और अन्य हाव-भाव अपना लें। कल्पना करें, आप सिनेमा हॉल की सीट पर बैठ सामने परदे पर उस स्मृति को निहार रहे हैं। जाहिर है, उसमें आपकी उम्र उस समय वाली होगी, जब आप उस घटना को झेले थे। उस तसवीर को रंगविहीन बनाकर वीडियो को 'फास्ट फॉरवर्ड' और 'फास्ट रिवाइंड' करने की तरह बारंबार तेजी से उलटा, फिर सीधा चलाकर देखते रहें। यह तब तक करते रहें, जब तक उससे जुड़ी अप्रिय अनुभूतियाँ आपको परेशान करना बंद कर दें। अब आप काफी हद तक सहज, सामान्य हो गए होंगे। इस दौरान मनपसंद गाना गुनगुनाना सकारात्मक प्रभाव में वृद्धिजनक होगा। संभव है, अब आप खिलखिलाकर हँस पड़ें।

विश्वास (Belief) मनोवृत्ति (Attitude) का रचनाकार है। अतएव हम समस्त गतिविधियों को उस रंग के चश्मे से देखते हैं, जो हमारे विश्वास की पटरी पर दुरुस्त बैठता है। 'मेरा फोबिया या नशे से कभी पिंड नहीं छूट सकता, मेरे भाग्य में यही लिखा है' धारणा को सत्य माननेवाला उसे अपनी नियति एवं शख्सियत का अंग मान कभी उससे मुक्त होने के बारे में सोचेगा तक नहीं। ऐसा स्वीकारनेवाले कोच, माता-पिता और मनोचिकित्सक पीड़ित को ऊपरवाले के भरोसे छोड़ने में अपनी भलाई समझते हैं।

एक वैज्ञानिक तथ्य को गाँठ बाँध लीजिए—इस दुनिया में सभी परिवर्तनशील है, एक भी भौतिक, अभौतिक वस्तु चिरस्थायी नहीं—पुराने-से-पुराना गंभीर व्यवहार,

आदत भी। प्रत्येक सजीव-अजीव पदार्थ के सूक्ष्मतम कण परमाणु कहलाते हैं। प्रत्येक परमाणु इलेक्ट्रॉन, प्रोटॉन आदि से निर्मित है। यह उसके अंदर लगभग प्रकाशगति से सतत चलायमान ऊर्जा है। आपको आश्चर्य होगा कि एक साल में शरीर के लगभग 98 प्रतिशत परमाणुओं को नए परमाणु विस्थापित कर देते हैं। ब्रह्मांड निरंतर गतिमान ग्रहों-नक्षत्रों का संगम है। वैज्ञानिकों के अनुसार उनमें सेकंड के निम्नतम हिस्से की अचलता भी उनका विनाश कर देगी। बचपन से लेकर बुढ़ापे तक का जीवन इतिहास हममें निरंतर बदलाव का इतिहास है। सत्यनिष्ठा से चाहने तथा प्रयत्न करने पर हम हर समय इच्छित बदलाव लाने में प्राकृतिक रूप में समर्थ हैं। फिल्म निर्देशक महेश भट्ट बीस साल पूर्व अपने नवजात शिशु को गोद में लेने पर शराब त्याग बैठे।

डर को दस मील दूर भगाना

- तीव्र नकारात्मक अनुभवों पर 'डबल डिसोसिएशन' मनोदृष्टि बनाए रखना।
- आत्मविश्वासी, साहसी व्यक्तित्व की रंगीन, बहुआयामी आत्म-छवि मानसिक पटल पर सदैव सामने बनाए रखना, चाहे स्थिति कितनी प्रतिरूप हो।
- ऐसा अभिनय कर दिनचर्या व्यतीत करना, जैसे आप आत्मबली, आत्मनियंत्रित, साहसी शख्स हैं।
- नकारात्मक घटना के प्रति सकारात्मक, तार्किक दृष्टिकोण बनाए रखना। शुरुआत में आपका अंतर्मन इसे नकारेगा, पर धीरे-धीरे आपका अचेतन इसे स्वीकार कर लेगा।

मनोवृत्ति विशेष स्थिति को नकारात्मक और डरावना बना सकती है तथा सकारात्मक व आत्म-प्रेरणात्मक भी। युद्ध की भयावहता देख कई सैनिक 'पोस्ट ट्रामेटिक स्ट्रेस डिसऑर्डर'[1] के भँवर में फँस जाते हैं। वहीं कुछ पहले से अधिक युद्धोन्मादी, पौरुषता से भरपूर; चाणक्य, महान् विलियम वलॉस इसी श्रेणी के थे। मानवीय मस्तिष्क आंतरिक दुनिया में घर बनाए विकट-से-विकट घटना को नया स्वरूप देकर आत्म-प्रताड़ना को विलुप्त करने में पूर्णतया सक्षम हैं।

रूढ़िवादी मनोवैज्ञानिक पीड़ित से 'क्या हुआ?', 'कैसे हुआ?' कुरेदते रह उसकी दिमागी हालत को बदतर कर देते हैं, कइयों को मानसिक असंतुलन के कगार पर पहुँचाने

में कसर नहीं छोड़ते! हम जितना अधिक डरावनी फिल्म के दृश्य को दिमाग में चलाते रहते हैं, उतना अधिक भयग्रस्त होते जाते हैं। हम जितने अधिक गहराई से दुःखात्मक अनुभूतियों में गोता लगाते जाएँगे, उतना अधिक मस्तिष्क का 'न्यूरल पाथवे' प्रगाढ़, स्थायी होता जाएगा। हिप्नोथेरैपिस्ट (Hypnotherapist) डॉ. मिल्टन एरिक्सन का दूसरे मनोवैज्ञानिकों से अधिक प्राभाविकता का एक राज यह था कि वे पीड़ितों की अंदरूनी संसार को सुधारने पर ध्यान केंद्रित करते, न कि 'क्या हुआ?', 'कैसे हुआ?' खँगालते रहने पर।

"बस, कूद पड़ो। न सोचो, न इधर-उधर देखो!"

('Never look before you leap. Just leap.')

—संदर्भ 'फेसबुक'

सा'बजी, प्रमाणित है कि डर व हिचकिचाहट हमें स्तरहीन तरीके से जीनेवाला डरपोक, आत्महीन, कुंठित जीव में तब्दील करनेवाले तत्त्व हैं, जबकि खुला एवं विवेकपूर्ण व्यक्तित्व बुद्धिमत्ता, सुख, आत्मविश्वास व सतत प्रगति का द्वार। बंधन में बँधकर रहने की अपेक्षा बंधनविहीन रहना आनंददायी जीवन के साथ अप्रतिम सफलता तथा असाधारण व्यक्तित्व की रचना में सहायक है। एक बार का डूबा आदमी यदि तैरना या नदी में सहज रहना सीख ले, तब वह पहले से अधिक आत्मविश्वासी बन उभरता है। उसमें भविष्य में आनेवाली कठिनाइयों से सफलतापूर्वक रूबरू होने का गुण पनप जाता है।

आती-जाती बिजलीवाली इमारत में लोगों से ठसाठस असुरक्षित लिफ्ट में न बैठना समझदारी है, पर ग्राहक से मिलने को विक्रय अधिकारी का सीढ़ी चढ़कर दस मंजिले पर पहुँचना कितना पीड़ादायी होगा, इसका अहसास उस बेचारे से अधिक किसे होगा?

खौफ और घबराहट अव्यावहारिक प्रतिक्रिया हैं जो अवचेतन में गहराई से बैठकर अनेक मुसीबत, बाधा तथा आत्म-प्रताड़ना उगाते हैं। अनेक जन ऊँचाई से कँपकँपाते हैं, कई महिलाएँ मकड़ी देख चीखती हैं और बहुतों का भीड़, अकेलेपन एवं बंद जगह में तनावजनित होना स्वभाव है! एक अंग्रेज युवक पुल कभी पार न करता। इंग्लैंड, जहाँ नौकरी के लिए दसियों किलोमीटर जाना आम है, का बाशिंदा होकर वह किस प्रकार की मानसिक, आर्थिक यातना से जूझ रहा होगा, इसकी कल्पना अकल्पनीय है! साधारणतया हम पश्चिमी लोगों को दिलेर, हिम्मती समझते हैं, पर 'यूनिवर्सिटी ऑफ वर्मोंट', अमेरिका के अध्ययनानुसार दस प्रतिशत अमेरिकी फोबियाग्रस्त हैं!

डर का हानिकारक उत्पाद

- गुस्सा, चिढ़, व्याकुलता, बेबसी, अवसाद और अकेलेपन का अहसास।
- नशे की प्रवृत्ति।
- अनुभव के अंदर फँसे होने का अहसास।
- मनोवांछित कौशल से प्रदर्शन और कार्य करने में असमर्थता।

'इम्प्रिंट अनुभव'[2] (Imprint experience) हममें विशेष दृढ़ विश्वास (बिलीफ) का जन्मदाता है। गहरे मन में पैठ बनाए विश्वास अचेतन द्वारा संचालित है। इससे वह अपने अनुरूप भावनात्मक व अन्य न्यूरोलॉजिकल क्रियाएँ अंकुरित करता है। सोच परिवर्तन आसान है, परंतु विश्वास परिवर्तन अत्यधिक कठिन। डर, फोबिया व सदमा शक्तिशाली विश्वास प्रणालियों का परिणाम हैं, इसलिए वे साधारणतया समझाने-बुझाने और आत्मबल के निवेश से नहीं भागते। उन पर स्थायी विजय भीतरी तसवीरों की पुन:संरचना से ही संभव है।

शरीर अपने स्वामी मस्तिष्क की आज्ञा मानने को बाध्य है और मस्तिष्क हमारी सोच का। बाहर हम क्या झेल रहे, हम पर क्या गुजर रहा, वह सकारात्मक है अथवा नकारात्मक उससे कोई फर्क नहीं, फर्क पड़ता है हम उन्हें अंदर कैसे ले रहे; स्नायुमंडल उसे 'कमांड' मान तदनुसार विभिन्न मानसिक परिणाम जनित करने को बाध्य है। सम्मोहन के अनेक प्रयोगों से यह सिद्धित है। परिस्थिति को भय और घबराहट पैदा करनेवाला 'समझना' (भले ही वह अवास्तविक, काल्पनिक हो) नकारात्मक भावनात्मक प्रतिक्रिया जनित करनेवाला स्नायुतंत्र की 'सैम' (SAM system), 'पीएसी' (PAC system) प्रणालियों का आवश्यकता से अधिक सक्रियता का आधार है। इस वश सच्चाई से आँख मूँद परिप्रेक्ष्य का अव्यावहारिक/असत्य छवि तथा मूल्यांकन खड़ा कर अपभ्रंश सोच की रचना मनोविकारों की जन्मस्थली है। लिफ्ट में मशीनी खराबी से दुर्घटना हुई, जो मात्र संयोग एवं अपवाद है। किंतु आपने तथ्य को तोड़-मरोड़कर मत बना लिया कि 'जब भी मैं लिफ्ट में बैठूँगा, तब वैसा होगा।' ऐसा विश्वास केवल आपमें ही नहीं, बल्कि सामान्य व्यक्ति में भी सिहरन पैदा करेगा! हवाई यात्रा से भागनेवाला यात्री अनदेखी करता है कि सभी वायुयान गिर नहीं पड़ते। आँकड़ों ने चीख-चीखकर सिद्ध किया कि आधुनिकतम इलेक्ट्रॉनिक मेकैनिज्म ने कॉमर्शियल विमान सेवा को प्रत्येक जमीनी साधन की अपेक्षा सबसे अधिक सुरक्षित सवारी बना दिया है। यान निर्माता 'बोइंग' की प्रवक्ता जूली ओ

डनल अपनी रिपोर्ट में कहती हैं—"1950-60 के बीच लगभग दो लाख यात्री उड़ानों में केवल एक प्राणघातक हादसा हुआ था, पर आज लगभग बीस लाख उड़ानों में एक से भी कम।" 'व्हाय एयरोप्लेंस आर सेफ' में क्रिस्टीन नग्रनी का कथन, "अगली बार जब आप विमान पर बैठें और कैप्टेन आपका स्वागत करें, तब वास्तव में यह समय है आराम से बैठ रिलैक्स करते हुए उड़ान का मजा लूटने का, क्योंकि आप उस पल सबसे सुरक्षित सफर करने जा रहे होते हैं।" सामूहिक बलात्कार झेली हुई युवती के लिए प्रत्येक पुरुष वहशी है। इससे वह पूरी उम्र शादी न कर अकेले रहना ज्यादा सुरक्षित महसूस करती है।

डर को दो भागों में विभक्त करना उचित है—

1. 'इम्प्रिंट क्षण' द्वारा उत्पादित भय। उसकी स्मृति या उससे संबंधित 'क्यू' (अनुभव विशेष से संबंधित अनुभूति, कल्पना, स्पर्श¨) दिमाग में आते ही डर का आभास।
2. स्थल व परिस्थिति द्वारा जनित, जैसे—बॉस से मिलने के पहले घबराहट। संभव है, इसका कारण हो 'इम्प्रिंट अनुभव' का होना।

साधारणतया, गंभीर फोबिया, घबराहट से ग्रस्त इनसान पहले से ही मानसिक समस्याओं या पारिवारिक प्रताड़ना का शिकार हुआ रहता है।

शोधों में बगैर बायोलॉजिकल प्रभाव के हानिरहित कैप्सूल 'प्लैसबो' की महत्त्वपूर्ण भागीदारी है। डर पर मनोवैज्ञानिक डेरेन ब्राउन का फोबिक युवाओं पर उसके प्रयोग से सिद्ध है कि वह अधिकांशत: वहम एवं अवास्तविक 'मैप' (सोच) का परिणाम है। व्यक्ति के आंतरिक संसार में अपभ्रंश (Distorted), जनरलाइज्ड (Generalised) और अपूर्ण (Deleted) 'मैप' संगृहीत होने से भयकारक क्षण सत्य के विपरीत होने के बावजूद उसे लगता वास्तविक है। एक अमेरिकी विश्वविद्यालय का अध्ययन दिखाता है—मात्र 1-2 प्रतिशत स्थिति वास्तव में डरने योग्य है और उसका भी उचित कौशल विकसित करके प्रबंधन किया जाना संभव है। 'नेशनल इंस्टीट्यूट ऑफ मेंटल हेल्थ', अमेरिका के अनुसार 60 प्रतिशत डर काल्पनिक है, जिसका कोई वजूद नहीं; 30 प्रतिशत पूर्व में घटित हो चुका, जिस पर अब कुछ नहीं किया जा सकता; बाकी शक की श्रेणी में हैं, जिन पर विभिन्न रणनीति द्वारा निश्चित रूप से विजय पाना मुमकिन है।

कुछ अज्ञात वजहों से आकस्मिक एवं प्रखर अनुभवों को स्नायुतंत्र द्वारा तुरंत गहनता से जज्ब करना एक विशेष मानवीय प्रकृति है। इसे मनोविज्ञान ने 'वन टाइम इफेक्ट' (One time effect) नाम दिया। यह स्वचलित 'फ्राइट एंड फ्लाइट' (Fright and flight) प्रतिक्रिया की जड़ है, जैसे—साँप देखकर डरना (फ्राइट) और उसके

परिणामस्वरूप भागना (फ्लाइट)। पर इसका अति तीव्र अचेतन प्रक्रिया होकर दैनिक जीवन का हिस्सा बनना भावनाजन्य समस्या व रोग का बीज है।

एक मित्र अपने दुपहिया से दुर्घटनाग्रस्त होने के पश्चात्
सभी वाहनों को चलाना पूर्णतया त्याग बैठा,
कॉलेज से हम दोस्त उसे घर छोड़ने जाते।
वह आज तक कहीं आने-जाने को परनिर्भर है।
इससे उसका कॅरियर, सफलता तथा
व्यक्तित्व अत्यधिक सीमित दायरे तक सिमट गया

पुरातनपंथी मनोवैज्ञानिकों के लिए अचेतन स्तर पर परिवर्तन लगभग असंभव है, इसलिए वे अनेक मनोसमस्याओं को लाइलाज मान हाथ खड़े करने के दोषी हैं। बहरहाल, आधुनिक अध्ययनानुसार मानव मस्तिष्क एक महान् गुण का स्वामी है—वह है कभी भी, किसी भी समय पुरानी अचेतन अप्रासंगिक क्रियाओं को नई क्रियाओं द्वारा विस्थापित करने का; इस विशेष क्षमता का वर्णन महान् मनोविज्ञानी विलियम जेम्स ने अपनी पुस्तक 'द प्रिंसिपल ऑफ साइकोलॉजी' (1890) में किया है। इस खासमखास योग्यता से लबरेज मानव अन्य सभी जीवों से उन्नतशील है, जो निर्धारित अपने मौलिक मानसिक 'प्रोग्रामिंग' के तहत निश्चित आदतों व क्रियाओं द्वारा संचालित होने के बाध्य हैं। 'जनरल सिमैंटिक' (General Semantic) के प्रणेता अल्फ्रेड कोर्जबस्की ने लिखा, "मान्यता कि 'मानव स्वभाव बदल नहीं सकता' को स्वीकार कर हमें अपने दिमाग को अंधा नहीं करना चाहिए। अब प्रमाणित हो चुका कि वह परिवर्तनशील है।" न्यूरोलॉजी विज्ञान के अंतर्गत शोध ने सिद्ध किया—मानवीय दिमाग में पुराने व्यवहार के जनक पुराने 'न्यूरल पाथवे' (Neural pathway) के स्थान पर नए व्यवहार का जनक नया 'न्यूरल पाथवे' बनना प्रत्येक आयु में पूर्णतया संभव है। स्नायुतंत्र की इस अनुपमता को न्यूरोसाइंटिस्टों ने 'न्यूरोप्लास्टिसिटी' कहा।

'आउट ऑफ द बॉक्स' (Out of the box) प्रवृत्ति का जोरदार जादू

आप ऐसे लोगों से रूबरू हुए होंगे, जिन पर हँसी-खुशी, गम का असर नहीं पड़ता। वे ठंडे दिल से भावनाओं से विरक्त हो जीते हैं। वहीं दूसरे तुरंत उद्वेलित होनेवाले; स्थितियों से साधारणतया हिल-मिल जानेवाले, इन पर सुख-दुःख शीघ्रता से असरकारक है। इन दोनों मानसिकता की वजह कि हम जिस दृष्टि से आते-जाते पलों को देखते-समझते हैं, उसी अनुसार वे मनोदशा को प्रभावित करते हैं। (इसका कुछ वर्णन आपने 'अध्याय 4, 10' में देखा है।) 'एन.एल.पी.' अध्ययनानुसार व्यक्तिगत निर्णय के तहत

हम प्रमुखत: दो मनोवृत्ति से दुनिया देखते हैं—

- **एसोसिएशन/संयुक्तता (Association)**—परिप्रेक्ष्य से लिप्त होकर उसे वांचना, महसूस करना।
- **डिसोसिएशन/विरक्तता (Dissociation)**—परिप्रेक्ष्य से विलग हो उसे वांचना, महसूस करना।

'एसोसिएट' नजरिए में अनुभव में पूर्णतया डूबने से वह वृहद् भावनात्मक असरकारक है। हादसा कितना पुराना हो, पर उसे झेला भुक्तभोगी स्वयं को मस्तिष्क में उसके चलायमान तसवीर के अंदर देखता है, जैसे वह वास्तव में अभी सामने घटित हो रहा; उसकी मनोवस्था वारदात के समयवाला वर्तमान में। डर, फोबिया प्रखर घटना से गहन जुड़ाव रखने की स्थिति है। पीड़ित का अनुभव संबंधित किसी वस्तु (मनोवैज्ञानिक भाषा में 'क्यू') के संपर्क में आने से या लगभग समान परिस्थिति के सामने आने या उस पल का चित्र दिमाग में देखने से ही खौफजदा होना बड़ी बात नहीं। पुल पर जाने से घबरानेवाला एक छात्र उस पर जाने की सोच मात्र से उसके टूटने और स्वयं को नीचे गिरते हुए कल्पना करने लगता।

'डिसोसिएशन' में हम अनुभव से स्वयं को अलग कर लेते हैं, भले ही वह हम पर गुजरा हो। मस्तिष्क में उसकी छवि दूर छोटी बनना उसके नकारात्मक भावनात्मक प्रभाव को हम पर निम्न करने की जड़ है। ऊपर वर्णित अभ्यास इसका एक सशक्त उदाहरण। सफल मैनेजर एवं सैनिक, मुनि का खराब परिस्थितियों से उद्वेलित न हो, शांत बने रहने के पीछे है, उनका उस पर विरक्तता की दृष्टि। वे कुछ ऐसे कहते हैं, 'जो हो गया, सो हो गया, चलो आगे बढ़ें', 'मैंने अपुन को प्रसंग से पृथक् कर लिया'। पीठ पीड़ा पर यह मनोवृत्ति मेरे लिए दर्द निवारक है।

ठानना 'आंतरिक समस्या दूर करना है'
सर्वोत्तम विकल्प, मैदान छोड़ निरंतर क्षुब्धता से बेहतर

एक लंबे दढ़ियल आदमी को दर्जनों लोग घेरे खड़े थे। उन्होंने अपने हाथ में पाँच इंच लंबी सर्जिकल सुई चुभोई, फिर आराम से निकाल लिया। अरे यह क्या! न कहीं खून, न चेहरे पर वेदना, पर होंठों पर मुसकान! 'मेनिंगर फाउंडेशन', अमेरिका के जैक स्कवार्ज द्वारा यह प्रदर्शन दर्द झेलने की समर्थता बढ़ाने के प्रशिक्षण के अंतर्गत है। द्वितीय विश्वयुद्ध में नाजियों ने उनके शरीर पर कीलें गाड़ीं, पर वह बंदा टूटा नहीं। एक प्रश्न के उत्तर में उन्होंने कहा, 'मैं स्वयं को शरीर से अलग कर लेता हूँ और कल्पना करता हूँ कि मैं अपनी देह के बगल में खड़ा हूँ। प्रदर्शन के वक्त मुझे लगता है, मैं सुई अपने हाथ में नहीं, बल्कि उसके एक तरफ खड़े आदमी के हाथ में लगा रहा हूँ।' 'लैंग्ले

पोर्टर न्यूरोसाइकेट्रिस्ट इंस्टीट्यूट ऑफ यूनिवर्सिटी ऑफ कैलिफोर्निया मेडिकल स्कूल', अमेरिका ने उनकी विधा को वैज्ञानिक ठहराया। पद्धति को शल्य क्रिया के पश्चात् अपनाना दर्द निवारक सिद्ध हुआ।

भय के ताबूत में मोटी कील

मस्तिष्क में एक विलक्षण योग्यता है—पलों में स्वयं को 'प्रोग्राम' करने की, पर हम इससे अनजान रह इसके वाजिब सदुपयोग में विफल। जब मस्तिष्क क्षणों में फोबिया जैसी तीव्र हानिकारक प्रतिक्रिया जनना सीख सकता है, तब वह अपनी इस योग्यता का उपयोग कर समान तीव्रता से उसे सकारात्मक प्रतिक्रिया द्वारा प्रतिस्थापित भी कर सकता है या नई सकारात्मक प्रतिक्रिया सीख सकता है।

उपरोक्त वर्णित 'डिसोसिएशन' युक्ति, दृष्टिकोण का विकट दुर्घटना, फोबिया, सदमा की तरह प्रखर नकारात्मक आवृत्तियों के निष्प्रभावीकरण में विफलता संभव है। गेस्टाल्ट थेरैपिस्ट (Gestalt therapist) रिचर्ड बैंडलर ने उसे अधिक विकसित कर ज्यादा असरदार मॉडल 'डबल डिसोसिएशन' अन्वेषित किया। इससे उन्होंने वर्षों साँप के फोबिया से भयंकर रूप से ग्रस्त महिला को मात्र तीन मिनटों में मुक्ति दिलाई, इस कारण यह 'थ्री मिनट फोबिया क्योर' तकनीक नाम से प्रसिद्ध हुआ। 'एन.एल.पी.' की यकायक वृहद् लोकप्रियता में इसका विशाल योगदान रहा!

तकनीक 12 : 'थ्री मिनट फोबिया क्योर' (Three minute phobia cure)

निम्न अभ्यास में अभ्यस्तता के लिए बेहतर होगा, यदि आप पहले नीचे के चित्र पर नजर दौड़ा लें। यहाँ आपको एक सिनेमा हॉल के अंदर अपनो तीन प्रतिबिंब की कल्पना करना है।

1. आँख बंद कर देखें, आप सिनेमा हॉल में हैं (यह आप 'नंबर 1' हैं)। सामने परदे पर घटना (जिसके कारण आपमें फोबिया/सदमा हुआ) के तुरंत पहले वाली सामान्य स्थिति में आप विराजमान हैं, यह 'आप नंबर 3' हैं। छवि का रंगविहीन, स्थिर होना अवश्य है।
2. आपका एक स्वरूप ('आप नंबर 2') प्रोजेक्टर रूम[3] में खड़ा है। उसने हादसे का सादा सिनेमा चलाना शुरू कर दिया है। इसमें आपकी उम्र उस समय वाली है, यह 'आप नंबर 3' हैं। इस समय आपका डर कम हो गया होगा, क्योंकि आप स्वयं के स्थान पर प्रोजेक्टर रूम में अपने

प्रतिरूप 'नंबर 2' की निगाह से पिक्चर देख रहे हैं। अनुभव की फिल्म की समाप्ति पर उसके अंदर से 'अपने नंबर 3' को बाहर निकाल उसे एक सुरक्षित स्थान पर बैठा दें। उस पर जो होना था, वह हो चुका है और अब वह पूर्णतया सकुशल, सामान्य है। प्रक्रिया के दौरान बेचैनी होने पर प्रोजेक्टर रूम के सामने मोटे शीशे की कल्पना करके उसके सूक्ष्म छिद्र से सिनेमा चलाएँ, आपका चित्त पहले से अधिक शांत, संतुलित हो जाएगा।

3. 'अपने नंबर 3' को फिल्म के अंत में प्रवेश कराकर उसी श्वेत-श्याम पिक्चर को उलटा दौड़ाएँ, जैसे आप वीडियो को रिवाइंड करते हैं। इसकी शुरुआत में पहुँचने पर 'अपने नंबर 3' को वहाँ से निकालकर पुनः उसे नकारात्मक घटना के ठीक पहले वाली सामान्य स्थिति में सकुशल देखें (उदाहरणार्थ, लिफ्ट में घुसने अथवा मधुमक्खी के काटने के पहले सामान्य अवस्था में)। इस समय सिनेमा हॉल की पिछली सीट पर विराजमान 'आप नंबर 1', यानी आप स्वयं, पहले से अधिक आत्मविश्वासी, बेहतर महसूस कर रहे होंगे।
4. प्रोजेक्टर रूमवाले 'अपने नंबर 2' को वहाँ से निकालकर पिक्चर के प्रारंभ में सम्मिलित कर दीजिए, अब इन महोदय की उस अप्रिय स्मृति से गुजरने की बारी है। एडिटिंग मशीन में फिल्म एडिटर[4] की तरह वृत्तांत की रंगीन फिल्म तेजी से आगे-पीछे और अंत तक चलाएँ। यह प्रक्रिया बारंबार डर की समाप्ति तक दोहराते रहें। घबराहट होने पर चलचित्र को पुनः रंगविहीन करें, परंतु मनोस्थिति संतुलित होने पर उसे पुनः रंगीन बनाकर ही अभ्यास करें। पिक्चर का अंत आने पर आपमें खौफ विलुप्त हो जाएगा, आप बिल्कुल सामान्य महसूस करेंगे।
5. सीट पर बैठे आप स्वयं 'नंबर 1' और परदेवाले 'आप नंबर 2' एक-दूसरे से गले मिलकर एकीकृत हो लें। अब आपके पहले से अधिक आत्मबली, अभय व्यक्तित्व का उदय हो चुका।

उपरोक्त शैली आपमें नया मानसिक कौशल, नजरिया विकसित कर देगी कि आप भविष्य में आनेवाले प्रखर से प्रखर वेदनापूर्ण, भयानक और अप्रत्याशित नकारात्मक प्रसंगों को झेलने के बावजूद आत्मनियंत्रित बने रहेंगे। आपमें उन्हें पूर्ण विरक्तता से अनुभव करने के पश्चात् समझदारी से प्रतिक्रिया करने का अचेतन हुनर का बीज पड़

जाएगा। 'यूनिवर्सिटी ऑफ एंग्लिया' में हुए शोधानुसार—खौफ पैदा करनेवाली घटना को अनुभव करना, अहसास करना डर पर विजय में सहायक है।

चित्र 9.1 : 'फास्ट फोबिया क्योर' मॉडल

न्यूयॉर्क यूनिवर्सिटी, अमेरिका में साइकोलॉजी एवं न्यूरल साइंस के प्रोफेसर एलिजाबेथ फेल्प्स ने अमेरिका में हुए 9/11 आतंकवादी वारदात के कारण लोगों में पैदा हुए खौफ का अध्ययन किया। 9/11 स्मृति को 'फ्लैशबल्ब मेमोरीज' कहा गया। उन्होंने कहा, "डरावनी यादें चाहे जितनी स्पष्ट, सजीव हों, वे इतनी प्रभावी नहीं होतीं, जितनी प्रभावी होने का लोग पहले विश्वास करते थे और उस स्मृति, अनुभव को बदलना संभव है।" (बी.बी.सी. लेख—'हाऊ एक्सट्रीम फियर शेप्स व्हाट वी रेमेंबर', लेखक लेस्ले एवांस ऑगडन (Lesley Evans Ogden))

सावधानियाँ

1. समस्या के स्मरणमात्र से भयभीत होने की अवस्था में एक सहयोगी का हाथ पकड़कर अभ्यास करें। बीच में असहज होने पर आँख खोलकर अपने को सकुशल समझें। धीरे-धीरे आपका मस्तिष्क आपके नए आदेशानुसार 'री-प्रोग्रामिंग' हो न्यूट्रल अहसास तथा आत्मविश्वास जन देगा।
2. इस कला और इस अध्याय में वर्णित अन्य वर्णनों द्वारा अनेक लोगों की दवा छूट गई या अत्यधिक कम हुई है। पर उसे तब तक सदैव साथ रखें, जब तक चिकित्सक ऐसा न कहें या आपमें उसके बिना सहज रहने एवं वारदात स्थल

पर जाने का अंदर से पूर्ण विश्वास जाग्रत् न हो जाए।

3. पहले अपेक्षाकृत कम डरावने अनुभव के साथ उपरोक्त मेकैनिज्म अपनाकर सिद्धहस्त हो सकते हैं।

मैं पीड़ितों पर तकनीक को अपनाने के पहले उन्हें सुखात्मक मनोदशा में ले आता हूँ। उन्हें हसीन वादियों की कल्पना करने या एक आत्मविश्वास से परिपूर्ण पल को जेहन में लाने को कहता हूँ, जैसे, 'याद कीजिए वह क्षण, जब आप किसी प्रतियोगिता में जीते थे।' माहौल खुशनुमा बनाए रखने के साथ उन्हें मनभावन गीत सुनने की छूट देता हूँ। आप भी ऐसा कर सकते हैं।

प्रयोग के पश्चात् फायदा हुआ अथवा नहीं, यह सुनिश्चित करनेवाली शैली 'फ्यूचर पेसिंग' (Future pacing) है—

- प्रसंग याद करने पर आपको स्वाभाविक (भइया, थोड़ा-बहुत साँप, बर्रे से सभी डरते हैं, पहली बार हवाई जहाज से कूदने पर सैनिक का भी हृदय काँपता है!) या न्यूट्रल और राहत का आभास होना चाहिए।
- कल्पना द्वारा परखें। सोचिए, आपके हाथ में मधुमक्खियों से भरा जार है, कैसी अनुभूति है आपकी?
- परिचित के साथ या अकेले वास्तविक स्थल पर जाएँ। यदि आप ऊँचे झूले से भागते रहे, तो साथी के साथ उस पर झूलने जाएँ।
- आपको अहसास होना चाहिए कि अब 'स्मृति बीते दिनों की बात है'। मस्तिष्क में वह धुँधला एवं अपने से अलग दूर दिखना चाहिए।

उपरोक्त विधा की प्राभाविकता का रहस्य है कि मानव स्नायुमंडल हर अनुभव को तेजी से जज्ब करता है, मंद गति से नहीं। फोबिया का जन्म इसका एक प्रमाण। मस्तिष्क अपने तीव्रता एवं 'क्रिएटिव मेकैनिज्म' के गुण-वश नकारात्मक अनुभव को सकारात्मक अनुभव से विस्थापित कर पुरानी नकारात्मक प्रतिक्रिया बदलने में बखूबी से दक्ष है। और वह नकारात्मक के स्थान पर सकारात्मक परिवर्तन को अधिक तरजीह देता है। बदला सोच दिमाग को नए सिरे से 'प्रोग्राम' करता है।

यह कला आतंकवादी वारदात, अप्रत्याशित घटना (किसी की असामयिक मृत्यु, बलात्कार···) के उपरांत घबराहट, भय, सदमा तथा 'पोस्ट ट्रामेटिक स्ट्रेस डिसऑर्डर' निवारण में समान रूप से मददगार है।

मुमकिन है, भविष्य में समस्या दुबारा मुँह उठा ले या अन्य नकारात्मक घटना के कारण वह वापस आ जाए। इस अवस्था में उस घटना पर भी प्रणाली अनेक बार अपनाएँ।

डर, झिझक भगाने का छह सूत्री कार्यक्रम

प्रखर डर हमारी जिंदगी को गहराई से प्रभावित करते हुए असफलता, भावनात्मक असंतुलन, हताशा, आत्महीनता, अंतर्मुखी स्वभाव, रक्तचाप, तनाव, हृदय रोग, सिर दर्द, माइग्रेन पैदा करने और लक्ष्य व हर क्षेत्र में असंतुष्टिकारक प्रदर्शन की जड़ है।

शिकार का भयातुर होना मांसाहारी जानवर का अधिक उग्र हो, उस पर वार का कारण है। समान तर्ज पर डर हमारी मनोस्थिति के अनुसार हम पर आक्रमण करने का उत्तरदायी है। पूर्व नाकामी, मानसिक प्रताड़ना तथा तीव्र अप्रिय पलों का भोगा व्यक्ति साधारणतया उसका आसान बलि का बकरा है। बेटी बचपन में अकेले छत पर जाने से डरती थी। वयस्क होने पर बेटी का अपरिचित से बात करने से झिझकने के पीछे उसका होना संभव है।

हम तब तक नहीं हारते, जब तक 'मैं' से न हारें।
स्वयं पर विजय सुखदायी, हारना प्रताड़क है।
अपने पर सरल, सर्वोत्तम विजय आत्मबल से नहीं,
आत्म-परिवर्तन से आएगा

अध्ययनानुसार भय अधिकांशतः वहम, अज्ञानता का उत्पाद है। एक अमेरिकी छात्र की पुल पार करते समय घिग्गी बँध जाती। उसे एक 'प्लैसिबो' कैप्सूल यह कहकर दिया गया कि इस नई अन्वेषित दवा से शत-प्रतिशत फायदा निश्चित है। इसे निगलते ही उसका फोबिया नौ दो ग्यारह हो गया! डरावनी फिल्म देखने के वक्त डरने के पश्चात् असलियत पता चलने पर आप खी-खी हँसने लगते हैं।

अचेतन प्रक्रिया होने से फोबिया, भय को आत्मबल से विजित करने की चेष्टा साधारणतया व्यर्थ रहता है। उसके पीछे सकारात्मक मंतव्य है, अतएव उसे दबाना अथवा आत्मबल प्रयुक्त करना सही रास्ता नहीं। श्रेष्ठतम, स्थायी हल के उद्देश्यार्थ विश्वास, सोच, आत्म-छवि सुधारना होगा।

1. जड़ खोजिए

भौतिक विज्ञान के 'देयर इज नो कॉस विदाउट इफेक्ट' (There is no cause without effect) सिद्धांतानुसार 'परिणाम' में बदलाव के वास्ते उसे पैदा करनेवाले 'कारण' को बदलना होगा। बचपन में अम्माँ ने आपको तैरने के खिलाफ सख्त हिदायत दी थी; इसलिए आप अब भी तैरना सीखने के नाम से दुम दबा लेते हैं। उस समय माताजी का उद्देश्य था—आपकी सुरक्षा। पर अब आप बड़े हो गए हैं और वर्तमान में उनकी आशंका अप्रासंगिक है और अब उसे सीखना आत्मरक्षार्थ उचित है। सफलता व

सुनहरी जिंदगी के वास्ते परिस्थितियों का ध्यान रख अपने लक्ष्यों के स्वयं निर्धारण का गुण अति आवश्यक है।

2. उसका काल्पनिक, बेवजह होना संभव है, अतएव तथ्य जाँचिए

अधिकांश डर, घबराहट, जड़ होने (Panic) का तर्कहीनता के धरातल पर टिका होना वैज्ञानिक तथ्य है। मुझे याद है, कॉलेज के दिनों में कॉन्वेंट में पढ़े लड़कों से बात करने में मैं हकलाता था। मेरा नकारात्मक विश्वास उसका मूल था। सभी जानते हैं, वे भी आखिर इनसान हैं तथा उनमें भी दूसरों की तरह अंग्रेजी का ज्ञान सामान्य स्तर पर रहना सच्चाई है। अमेरिका में 'वर्ल्ड ट्रेड सेंटर' में आतंकवादी हमले के बाद बहुतेरे वायु यात्रा से भय खाने लगे; जबकि एक रिपोर्ट के अनुसार वायुयान में आतंकवादी घटना से किसी की मरने की संभावना दो करोड़ पचास लाख में मात्र एक है! विश्वास मानें, हवाई जहाज सबसे सुरक्षित आवागमन का साधन है। क्या आप अब भी उससे परहेज करेंगे? स्वयं से प्रश्न करें—'जब दूसरे वह कर रहे हैं तो मैं क्यों नहीं?', 'क्या होगा, जब मैं वह करूँगा?', 'उसके पीछे तथ्य, आँकड़ा क्या कहता है?'

3. ठोस आत्मभरोसा नितांत आवश्यक

पीयूष आत्मबली व्यक्तित्वधारक नवयुवक है। उसके पका देने के हद तक निवेदन के पश्चात् आयोजनकर्ता ने उसे बोलने को आमंत्रित किया। वह दस सेकंड 'राजधानी एक्सप्रेस' की तरह बोला, फिर फुस्स! उसके पास विषय का ज्ञान था, पर बोलने की कला नहीं। अब तो आपने उसे मंच पर चढ़ने को कहा और उसके शरीर का बाल का खड़ा! मकसद-प्राप्ति के लिए विषय-वस्तु की जानकारी के अतिरिक्त यथोचित कौशल के विकास से कभी मत भागें। इससे आया, 'मैं कर सकता हूँ' का दृढ़ विश्वास सफलतादायक होगा, न कि लक्ष्य-प्राप्ति पर सतही विश्वास।

4. निहित संदेश समझना सफलता-सहायक

आधुनिकतम मनोविज्ञान 'एन.एल.पी.' के एक सिद्धांतानुसार—'नकारात्मक अभिव्यक्ति के आधार में सकारात्मक मंतव्य है।' मस्तिष्क डरवाली स्थिति से उचित प्रकार सामना करने को रक्त में एड्रिनलिन (Adrenaline) और कार्टीसॉल (Cortisol) का स्राव कराता है। ये हार्मोन श्वास-गति, दिल की धड़कन बढ़ाकर शारीरिक शक्ति में वृद्धि करते हैं, जो त्वरित निर्णय कर आत्मरक्षार्थ भागने में सहायक हैं। असामान्य हालात में यह लाभकारी, परंतु उसके बीतने के पश्चात् भी उसकी तसवीर का गाहे-बगाहे मनोपटल पर मुँह उठाना, वहीं दैहिक व बायोलॉजिकल प्रतिक्रिया उत्पन्न कर भय, घबराहट की

जड़ है। विषय विशेषज्ञ करीम नादर, मैकगिल यूनिवर्सिटी, मोंट्रियल, कनाडा कहते हैं, “कुदरत ने हमें जीवित रखने के उद्देश्यार्थ हममें भय की अवस्था विकसित की है।” वास्तव में, मानव के अस्तित्व को दो लाख वर्ष तक बचाए रखने में उसके स्नायुतंत्र का सतर्कता के प्रति कंडीशन[5] होने की महत्त्वपूर्ण भूमिका है।

हर प्रकार के डर को अपना शुभचिंतक मान उसमें निहित संदेश को पहचान कर उसे पूरा करें। यह आपको एक्जीक्यूटिव रॉबर्ट हैंडी (नीचे वर्णित) के माफिक पहले से अधिक निडर, आत्मविश्वासी बनाएगा। भावनात्मक अवरोधों को दूर करने में आत्म-सिद्धहस्तता आपके सपनों तथा उच्च अभिलाषाओं के मार्ग में आए कंकड़-पत्थरों का मटियामेट कर देगा। 'लर्न अबाउट फ्लो' के संस्थापक डेविड लह वेबर कह रहे, “अधिक शक्तिशाली, आत्मविश्वासी बनें, यथार्थ भय को अपना साधन बनाएँ।” शुतुरमुर्ग के माफिक डर से मुँह ढाँके रह आत्म-प्रताड़ित होते हुए आप निष्फलता, पीड़ा, नैराश्यता की ओर बढ़ते जाएँगे, कोई माई का लाल आपको बचा नहीं पाएगा।

5. 'मैं नहीं कर सकता' से 'मैं कर सकता हूँ' की दिशा

नकारात्मक आत्म-छवि खौफ, हिचक का पुंज है। इसका फल 'मैं नहीं कर सकता', 'मैं महिला हूँ, इसलिए ध्येय-प्राप्ति से महरूम हूँ' विश्वास है। हृदय में बसी महत्त्वाकांक्षाओं के विपरीत विचारों को तड़ीपार[6] कर दें। यदि हेनरी फोर्ड सोचते रहते, 'मैं अपना सपना पूरा करने के लायक नहीं हूँ', तब क्या वे कार उद्योग के शहंशाह बन पाते? न बन पाते न! बारंबार अभ्यास नाकामयाबी को सफलता में परिवर्तित करता तथा भय को अलविदा कहता है। पुल पार करने के कल्पना मात्र से बेचैन होनेवाला छोटे-छोटे हिस्से में पुल पार कर अपने आत्मविश्वास में फुलझड़ी लगा लेगा। तैरने से पुलपुली काँपने को मैंने ऐसे विजित किया।

6. नकारात्मक समाचार, प्रोग्राम को दूर से सलाम करें

डिस्कवरी जैसे अनेक उम्दा चैनलों में भी आजकल दुर्घटना, दैवी आपदा, आतंकवादी हमले एवं युद्ध की विभीषिकाएँ जलेबी में चाशनी की तरह भरी हैं। न्यूज चैनल पर निन्यानबे प्रतिशत दु:खद, नकारात्मक समाचारों की अड्डेबाजी है। तो अब क्या आप उनमें प्रसारित चित्रणों से वशीभूत हो हिचहाइकिंग[7] से भाग खड़े होंगे? ब्रिगेडियर बनने की हसरत को मिट्टी में पाट देंगे? एक सैन्य अफसर ने मुझे बताया, 'हम लोग युद्ध के अप्रिय पक्ष पर कभी ध्यान ही नहीं देते, बल्कि कैसे उत्तम सैनिक बनें, उस पर निगाह जमाए रखते हैं।' आप जितना जिस पक्ष पर लौटेंगे, उतना वह गुब्बारे की तरह फैलता जाएगा। सदा डर पर विचारण उसे वास्तविकता बना, उसे आपके सामने

सदैव खड़ा करता रहेगा। इससे आपकी मानसिक कार्यविधियों, सामर्थ्य पर प्रतिकूल असर पड़ेगा एवं आपकी आकांक्षाएँ, जिंदगी गर्त में मिलती रहेगी। हिम्मत, शांति पर मन रमाए रहने से आपके चहुँओर उनकी भरमार होता जाएगी। टक्कर की आशंका लेकर गाड़ी चलानेवाला खराब ड्राइवर होगा तथा उसके लड़ने-भिड़ने की संभाव्यता प्रबल। रात में समाचार, खराब प्रोग्राम, डरावनी फिल्म न देखें। ऐसा कर मैंने अपने आत्मविश्वास, मनोवस्था में असीम वृद्धि देखी।

श्रीमानजी, ये प्रमुख बातें जरूर याद रखें

1. आत्म-छवि सकारात्मक करें। आप जैसा बनना चाहते हैं, स्वयं को कल्पना में वैसा देखें।
2. सदैव सकारात्मक, तार्किक सोच और दृष्टिकोण व आशावादिता अपनाएँ।
3. विकट स्थिति में स्वयं एवं ऊपरवाले पर असीम विश्वास रखें।
4. प्रत्येक आवश्यक कदम उठाएँ। अध्याय में वर्णित युक्तियों का इस्तेमाल करें। अमृत पीने पर ही विस्मयकारी उफान ला पाएगा।
5. मनोवांछित लक्ष्य-प्राप्ति तक प्रयासरत रहें, थक-हार कभी न बैठें।

प्रज्ञता (Wisdom)

मेरी बात गाँठ बाँध लें—अपनी अनचाही प्रतिक्रियाओं से पार पाना असंभव नहीं, सरल है। अनेक लोगों ने गंभीर, जीर्ण भय, सदमा व व्यसन से छुटकारा पाया है। मैं भी उनमें से एक हूँ।

कीड़ों, जानवरों को नापसंद करना, ऊँचाई से स्वाभाविक भय खाना लाजिमी है, परंतु उनके प्रति अस्वाभाविक प्रतिक्रिया अप्रिय हालातों का जन्मदायक।

खौफ, बेचैनी, सदमा और असहायता के निवारण में अरुचि पर आप ताजिंदगी कुंठा, हताशा, मनोसमस्या को अपनी नियति मान लेंगे। पर जैसे ही आपने ठान लिया, 'चाहे जो भी हो, मैं स्वयं को ठीक करूँगा', समझ लीजिए आपका सीढ़ी चढ़ना आरंभ और आपकी विजय निश्चित। उसी क्षण से दो कानों के बीच सजे मस्तिष्कजी स्वयं को अपने नए विश्वासानुसार ढालना, अर्थात् 'रि-प्रोग्रामिंग', प्रारंभ कर देंगे। आप सेकंडों में पहले से बेहतर महसूस करने लगेंगे।

हम अमूर्त नहीं, वरन् जीवनी शक्ति से भरे मूर्त जीव हैं। विकट अप्रिय क्षणों को भाग्यशाली से भाग्यशाली और चाँदी के चम्मच के साथ पैदा हुआ व्यक्ति भी रोकने में समर्थ कहाँ! पर प्रभावी व आत्मविश्वासी लोगों में उन्हें अपने लिए सुअवसर, हितकारी बनाने का गुण विद्यमान है। सैकड़ों फीट ऊपर आसमान में 'अलोहा एयरलाइंस फ्लाइट

243' वायुयान की छत उड़ गई, फिर भी सह-पायलट मैडेलिन टपकिंस नौकरी पर सहर्ष वापस आईं! दुर्घटना के पश्चात् महिला होने के बावजूद वे पहले से अधिक आत्मविश्वासी, अनुभवी हो लौटीं। क्या हुआ यह ज्यादा मायने नहीं रखता, मायने रखता है कि हमने उसके बाद कैसी प्रतिक्रिया की, अपने को बनाया या बिगाड़ा और अपने प्रारब्ध को काले से अथवा सतरंगी रंग से रँगा!

हमें स्वयं में ऐसी निपुणता विकसित करना होगा कि बीहड़तम नकारात्मक क्षण भी हमारे दिल के एक कोने में अशक्त हो लेटा रहे। हितार्थ विरक्त (डिसोसिएट) तथा 'डबल डिसोसिएट' मनोवस्था में आने की सही चेतना हमें प्रखरतम नकारात्मक प्रसंगों के बीच संतुलन, आत्मविश्वास जगाने और उन्हें तार्किकता से विश्लेषण क्षमता से नवाजता है। मनोवैज्ञानिक विषयों के विख्यात लेखक द्वय कोनरी एंड्रीयॉस (पी-एच. डी.) एवं स्टीव एंड्रीयॉस (एम.ए.) ने 'हार्ट ऑफ द माइंड' में लिखे, "जब ऐसा कुछ हो जाए, जो नहीं होना चाहिए था, तब उसे पीछे छोड़ना बेहतर है। अचेतन उसे अब भी अपने जेहन में रखेगा, पर भुलाए गए पल माफिक।" शान से जीने के वास्ते आपको सामने खड़े प्रत्येक प्रकार के पलों को झेलने के पश्चात् पुनः उठ खड़े होने की दक्षता पैदा करना होगा।

तजुर्बा बता रहा हूँ दोस्त-दर्द, गम, डर जो भी है बस तेरे अंदर है।
खुद के बनाए पिंजरे से निकल देख तू भी एक सिकंदर है॥

—अज्ञात

लगभग बीस साल पहले मैं एक कारण से घबराहट का शिकार हुआ। मनोचिकित्सक ने साइकोसोमैटिक दवाइयाँ लिखीं। उससे आराम मिला, पर मेरी समस्याएँ पूर्ववत् थीं। मैं दवा सदैव साथ रखता। इसी बीच मैंने रॉबर्ट हैंडी व पॉलिप नेफ की बेहतरीन पुस्तक 'एंजायटी एंड पैनिक अटैक' पढ़ी। रॉबर्ट हैंडी भी उस समस्या से भयंकर रूप से ग्रस्त थे, पर अंततः उन्होंने अपने को पूर्णतया सामान्य कर लिया। उन्होंने दृढ़ता से कहा, "यदि आप घबराहट, डर आदि से पीड़ित हैं तो विश्वास कीजिए, आप शत-प्रतिशत सामान्य हो सकते हैं, बस आपको स्वयं को वैसा करने का दृढ़ संकल्प करना होगा।" अनेक मनोविधियों के साथ उन्होंने आध्यात्मिक विचारधारा, सकारात्मक मनोवृत्ति अपनाई और अंततः दवा का परित्याग कर दिया। उन्होंने लिखा, "यद्यपि दूसरे लक्ष्य बहुत सहायक बने ऊपरी तौर पर मेरा फोबिया दूर करने में, पर आध्यात्मिक लक्ष्य मुझमें आमूल-चूल आत्म-परिवर्तन व आत्म-जागृति का अहसास लाया।"

मुझे अमेरिका जाने का वीजा मिला और मेरा पैंट ढीला! मैं दवा साथ लिये वहाँ गया। जहाँ भी जाता, उसे साथ लिये रहता, पर उसे कभी प्रयुक्त नहीं किया। यह मेरे

लिए एक सफलता ही थी। वहाँ मिले 'एन.एल.पी.' और अन्य ज्ञान से मैं सही हो गया और दवा पास रखना छोड़ दिया। प्रक्रिया में आस्था, आत्मविश्वास मेरा शक्तिपुंज बना। आध्यात्मिक मानसिकता, सतत प्रार्थना आत्मबल देता रहा।

संभव है आपको गड़बड़ दिमागवाला व्यक्ति करार दिया जाए, आप हँसी का पात्र बनें, आपकी शादीशुदा जिंदगी खतरे में पड़े। डिज्नीलैंड में मेरे ऊँचे-ऊँचे झूले में बैठने से इनकार पर लोग मुझे अजीब नजरों से देखते। दृढ़ता से इसे एक पूर्णतया दूर होनेवाली समस्या मानें। ऊँचाई से काँपनेवाले लब्धप्रतिष्ठित लेखक किम रटज् आज दूसरों को फोबिया दूर करने का प्रशिक्षण दे रहे। सदैव याद रखें—हिम्मते मर्द मद्दे खुदा! ध्यान रहे, डरना मानव का आत्महितार्थ नैसर्गिक स्वभाव है और वापस सामान्य होना भी। विमान से सैकड़ों फीट ऊपर से कूदनेवाला जाँबाज उस अहसास से रूबरू होता है, पर साहस बटोर झम्म से कूद जाता है। एक विज्ञापन में ऐसा स्टंट करने के बाद सलमान खान कहते हैं, 'डर के आगे जीत है।'

ऊपरवाला आपको मझधार से अवश्य निकालेगा; वह अपने बंदों को कभी उसमें नहीं छोड़ता। अपने बौद्धिक बल एवं दिमागी ताकत को कम कदापि मत आँके। श्रीमद्भगवद्गीता में भगवान् श्रीकृष्ण का उपदेश है, "आत्मा से अधिक सशक्त संसार में कोई अन्य नहीं।" यदि आप अपनी सहायता करेंगे, तभी दैवी ताकत, नियामत आपकी सहायता करेगी। अपना साथ छोड़ने पर वह आपका साथ छोड़ देगा। अंत में एक अहम संदेश—इस बाबत दूसरों से सहायता लेने में न झिझकें, न पीछे हटें!

शुभकामना, सलाम!

कार्यक्रम

1. जब कभी आप किसी कार्य, प्रदर्शन के पहले हिचकिचाएँ या नकारात्मक मनोवस्था में आएँ, तब उस मनोदशा को 'घबराहट', 'हिचकिचाहट' या अन्य नाम दे दें। तत्पश्चात्, उसे 'उत्तेजना' (Excitement), 'कौतूहलता' (Curiosity) से विस्थापित कर दें। आपका आत्मविश्वास, उत्साह उठ जाएगा।
2. विकराल वाकयों के बीच संतुलित रहनेवाले उस समय पूर्ण विरक्त (डिसोसिएटेड) अवस्था अपनाकर मनोसमस्याओं से बच जाते हैं—आत्मबली, साहसी व्यक्तित्व बनने का महत्त्वपूर्ण पथ।
3. आतंकवाद या दुष्कर्म झेले नागरिक का सदमा दूर कर क्या आप देश की सहायता नहीं करेंगे?

शब्दावली

1. पोस्ट ट्रामेटिक स्ट्रेस डिसऑर्डर (Post Traumatic Stress Disorder (PTSD))—खराब क्षण और व्यसन (शराब, ड्रग, भाँग··) त्याग के उपरांत अनेक लोगों में उत्पन्न सदमा, घबराहट, तनाव व अन्य भावनात्मक समस्या।

2. इम्प्रिंट अनुभव (Imprint experience)—मानसिक कठिनाई और विश्वास में जड़ से परिवर्तन लानेवाला बुरा पल।

3. प्रोजेक्टर रूम (Projector room)—पुराने जमाने की सिनेमा चलाने के वास्ते हॉल में सबसे पीछे बना कमरा।

4. फिल्म एडिटर (Film editor)—फिल्म निर्माण के पश्चात् उसे काँट-छाँटकर, सुधारकर अंतिम रूप देनेवाला संपादक।

5. कंडीशन (Condition)—एक भौतिक/अभौतिक तत्त्व का दूसरे भौतिक/अभौतिक तत्त्व से संबद्धता की दशा, उदाहरणार्थ—मांस देखते ही कुत्ते के स्नायुतंत्र द्वारा उसके मुँह में लार लाने की प्रक्रिया। यहाँ 'मांस' और 'स्नायुतंत्र' एक-दूसरे से जुड़ाव की अवस्था में हैं, स्नायुमंडल को जैसे ही मांस की उपस्थिति का संदेश मिलेगा, वह लार पैदा करवाने के लिए विशिष्ट प्रतिक्रिया प्रारंभ कर देगा।

6. तड़ीपार—न्यायाधीश द्वारा अपराधी/आरोपी को विशेष क्षेत्र में प्रवेश से मनाही।

7. हिचहाइकिंग (Hitchhiking)—अनजान जगह में मस्ती, रोमांच व खेल भावना से यात्रा।

□

10

दुःखदायी अनुभव व अतीत को ऐसे करें बेदम

मैं जिंदगी का साथ निभाता चला गया,
हर फिक्र को धुएँ में उड़ाता चला गया।
बरबादियों का गम मनाना फिजूल था,
बरबादियों का जश्न मनाता चला गया।

—**देवानंद**, फिल्म 'हम दोनों'

दोस्तो, इस कायनात में ऐसा कौन है, जिसके अतीत में नकारात्मक स्मृतियाँ चस्पाँ नहीं हैं? क्या कोई आने-जानेवाले अनचाहे पलों से बच सका है? क्या आपके मन में सवाल नहीं उठता—'मैं कैसे अप्रिय अनुभवों से अप्रभावित रहते हुए परिस्थितियों से ऊपर उठ किस्मत का नियंत्रण हाथ में ले सकता हूँ?' उन प्रश्नों के समाधान व उत्तर की राह दिखाते हुए यह अध्याय आपकी निम्न हानिकारक धारणाओं पर भी विराम लगा देगा—

- 'कष्टकारी अनुभव मेरा पीछा नहीं छोड़ते।'
- 'मेरे ही साथ ऐसा क्यों होता है?'
- 'वह भाग्यशाली, मैं दुर्भाग्यशाली हूँ।'
- 'मेरा जीवन नकारात्मकता से भरा है।'

जब वे बोलते हँसी की फुहार छोड़ते, सामने का एक टूटा दाँत उन्हें और हास्यास्पद बनाता रहता। अध्यापक जाते नहीं कि वे आ धमकते और अभिनय करके पूरी कक्षा को लोट-पोट करने लगते। भविष्य के प्रति असुरक्षा की भावना को भूल अगले अध्यापक आने तक हम सब दमादम मस्त कलंदर रहते। हर दिल अजीज दुबले-पतले सरदारजी

पूरे विद्यालय की आँखों का तारा थे। वर्षों बाद उस हुतात्मा की बिजली के करंट से मृत्यु हो गई। हृदय में धक्का लगा—उसकी धमक आज तक मेरे हृदय में मौजूद। एक मर्तबा चाय की चुस्की के दौरान उन्होंने मुझे अपने अंदाज में रहस्य बताया, 'पापे, मैं कल क्या हुआ, उसे गर्त में ढाँक वर्तमान और भविष्य में जीता हूँ।' अब समझ में आया कि निम्न-मध्यमवर्गीय परिवार का वह पुण्यात्मा कैसे समस्त विषमताओं के बीच अपनी दुनिया हसीन बनाकर चहुँओर हर्षोल्लास का इंद्रधनुषी कण बिखेरता था। वास्तव में वह भीतर से असाधारण मानव और दार्शनिक चिंतक था।

भावना की डोर हाथ में लेना हमारे कौशल, मानसिक स्वास्थ्य, आत्मविश्वास, आंतरिक संतुलन, सुख, शांति के बरकरार रखने को अति आवश्यक है। क्या खराब अनुभवों से ओबामा, अंबानी, आडवानी भी बचे रहे? जीवनकाल में औंधे मुँह गिरनेवाले उन्हें आधार बना लेते हैं, स्वयं को विघटन के कगार पर ले जाने का। किंतु ऊँची छलाँग लगानेवाले शख्स अनचाहे क्षणों से अप्रभावित रहने एवं उन्हें अपने हितार्थ प्रयोग करने की दमदार प्रवृत्ति स्वभावत: विकसित कर लेते हैं। 1947 में भारत विभाजन के दौरान पंजाबी, सिख रूह कँपा देनेवाली त्रासदी से गुजरे, जिसे शब्दों में बयाँ करना असंभव। चाँदी के चम्मच लेकर पैदा हुए हजारों पंजाबी, सिख दाने-दाने को तरसे। पर अतीत को दिल में दफन कर अपने सीने पर पत्थर रख, वे सड़कों पर ठेला लगाए। उन्होंने स्वयं एवं दुनिया के प्रति अपना नजरिया बदला। कुछ दशकों में आज वे भारत ही नहीं, संपूर्ण विश्व के आर्थिक उत्थान में अहम भूमिका निभा रहे हैं। क्या आपने ऐसी मिसाल दुनिया में अन्यत्र कहीं देखी है?

पानी के जहाज में सामान रखने के बॉक्स में महीनों अपने को छुपा, भूखे-प्यासे रह, घर-परिवार छोड़ गाँव के गरीब युवा सरदारजी ब्राजील पहुँचते हैं। फिर बोझिल मन से अपनी युवा पत्नी के साथ रहने के खयाल को काले परदे से ढक एवं सबकुछ बिसार गैर-कानूनी आप्रवासी बन तपतपाती धूप में शरीर चकनाचूर करनेवाली मेहनत करते, धीरे-धीरे एक दिन वहाँ के अमीर किसान बन जाते हैं।

तकनीक 13 : ब्राउन पिक्चर फ्रेम
(Brown Picture Frame)

1. एक ऐसा वाकया सामने लाएँ, जो आपको आज तक तंग कर रहा है, बेचैन करता रहता है, पर यह अत्यधिक तीव्र न हो, जैसे आप किसी से मिलने गए, परंतु उसने आपको अपमानजनित तरीके से नकार दिया। वे समस्याएँ, जिनसे आप प्रतिदिन या अधिक रूबरू होते रहते हैं, उस

पर यह तरीका अधिक प्रभावी रहेगा। यदि आपको प्रतीत हो कि यह आपको कुछ ज्यादा विचलित कर रहा, तब इसे अपने से दूर कर विरक्त मनोस्थिति से सामने परदे पर ऐसे देखें, जैसे श्वेत-श्याम फिल्म निहार रहे हों। उस वृत्तांत को पिक्चर की तरह चलाते हुए, प्रारंभ से अंत तक संपूर्णता से देखें। उसमें से एक वह मुख्य पल चुनें, जो आपमें सर्वाधिक नकारात्मक आभास पैदा कर रहा। वह आपके पास, बड़े आकार में होगा, तभी तो वह आपको उद्वेलित करता है। यदि अनुभव सिनेमा की तरह चलता-फिरता है, तब उसे स्लाइड की तरह बनाकर गतिहीन कर दें। तसवीर में उपस्थित सभी रंगों को उदासीन सफेद कर उसे मानसिक पटल से शनैः-शनैः अधिकाधिक फासले पर ले जाएँ। उसके चारों ओर लकड़ी का बना भूरा फ्रेम मढ़कर उसे अपने मकान की सबसे धुँधली रोशनीवाले कमरे के कोने में जड़ दें, जहाँ कोई नहीं जाता। वह प्रसंग अब आप पर नकारात्मक असर लगभग खो चुका होगा।

2. उसमें उपस्थित आवाज, बोल, आलोचना को धीरे-धीरे इतना मंद कर दें कि बिल्कुल अष्पष्ट हो जाए या सुनाई न पड़े।
3. उस अनचाहे लम्हे के कारण विशेष अंग में तनाव या भारीपन या अन्य नकारात्मक अहसास को आहिस्ता-आहिस्ता पूरे शरीर पर फैला दें, या सोचिए वह भूरे रंग का धुआँ बन आपके पीछे से बाहर निकलते अंततः पूरा निकल गया। इससे आपकी मनोवेदना शून्य या निम्न हो जाएगी। संभव है, वह क्षण आपमें सिर या किसी अंग में दर्द पैदा कर रहा हो। उस दर्द को केसरिया रंग देकर कल्पना कीजिए कि कष्टकारी केसरिया रंग आपके शरीर के पिछले हिस्से से बाहर निकल रहा। वह पूरा बाहर जाते ही केसरिया गोले में बदल गया है और आसमान में ऊँचा और ऊँचा उड़ते हुए अंततः बिंदु स्वरूप में अंतरिक्ष में विलीन हो गया है। पीड़ा गायब हो गई होगी। सोच संरचित करनेवाले एक तत्त्व का दूसरे में इस प्रकार का रूपांतरण 'साइनस्थेसिया' कहलाता है। यहाँ आपने सिर दर्द के अहसास को केसरिया गोले के आकार में बदल दिया है। एक विश्वप्रसिद्ध संगीतज्ञ अपनी रचनाओं के प्रत्येक नोट्स को अलग रंग में देखते। वह उसे तब तक सुधारते रहते, जब तक हर रंग से उनको संतुष्टि का आभास न होता, तभी वे उसे स्वीकारते।
4. उस घटना को कल्पना में देखिए। क्या वह आपको अब भी उद्वेलित कर

रहा? यदि हाँ, तो उसे न्यूट्रल, धुँधला कर अन्य मनमाफिक अनाकर्षक, बोरिंग फ्रेम में जड़कर उसका प्रभाव देखिए।

5. अब पुरानी अनुभूति आपको परेशान नहीं कर रही होगी और आपको पहले से अधिक ऊर्जा, मनोबल का अहसास होगा। प्रत्येक अप्रिय अवसर पर बिन आत्मबल प्रयोजन स्वाभाविकता एवं चेतन प्रयास से हितानुसार अंकुश लगाना संभव है।

अनेक असफलता, प्रियतम की मृत्यु, गंभीर रोग, गृहयुद्ध की विभीषिका और हृदय को जार-जार करनेवाली गुलामों की त्रासदी देखते हुए अब्राहम लिंकन 1861 में अमेरिकी इतिहास में सफलतम राष्ट्रपतियों में से एक बने।

क्या हो रहा है, क्या हो चुका है, इसके कोई मायने नहीं। मायने रखता है, हम स्वयं में ऐसा गुण का आमरस डालें, जो हमें समझदारी से खराब-से-खराब अनुभवों को स्वीकारने योग्य बनाए और उसकी ओर ऐसी प्रतिक्रिया करने की योग्यता दे, जिससे तन-मन, जिंदगी सुचारु रूप से पटरी पर झम-झमाझम दौड़ती रहे। यह दक्षता उत्तम मानसिक स्वास्थ्य और सुनहरे भाग्य की लकीर अवश्य खींचेगा।

विशेषज्ञों ने मानव दिमाग को विश्व का सबसे जटिल व सर्वश्रेष्ठ सुपर कंप्यूटर माना। इसका सर्वोत्तम हुनर है—पहले से पड़े पुराने एवं जीर्ण विचाररूपी सॉफ्टवेयर[1] तथा बीहड़तम नकारात्मक क्षण को हर समय हितानुसार परिवर्तित करने की काबिलियत। इन प्रक्रियाओं को लागू करने में उसके दाएँ-बाएँ अर्द्धभाग (Right and left hemisphere) के बीच काम के बँटवारे और ताउम्र बदलने में सक्षम उसकी विशिष्ट संवाद व्यवस्था, जिसे 'न्यूरल पाथवे' (Neural pathway) कहते हैं, का प्रमुख योगदान है।

अनुभव क्या है, उससे अधिक उसके बारे में कैसे, किस प्रकार सोचा जा रहा है, उसे कैसे मन में देखा जा रहा है, वह हमारे अंदरूनी संसार की गढ़न और उससे संबंधित भावनाओं की रचना करके हममें भावनात्मक एवं दैहिक फर्क डालेगा। एक विशेषज्ञ ने क्या सटीक लिखा, "क्या हुआ है, वह हमें विक्षुब्ध नहीं करता, वरन् उसके बारे में स्वयं द्वारा गठित व्यक्तिगत सोच हमें विक्षुब्ध करनेवाला खलनायक है।" 'एनजायटी एंड पैनिक अटैक' (Anxiety & Panic Attacks) में रॉबर्ट हैंडले, पॉलिन नेफ (Robert Handly, Pauline Neff) लिखते हैं, "आपके साथ क्या हुआ है, इसके बारे में आपका नजरिया निर्धारित करता है कि आप स्वयं पर उसका कैसा भावनात्मक प्रभाव महसूस करें, न कि वास्तव में आपके साथ क्या हुआ है।" भीतरी दुनिया को

सकारात्मक रंग में रँगना आपका व्यक्तित्व, किस्मत, वास्तविकताएँ, भावनाएँ सुधारेगा, वरना उसे भूल दोस्त को उल्लू बनाकर आइसक्रीम खाने निकल जाइए।

अप्रिय पलों द्वारा पैदा नकारात्मक अहसास एवं भावनात्मक असर को आत्मशक्ति से बदलना अत्यंत कठिन मामला है, जो अधिकांशत: अप्रभावी रहा है और पुराना ढर्रा वापस आने की अधिकतम संभावना। दु:खद है, व्यक्ति वैसा करने पर असफल रहने पर 'मेरे में आत्मबल की कमी है', 'मैं कमजोर मानसिकतावाला हूँ' जैसा विश्वास पैदा कर मानसिक अँधेरे से घिरने को बाध्य हो जाता है।

"अधिकतर लोग निराश और व्याकुल रहते जीवन व्यतीत कर देते हैं।"

—कवि हेनरी डेविड थ्योरो

(Henry David Thoreau, 1817-62)

स्कूल के दिनों में मैं शिक्षा व दूसरी सभी जगह निम्नकोटीय प्रदर्शन करनेवाला आदमजात था और बीता नकारात्मक क्षण मेरे हृदय में सुबह-शाम बंदर की तरह उछल-कूद मचाते रहकर मेरा माथा गरम किए रहता था। मेहरबान शिक्षक कहते, उस पर ध्यान मत दो। पर बुद्धि में न धँसती कि 'अमाँ, उसे कैसे रोकें?' अधिकांश लोगों की समान समस्या। इसके लिए मोटे-मोटे मनोवैज्ञानिक व 'सेल्फ-हेल्प'[2] ग्रंथ लिखे गए हैं, लोग लाखों फूँक देते हैं और साधु-संत उसका रास्ता निकालने को मत्था खपाते रहे। मैं इस व अन्य अध्यायों में स्पष्ट, कारगर विधा बताऊँगा, जिसके बाद आप अपने मस्तिष्क के स्वामी बनकर उसे लक्ष्यानुसार नचाएँ, अपने हित के वास्ते उस पर बंदिश रख पाएँ और उसकी गुलामी कभी न करें। रहस्य छुपा है मस्तिष्क तथा इंद्रियों के उचित संचालन में, जिसमें सफल, चैंपियन तथा सुखी जन सिद्धहस्त होते रहे। अंतरराष्ट्रीय मोटिवेशनल वक्ता एंथनी रॉबिंस के अनुसार वैसा करना कारण है उनके युवावस्था में सितारे बनकर विश्व क्षितिज में चमकने का। मनोचिकित्सक ई. गिलबर्ट ओकले (E. Gilbert Oakley) 'सक्सेस थ्रू सेल्फ एनालिसिस' (Success Through Self-Analysis) में लिखते हैं, "हमें अपनी सोच को अवश्य नियंत्रित करना चाहिए।"

इस पुस्तक में तमाम विवरण व अभ्यास सिद्ध करते हैं कि हममें हर सोच को दूसरा आकार-प्रकार देने का नैसर्गिक मानसिक (कोग्नेटिव) गुण मौजूद है। सोच परिवर्तन से आंतरिक परिवर्तन आएगा और उससे मनोदशा, प्रतिक्रिया, नजरिया और स्वभाव में तब्दीली। इस तथ्य को नवीन मनोविज्ञान 'डायनेटिक्स' (Dianetics) के प्रणेता रॉन हबर्ड (Ron Hubbard) ने बड़े अच्छे ढंग से समझाया है। उन्होंने मस्तिष्क व सोच की टेप रिकॉर्ड से तुलना की। उनके अनुसार टेप रिकॉर्ड में पुराने गीत को निकालकर नए गीत को रिकॉर्ड करने पर उसका बोल-सुर बदल जाएगा। इस तथ्य को आधार बनाकर

उन्होंने अनेक गंभीर मानसिक विक्षिप्तों को सामान्य किया है।

मानसिक चित्र, भावना और आवाज/बोली सोच के रचनाकार हैं। व्यक्ति का स्नायुतंत्र व्यक्तिगत निर्णय के अनुसार उनकी विशिष्टता जैसे प्रखरता, दूरी, फैलाव, स्थान को स्वचालितता से बदलकर अनुभव, सोच को महत्त्वपूर्णता या महत्त्वहीनता का चोला पहनाने में सक्षम है। मस्तिष्क का कर्तव्य हमारे द्वारा भुला दिए गए या हमारे द्वारा परिभाषित मूल्यहीन पलों को नीरस संरचना प्रदान कर महत्त्वहीन यादों के संग्रहालय में दूर रखना है, जिससे उस पर हमारा ध्यान न जाए। एक कोई साधारण प्रसंग जेहन में लाएँ या जिसे आपने लगभग बिसरा दिया, जैसे चार दिन पहले देरी तक टूथ ब्रश करना। इसकी छवि तथा उसमें उपस्थित पत्नी के उलाहने, छत पर बैठे पक्षी के चहचहाने पर ध्यान दें, आपको ज्ञात हो जाएगा, इस स्मृति का रंग सफेद या पारदर्शी होगा।

दिमागी नियंत्रण का अर्थ : तकदीर एवं स्वयं पर नियंत्रण

यदि आपका भूतकाल कष्टकारी है, इसका अर्थ है आप उसे पास सामने देख रहे हैं, उसे आकर्षक संरचना दे दी है। बस उसे अपने शरीर से बाहर निकाल धुँधला अस्पष्ट बना दें, अब देखें उसका स्वयं पर प्रभाव!

भूतकाल में अच्छे अनुभवों को उज्ज्वल स्वरूप देना हमें सदैव मुफ्त में आनंद देने का कारखाना है। दु:खी, हतोत्साहित आत्माएँ ठीक उसका उलटा करती है—वे उसे धुँधला, अस्पष्ट करके स्मृतियों के संग्रहालय संगृहीत किए रहेंगी। श्री सुखीरामजी अपने ऊपर बीते सकारात्मक अवसरों को प्रखर, आकर्षक और अनचाहों को प्रभावविहीन रचना प्रदान कर दिल से चिपकाए रखते हैं। किंतु श्री दु:खीराम जी उसके विपरीत कष्टकारी यादों को विशाल, आकर्षक ढाँचा प्रदान करते रहेंगे और सकारात्मक स्मृतियों का रस निचोड़कर उसे चुचकाकर, दूध जैसा नीरस सफेद, लघु आकार देकर उसे अपने से भगा देंगे।

एक धनाढ्य महिला सबकुछ होते हुए भी ससुराल में दसियों साल पहले सासूमाँ द्वारा किए अत्याचार, अपमान को सीने से लगाए रहती, खाली क्षणों में उसमें खोई रहती। अवसादग्रस्त हो वह अपनी जिम्मेदारियों से मुँह मोड़ती गई, यहाँ तक कि अपने अत्यधिक सफल पति के संग जाने से बचती, उनसे संसर्ग के भागती। वह अप्रिय अनुभवों को अस्पष्ट, लघु, मलिन करके दु:खात्मक अहसास से बाहर निकल पाई।

प्रतिभावान युवा सॉफ्टवेयर इंजीनियर विवेक बचपन में शराबी पिता द्वारा मारपीट से वर्तमान में उदासीनता, घबराहट व असहायपन का शिकार हो गया। उसने उन लम्हों को ऐसे देखना प्रारंभ किया, जैसे आसमान में उड़ते बिंदु की तरह दिखाई पड़ती मटमैली पतंग को देख रहा हो। हालाँकि अधिक प्राभाविकता के लिए मुझे अन्य तकनीकों को भी

अपनाना पड़ा, फिर भी मात्र इस प्रक्रिया से उसकी मनोसमस्या में अत्यधिक कमी आई।

केवल एक ठूँठ अपने अनुपयोगी सोच, नजरिए और विश्वास तथा नकारात्मक अतीत से बँधे रह पूरा उम्र बिताने को सिद्धहस्त होगा—उसके अकड़ू व्यक्तित्व और पहचान की निशानी। ऐसी खतरनाक प्रवृत्ति असफलता, दु:ख, बिगड़ा संबंध व दूसरों के प्रति संवादहीनता का मार्ग निश्चित रूप से प्रशस्त करेगी। यदि पंजाबी, सिख शरणार्थी व अन्य प्रगतिशील आत्माएँ पूर्व हादसों पर लोटते-पोटते आज तक अपने दिल में विषैला बीज बोते रहते, तब क्या आज वे उस स्थान पर होते, जिस पर आज हैं? टॉक शो प्रोग्राम 'द ओपराह विनफ्रे शो' की अफ्रीकी मूल की एंकर ओपराह विनफ्रे (Oprah Winfrey) बचपन में बलात्कार, अपने नवजात की मृत्यु व अत्यधिक गरीबी एवं बेइज्जती से गुजरीं। पर उन्होंने कभी उन वारदातों को अपने पर हावी न होने देकर उनका स्वयं पर विघटनकारी प्रभावों से बचती रहीं। अपने मस्तिष्क को उसकी नैसर्गिक प्रवृत्ति के अनुसार संचालित करते रहने के कारण वे इस मुकाम पर पहुँचीं—उनका टॉक शो अमेरिकन टेलीविजन इतिहास में अभी तक का सबसे लोकप्रिय कार्यक्रम है और वे तीन अरब डॉलर की संपत्ति अर्जन कर पहली वैसी अश्वेत महिला बनीं।

मनुष्य अनुभव को खराब ढंग से अहसास करे या
सुखात्मक अंदाज में—यह उसका व्यक्तिगत चयन है

मानव अस्तित्व की सच्चाई यह है कि उसके साथ कब क्या हो जाए, इससे रब भी अनजान है, फर्क पड़ता है हमने उन आवृत्तियों से क्या सीखा, उसमें निहित तत्त्वों को हमने अपने लाभार्थ प्रयुक्त किया अथवा अपनी खराबी के वास्ते। लब्बोलुआब यह कि हमें स्वयं को ऐसे ढालते रहना है, अप्रिय क्षणों के प्रति ऐसी प्रवृत्ति अपनानी है कि चाहे कितनी आँधियाँ आएँ, अंधकार कितना घना हो, पर हममें आत्मविश्वास, आत्मनियंत्रण की ज्वाला सदा प्रज्वलित रहे। इससे काले-से-काले बादल के बीच हम अपना रास्ता दृढ़ता से बनाते सुख-समृद्धि, प्रगतिशीलता की ओर अग्रसरित होते रहेंगे, इसमें रंचमात्र अतिशयोक्ति नहीं। क्या मैं चालाक लोमड़ी की तरह झूठा हूँ, जनाब?

मानसिक और दैहिक प्रतिक्रिया हमारे अपने अनुभव के बारे में व्यक्तिगत सोच और विश्वास के आधार पर उत्पादित होगी, न कि सच्चाई क्या है उसके द्वारा। स्टोर क्लर्क ने आपसे आक्रामक होकर बात की। आप 'मेरा व्यक्तित्व विकर्षक है, इसलिए उसने वैसा किया' सोचकर गमगीन हो गए। पर हुआ यह कि किसी पूर्व घटनावश उसने अपनी भड़ास आप पर उड़ेल दी थी। 'मैप' (निजी विचार) को 'टेरीटरी' (वास्तविकता) मान गलत आचरण व निर्णय करने से गलत परिणाम सामने आएगा ही।

एक बड़ा सवाल, जिसने दशकों से शुतुरमुर्ग की तरह सिर उठाया है और लोगों

के बीच वैचारिक विवाद की जड़ है। वह है—मस्तिष्क हमारा गुलाम है या हम उसके? सही उत्तर होगा— दोनों! वह शरीर की सबसे प्रमुख तथा बड़ी ग्रंथि है, जिसका कार्य है—सोचना, विश्लेषित करना, संगृहीत करना, विचार आत्मसात् करना, अंगों के बीच परस्पर संबंध बनाए रखना तथा अपने में समाहित ज्ञान, सूचना को प्रयुक्त कर नए एवं अनोखे विचार, ज्ञान, बोध को जन्म देना। विस्मयकारी तथ्य है कि मस्तिष्क का संचालन 'ऑटोमैटिक नर्वस सिस्टम' (Automatic nervous system) द्वारा होने बावजूद उसका नियंत्रण वास्तव में हमारे ही पास है और उसकी लगाम है—हमारा सोच-विचार, विश्वास तथा मनोवृत्ति। अपने दिमाग पर नियंत्रण करने की चाहत हमें सचमुच इसमें सफल बना देगी। भेजा हमें कितना ऊटपटाँग दिशा में ले जाने को चटर-पटर करे, परंतु हमें उस पर ध्यान न देकर अपने 'मैं', 'अहम्' को अहमियत देना होगा। मस्तिष्क द्वारा नचाए जानेवाले शख्स की अपनी दृष्टि सोच को नकारात्मक दिशा में ले जाएगी। इससे उसका व्यसन, मनोसमस्या, बीमारी, आत्महत्या जैसी प्रवृत्ति का असहाय कैदी बनना निश्चित है। द्वितीय विश्वयुद्ध के पश्चात् नाजी यातना कैंप से सही-सलामत आजाद हुई एक वृद्धा ने अध्ययनकर्ता डॉ. पॉल पियरशल को साक्षात्कार में बताया, "कभी-कभी मेरा दिमाग मुझ पर चिल्लाता, कहता कि मैं पागल हो चुकी हूँ, कहता मुझे डरना चाहिए, मेरा अंत निकट है। मेरा दिमाग चाहता था कि मैं हार मान नियति के समक्ष समर्पण कर दूँ, पर मेरी अंतरात्मा मुझे सँभालती रही।" उस पुण्यात्मा ने आगे कहा, "यदि मैंने उसकी सुनी होती तो मैं जिंदा न बचती।" जबकि अनेक जवान यहूदी उस दौरान हताशा में आत्महत्या कर लिये। डॉ. पॉल पियरशल (Dr. Paul Pearshall) ने कहा, "आदमी मशीन नहीं, बल्कि वह अपने मशीन (दिमाग, शरीर) का नियंत्रणकर्ता है, स्वामी है।"

सोच की बर्फानी ताकत—सबमॉडल्टी

एक आनंददायी स्मृति लीजिए, जैसे जब आप किसी बढ़िया रेस्टोरेंट में खाना खाए थे। इसकी रचना पर नोश फरमाएँ। आप पाएँगे कि इसमें तसवीर, आवाज (बातचीत, कोलाहल), अहसास (फीलिंग) सम्मिलित हैं, संभव है आपके मुँह में पानी आ गया होगा। इंद्रियों द्वारा प्रयुक्त पाँच तत्त्वों का प्रमुख कार्य है—सोच को मस्तिष्क में विशिष्ट आंतरिक संरचना (Mental structure) देना। उनमें प्रत्येक को 'रिप्रेजेंटेशनल सिस्टम' (Representational system) कहा गया। वे हैं—मानसिक चित्र, बोल (भाषागत संवाद, आवाज), भावना (अहसास…), गंध, स्वाद।

अब देखिए, वह हसीन पल आपके दिमाग में दूर है अथवा पास, रंगीन है अथवा सादा। यदि रंगीन है, तब वह कितना प्रखर है। बातचीत, शोर, संगीत की तेजी, लय पर ध्यान दें। खुशी का अहसास शरीर के किस हिस्से में है, वह कितना फैला है, उसकी

तीव्रता क्या है। सोच को सूक्ष्मता देकर व्यक्तिगत बनानेवाले वे अवयव, जिसे इटैलिक्स में दरशाया गया, 'सबमॉडल्टी' कहलाते हैं। उनके द्वारा मस्तिष्क प्रत्येक अनुभव को महत्त्वपूर्ण अथवा अमहत्त्वपूर्ण, भुला दिए जाने के योग्य या सदा याद रखनेवाला और आनंददायी है अथवा नीरस के रूप में वर्गीकृत करके अपने 'मेमोरी बैंक' (अतीत की स्मृतियाँ) में एक याद के रूप में संगृहीत करने में कुशल है। अपने को पूर्व की एक साधारण स्थिति में देखें, जैसे घर का नियमित कार्य करते, तत्पश्चात् ऊपर का खुशनुमा प्रसंग लें। मनोपटल पर उन दोनों क्षणों को सामने अगल-बगल रखकर उनका क्रम से तुलनात्मक अध्ययन करें। पहले उनकी तसवीर और उसमें उपस्थित आवाज/बातचीत लें, बाद में भावना। नीरस (न्यूट्रल) अनुभव की छवि सफेद और धुँधली होगी, जबकि सुखात्मक लम्हा पास, स्पष्ट, रंगीन; पहले में आवाज/बातचीत/शोर धीमा या अस्पष्ट होगा, परंतु दूसरे में यह साफ, तेज; पहला अहसासविहीन होगा, पर दूसरे का अहसास शरीर के अनेक हिस्सों में फैला होगा।

महान् कवि जॉन मिल्टन (John Milton, 1608-74) ने कहा था, "दिमाग खुद में समर्थ है, स्वर्ग समान स्थिति को नरक एवं नरक समान स्थिति को स्वर्ग बनाने में।" और इसमें अहम भूमिका है—सबमॉडल्टी और हम परिप्रेक्ष्य को किस दृष्टि से देख रहे।

सबमॉडल्टी का मुख्य मकसद भावना उत्पादन है। समान घटना से गुजरनेवाले विभिन्न लोगों के दिमाग में उससे संबंधित सामग्री समान होगी, पर उनकी विशिष्टताएँ (सबमॉडल्टी) एक जैसी कदापि नहीं (एक जैसा होने का अर्थ होगा, उस घटना से संबंधित उनका विचार समान होना)।

"आप अपनी प्रतिक्रिया को प्रभावित कर सकते हैं।"

—सु नाइट (Sue Knight)
अंतरराष्ट्रीय मैनेजमेंट कंसल्टेंट

सबमॉडल्टी समान अनुभव को झेले प्रत्येक व्यक्ति के मस्तिष्क में अनुभव की सामग्री को अलग-अलग संरचना प्रदान कर प्रत्येक में भिन्न-भिन्न भावनात्मक असर पैदा करने का भागी है। पार्टी के बाद राम ने पुलकित हो कहा, 'पार्टी *बहुत रंगीन* थी, बहुत *मजा* आया', पर श्याम ने भावविहीन चेहरे से कहा, 'अरे यार, पार्टी बिल्कुल *नीरस* थी, मैं बोर हो गया'। यहाँ इटैलिक्स शब्द राम, श्याम के दिमाग में एक ही अवसर का पृथक्-पृथक् सबमॉडल्टी एवं चित्रण प्रकट कर रहा, जिससे प्रसंग के एक होने के बावजूद राम और श्याम में उसका असर विलग हो रहा।

पति-पत्नी संबंधों में आपसी मतभेद की खाईं तब गहरी हो जाती है, जब वे अपने बीच गुजरे प्यार भरे पलों को नीरस, रसविहीन करके उससे दूरी बना लेते हैं (विरक्त

मनोवस्था)। उसके साथ वे अप्रिय क्षणों को प्रखर, पास, बड़ा स्वरूप देकर दिमाग में सदा सामने रखे रहते हैं और उन छवियों के अंदर प्रवेश कर उसे वर्तमान में पूरी तरह उसी माफिक अहसास करते रहते हैं (संयुक्त मनोवस्था)। आप स्वयं यह करके देखें, क्या प्रभाव पड़ा, आपका अपनी छमिया के प्रति मनोभाव में? सुखी पति-पत्नी ठीक उसका उलटा नजरिया अपनाते हैं—वे अप्रिय लम्हों को अनाकर्षक करना तथा उससे विरक्त रहना एवं हसीन को भव्य बनाना तथा उसमें डूबे रहना। पति-पत्नी द्वारा अतीत के प्यार भरे अवसरों को इंद्रधनुषी काया में ढालकर याद करना उनके बीच रसीले अटूट बंधन में बँधने का या प्यार भरे रिश्ते के पुनः प्रस्थापन का सूत्र होगा, बजाय महँगे मैरिज काउंसलर के पास दौड़ते रहने के।

अधिक वेदना, प्रताड़ना से रूबरू हुआ इनसान आदतन अपने सकारात्मक अनुभवों के सुख को बढ़ानेवाले सबमॉडल्टियों (जैसे सकारात्मक पलों की तसवीर से लिप्तता, उसके रंग को ज्यादा आकर्षक बनाना, उसके आकार को बड़ा करके मनोपटल पर पास सँजोना आदि) को भाव नहीं देता, परंतु नकारात्मक प्रसंगों की पीड़ा बढ़ानेवाले सबमॉडल्टियों (उससे एसोसिएशन[3], उसके रंग को अधिक रंगीन करके ज्यादा आकर्षक बनाना, उसके आकार को बड़ा करके मनोपटल पर पास सँजोना आदि) में बढ़ोतरी करता रहता है। ऐसा आदमी अपनी समस्याओं को बढ़ा-चढ़ाकर बता-बताकर आपको पका डालेगा। आप समझ गए होंगे कि समान सबमॉडल्टियाँ नकारात्मक एवं सकारात्मक लम्हों की प्राभाविकता समान रूप से बढ़ाएँगी।

दिमाग को ऐसे प्रशिक्षित करें कि उसे हर परिस्थिति में
कुछ-न-कुछ अच्छाई अवश्य दिखे, यह हमारे हित में होगा

मनोचित्र, भावना, आवाज/बोल, गंध, स्वाद की अपनी अनेक सबमॉडल्टियाँ होने से हम दर्जनों से अधिक सबमॉडल्टियों के स्वामी हैं। इनको प्रयोग कर हम एक ही अनुभव को मस्तिष्क में विभिन्न प्रकार से चित्रण करके उसे अत्यधिक आनंददायी बनाकर मुफ्त में उसका मजा लूट सकते हैं। विश्वास मानिए, इसके सामने विश्व का सबसे मनोरंजक कार्यक्रम भी पानी भरेगा। इस कारण जो व्यक्ति जितना कल्पनाशील होगा, उतना वह सृजनात्मक, सुखी होगा। मैं अपने जीवन के सबसे हताशा भरे समय में रात नींद के पहले विभिन्न काल्पनिक रंगीन, सजीव कल्पनाओं, सपनों में गहराई से डूब जाया करता, उन्हें पूरी तरह अपने दिल, त्वचा में महसूस करता था। सुबह बिल्कुल तरोताजा, प्रेरित मनोवस्था में उठता, दुःख का नामोनिशान नहीं।

सबमॉडल्टी को अन्य रूप देने से भावनाएँ, अहसास जल्द बदल जाते हैं, सोच बदलकर वैसा करने के परंपरागत मनोवैज्ञानिक तरीके से कहीं अधिक तीव्रगामी व

प्रभावी। हम गुजरे क्षणों को अपने हितार्थ प्रभावशाली अथवा बेअसर बना सकने के योग्य हैं—निर्देशक के माफिक अप्रिय पलों को नीरस एवं सकारात्मक को अधिक सुखात्मक। एक डरावनी स्मृति से आप तंग हैं, आप सोच रहे हैं, 'वह मेरा पीछा नहीं छोड़ रहा।' मुख्य कारण है—आपका उस पल से एसोसिएट हो जाना। आप 'अध्याय 9-10' में वर्णित विधि द्वारा उससे विरक्त हो, भय मुक्त हो जाएँगे। आप व्यथित हैं कि 'उसके द्वारा प्रताड़ना की तसवीर सदैव मेरे दिमाग के सामने घूमती रहती है'। उस अनुभव का चित्र आपके मस्तिष्क पर सदा सामने विराजमान रहना वजह है। यह तब होता है, जब आप पिज्जा मँगाते हैं और उसका बेसब्री से इंतजार करते रहते हैं। इस अध्याय में उल्लेखित 'ब्राउन पिक्चर फ्रेम' तकनीक द्वारा आप उसके द्वारा प्रदत्त यंत्रणा से उबर जाएँगे।

आपको सेक्स मजा नहीं दे रहा, ऐसा इसलिए क्योंकि आप संसर्ग के दौरान डिसोसिएट[4] रहते होंगे। उस वक्त मानसिक रूप से पत्नी और क्रिया के साथ पूर्णतया लिप्त रहा करें, आनंदानुभूति को पूरे शरीर में विस्तारित कर दें। आप खो जाएँगे चरमानंद में।

एक सेक्सुअल स्मृति को विशाल, बहुआयामी, संतरंगी आकार देकर उसके अंदर प्रवेश करके उसे उसी तरह अनुभव कीजिए, जैसे वह अभी वर्तमान में हो रहा है। उस उल्लास को पूरे शरीर पर फैला दीजिए। कैसा लग रहा भाई सा'ब! गारंटी दे रहा होगा, आपको अपने साथी के प्रति प्रेम में प्रगाढ़ वृद्धि का।

नई जगमगाता तसवीर

'एन.एल.पी.' में एक सिद्धांत है—'अनुभव को अलग रंग (संरचना) देने से उसका प्रभाव बदल जाता है।' (Different representation produces different kind of result in the nervous system.)

दिमाग के लिए सोच 'आदेश' स्वरूप है, जिसके अनुसार वह कंप्यूटर जैसी विशिष्ट कार्यविधि—कंप्यूटर विज्ञान में 'प्रोग्रामिंग'—का प्रयोग करते हुए जटिल न्यूरोलॉजिकल (स्नायविक) प्रक्रिया करने के बाद अंगों को इलेक्ट्रोमैग्नेटिक स्नायविक संदेश भेजता है। हमारी समस्त भाषायी एवं गैर-भाषायी अभिव्यक्ति, जैसे—भावना, व्यवहार, संवाद आदि इसका फल हैं, इसे सम्मिलित रूप से 'रिस्पांस' कहते हैं। इस परिभाषा के तहत सुंदर स्त्री को देख आपका किसी कल्पना में डूब जाना एक 'रिस्पांस' होगा। नवीनतम मनोविज्ञान 'एन.एल.पी.' (NLP) का पूरा नाम 'न्यूरो लिंग्विस्टिक प्रोग्रामिंग' (Neuro-Linguistic Programming) का अर्थ है—मस्तिष्क भाषागत और गैर-भाषागत संवाद द्वारा बाह्य और आंतरिक दुनिया के मध्य परस्पर संबंध प्रस्थापित करते

हुए आने-जानेवाले अनुभवों को विशेष क्रिया द्वारा निर्धारित प्रतिक्रियाओं (रिस्पांस) में परिवर्तित कर देता है।

सोच का प्रारूप बदलने से भावनात्मक, न्यूरोलॉजिकल एवं शारीरिक परिणाम बदल जाएँगे। उन परिणामों को आसानी से बदलने के वास्ते सोच को उसकी प्रकृति के तर्ज पर बदलना होगा, अन्यथा आप सिर पटकते रह जाएँगे, पर वैसा नहीं कर पाएँगे और तमाम कष्टकारी पल आप पर ताउम्र हावी रहेंगे। व्यक्तिगत विकास के अंतरराष्ट्रीय प्रशिक्षक स्टीव व कॉनरी एंड्रीयॉस (Steve and Connirae Andreas) लिखते हैं, "हम जिसे बदलना चाहते हैं, उसे ऐसे बदलना चाहिए, जिस प्रकार बदलने के लिए प्रकृति ने उसे बनाया है।" विक्षिप्त एवं विध्वंसकारी मनुष्य या तो अपने पूर्व व वर्तमान के पीड़ादायक, नकारात्मक पलों से संबंधित विश्वास, विचार को परिवर्तित करने की चेष्टा नहीं करता या तब्दील करना नहीं चाहता या बदलना चाहता है, पर नहीं जानता कैसे।

अप्रिय अनुभव साधारणतया सबके साथ घटित है, पर उससे चिपके रह पिंड न छुड़ाना दुर्भाग्यपूर्ण है। कुछ लोग साधारण या तीव्र अनचाहे क्षणों के उपरांत सभी नियामतों से विरक्त हो, गहन अंतर्मुखी बन समाज से मुख मोड़कर जीना प्रारंभ कर देते हैं। पर अनचाहे लम्हों से सीख लेना सदैव लाभकारी होगा और उसे भूतकाल के एक अँधेरे कोने में डाल देना हमें सुखी, प्रगतिशील, स्वस्थ, ऊर्जावान बनाता है। मानव में विभिन्न विकल्प चुनने की क्षमता है। बुद्धिमत्ता है—स्वयं हित के लिए उपयोगी विकल्पों को आदतन तरजीह देते रहना या तो हम अच्छे क्षणों को समंदर में फेंक ताजिंदगी रोना, मुँह लटकाना पसंद करें या खराब अनुभवों, स्थितियों द्वारा स्वयं का हाथ-पैर बँधवाने के स्थान पर उन्हें नियंत्रित करने का बीज प्रस्फुटित करें, अनचाही परिस्थितियों से ऊपर उठने के लिए यह आवश्यक है। जीवन-इतिहास में आत्मा को प्रताड़ित करनेवाले अवसरों से बचना संभव नहीं, परंतु उसके बारे में अपनी मनोदृष्टि को हितानुसार दिशा-निर्देशित करने की प्रवीणता जाग्रत् करना उच्चता का मार्ग अवश्य प्रशस्त करेगा।

जो जैसे संचालित किए जाने को बना है,
उसे उसी तरह संचालित किया जा सकता है, अन्यथा ना बाबा ना!

कब और किस मनोदशा में आएँ, यह निर्णय आप करेंगे, न कि स्थिति या दूसरा शख्स। आते-जाते और बीते अप्रिय पलों को विशेष ढाँचे में ढालकर उसे स्वयं के लिए अनुकूल या लाभकारी बनाना अति आसान है। हममें इस कुदरती सामर्थ्य का अभागे बंदे इस्तेमाल नहीं करते, जबकि इसमें सबको बेहतरी की ओर ले जाने की भरपूर काबिलियत है।

सबमॉडल्टी की सबसे बड़ी विशेषता है कि हम उसका उचित प्रयोग कर हर क्षण के सकारात्मक प्रभाव को बढ़ा तथा उसके नकारात्मक प्रभाव को घटा सकेंगे। मैनेजमेंट कंसल्टेंट रोजर एलरटन (Roger Ellerton) ने कहा, "हम भूत की घटना को बदल नहीं सकते, परंतु उसका सबमॉडल्टी बदलकर उसका प्रभाव पलटने में समर्थ हैं।" यदि कोई अवसर आपको अनपेक्षित रूप से परेशान कर रहा है, तब उसे अपने शरीर से अलग करके इतना दूर कर दीजिए कि वह काला बिंदु समान दिखे। कंपनी का एक जरूरी प्रोजेक्ट आपमें तनाव पैदा कर रहा है, सही मूड न बनने से आप उसे नहीं कर पा रहे हैं, तो प्रोजेक्ट की मानसिक छवि के रंगों को श्वेत-श्याम बना दें; उसमें उपस्थित बॉस की आवाज, बोली की तीव्रता, लय को इतना कम कर दीजिए कि सुनाई न पड़े या फुसफुसाहट जैसी लगे। इन सबमॉडल्टी तब्दीलियों से उसका आप पर विघटनकारी भावनात्मक असर निम्न हो जाएगा और आप प्रोजेक्ट पर मन केंद्रित कर काम पूरा कर पाएँगे।

सबमॉडल्टी हमारे द्वारा अपनी दुनिया के चित्रण को निष्प्रभावी या पूर्व से अधिक प्रभावी बनाने का साधन है। सोच तथा मस्तिष्क नियंत्रण मानव की चिर अभिलाषा रही है। अपनी कल्पना एवं भाषागत और गैर-भाषायी अभिव्यक्तियों के सबमॉडल्टियों का सुचारु रूप से क्रियान्वन बिना आत्मबल (विल पावर) प्रयुक्त किए सुचारु रूप से मस्तिष्क संचालन व नियंत्रण में सहायक है। रिप्रेजेंटेशनल सिस्टम्स (Representational systems) और सबमॉडल्टी का लक्ष्यानुरूप नियोजन मानसिक स्वास्थ्य, सफलता दिलाने में विस्मयकारी स्तर तक सहायक है। उनका विशिष्ट प्रयोग नकारात्मक, हानिकारक आदत तथा स्वभाव और अनचाहे रिश्तों से निजात पाने एवं शारीरिक स्वस्थता दिलाने में बहुत प्रभावशाली है। आधुनिक मनोविज्ञान 'एन.एल.पी.' (NLP) के सह-संस्थापक रिचर्ड बैंडलर ने कहा, "सबमॉडल्टी मॉडल संभवतः मेरे द्वारा की गई सबसे महत्त्वपूर्ण खोजों में एक है।"

'रिफ्रेमिंग' : परदा काला नहीं, रंग-बिरंगा है

बीमारी ने अमर भौतिकशास्त्री थॉमस एडिसन की सुनने की क्षमता कम कर दी थी। एक यात्रा के समय वे गाड़ी में ही प्रयोगशाला बना बैठे। पर, लो गजब हो गया, चलती गाड़ी में रसायनों ने आग पकड़ लिया! बेचारा कंडक्टर क्या करता? उसने उन्हें मय सामान बाहर फेंक दिया। दृष्टांत पर हँसते हुए एडिसन ने कहा, "कंडक्टर ने मेरी सहायता हेतु मेरा कान पकड़कर उठा लिया था, तभी से मुझे सुनने में समस्या आने लगी!"

वह जवाँमर्द थे, खूबसूरत थे, हर रग में जोश हिलोरें मारता था। अमेरिकन

वायुसैनिक के यूनिफॉर्म में हॉलीवुड के हीरो उनके सामने घास छीलते नजर आते थे। वियतनाम युद्ध में उनके युद्धक विमान को कम्युनिस्ट वियतकांगों ने जमींदोज कर दिया। उन्हें सात साल तक हनोई के बदनाम 'हो ला' (Ho La) जेल में रखा गया। क्रूरता की हद पार करते हुए उन्हें नित अमानवीय यातनाएँ दी गईं। वे वर्षों कुछ फीट लंबी-चौड़ी दुर्गंध से भरपूर बाँस से बने बाड़े में रहे, जहाँ बामुश्किल लेटा जा सकता था। भोजन की मात्रा इतनी कि वे बस जिंदा रह सकें, जिससे अमेरिका से सौदेबाजी हो सके। फलस्वरूप, वे हड्डी का ढाँचा बन गए। इस यंत्रणा से अधिकांश युद्धबंदी टूट जाते, अवसाद से मर जाते या विक्षिप्त हो जाते। पर युद्ध समाप्ति पर आजादी तक वे स्वस्थ, स्वभरोसा से लबरेज रहे। उनका नाम कैप्टन जेराल्ड कॉफी है।

आप नीचे वर्णित दो तरह के जीवों से अवश्य रूबरू हुए होंगे, इनमें से आप किस श्रेणी में आएँगे ?

- वे जो अनुभवों को काले चश्मे से देखते हैं। उनके लिए हर सुबह स्याह है। वे बड़ी-से-बड़ी सफलता एवं सुखात्मक पलों के सिर्फ नकारात्मक पक्ष पर नजर टिकाते हैं या जो नहीं मिला उस पर। पुराने यार के आने पर वे सोचते हैं, 'हें, ये मुझसे इतने दिन बाद क्यों मिलने आया ? जरूर इसका कोई स्वार्थ है।' घाटा या बीमार होने या प्रतिद्वंद्वी से हारने पर वे कातरता से ऊपरवाले पर उँगली उठाकर कहते हैं, 'भगवान्, मैं ही क्यों ?' वे कितना धन कमा लें, पर नाखुश हो सोचते रहते हैं, 'हाय...हाय..., इतना कम'!
- दूसरे वे जो खराब-से-खराब होनी को अपने हितार्थ प्रयोग करने की सामर्थ्य अंकुरित करते हैं या उसमें सकारात्मक तत्त्व ढूँढ़ने के आदी हैं। इसलिए प्रत्येक अनचाहा फल एवं अनुभव उनके लिए माध्यम है, अधिक विस्तार से अपना पंख फैलाने का। वे स्वयं के साथ वचनबद्ध होंगे कि 'चाहे जो हो जाए, मुझे ऊँचा उठना है, जिंदगी अपनी शर्तों पर जीना है'।

शरीर अपने स्वामी मस्तिष्क की आज्ञा मानने को बाध्य है और मस्तिष्क हमारी सोच का। इससे फर्क नहीं पड़ता कि बाहर हम क्या झेल रहे और हम पर क्या गुजर रहा, वह सकारात्मक है अथवा नकारात्मक; फर्क पड़ता है कि हम उन्हें अंदर किस प्रकार से स्वीकार रहे हैं, स्नायुमंडल उसे 'कमांड' मानकर तदनुसार तन में परिणाम जनित करने को बाध्य है। यह वजह बनता है, उन लोगों को विभिन्न रोगों में जकड़ने का, जो सकारात्मक परिवेश एवं अनुभवों को आदतन नकारात्मक रूप-रंग देते रहने के आदी हैं। समान फल मिलता है काल्पनिक डर तथा तनाववाली परिस्थिति को वास्तविकता के तौर पर स्वीकार करने पर भी, यह होता है स्नायुतंत्र की 'सैम' (SAM system) एवं 'पी.ए.सी.' (PAC system) प्रणालियों का आवश्यकता से अधिक सक्रिय होने से। अनचाहे परिप्रेक्ष्यों,

वातावरण को आदतन सकारात्मक ढाँचे में ढालनेवाले साधारणतया निरोगी काया के स्वामी होते हैं और बीमारी द्वारा बिस्तर पर पटके जाने पर जल्द उठ, चलने लगते हैं। इस बाबत डॉ. पाल पियरशल, 'वेन स्टेट यूनिवर्सिटी मेडिकल स्कूल' (Wayne State University Medical School) का अति महत्त्वपूर्ण अध्ययन है (1990)।

लाखों साल के विकास क्रम में मानव के शरीर की अपेक्षा उसका मस्तिष्क अधिक विशिष्टता और उत्तमता से विकसित हुआ। उससे मानव का अपने को परिस्थितिनुसार ढालने की अभूतपूर्व बौद्धिक एवं शारीरिक क्षमता जाग्रत् हो गई और विपरीत-से-विपरीत स्थिति को अनुकूल बनाने और उसे अपने हितानुसार प्रयुक्त करने की निपुणता का जन्म हुआ।

विपरीत अनुभव, क्षण को सकारात्मक अथवा आत्म-हितकारी स्वरूप देना 'रिफ्रेमिंग' (Reframing) है। यह सकारात्मक सोच से अधिक लाभकारी, कारगर है। सकारात्मक सोच का आधारहीन, अव्यावहारिक, काल्पनिक होना संभव है। रिफ्रेमिंग में हम नकारात्मक परिप्रेक्ष्य में निहित सकारात्मक तत्त्वों को ढूँढ़कर अथवा उसे आत्म-हितकारी आकार-प्रकार देकर उसके प्रति अपना नजरिया बदल देते हैं। हमारे द्वारा खराब-से-खराब वाकयों से गुजरने के बावजूद इसका हमारे आंतरिक संसार के सकारात्मक मूलभूत परिवर्तन का स्रोत बनना अति मुमकिन है।

प्रभावी रिफ्रेमिंग के वास्ते विश्वास-प्रणाली

दिल-भंजक या हृदय विदारक प्रसंगों को स्वचालितता से सकारात्मक तथा स्वहित में परिवर्तित करने के वास्ते निम्न धारणाओं को स्वीकारना अति आवश्यक होगा—

- कोई भी अनुभव, चाहे कितना नकारात्मक हो, उसके भीतर सकारात्मकता का वास है।
- कोई भी अनुभव, चाहे वह कितना नकारात्मक हो, उसके घटित होने के पीछे सकारात्मक कारण है।
- जो भी होगा, अच्छा या बुरा, वह हमारे अच्छे के लिए होगा।
- बड़ी-से-बड़ी समस्या को बड़े-से-बड़ा सुअवसर या सफलता का कारण बनाना संभव है।

'जनरल सिमेंटिक' (General Semantics) के संस्थापक अल्फ्रेड कोर्जबस्की (Alfred Korzybski) ने एक महत्त्वपूर्ण सिद्धांत प्रतिपादित किया—'मैप इज नॉट

द टेरिटरी' (Map is not the territory)। यहाँ 'मैप' का मंतव्य व्यक्तिगत सोच और 'टेरिटरी' का सत्य, वास्तविकता से है। इसके अनुसार 'व्यक्तिगत सोच सच नहीं होती'। हमारा दिमाग इंद्रियों द्वारा प्रेषित संवेदनाओं, सूचनाओं को ठीक उसी रूप में नहीं स्वीकारता। उसके बजाय वह उसे निजी सोच के छनने से छानकर तथ्यों को बिगाड़ने का उत्तरदायी है। उसके द्वारा लागू यह व्यवस्था क्रमशः 'डिस्टॉर्शन' (Distortion), 'डिलीशन' (Deletion) तथा 'जनरलाइजेशन' (Generalization) कहलाती है। उससे उत्पादित 'परिवर्धित सोच, विश्वास' को वह अन्य परिप्रेक्ष्यों के लिए भी सत्य मान लेता है। इसके पश्चात् ही वह उन संवेदनाओं, सूचनाओं को अपनाता है, विश्लेषित करता है। हम आते-जाते अनुभवों को तथ्य, यथार्थ के आधार पर नहीं, बल्कि अपने रंग के चश्मे से देखने को आदी हैं, यही हमारी अंदर की दुनिया को रचित करने का विशाल स्रोत है।

हमारी मानसिक, शारीरिक प्रतिक्रिया हमारे अनुभव के बारे में व्यक्तिगत धारणा, जिसे हम सार्वभौमिक सत्य समझते हैं, के अनुसार उत्पादित है, न कि यथार्थ द्वारा। इसका अपरोक्ष तात्पर्य है कि व्यवहार, भावना जनने में असलियत में क्या हुआ है उसका नहीं, बल्कि हमने अनुभव की दिमाग में क्या वैयक्तिक तसवीर बनाई है, सदैव उसकी मुख्य भूमिका होगी।

सच्चाई, वास्तविकता जैसा कुछ नहीं, प्रत्येक व्यक्ति अपनी परिभाषा, दृष्टि के आधार पर उसका रचनाकार है, इसलिए हर आदमी के लिए वह अलग। नाट्य सम्राट् शेक्सपियर (Shakespeare) ने लिखा, 'अच्छा-बुरा जैसा कुछ नहीं, विचार और मन उसे ऐसा बनाते हैं।' 'मैप' (सोच, स्थिति) को अनुपयोगी या नकारात्मक आकार देकर 'टेरिटरी' (सत्य, वास्तविकता) बनाने से हम कष्ट, असफलता, आत्म-शून्यता, विकल्पविहीनता, हताशा और अन्य आंतरिक व बाह्य मुसीबतों के मकड़जालों को स्वयं बुनने के जिम्मेदार हैं। प्रसन्नता, विषाद प्रत्येक की निजी मनोदृष्टि का परिणाम है। हम एक अवस्था को खिन्नता का या सुख का सबब बनाएँ या सकारात्मकता या नकारात्मकता का चोला पहनाएँ, यह निर्णय हमारे जीवन स्तर को सर्वाधिक गहराई से प्रभावित करनेवाला तत्त्व है।

अनुभव संबंधित विचार बदलने से उस अनुभव का आशय, असर बदल जाएगा

एक घटना से गुजरा हर इनसान विलग 'मैप' बनाएगा, इसी वश प्रत्येक पर उसका भिन्न मानसिक एवं भावनात्मक असर होगा है। इस मनोवैज्ञानिक वजह से एक असाधारण अनुभव से गुजरे दो लोग पृथक् प्रतिक्रिया करेंगे, पृथक् व्यक्तित्व में ढल जाते हैं। एक हादसे के पश्चात् कुछ पहले से निखरकर दिलेर बन जाते हैं, पर कुछ मनोविकार

ग्रसित। क्योंकि प्रत्येक के मगज ने अपने तरीके से अवस्था को विश्लेषित कर उसका अपने अनुसार चित्रण किया, सोच विकसित की और इसी के तर्ज पर उनमें प्रतिक्रियाएँ विकसित हुईं।

प्रत्येक अनुभव सकारात्मक या नकारात्मक नहीं, वह अपने में कोई स्वरूप, अर्थ नहीं समेटे होता। हम स्वयं उन साँचों का स्वरूप अपने हृदय की फैक्टरी में व्यक्तिगत इच्छा व नजरिए के अनुसार रचित करते रहने के भागी हैं। यह मुख्य कारण है, हममें हर अनुभव का विशेष भावनात्मक प्रभाव जनित करने का। हम कुम्हार के माफिक खुद निर्णय करते हैं कि अनुभव द्वारा प्रदत्त सोच, भावना, अहसास का आकार-प्रकार कैसा हो।

मनोवृत्ति सँवारने से बाह्य संसार अवश्य सँवरेगा। काला चश्मा पहनने पर दुनिया काली हो जाएगी, उसके बाद हरा पहनने से उसी में हरियाली की छटा बिखर जाएगी। मस्तिष्क में काबिलियत है दुःख, हार में हमें मानसिक रूप से विजेता बनाने की या विजयी होकर भी हमें हारा हुआ महसूस कराने की। लेखक आल्डस हक्सले (Aldous Huxley, 1894-1963) ने दावा किया, "हमारे साथ क्या हुआ यह महत्त्वपूर्ण नहीं, महत्त्वपूर्ण है हमने उसके बारे में क्या रुख अपनाया।"

एक ही परिप्रेक्ष्य को भिन्न-भिन्न अर्थ देना मानव की विशिष्ट नैसर्गिक मानसिक योग्यता है। ध्यान दीजिए, अन्य प्राणी में यह कौशल कतई नहीं है। इतिहास में अनेक उदाहरण हैं कि एक आदमी एक घटना अथवा एक स्थिति से व्यथित हो जीवन बरबाद कर लेता है, पर दूसरे के द्वारा उसे अपनी महानता एवं अप्रतिम सफलता का द्वार बना लेना। एक सत्य उदाहरण है—अपराधी, ड्रग के लती माता-पिता का एक पुत्र उच्च अधिकारी बन जाता है, जबकि दूसरा माँ-बाप की राह पर चलनेवाला। ताज्जुब है, कारण पूछने पर दोनों ने अपनी परिस्थिति को ही जिम्मेदार ठहराया।

बुरा समय आप पर क्या असर डाले, यह आप पर निर्भर है
कि आप उसे स्वयं को नकारात्मक बनाने दें या स्वयं को पहले से बेहतर

सफल एवं बुद्धिमान आदमी एक अवसर, स्थिति को अलग अर्थ, अर्थात् 'फ्रेम ऑफ रिफरेंस' (Frame of reference), देकर उसे विभिन्न प्रकार से जाँच-परखकर उसका स्वयं पर विभिन्न प्रभाव महसूस करता है। उसके पश्चात् यथोचित विकल्प अपनाने और अगला कदम उठाने का गुण विकसित कर लेता है। दूसरी ओर, असफल एवं मूढ़ लीनियर[5] मनोवृत्ति, दशा को अपनाते एक ही ढर्रे पर चलता रह अपने संसार तथा उपलब्धियों का दायरा सीमित करने का दोषी।

अप्रिय परिणाम व प्रसंग को अंत मानकर रोने-धोने व कुंठित होने से बेहतर मार्ग है—स्वहित के लिए उस पर सकारात्मक दृष्टिकोण अपनाना, उसमें निहित सकारात्मक मतलब, मूल ढूँढ़ना, उसके अंदर छुपे स्वहितार्थ तत्त्वों को देखना। बाह्य जगत् में होनेवाली आवृत्तियों को अपने लाभार्थ प्रयुक्त करके अपनी जिंदगी के पुष्प को संपूर्णता से खिलाना तथा अपनी आवश्यकताओं की आपूर्ति करना कामयाब, सुखी, चैंपियन जनों की प्रमुख प्रवृत्ति है। अपनी रचित पुस्तक 'रिफ्रेमिंग : न्यूरो-लिंग्वस्टिक प्रोग्रामिंग एंड द ट्रांसफार्मेशन ऑफ मीनिंग' में 'एन.एल.पी.' संस्थापक जॉन ग्रिंडर और रिचर्ड बैंडलर (John Grinder, Richard Bandler) कहते हैं, "रिफ्रेमिंग का अर्थ सकारात्मकता से नहीं, परंतु उसकी उपयोगिता से है। सकारात्मकता के प्रति सचेत रह ऐसे रिफ्रेमिंग करें कि वह उपयोगी हो, किसी-न-किसी परिप्रेक्ष्य में।" एक युवा को बचपन में उसके पिता प्रताड़ित करते। युवावस्था में वह घबराहट का शिकार हो गया। मैंने उससे कहा, 'जब तुम्हें वैसा होने लगे तब उसे सकारात्मक अनुभूति मानकर उसे अपना दोस्त मानो। अपनी घबराहट से कहो, 'ऐसा करके आपने पिता के सामने मुझे सुरक्षा दिया है, आपको धन्यवाद।' 'घबराहट' को नया नाम 'आत्म-सुरक्षा सहायक सहनशीलता' दे दो। इससे उसकी नकारात्मक अवस्था 'सहनशीलता' में बदली और वह सामान्य होने लगा।

प्रतिकूल से प्रतिकूल अवसरों को हमारा महान् मस्तिष्क अलग-अलग निगाह से देखने में समर्थ है, साथ ही कुम्हार की भाँति उसे नया स्वरूप देकर उसके द्वारा अपने पर पड़ा पूर्व नकारात्मक/सकारात्मक असर बदलने में सक्षम। हम ब्रह्मांड में एकमात्र प्राणी हैं कि हम जब चाहे तब हर तजुर्बे को मन-माफिक या उद्देश्यनानुसार बदलने के गुरु हैं।

चश्मा महाराजजी दुनिया के नहीं, हमारी नजरों पर चढ़े बैठे हैं

यदि आप प्रत्येक नकारात्मक अनुभव को सकारात्मक फ्रेम ८ग, तब उससे उत्पन्न आपमें पूर्व विकार स्वत: सकारात्मक हो जाएँगे। संवर्धित सोच संवर्धित भावना, मनोदशा की जनक है। इसलिए अतीत में हम चाहे जितने अधिक अप्रिय अनुभूतियों से रूबरू हुए हों, हम उसमें से प्रत्येक को सकारात्मक रंग-रोगन प्रदान कर वर्तमान में अच्छी मनोदशा, ताकतवर मानसिक गुण एवं लक्ष्य यथार्थ क्रिया में उत्तम गुणबद्धता प्राप्त करने के योग्य हैं। आपने ऊपर आलेखित शैली में सबमॉडल्टी परिवर्तन द्वारा ऐसा कर लिया है। हेलन स्कसमन (Helen Schucman) अपनी प्रसिद्ध पुस्तक 'ए कोर्स इन मिरेकल' (A Course in Miracle) में बयाँ कर रहे हैं—

'हम जिस मनोदृष्टि से परिप्रेक्ष्य पर निगाह डालते हैं, वह वैसा ढल जाता है,
यही निर्णय करता है कि वह हम पर क्या प्रभाव डाले।

इसी में भेद छुपा है हमारी नियति स्वर्ग जैसा बने या नरक जैसा,
इसके निर्णय करने की बागडोर हमारे हाथों में।'

नकारात्मक पल को स्वहितार्थ उपयोग करना अधिक बुद्धिमानी है, बजाय उसमें छुपी वास्तविकताओं पर अनावश्यक विचरण करते रह समय व्यर्थ करना और दर्द बढ़ाते रहना। आप इससे असहमत तो नहीं हो सकते? अपने खौफनाक अनुभव के बारे में पूछने पर भाई कैप्टन जेराल्ड कॉफी ने कहा, "वह मेरे जीवन का सर्वश्रेष्ठ पल था। इससे मैंने बहुत कुछ सीखा, खासकर यह कि मानव में अविश्वसनीय शारीरिक व मानसिक शक्तियाँ छुपी हैं। उस घटना से प्राप्त सीख का उपयोग मैंने अपने व्यक्तिगत विकास के लिए किया है।" उन्होंने कहा कि वह अनुभव उनके जीवन का सबसे बहुमूल्य पल था। इससे वे जान पाए कि कितने हिम्मती व सुदृढ़ हैं। हम वैसा ढलते हैं तथा वैसा पाते हैं, जैसा विश्वास बनाते हैं। कैप्टन जेराल्ड कॉफी की सोच उनके मस्तिष्क को कंप्यूटर के माफिक प्रोग्रामिंग[6] करके उनके आंतरिक स्तंभ को सुदृढ़ करता रही। इस वजह से वे वियतनाम में सबसे अधिक समय बिताए। अमेरिकी युद्धबंदी होते अपना मनोसंतुलन, पुरुषार्थ, आत्मबल बरकरार रख पाए। वे दुःखात्मक क्षणों को सकारात्मक ढाँचा प्रदान कर उसकी सकारात्मकता के साथ ताजिंदगी संयुक्त रहे। इससे मुक्त होने पर भविष्य अपनी शर्तों पर एवं सुखात्मक मनोवस्था से लबरेज हो जीने में सफल हुए। दूसरे अनेक बंदी स्थिति के नकारात्मक पहलुओं पर विचरण कर अपना भाग्य कोसते रहने से अंदर-ही-अंदर तिल-तिल टूटते रहे, अंततः मनोरोगी हुए या आत्महत्या कर लिये। 'रिफ्रेमिंग : न्यूरो-लिंग्विस्टिक प्रोग्रामिंग एंड द ट्रांसफार्मेशन ऑफ मीनिंग' में जॉन ग्रिंडर और रिचर्ड बैंडलर लिखते हैं, "हर अप्रिय पल को सकारात्मक चोला पहनाने की प्रवृत्ति विकसित करने से आप अपने जीवन के रचनाकार बन जाएँगे।"

जिसने अपने आंतरिक बगीचे को चमकाया, वही चमका। क्या आपने अपना भाग्य कोसनेवाले को कभी सिर उठाकर चलते देखा? जिराफ की तरह हरदम गर्व से सिर ऊँचा कर चलनेवाले अपने पर बीते नकारात्मक वाकयों से आदतन फायदा लेते देखे गए। कैप्टन जेरॉल्ड कॉफी रिहा होने के पश्चात् अपने अनुभवों के कारण अमेरिका के सबसे प्रसिद्ध मोटिवेशनल वक्ताओं के बीच जगह बना पाए, अत्यंत लोकप्रिय पुस्तक लेखक बने तथा अनेक पारितोषकों से नवाजे गए। वारेन बफेट (Warren Buffett) ने शेयर मार्केट से करोड़ों डॉलर कमाए। वे शेयर का दाम धड़ाम होने से कभी नींद की गोली न खाते, बल्कि उस स्थिति को वे शेयरों को मनमाफिक दाम में खरीदने का सुअवसर समझते और दाम बढ़ने पर उन्हें बेचकर खिसक लेते। वर्तमान में आर्थिक समस्या आत्महत्या का बहुत बड़ा आधार है। एक समझदार पिता ने शेयर मार्केट में अपना सबकुछ गँवा चुके विवाहित बेटे को यही परामर्श देकर हताशा, खुदकुशी की

प्रवृत्ति के गर्त से उबारा। अंततः वह अपनी पूँजी वापस पाने के साथ लाखों कमाने में सफल हो, जिंदगी को पुनः पटरी पर तेजी से दौड़ाने में कामयाब हुआ।

जरूरी है खोपड़ी का स्वलाभार्थ उपयोग

अनचाहे अनुभव खराब नहीं। वे एक ही पगडंडी पर घिसट रही जिंदगी को रुचिकर रूप-रंग देकर जीवन स्तर को ऊँचा उठाने और उद्‌देश्यहीनता से गिरती-पड़ती जीवन की गाड़ी को मकसद व मूल्य आधारित बना सकते हैं। उनका प्रारब्ध को पहले से अधिक स्वर्णिम करने तथा स्वयं को ज्यादा आत्मविश्वासी, आध्यात्मिक सुख से भरपूर करने का सुअवसर होना संभव है। वास्तव में सुख, अंत:प्रेरणा से भरपूर आत्माओं की यह स्थायी प्रवृत्ति है। किंतु यह तभी संभव है, जब आप अप्रिय, खराब क्षणों में अच्छाइयाँ और उपयोगिता ढूँढ़ने की आदत डालें। मैं आपको बता दूँ, असंभव होगा घने-काले गड़गड़ाते बादल के नीचे चाँदी की सुनहरी लकीर का न होना! आप बताएँ क्या अँधेरे का अस्तित्व बगैर उजाले के और उजाले का बिन अँधेरे के संभव है?

मात्र चौबीस वर्ष की दहकती जवानी में भारतीय वायुसेना के अत्यधिक महत्त्वाकांक्षी यूवा फाइटर पायलट एम.पी. अनिल कुमार एक सड़क दुर्घटना के कारण अपने स्वप्नों को तिलांजलि दे, ताउम्र व्हीलचेयर के बंधन में बँध गए। उनका जज्बा देखिए कि रिश्तेदारों के 'बेचारे' बोलने पर वे गुस्सा हो जाते। न किस्मत कोसे, न हार माने, न आशावादिता, आत्मसुख का दामन छोड़े और दूसरे विकल्प के रूप में लेखन अपना लिये। 'रेडिफ.कॉम' में अपने सुविख्यात लेख 'एयरबार्न टू चेयरबार्न' (Airborn to Chairborn) में उन्होंने कहा, "आप विश्वास करें या न करें, प्रत्येक काले बादल के पीछे सुनहरी लकीर की उपस्थिति है।"

यदि हेलन केलर (Hellen Keller) आँख की रोशनी न गँवातीं, तब क्या वे एक महान् लेखिका बन पातीं? तब क्या वे दृष्टिहीनों के पढ़ने-लिखने के लिए क्रांतिकारी 'ब्रेल पद्धति' को सरल बना पातीं, जो विश्व के समस्त दृष्टिहीनों के भाग्य में जादुई परिवर्तन ले आया?

यदि नॉर्मन कजन (Norman Cousin) रीढ़ की हड्डी की 'अंकलॉसिंग स्पंडलाइटिस (ankylosing spondylitis) से ग्रस्त न होते, तब क्या उस समय मेडिकल संसार की ठोस धारणा कि वह रोग लाइलाज है और इससे मृत्यु निश्चित है' का वहम टूट पाता! उनके द्वारा अन्वेषित प्रक्रिया की सहायता से चिकित्सा जगत् ने उस बीमारी से मुक्ति की विधि विकसित करके असंख्य पीड़ितों को जीवनदान दिया, जो आज तक बरकरार है। असहनीय पीड़ा भोगने के उपरांत वे पहले से अधिक सफल, धनी होकर विश्वप्रसिद्ध बन गए। असंख्य दूसरे उदाहरण हैं, जिसमें व्यक्ति की बरबादी

उसकी असाधारण सफलता, उच्चता की सीढ़ी बन गई। मानव इतिहास में ऐसे असंख्य सत्य उदाहरण भरपूर हैं।

अप्रिय अनुभव के अंदर सकारात्मक पक्ष देखने की मनोवृत्ति जाग्रत् करने में निम्न बातों का ध्यान रखना उचित होगा—

- प्रारंभ में आप असहज हो सकते हैं, आप स्वयं अविश्वास कर सकते हैं, पर धीरे-धीरे यह आपका स्वाभाविक स्वभाव बन जाएगा।
- एक प्रसंग को आप जितना अधिक सकारात्मक रंग-रूप देंगे, उतना आपके मानसिक शांति, आत्मविश्वास एवं उपलब्धियों में उछाल आएगा, उतना आपको वास्तव में उसमें लाभप्रद तत्त्व मिलते जाएँगे, जो पहले ओझल थे।

सुख, संतुष्टि, स्वास्थ्य

"अनचाही घटनाओं को सृजनात्मकता एवं सुखात्मकता से 'रिफ्रेमिंग' करना सीखकर हम अपने चरम आनंद की संभावना बहुत अधिक बढ़ा सकते हैं," कहते हैं प्रसिद्ध मनोचिकित्सक डॉ. पॉल पियरशल (Dr. Paul Pearshall)।

हमारे साथ जो हो रहा है एवं हो चुका है, उसे हम जिस निगाह से देखने का विकल्प चुनते हैं, वह निर्धारित करता है कि उनसे निपटने के लिए हम क्या कर सकते हैं और क्या नहीं कर सकते, उसी अनुसार हममें गुण, क्षमता/अक्षमता विकसित होंगे। मनोवैज्ञानिकों के शोधानुसार किसी असामान्य स्थिति में हमारे नजरिए के आधार पर हममें जैविक व स्नायविक प्रतिक्रियाएँ जन्म लेती हैं, जो उनसे निपटने की हमारी सामर्थ्य बढ़ाएगी या घटाएगी। व्यक्ति में तब स्थायी अवसादग्रस्तता तथा निराशावादिता प्रवेश करती है, जब वह प्रत्येक या अधिकांश अनुभव के अंदर दुर्भाग्य, अनिष्टकारी, नाकामयाबी का बीज देखने की आदत बना ले। उसके विपरीत आशावादी, सुखी शख्स उसमें सौभाग्य, सफलता, सकारात्मकता का बीज ढूँढ़ते रह अपना दिल प्रकाशमय किए रहता है। 'हारवर्ड स्टडी ऑफ एडल्ट डेवलपमेंट' (Harward Study of Adult Development) द्वारा अध्ययनानुसार तथ्य प्रकट हुआ कि निराशावादी इनसान आशावादी इनसान से कम जीते हैं एवं वे उनकी अपेक्षा अधिक बीमार पड़ते हैं।

अनचाही स्थिति, डर और गंभीर घटना के पश्चात् यदि आपने मान लिया कि अब सबकुछ अँधेरा है और आप कुछ नहीं कर सकते, तब प्रसिद्ध मनोवैज्ञानिक मार्टिन सेलिगमैन (Martin Seligman) के अनुसार आपमें 'स्वयं जनित असहायपन का अहसास' (learned helplessness) उत्पन्न हो जाएगा। बारंबार आती यह मनोवस्था बाद में विषाद, आत्महत्या व अनेक रोगों की जड़ है। यदि हम 'मैं इसका सामना करने के लिए कुछ-न-कुछ करूँगा या कर सकता हूँ (भले ही उस पल कोई हल, रास्ता न

दिख रहा हो) का विकल्प अपनाएँगे, तब हममें तनाव, भय कम होकर आत्मविश्वास, आत्म-उत्प्रेरणा व सकारात्मक मनोदशा का अहसास प्रवेश लेगा।

मस्तिष्क का सही संचालन हमें विजयी, सुखी बनाएगा, उन महोदय का प्रतिकूल संचालन हमें शोकाकुल, असफल।

दुनिया व अनुभव देखने का दृष्टिकोण हमारे शरीर और मन पर समान असर डालेगा, उम्र की अवधि और रोग प्रतिरोधक व्यवस्था की ताकत तय करने में उसकी अहम भागीदारी। बीमारी को सकारात्मक संकेत मानने से जल्द स्वस्थ होना वैज्ञानिकता से प्रमाणित है, पर उसे दुर्भाग्य स्वीकारने से हम उसे ज्यादा समय तक झेलते हैं और उसकी गंभीरता की अवस्था में स्वयं को धीरे-धीरे मृत्यु के कगार पर ले जाने के जिम्मेवार हैं। 'स्टैनफोर्ड अर्थराइटिस सेंटर', अमेरिका में हुए अनुसंधान ने दिखाया कि मनोवृत्ति का यह विभेद तय करनेवाला अवयव है कि मर्ज ठीक होगा अथवा नहीं और इस प्रक्रिया में उसका गति क्या होगी।

कार्यक्रम

1. अतीत में आपके एक अत्यधिक प्रिय के नकारात्मक सलूक से आपको आघात लगा था। उस समय आपने उसका क्या आशय निकाला था? एक कॉपी में एक के बाद एक नीचे लिखते हुए वैसे अनुभवों को 'बेबस करनेवाला', 'दिल दुखानेवाला' जैसा माकूल नाम प्रदान करें। इसके पश्चात् प्रत्येक नाम के सामने उसका सकारात्मक स्वरूप में नाम ('एक सफलता-सहायक पल'…) लिखते जाएँ, साथ में उसका नया उपयोगी अर्थ (चलो अच्छा हुआ, उसके गिरगिट जैसे स्वभाव का पहले ही पता चल गया…)। अब बांचिए, आपको उस परिप्रेक्ष्य से भविष्य में क्या फायदे की उम्मीद है एवं आप उसका स्वहित में कैसे उपयोग कर सकेंगे। आपकी मनोवस्था सकारात्मक हो जाएगी।
2. एक ऐसे शख्स को मनोपटल पर लाएँ, जो स्वयं के विचारों को कभी नहीं बदलता या जो अपने को सत्य, धर्म या बुद्धिमत्ता का झंडाबरदार समझता है और एक ऐसे को जो आपको बहुत संजीदा, समझदार लगता है या जो उससे ज्यादा सफल हो। दोनों के स्वभाव, व्यक्तित्व का तुलनात्मक अध्ययन करके परिणाम को निष्पक्षता से विश्लेषित करें। आपमें अति उत्तम ज्ञानार्जन होगा।

शब्दावली

1. **सॉफ्टवेयर (Software)**—कंप्यूटर को लिखित नियमानुसार संचालित करनेवाला अस्पर्शनीय प्रोग्राम। सोच (thought) हमारे जैविक कंप्यूटर स्नायुमंडल को क्रियारत किए रहनेवाला सॉफ्टवेयर है।

2. **सेल्फ-हेल्प (Self-help)**—आत्म-विकास एवं स्वयं सहायक ज्ञान, कार्य से संबंधित।

3. **एसोसिएशन/संयुक्त अवस्था (Association)**—वह स्थिति, जिसमें हम अनुभव के साथ जुड़ जाते हैं; उसमें प्रविष्ट होकर उसे स्वयं की नजरों से देखना, महसूस करना।

4. **डिसोसिएशन/विरक्त अवस्था (Dissociation)**—अनुभव को दूर से देखना, महसूस करना। यहाँ हम घटना के प्रभाव को लघुत्तम या आंशिक रूप से महसूस करते हैं।

5. **लीनियर (Linear)**—वह प्रक्रिया, सोच जो एक के बाद एक सीधी लाइन के माफिक एकदिशीय हो, बहुदिशीय नहीं, जैसे सिर्फ अपने हित के बारे में सोचना, देखना।

6. **प्रोग्राम (Programme/program)**—कंप्यूटर, मस्तिष्क या किसी मशीन को स्वचालितता से दिशा निर्धारित/नियंत्रित/संचालित करने की दशा या उसे वैसा करवाने का गुण रखनेवाला अस्पर्शनीय तत्त्व। कंप्यूटर में इस प्रक्रिया को अंजाम देनेवाला 'सॉफ्टवेयर' कहलाता है।

□

11

आंतरिक दानव पर सुपर विजय

- क्या नाकाम होने का अहसास आपका सबसे बड़ा दुश्मन है?
- आप और प्रतियोगी दोने में समान हुनर है, फिर भी वह आपको पछाड़ता रहता है, आप मायूस हो चुके!
- प्रतिकूलतम परिस्थिति में सफल होने के वास्ते पहला क्या मानसिक पग रामबाण सिद्ध है?

अनपढ़ जॉर्ज ने कठिन परिश्रम से गोवा में अपने रेस्टोरेंट को ऊँचाई पर खड़ा कर दिया। आश्चर्य यह कि वे न तो समाचार-पत्र पढ़ते, न टेलीविजन देखते। उनकी सफलता का भेद रहा ग्राहकों के प्रति सेवा, समर्पण का भाव। बेटा लुइस एक विदेशी विश्वविद्यालय से एम.बी.ए. कर उनका हाथ बँटाने आ गया। एक दिन टेलीविजन पर देखा कि दुनिया मंदी की लपेट में आ चुकी; अनेक बड़े उद्यमी बरबाद हो रहे हैं। लुइस ने पिताश्री से कहा, 'व्यापार में मंदी दरवाजे पर दस्तक दे रही है, घाटा से बचने को कुछ कर्मचारियों को निकालना होगा।' जॉर्ज के लिए विदेश में पढ़े उच्च शिक्षित बेटे का परामर्श निर्विवाद था। वे वर्षों पुराने अनुभवी शेफ को सेवा-निवृत्त कर रसोई की बागडोर अपने हाथ में ले लिये। दिन बीतते उनमें धारणा बैठ गई कि 'मैं ग्राहक की कितनी सेवा-सुश्रुषा करूँ, कितना बढ़िया खाना बनाऊँ, नुकसान तो तय है।' बाप-बेटे का व्यवहार ग्राहकों के प्रति शुष्क हो गया और खर्च बचाने के चक्कर में खाने का स्तर गिर गया। अंततः निरंतर हानि झेलते रहने से उनके रेस्टोरेंट में एक दिन ताला महाराजजी लटकने लगे।

क्या सफलता-विफलता की नब्बे प्रतिशत जड़ बाहर नहीं, हमारे अंदर है? उत्तर—जी हाँ, शत-प्रतिशत सरजी। उसमें विश्वास का सबसे अहम मानसिक योगदान है। सकारात्मक मनोविज्ञान ने इसे पुष्ट किया।

भाईजान, एक अभ्यास करें—आँख बंद कर देखें कि पूर्व से वर्तमान तक आपके

हाथ क्या-क्या आर्थिक, व्यापारिक, व्यक्तिगत, दैहिक उपलब्धियाँ आई हैं। अधिकांशत: वे आपके द्वारा अतीत में किए कल्पनानुसार होंगी, अर्थात् उस समय जिस स्तर तक तथा जैसी आपने उनकी अपेक्षा एवं अनपेक्षा की थी, जैसा आपने मकसद का दिमाग में ब्लूप्रिंट बनाया था, लगभग उसी परिधि में वर्तमान तक वे सब आपकी झोली में आई अथवा नहीं आई होंगी। अब आपकी बुद्धि जरूर चकरघिन्नी[1] की तरह घूम गई होगी! आप स्वयं से प्रश्न कर रहे होंगे, 'क्यों न मैंने उस समय अधिकाधिक मनोकामनाओं, महत्त्वाकांक्षाओं की अपेक्षा की?' हा...हा...हा...

मेधावी, शक्तिशाली, बुद्धिमान (intelligent), योग्य होना और मेहनत, अभ्यास एक तरह से निश्चित मंजिल चुंबन की गारंटी नही। और धनवान अम्मा की कोख से पैदा होना एवं मेधावी होना सफलता की गारंटी नहीं, आवश्यक वैरिएबल[2] नहीं। यूनिवर्सिटी ऑफ शिकागो, अमेरिका[A] में अपने क्षेत्र के सौ असाधारण सफल व्यक्तित्वों पर अध्ययन किया गया। उससे एक आश्चर्यजनक तथ्य प्रकट हुआ कि उन सभी में उनके पूर्व दिनों में कभी प्रतिभा का दर्शन नहीं हुआ था।

'विश्वास' (belief) विशिष्टतम ठोस और स्पष्ट सोच है—व्यक्ति की समस्त स्नायविक व फिजियोलॉजिकल प्रक्रियाएँ उसके तर्ज पर ऑटोमैटिक पायलट की तरह संचालित, दिशा-निर्देशित होने को बाध्य। चिकित्सा जगत् में 'प्लेसिबो प्रभाव' (placebo effect) पर अनुसंधान से आया निष्कर्ष उसकी तसदीक है।

तकनीक 14 : लक्ष्य-प्राप्ति का आत्मविश्वास

1. अपना मुँह भूतकाल की दिशा में करके उस ओर धीरे-धीरे पीछे बढ़ते जाएँ। तब तक चलते जाएँ, जब तक आपको अपने बारे में चेतना हो।
2. रास्ते में आनेवाली प्रत्येक छोटी-से-छोटी सफलता पर ध्यान केंद्रित करें—जब आपने अपनी टीम के लिए पहला गोल किए थे, हाई स्कूल में अव्वल आए थे और अन्य।
3. 'क्रम 2' से प्राप्त एक क्षण लीजिए, उसकी विशेषता पर नजर मारें। वह सिनेमा की तरह चलती-फिरती, जीवंत, स्पष्ट, सामने, सतरंगी है या नीरस, दूर है। आप उससे भावनात्मक रूप से जुड़े (एसोसिएट) अथवा विरक्त हैं? आप सकारात्मकता का या भावविहीनता का आभास कर रहे?
4. अब उस स्मृति को पास करके उसे उसके ज्यादा-से-ज्यादा विवरणों, विलक्षणताओं, सूक्ष्मताओं के साथ जीवंत चलती-फिरती नायाब वीडियो

में देखें, महसूस करें। उसके अंदर प्रवेश कर उससे जुड़े उस पल को वास्तविकता में संपूर्णता से अनुभव करें, सफलता के अहसास से आनंद-विभोर हों, जैसे वर्तमान में एक रंगारंग पार्टी का मजा लूट रहे। उसके द्वारा प्रदत्त सुखात्मक अहसास को अपने सुंदर बदन में पूरा फैला दें। साथ में मनचाहा संगीत गुनगुनाना आपकी इच्छा।

5. 'क्रम 2' से रूबरू हुए प्रत्येक विशेष पल को 'क्रम 4' के अनुसार स्वरूप, सबमॉडल्टी दें।
6. परिष्कृत सफल क्षणों के संदर्भ (संदर्भ 'क्रम 5') की रंग-बिरंगी स्लाइडों को दिमाग के अग्र भाग में साइकल स्टैंड में रखे साइकलों की कतार माफिक शृंखला में प्रस्थापित करें। स्लाइडों की संख्या जितना अधिक होगी, उतनी अधिक आपमें अपनी कामयाबी के प्रति विश्वास व स्वभरोसे की ज्वाला उत्तमता से भड़कना तय।
7. मकसद विजय को आगे बढ़ने के पहले उपरोक्त स्लाइडों (संदर्भ 'पग 6') को अपने मनोपटल पर सामने रख निहारें। अब आपमें अपने मकसद के प्रति अग्रिम में आत्मभरोसा कि 'मैं हर तरह की बाधा, अवांछित परिणाम और नकारात्मक अनुभव (तिरस्कार, आलोचना…) झेलते और आवश्यक होने पर यथोचित गुण विकसित करते ध्येय प्राप्त कर सकता हूँ' विश्वास के तरंगों को ऊँचा उफान मारने से रोकने की भला कौन जुर्रत कर पाएगा!

विश्वास, सकारात्मक एवं नकारात्मक दोनों, में अनुरूप भावना और आत्मबल का उपयोग करके हममें अकल्पनीय मानसिक एवं शारीरिक बल, बुद्धिमत्ता (intelligence), अंत:प्रेरणा प्रज्वलित करने का बल है। उसका हमारे द्वारा अप्रतिम प्रदर्शन और प्रगति करने तथा सफलता पाने और हमें अपने को असाधारण मानव में तब्दील करने में चमत्कारी रोल है। यह आपसे छुपा तो नहीं कि हजारों साल के मानवीय इतिहास में धार्मिक आस्था से लोगों ने कैसे-कैसे घोषित, अघोषित अविश्वसनीय कर्म किया। विश्वास को गले लगाए एक सींकिया पहलवान[3] हजारों डिग्री तापमान पर दहकते अंगारे पर दौड़ सबकी वाहवाही लूट शान से अपनी छाती फुला लेता है।

लक्ष्य-प्राप्ति का विश्वास या अविश्वास (विश्वास की एक श्रेणी) दोनों मस्तिष्क के लिए लक्ष्य हैं। इससे अचेतन साइबरनेटिक्स प्रणाली तब तक सक्रिय रहेगी, जब तक सफलता या विफलता हाथ न आए। अविश्वास आपमें यथोचित न्यूरोलॉजिकल व

फिजियोलॉजिकल प्रतिक्रियाएँ उत्पन्न करता रहेगा, जिससे आपको पूर्ण अहसास हो जाए कि नाकामी शत-प्रतिशत निश्चित है। विश्वास या अविश्वास दोनों अवस्था में आपको अपने विश्वासानुसार फल मिलेगा। प्रसिद्ध मोटिवेशनल वक्ता अर्ल नाइटिंगेल (Earl Nightingale, 1921-89) ने कहा, "आप जो विश्वास करते हैं, वही आपको मिलता है। सफलता पर विश्वास करने पर आपको सफलता और विफलता पर विश्वास से आपको विफलता प्राप्त होगी।" यदाकदा हमारे सामने अद्‌भुत वाकयों का प्रकट होना असामान्य नहीं। एक समाज में जहाँ अभाव है, बीमारी है, गंभीर समस्याएँ हैं, बेरोजगारी है, उसमें एक व्यक्ति प्रगति कर लेता है, आसमान छू लेता है, पर अनेक अन्य अपने को सड़ाने के भागी। एक सत्य उदाहरण में खूनी, शराबी पिता एवं ड्रग की लती माँ के दो पुत्र रत्न। एक संतान बड़ी कंपनी का अधिकारी बना, पर दूसरा अम्मा-बापू के रास्ते पर। एक भाई ने सोचा था, जब परिवार ऐसा है, तब मुझे ही कुछ करना होगा, बनना होगा, मेरे पास अन्य विकल्प नहीं (सिवाय सफल होने के)। इस विचार ने उसे ध्येय निर्माण करने और उस पर दृढ़ता से आगे बढ़ने एवं हर स्थिति में उसमें सफलता के वास्ते बाध्य कर दिया। दूसरे भाई की धारणा थी, 'जब मेरा परिवार ऐसा, तब कामयाबी असंभव।' अपनी सफलता पर अविश्वास से क्या उसे बाबाजी का ठुल्लू मिलेगा? उसने लक्ष्य बनाया ही न होगा, यदि बनाया होगा तब प्रयत्नशील न हुआ होगा, यदि प्रयत्नशील हुआ भी होगा, तब प्रारंभिक नाकामी पर मैदान छोड़ चुका होगा। निष्फलता पर यकीन का धारक घुड़सवार मात्र एक बार गिरने से शीघ्र मैदान से छूमंतर हो जाएगा। यह है विश्वास एवं अविश्वास की सफलता-विफलता दिलाने की एटमी ताकत।

"प्रगति, उपलब्धियाँ दिलाने में सहायक केंद्रीय कक्ष हमारे हृदय के अंदर है।"

—सु नाइट (Sue Knight)

'एन.एल.पी.' एट वर्क (NLP at Work)

कभी-कभी आपमें गहन अहसास पैदा होता है कि 'मैं ध्येय प्राप्त कर लूँगा', 'मैं सफल हो जाऊँगा', भले ही अतीत में आपका वैसा कोई अनुभव न हो। यही 'सफलता का विश्वास' (Belief in success) है। आपको अवश्य जानना चाहिए कि वह जितना गाढ़ा होगा, जिस स्तर तक होगा, कामयाबी की संभावना उतनी गाढ़ी, लगभग उसी स्तर तक। वर्षों से चैंपियन की कुरसी पर कब्जा जमाए खिलाड़ी को वही प्रतिद्वंद्वी अंततः कुरसी से उतारने में सक्षम होता है, जिसके दिल में गहन आभास 'मैं उसे परास्त कर सकता हूँ' घर बनाए बैठा हो।

सफलता में अनेक कारकों की भूमिका है। संभव है, अनेक अपरिहार्य वजहों से उसका पक्षी हाथ से उड़ जाए, पर ध्येय-अर्जन का भरोसा (belief in success)

काफी हद तक हमारे विजय की पटकथा अग्रिम में लिखने की आधारशिला है। बादशाहो, समस्या की गंभीरता क्या है, यह बाद की बात, पर कदम उठाने के पहले 'मैं मंजिल पाने तक अपने पूरी सामर्थ्य, आत्मशक्ति से प्रयत्नशील रहूँगा' का संकल्प व मनोभावना अति आवश्यक है।

सुखात्मक अहसासयुक्त सफलता की ठोस आंतरिक भावना शर्तिया विजय अर्जन का प्रथम पग है, जबकि सतही विश्वास से नाकामी का दर्शन अधिकाधिक संभव। वह अचेतन साइको-साइबरनेटिक्स प्रणाली को तब तक कार्यरत किए रहेगा, जब तक मनोवांछित उत्तर, समाधान, परिणाम, लक्ष्य हमारे चंगुल में न फँसे। प्रसिद्ध हॉलीवुड अभिनेता आर्नल्ड श्वार्शनेगर (Arnold Schwarzeneggar) मूर्खाधिराज नहीं थे, जब वे अपनी असफल फिल्मों के पश्चात् मन में दहाड़ते—'मैं कर सकता हूँ', 'मैं करूँगा'। उनकी अमूमन सभी फिल्में बॉक्स ऑफिस में हिट रहीं।

विश्वास हमारे स्वस्थता एवं रोगमुक्ति दोनों में समान रूप से प्रभावोत्पादक है। हमारी रोगमुक्ति निर्भर है कि हम अपने दैहिक समस्या निवारण पर विश्वास कर रहे हैं या अविश्वास कर रहे हैं। व्याधि के जाने का विश्वास से अधिकतम संभावना है उसके सत्य होने की। अविश्वास से अधिकतम संभावना है, यथास्थिति बने रहने की, चाहे डॉक्टर साहब आपको एक बाल्टी अमृत घोंट-घोंटकर पिला दें। एक प्रयोग में ब्लीडिंग अल्सर[4] (bleeding ulcer) के एक समूह के मरीजों को कैप्सूल दिया गया यह कहकर कि इस नई ईजाद औषधि से सौ प्रतिशत फायदा होगा। दूसरे समूह के पीड़ितों को वह कैप्सूल खाने को दिया गया, जिसके असर के बारे में दवा कंपनी के प्रयोगकर्ताओं को शंका थी। पहले समूह में लगभग 75 प्रतिशत लोगों को राहत मिली, जबकि दूसरे समूह में मात्र 25 प्रतिशत को। अब आई मजेदार बात—दोनों प्रकार के कैप्सूल समान थे, जिसमें हानिरहित न्यूट्रल पदार्थ भरा था, अर्थात् प्लेसिबो (Placebo)। यह अध्ययन शरीर पर विश्वास तथा अविश्वास द्वारा लक्ष्य प्राप्त करने एवं न प्राप्त करने के उद्देश्य से स्नायविक एवं बायोलॉजिकल प्रतिक्रिया जनित होने की बात को साबित कर रहा।

"सर्वप्रथम एक मजबूत, बढ़िया नींव की स्थापना की जाए।"

—एजरा 6:3 (Ezra 6:3)

विश्वास मस्तिष्क के लिए निर्विवाद एकदिशीय आज्ञा है, जिसके अनुपालन से खिलाफत असंभव। विश्व अपने में लौह धारणा समेटे था कि मानव का एक मील को चार मिनट से कम समय में दौड़ पाना नामुमकिन। यह 'फोर मिनट बैरियर' (four-minute barrier) नाम से प्रसिद्ध था। बहुतेरे शोधकर्ताओं ने शोध से प्रमाणित कर दिया कि मनुष्य की शारीरिक संरचना, बल, क्षमता प्राकृतिक रूप से ऐसी नहीं कि वह

उस सीमा से निकल पाए। समकालीन खिलाड़ी 'फोर मिनट बैरियर' को वैज्ञानिक, सही मान उसे तोड़ने की बात सपनों में न सोचते, कुछ कोशिश करते पर विफल हो उलटे-पुलटे भाग लेने में अपनी भलाई समझते। पर रोजर बैनिस्टर (Roger Bannister) को उस पर अविश्वास था। उन्होंने प्रतिज्ञा किया, वे इस बंधन को एक-न-एक दिन ध्वस्त करके रहेंगे। सालों पसीना बहाने के बाद उन्होंने 1954 में वाकई एक मील को तीन मिनट 59.9 सेकंड में दौड़कर सदियों की ठोस मान्यता 'फोर मिनट बैरियर' ध्वस्त कर दिया। हालाँकि फर्क मात्र .1 सेकंड का, पर विश्वास की ज्वाला जाग्रत् हो गई कि चार मिनट से कम समय में एक मील दौड़ना संभव है, तथ्य है। अविश्वास का पुल ढहते तथा उसका नए विश्वास द्वारा मात्र विस्थापन से अगले वर्ष अनेक ने और उसके अगले वर्ष सैकड़ों ने वैसा कर दिखाया, अब तो यह सामान्य प्रदर्शन हो चुका। यह घटना खेल व मानवीय इतिहास में पैराडिग्म चेंज[5] ले आया। मानव-जाति रोजर साहब का सदैव ऋणी रहेगा, क्योंकि उन्होंने उसे उसके स्वयं द्वारा बाँधे बंधन से मुक्त कर दिया। मनुष्य का अपनी दैहिक, मानसिक सामर्थ्य को गगन पर पहुँचाने का मार्ग प्रशस्त हो चुका है। अनेक विस्मयकारी सफलताओं के स्वामी एंथनी रॉबिंस (Anthony Robbins) अपने बेस्ट सेलर 'अनलिमिटेड पावर' में कहते हैं, "यह किया जा सकता है का विश्वास स्वचालितता से सत्य सिद्ध हो जाता है।"

असफलता एवं अप्रिय परिणाम के मुँह उठाने पर हममें अंत:प्रेरणा, आत्मविश्वास, बल, धैर्य का रस सींचकर अंत तक पुनः खड़े होने का जज्बा भरने का उत्तरदायी है—कामयाबी पर विश्वास, सबसे ताकतवर मानसिक तत्त्व। मस्तिष्क द्वारा सफलता में सहायक हार्मोनों[6] का स्राव एवं उसके द्वारा अंगों को उस अनुरूप न्यूरोलॉजिकल स्टीमूलाय[7] व्यक्ति के मानसिक व शारीरिक कौशल का ग्रॉफ सेल्फ-एफेकॅसी (self-efficacy) सिद्धांत के तहत यथोचित स्तर तक पहुँचा देगा। इससे उसका मंजिल की ओर अग्रसरित रथ बेरोकटो झमाझम बढ़ता रहेगा। रोजर बैनिस्टर के हृदयपटल पर गाढ़े रंग से 'लक्ष्य वास्तविकता है' अंकित था, इसलिए अनपेक्षित नतीजे उनके मर्म में कभी निराशाओं के बादलों का उद्‌भव न कर पाए और वे पूर्ण आत्मबल, स्वश्रद्धा, अंत:प्रेरणा, लगन से तब तक अभ्यासरत रहे जब तक मनसूबे का कबूतर पकड़ न लिये। उनकी सभी न्यूरोलॉजिकल व बायोलॉजिकल प्रक्रियाएँ तब तक गतिशील रहीं जब तक उनकी आंतरिक साइको-साइबरनेटिक्स पद्धति ने उन्हें मंजिल पर बैठा न दिया।

जीत के बारे में सोचते रहने से आपकी जीत का
और हार के बारे में सोचते रहने से
आपको हार का पुरस्कार मिलना तय

विश्वास की असामान्य, अप्रतिम, जादुई बल का प्रमाण है—कुछ हजार मराठा, राजपूत योद्धाओं का अपने से दस गुना ज्यादा मुगल सैनिकों को पीठ दिखाने पर मजबूर करना। दुश्मन से अति सीमित संख्या में रहे सरायगढ़ी के युद्ध में सिख शूरवीरों का एवं चीनी लाल सेना (चीनी आक्रमण 1962) का सामना करते भारतीय सैनिकों के पराक्रम का क्या परिणाम रहा, क्या आप इससे अवगत हैं? सत्य को भाँपते दार्शनिक जॉन स्टुअर्ट मिल (John Stuart Mill, 1806-73) की स्वीकारोक्ति, '(लक्ष्य के प्रति) विश्वास से भरे एक व्यक्ति की शक्ति उन निन्यानबे जनों के बराबर है, जो केवल रुचि रखते हैं।'

सफल वैज्ञानिकों के दिमाग में समाधान, उत्तर, परिणाम की मूर्त तसवीर का विद्यमान रहना सच्चाई है। वे जानते हैं कि बस सही प्रयोग, सही मार्ग की दरकार है। प्रयोगों से मनमाफिक नतीजा, हल न मिलने पर परेशान हो, हाय-तौबा से विरक्त हो, अंत तक आशावान रहना उनकी सीरत, क्योंकि ताले की कुंजी के अस्तित्व से इनकार नहीं। यही कारण है कि उनका अचेतन लक्ष्य की ओर अविवरत चलायमान रह अधिकांशतः उन्हें समाधान, मनचाहे फल का पुरस्कार दिला देता है। विश्वास का दामन सदैव पकड़े रहने से थॉमस एडिसन (Thomas Edison) लगभग एक हजार अन्वेषणों के शहंशाह बने और महान् तियेस्ता तेस्ला, ग्राहम बेल, न्यूटन और अल्बर्ट आइंस्टीन साहब नायाब उत्पादों तथा क्रांतिकारी सिद्धांत विश्व के सम्मुख ला सके।

मानवीय मस्तिष्क में प्रस्थापित नैसर्गिक सॉफ्टवेयर[8] में अनुपमता है कि वह एक मकसद का आंतरिक चित्रण ऐसा कर सकता है, वह हमें नितांत अप्राप्य और ऐसा भी कि वही हमें पूर्ण प्राप्य प्रतीत हो। जब ऊपरवाले बादशाह ने हमें कमरे में बैठकर वैसा करने की निपुणता से नवाजा है, तब हम क्यों विफल अनुभवों, अनचाहे परिणामों को अनुभूत करने के उपरांत सफलता का विश्वास पैदा करने में अपना अमूल्य समय, संसाधन व्यर्थ करें! इस विशेष अध्याय का विषय है—आपमें उसी कौशल का प्रज्वलन, जिससे आपकी सफलता का ग्राफ उच्चतम उठ सके।

अभिलाषाएँ हममें जीवन रस का संचार करती हैं, जैसे गरमी में ठंडा पेय। 'इच्छाएँ दुःख का कारण हैं' विध्वंसकारी विचार है। नाकामी पर यकीन को सही तरीकों से कामयाबी पर विश्वास में बदलने में सक्षम होने पर हम अपनी अधिकाधिक भौतिक, आध्यात्मिक, शारीरिक तथा मानसिक कामनाओं, सपनों और अपूर्ण अभिलाषाओं को पूर्ण कर सकेंगे। उससे हम सुखी, सफल प्रारब्ध के अधिकारी बनेंगे, बजाय अतृप्तता का रसपान करते रह दुःखात्मा के रूप में अंततः ऊपर प्रस्थान कर जाने के।

गुरुमंत्र

याद कीजिए एक अत्यधिक आनंददायी अनुभव, जिसका आपके जीवन में अहम रोल रहा। उसकी तसवीर के अंदर प्रवेश कर उससे पूर्णतया भावनात्मक रूप से जुड़ जाएँ और वर्तमान में बिल्कुल उसी अंदाज में उसे अहसास करें, जैसे वह अभी आपके समक्ष घटित हो रहा। उसमें लगभग सभी या अधिकतम वैचारिक तत्त्वों का समावेश है, वे होंगे—भावना, अहसास (feeling), मनोचित्र, बोल-चाल/आत्मबल···। यह 'सेंसरी रिच' (sensory rich thought) सोच कहलाती है।

स्नायविक प्रणाली हमारी समस्त न्यूरोलॉजिकल एवं फिजियोलॉजिकल प्रक्रियाओं को तभी संपूर्ण शक्ति से सक्रिय करेगी, जब हम दिल से स्वीकारें कि 'मैं सफल हूँगा', अन्यथा नहीं चाहे बाबा आदम के अब्बा आपके पास आ जाएँ। अनुसंधानानुसार सेंसरी रिच छवि अधिकतम प्राभाविकता से सफलता का ठोस अहसास (belief in success) जाग्रत् करने में अति कारगर है। मस्तिष्क ने क्रमबद्ध विकास के दौरान छोटी गेंद जैसी लघु आकृति से बढ़कर वर्तमान रूप ले लिया। उत्थान की इस शृंखला के दौरान उसने शब्दों द्वारा सोच की अपेक्षा कल्पना तथा चेतन मानसिक संचालन की अपेक्षा भावना से अधिक प्रभावित होकर कार्य करने का गुण विकसित कर लिया। मेटाफोरियन एने मिलर (Anne Miller) रहस्योद्घाटन कर रही हैं, "चाहे हम जितना भी शानदार तार्किक, विवेकशील प्राणी हों और हमारा दिमाग जितना भी बढ़िया-से-बढ़िया कंप्यूटर जैसा उन्नत हो जाए, पर मस्तिष्क मनोचित्र से वैसी आसक्ति रखता है, जैसे बच्चा चॉकलेट से।"

ध्येय सुनिश्चित करें। आनंददायी अहसास के साथ मनोपटल पर सामने सूक्ष्म-से-सूक्ष्म विवरण से युक्त रंगारंग, आकर्षक, बहुआयामी दृश्य में देखें कि आपने वास्तविकता में उसे विजित कर लिया। सफल अन्वेषकों में उत्पाद के अंत स्वरूप को दिमाग में देखने के पश्चात् उसे मंजिल मान निश्चित मार्ग का अनुसरण करने की मनोवृत्ति का विद्यमान रहना तथ्य है। मोबाइल फोन के अन्वेषणकर्ता मार्टिन कूपर (Martin Cooper) अपने दिमाग में वायरलेस फोन की छवि पहले से बैठा चुके थे।

आपके हृदय में डॉक्टर बनने का स्वप्न विद्यमान है, किंतु मन में संशय है या सोच रहे हैं, 'मैं उस लायक कहाँ' ('I am undeserving for that.')। 'मुगलेआजम' की तरह भव्य, सजीव फिल्म में अधिकतम स्पष्टता से देखिए। आपका नाम चयन लिस्ट में सबसे ऊपर है, आप आनंद-विभोर हैं, अपने चैंबर में दूसरों की सफल चिकित्सा कर रहे हैं, स्वास्थ्यार्थी आपसे बेहद खुश हैं।

1970 रूसी वसीली एलेक्सेव (Vasily alekxeyev) सर्वप्रथम 500 पाउंड (226.7 किलोग्राम) वजन उठा मानव के खेल इतिहास में क्रांतिकारी बदलाव लाए, जिसे उसके पहले तक असंभव करार किया जाता रहा। वे स्वयं को उतना भार सफलतापूर्वक

उठाते हुए की कल्पना करते रहते थे, मन में लोहे की रॉड का स्पर्श महसूस करते, हर्षोल्लासित होते। उन्होंने कहा कि उन्हें अहसास होने लगा था कि 500 पाउंड भार उठाना झाड़ू उठाने जैसा आसान कृत्य है। स्टैन स्मिथ (Stan Smith) हृदयपट में विंबलडन जीतने के पश्चात् स्वयं को नाचते हुए देखते, वे विंबलडन चैंपियन बने।

अविश्वास, संशय से लौह विश्वास

इस वैज्ञानिक तथ्य को हमें सदैव हृदयपटल पर गहरी-से-गहरी लिपि में अंकित किए रहना होगा—यदि हममें कोई वाजिब मेडिकल समस्या नहीं, अन्य का सहयोग नसीब हो या न हो और समाज, परिवार में हालात प्रतिकूल हो, उसके बावजूद साधारण-से-साधारण आदमी भी स्वयं को एवं स्थितियों का उचित प्रबंधन करते व्यावहारिक मकसदों को अंगीकार करने में प्राकृतिक तौर पर सौ फीसदी समर्थ हैं। एक 'एन.एल.पी.' सिद्धांतानुसार—"हम सब सफलता के अधिकारी हैं।" (We all can achieve success.)

विश्वास तथा अविश्वास एक-दूसरे में परिवर्तनशील हैं, क्योंकि यह मात्र मानसिक चित्रण की कारीगरी है। आपने देखा होगा कि कभी-कभी एक ध्येय आपको अप्राप्य दिख रहा, परंतु कुछ समय बाद किसी आंतरिक बदलाव से वही आपको प्राप्य-योग्य। सबकुछ वही, बस आपके स्नायुतंत्र में उसके प्रति सोच परिवर्तन का परिणाम! कुछ लोगों के लिए एक विशेष कार्य अत्यंत कठिन, पर दूसरे उसको अति सुगम, बच्चों का खेल, वे मानते हैं कि दुनिया की कोई ताकत उनको उसे करने से नहीं रोक सकती। मेरे परिचित एक व्यापारी घाटा लगने से सड़क नापने लगे, हताशा से शराब में तैरने लगे। पर उनकी खास आदतों में शुमार है—सकारात्मक पुस्तकें पढ़ना। इससे उनमें व्यापार पुनः खड़ा करने के विश्वास का बीज पनपा। आज वे धनपति हैं और मदिरा से बायबाय। अनेक बड़े-बड़े और अप्रतिम उपलब्धियों के स्वामी अग्रिम में दानव 'लक्ष्य प्राप्त नहीं होगा' के शिकार रहे, पर वे प्रत्येक संभावित पग उठाकर उसे विश्वास द्वारा विस्थापित करने के महारथी भी रहे।

एक लक्ष्य का एक के लिए संभव, पर दूसरे के लिए असंभव होना आम है। वाद-विवाद प्रतियोगिता में हिस्सा लेना आपको नामुमकिन लग रहा है, पर आपके मित्र के लिए बाएँ हाथ का खेल। मानसिक संरचना के सबमॉडल्टी प्रस्थापन से अपने अविश्वास को विश्वास में तब्दीली अति आसान कृत्य है और आप भी दिल से स्वीकार लेंगे, 'मैं वाद-विवाद में हिस्सा ले सकता हूँ।'

तकनीक 15 : 'मैं लक्ष्य नहीं पा सकता' से 'मैं लक्ष्य पा सकता हूँ' की ओर

1. एक व्यावहारिक लक्ष्य लें, जिसे आपको करना है, जैसे—छह माह पश्चात् व्यवसाय की प्रगति में सहायक एक भव्य आयोजन या एक प्रतियोगिता में भाग लेना। आप जानते हैं कि आप उसे कर सकते हैं, पर आपमें उसे मूर्त रूप देने का दिली भरोसा नहीं जाग रहा या आपमें क्षमता है, संसाधन है, फिर भी आप अनिश्चयता से घिरे हैं। उसकी छवि धुँधली, अस्थिर, दूर होगी। उसमें आप अपने को दूर से ध्येय को न पूरा होते देख रहे होंगे, न कि उसे पाते हुए। उसमें एक नहीं अनेक मनोचित्रों का भंडार होना मुमकिन है, जैसे—कुछ व्यवधान की आकृतियाँ, जिसके समक्ष आप बेबस नजर आ रहे होंगे, आपकी पूर्व असफलताएँ, जगहँसाई। यह आपमें हतोत्साहन पैदा कर रहा होगा। कुछ लोग एक तसवीर में स्वयं को लक्ष्य प्राप्त करते हुए और दूसरे में स्वयं को असफल होते हुए देखते हैं, अर्थात् संदेहावस्था की अंत:स्थिति।
2. अब एक ऐसा वृत्तांत लें, जिसमें आप पूर्व में सफल हुए थे या वह लक्ष्य जिसकी प्राप्ति में आपका पूर्ण यकीन है, चाहे जो समस्या आए। यह आपके 'संशयवाले ध्येय (क्रम 1)' से मिलता-जुलता होना चाहिए। उदाहरणार्थ, दोस्तों के लिए दावत का आयोजन, जिसे आप हर हालत में अंजाम देने के काबिल हैं, इसमें कोई शकशुबहा नहीं। इसका चित्र सजीव, स्पष्ट, प्रखर, स्थिर, बड़े स्वरूप में आपके दिमागी पटल में सामने विराजमान होगा। यह संख्या में केवल एक हो सकता है और आप उस मनोचित्र के अंदर स्वयं द्वारा लक्ष्य को संतुष्टिपूर्वक अंजाम देते दिख रहे होंगे।
3. इस पग में आपको 'संशय/अविश्वासवाला ध्येय' (क्रम 1) में निहित संवाद, फोटो, अहसास के तरीके को 'सफल होने के विश्वासवाले ध्येय' (क्रम 2) के क्रमश: संवाद, फोटो, अहसास के समकक्ष करना है। ध्यान रहे कि केवल उनकी रचना का तरीका, अर्थात् सबमॉडल्टी बदलना है, न कि सोच को। 'संशयवाला ध्येय' (क्रम 1) की छवि को 'सफल होने के विश्वासवाले ध्येय' (क्रम 2) जैसा कर दें। मान लीजिए, यह पास, बड़ा, स्पष्ट, सजीव, गतिशील है, तब 'संशयवाले ध्येय' (क्रम 1) को ठीक

वैसी रचना दे दें। 'सफल होने के विश्वास वाले ध्येय' (क्रम 2) के साथ आप जुड़े होंगे, इसलिए 'संशयवाला ध्येय' (क्रम 1) में प्रवेश कर उसमें लिप्त होकर स्वयं को मकसद पाते हुए निहारें। मान लीजिए, 'सफल होने के विश्वासवाले ध्येय' (क्रम 2) में निहित सकारात्मक अहसास (फीलिंग) आपके सीने के बीच में फैला है, तब 'संशयवाला ध्येय' (क्रम 1) में उस अहसास को सीने के उसी भाग में समान क्षेत्रफल, विशिष्टता से विस्तारित कर दें। यदि 'सफल होने के विश्वासवाले ध्येय' (क्रम 2) में प्रेरक आत्मबल है, तब उसकी तेजी, लय, रिद्म और अन्य अंदाज को 'संशयवाला लक्ष्य' (क्रम 1) के अनुरूप ढालकर इसमें डाल दें।

4. सबमॉडल्टी विस्थापन की क्रिया (क्रम 3) पूर्ण करने के पश्चात् 'संशयवाला ध्येय' (क्रम 1) तथा 'सफल होने के विश्वासवाले ध्येय' (क्रम 2) दोनों को अगल-बगल रखकर उनमें तुलनात्मक विवेचना करें कि 'संशयवाला ध्येय' (क्रम 1) की फोटो, आवाज, भावना का कौन सा सबमॉडल्टी 'सफल होने के विश्वासवाले ध्येय' (क्रम 2) के फोटो, आवाज, भावना के पूर्ण समरूप होने से बच गया, बारी-बारी से उसे प्रतिस्थापित करें। जितना अधिक 'संशयवाला लक्ष्य' (क्रम 1) का मानसिक चित्रण 'सफल होने के विश्वासवाले ध्येय' (क्रम 2) के समकक्ष होगा, उतना अधिक 'संशयवाला ध्येय' (क्रम 1) को करने/पाने में आपका भरोसा ठोस, उत्तम होगा।
5. 'क्रम 3' एवं 'क्रम 4' अभ्यास के उपरांत 'संशयवाला ध्येय' (क्रम 1) पर पुनः निगाह डालें। आपमें ठोस आंतरिक सोच पैदा हो जाएगी कि 'सभी प्रकार की बाधाओं से सामना करते, मैं उसे ('क्रम 1' वाला मकसद) सफलतापूर्वक संपन्न कर लूँगा।'
6. यदि आपमें अब भी लक्ष्यार्थ भ्रम है, तब 'क्रम 4' अभ्यास में 'संशयवाला ध्येय' (क्रम 1) की कोई-न-कोई सूक्ष्मता (सबमॉडल्टी), जिसे आप पकड़ नहीं पाए, सुधारने से बच गया। 'क्रम 4' की काररवाई पुनः करें। महत्त्वपूर्ण है—दोनों लक्ष्यों (क्रम 1, क्रम 2) में निहित संवाद, दृश्य, मनोभावना की विशिष्टता में पूर्णतः समरूपता।

अधिकांशत: अचेतना से आपको संज्ञान नहीं कि आपने अविश्वास का परदा अपने किस बौद्धिक स्तर से फैला दिया। इसलिए आप उसके जाल में फँसे रह जिंदगी व्यतीत कर देते हैं। उसका ज्ञान एवं उसी स्तर से उसका निदान आपको अपने मानसिक बंधन से पूरे तौर पर मुक्त कर देगा—

- **आपकी शख्सियत द्वारा**—आप सोच रहे 'मेरे जैसे आदमी के लिए यह लक्ष्य कल्पना से परे की बात', 'मैं किसी लायक नहीं' ('I am worthless.')। आपको सफल शख्सियत के रूप में आत्म-छवि बनाना होगा—'मैं सफल उद्यमी हूँ।'
- **आपके अपने विश्वास द्वारा**—आपका मानना है, 'मैं व्यापार में सफल नहीं हो सकता', 'लक्ष्य असंभव है'। आपको अपने यकीन में परिवर्तन करना होगा—'मैं व्यापार में सफल हो सकता हूँ', 'लक्ष्य संभव है'।
- **आपकी अपनी काबिलियत से संबंधित विश्वास द्वारा**—आप स्वीकार कर बैठे, 'मेरे में वह हुनर नहीं, जिससे मैं उस बिगड़ैल पहलवान को तारे दिखा सकूँ', 'मैं नाकाबिल हूँ'। समाधान है—यथोचित गुण, हुनर का विकास तथा नकारात्मक विश्वास का प्रस्थापन।
- **आपके व्यवहार स्तर द्वारा**—'मैं कोई नया कार्य प्रारंभ करने के पहले हताशावश उसे छोड़ देता हूँ।' आत्मविश्वास, अंत:प्रेरणा, सफलता का विश्वास जाग्रत् करें।
- **वातावरण संबंधी**—'मैं ऐसे परिवार में कभी आगे बढ़ नहीं सकता।' वातावरण का प्रबंधन करें—पारिवारिक सदस्यों से बात करके उन्हें सहयोग के वास्ते राजी करना, आत्मसुधार आदि।

भ्रम, अविश्वास के घर बनाने पर निम्न प्रक्रिया पर विचरण आपमें सफलता का अहसास पुख्ता करने में निस्संदेह सहायक सिद्ध होगा—

1. विचारें, 'क्या होगा, क्या लाभ मिलेगा, मैं कैसा महसूस करूँगा, जब मैं वह करूँगा, वह प्राप्त करूँगा?' ('What will happen if I do that?')
2. आत्म-चिंतन करें, 'मैं ध्येय क्यों नहीं हासिल करूँ?' ('Why not?')
3. ऐसा क्या हो या ऐसा क्या होना चाहिए, जिससे आप वह करने में समर्थ हो जाएँ, जिसे आप करना चाह रहे? ('What should be true in order to do what you want to do?')
4. 'एन.एल.पी.' के अनुसार, 'यदि किसी चीज, क्रिया को किसी ने कर लिया हो, तब मैं भी उसे कर सकता हूँ।' ('If other can do something, I

can also do that.')—'यदि सहभागी खिलाड़ी उतना दूर चक्का फेंक सकता है, तब मैं भी।' पता करें, क्या आपके जैसे लक्ष्य को पूर्व या वर्तमान में अन्य द्वारा प्राप्त किया गया अथवा नहीं।

5. क्या आप अतीत में अनेक पीड़ादायी अनुभवों तथा प्रताड़ना के शिकार रहे हैं? उनका माकूल प्रबंधन करें, उन्हें दस फीट नीचे मटमैली रेत में गाड़ दें।
6. क्या आपके अविश्वास के पीछे पूर्व असफलता(एँ) हैं? उन असफलताओं को मिट्टी में गहराई में पाट दें। उससे जुड़ी नकारात्मक आंतरिक आवाजों की तीव्रता को इतना कम कर दें कि वे विलुप्त हो जाएँ या बिल्कुल न सुनाई पड़ें। मानसिक पटल पर उनकी छवियों को आराम से दूर करते-करते अंततः काला बिंदु बना दें। सफल व्यक्तित्व की तरह चलें, फिरें। आपका यकीन सीमेंट और बालू के मिश्रण माफिक पक्का, तगड़ा होता जाएगा।
7. क्या आपका इरादा ऐसा है, जिसमें आज तक कोई सफल न हो पाया या दूसरे अनेक प्रयत्न के बावजूद विफल रहे। जानिए, पूर्व प्रयासकर्ताओं का वह हाल क्यों, कैसे हुआ। क्या उसका नियोजन, समाधान मुमकिन है? क्या उन्होंने यथोचित अभ्यास किया था, सही कार्य-कौशल विकसित किया था?
8. विश्लेषित कीजिए, यदि आपने चेष्टा की और असफल हुए, तब आप क्या पाएँगे, क्या खोएँगे। प्रयत्न में क्या हर्ज है। क्या आप नाकाम होने पर आप अपने उत्तदायित्व निर्वहन के उद्देश्यार्थ पुनः उठ पाएँगे?
9. जितना अधिक आपको लक्ष्य से संबंधित ज्ञान होगा, उतना अधिक आप व्यावहारिकता से उसकी संभाव्यता या असंभाव्यता का निर्णय कर लेंगे। उस क्षेत्र में सफल लोगों को ढूँढ़ उनसे उनकी रणनीति पूछिए। अपने आदर्श पुरुष, सीनियर, सहयोगी, पारिवारिक सदस्यों, मित्रों, विशेषज्ञों से परामर्श लें, उनसे बेबाकी से प्रश्न करें। वैज्ञानिक आँकड़े इकट्ठे करें, शोध कीजिए, लाइब्रेरी जाइए, गूगल बाबा को तंग करें। दूसरों से सहायता लेने के साथ प्रत्येक विकल्प अपनाएँ। तब तक प्रयत्नशील रहें, जब तक आपके हृदय-कमल में ठोस भावना 'मैं रास्ते में आती, प्रत्येक कठिनाई हल करते हुए मंजिल प्राप्त करने में सक्षम हूँ' का पंख न फड़फड़ाए।
10. क्या आपका मनसूबा 'वेल-फार्म्ड कंडीशन' (Well-formed Conditions of Goal) पूरा कर रहा है? 'ना' पर उसे 'वेल-फार्म्ड कंडीशंस' के अनुसार सुधारें (संदर्भ 'अध्याय 7')। उसके पश्चात् आत्मविश्वास का झंडा ले चल पड़ें।

'संभव' बनाम 'असंभव', दोनों थ्री नाट थ्री

आपको लक्ष्य प्राप्य प्रतीत हो रहा है, आप सही हैं, पर वह अप्राप्य लग रहा है, श्रीमानजी तब भी आप सही, यह तो बस आपकी खोपड़ी की बाजीगरी है। अधिकांशत: आपका लक्ष्य के प्रति व्यक्तिगत विश्वास के आधार पर वह आपको संभव या असंभव महसूस होगा, न कि वास्तविकता के आधार पर।

दिमाग अपने में पहले से विराजमान दृष्टिकोण द्वारा ध्येय की संभाव्यता (possibility) या असंभाव्यता (impossibility) और निश्चितता (certainty) या अनिश्चितता (uncertainty) की श्रेणी तय करके उसी अनुसार, उसी स्तर तक समस्त मानसिक, जिस्मानी प्रतिक्रिया सक्रिय करने का गुणी है। उसका अंत परिणाम सफलता या विफलता होगा, निर्भर है, आपने मकसद की कैसी छवि दिल के आईने में रचित कर रखा है।

> "हम सब पालतू जानवर हैं और एक ऐसे पिंजरे में घूम रहे हैं, जिसे अपने लिए हमने खुद तैयार किया है।"
>
> **—कृष्णमूर्ति, आध्यात्मिक गुरु**

'असंभाव्य नजरिया' (impossibility mindset) कर्ता की आँखों में 'लक्ष्य को प्राप्त न करते हुए' की तसवीर उभारता है। भाई, इससे तो उसका आशाविहीन, हतोत्साहित हो मनोरथ त्यागना लाजिमी बनता ही है, ऊँ···ऊँ··· ऊँ···! ध्येयार्थ कदम बढ़ाते ही उसका दिल चीखेगा, 'उल्लू, जब मकसद नामुमकिन, तब प्रयास से क्या लाभ, क्यों अपना समय, धन व्यर्थ कर रहा ?' वक्त बीतने के साथ इस आवाज की बढ़ी तीव्रता से वह निढाल हो, अंतत: लक्ष्य त्याग लिहाफ में मुँह ढाँक सो जाएगा। उसका मस्तिष्क आते-जाते अनुभवों से अपने विफल होने के यकीन को पुख्ता करता रहेगा। स्वयं-बंधित सीमा में जकड़े उस जीव का नाकामी या कम स्तर की उपलब्धियाँ पाना पक्का। प्राचीन कार्थेजियन लेखक टरट्यूलियन (Tertullian, 155-220 AD) ने इस तथ्य को हजारों साल पहले पहचान लिया, उन्होंने कहा था, "यदि आप इसे असंभव मान रहे, तब यह सुनिश्चित हो जाएगा।"

संभव मानसिकता (possibility mindset) द्वारा आपके दिमागी चित्रपट पर उत्पादित 'ध्येय का पूरा होते हुए की छवि' आपको आत्म-उत्साहवर्धित किए रखेगा। आपका कदम स्वत: उस तरफ उठेगा और आपका अचेतन उसके फतह के वास्ते हर उपयोगी, हर संभव मार्ग, समाधान ढूँढ़ने को अग्रसरित। द्वितीय विश्वयुद्ध में नाजियों के अभेद्य यातना गृह क्राकोव (Krakow) से भागना नटवरलाल[9] के चच्चू और बड़े-बड़े जाँबाजों के सपनों में नहीं आएगा, पक्का। इस सोच से अधिकांश निरीह

बंदी वहाँ से भागने के विचार को दरकिनार कर वहीं नेस्तनाबूद हो गए। कभी हार न मानने की मानसिकता का मालिक जीव स्टेनिसलावस्की लेक (Stanislavski Lech) असाधारण सोचवाले असाधारण व्यक्ति ठहरे। वे मस्तिष्क में वहाँ से सफलतापूर्वक मुक्ति की फिल्म देखते रहते, इसलिए कभी अपने प्रारब्ध को नहीं कोसे। स्पष्ट लक्ष्य ने उनके स्नायविक साइबरनेटिक्स-तंत्र को वहाँ से भागने के वास्ते मार्ग ढूँढ़ने को सक्रिय कर दिया। अंतत: साइबरनेटिक्स व्यवस्था ने उन्हें गहन वितृष्णा, निराशा से भरे अँधेरे के बीच भागने का तरीका ढूँढ़कर आशा की किरण दिखा दिया। एक दिन वे गैस चैंबर से निकले निरपराध यहूदियों की लाशों के ढेर में छुप उस नरक से चंपत हो गए और पत्थर-दिल, पापी नाजी हाथ मलते रहे। और यह देखिए पैदाइशी बगैर हाथ-पैर के निक युजिसिक (Nick Vujicic) हृदय में मोटिवेशनल वक्ता बनने का ख्वाब बना लिये, जबकि उनसे बेहतर असंख्य दिव्यांगों एवं सामान्य जनों में वैसे सपने देखने की जुर्रत कहाँ! आज वे आर्थिक रूप आत्म-निर्भर अति लोकप्रिय अंतरराष्ट्रीय मोटिवेशनल वक्ता हैं, जिनका कद आसमान से भी ऊँचा!

अगर वह कर सकता है, तब मैं भी कर सकता हूँ,
यदि कोई नहीं कर सकता तो मुझे जरूर करना चाहिए

ध्येय को संभव-असंभव देखने की दृष्टि से एक महान् बनता है तो दूसरा औसत दर्जे का, एक को साधारण या रास्ते का कंकड़ बनाता है तो दूसरे को महामानव; एक को उच्चकोटि का प्रदर्शन करने में सक्षम, तो दूसरा को निम्नस्तरीय प्रदर्शन करने में; एक को अति समृद्ध, तो दूसरा सड़क को लंबडे बादशाह। महान् कार्यों के कर्ता एवं श्रेष्ठ प्रदर्शन करने में सिद्धहस्त सदैव आसमान को अपना सीमा मानते रहे। सिकंदर ने ग्रीस से एशिया तक पैदल सेना को ले जाने को आसान कृत्य माना, पर उसके सैनिक कमांडर उसे बेवकूफी भरा साहसिक उद्यम और अव्यावहारिक। और इतिहास गवाह है, सिकंदर का भारत पर दस्तक देने की कथा का। थॉमस एडिसन (Thomas Edison) ने कहा था, "यदि हमें वो करना हो, जिसकी हममें क्षमता है, कूवत है, तब वास्तविकता में हम स्वयं अचंभित रह जाएँगे।" प्रत्येक साधारण जन ऐसा मानसिक आभामंडल (aura) रचित करने में समर्थ हैं, जिसमें प्रवेश करते उसे गहन अहसास हो कि 'मैं सबकुछ कर सकता हूँ', 'मैं जो चाहे वह हासिल कर लूँगा'।

महान् तैराक माइकल फेल्बस केवल एथेंस ओलंपिक में स्वर्ण पदक जीतकर लड़कियों के साथ मस्ती में डूब नहीं गए, वरन् असंभव दिख रहे अगले ध्येय पर निशाना साधने में व्यस्त रहना उनकी सीरत में शामिल। वे तैराकी में अनेक पूर्व रिकॉर्डों को मिट्टी के धरौंदों की तरह ध्वस्त कर ऐतिहासिक महामानव बने। वे ओलंपिक इतिहास

में अब तक सर्वाधिक पदक जीत और अनेक विश्वस्तरीय रिकॉर्ड बना इतिहास में महान् मनुष्यों की कतार में सुशोभित हो गए। तैराकी में आज तक उनके समकक्ष अन्य कहाँ? उन्होंने कहा, "मैं सोचता हूँ कि सबकुछ संभव है, जब तक आप उसे पूरा करने में अपना पूरा तन-मन न लगा दें और अपने एवं अपने समय को उस उद्देश्यार्थ कर्म में पूरा निवेश न कर दें।"

सृष्टि में केवल मानवीय बुद्धि में एक विशेष बौद्धिक विलक्षणता है—हममें अपनी मानसिक बंधन, परिधि से बाहर निकलकर देखने तथा लक्ष्य-निर्माण करने की और साधारण से ऊपर उठ असाधारण रूप से सोचने-समझने की महा-योग्यता। इतिहास में जो विस्मयकारी कार्य किए और अभिनव वैज्ञानिक खोज एवं अप्रतिम उपलब्धियों के झंडाबरदार रहे, वे सदा मेढक सरीखे अपने कुएँ को पूरा संसार समझने की भूल से छत्तीस का आँकड़ा बनाए रहे। अपने विस्तृत, महा-आंतरिक दुनिया के कारण वे साधारण और सामान्य के बजाय अकल्पनीय, बड़ा, असाधारण मनसूबा निर्मित किए और उसे मूर्त स्वरूप प्रदान करने के पहले उस पर अडिग विश्वास का स्तंभ खड़ा किए, जबकि छोटे दिमाग के स्वामी उसे उठते-बैठते, सोते-जागते मिथ्या, हास्यास्पद करार देने में मगन रहे।

यदि आप सोच रहे हैं, 'मैं कर सकता हूँ' या स्वीकार रहे हैं, 'मैं नहीं कर सकता', दोनों अवस्था में क्या आप सही नहीं?

मानवीय मानसिकता में विशालकाय जिन्न का रूप लेने का गुण जड़ है, अनेक साधारण जनों का असाधारण सफलता का बादशाह और हीरो हीरालाल बनने का। एक वक्त जमीनी आदमी रहे एंथनी रॉबिंस अनेक अविश्वसनीय उपलब्धियों को अपने जेब में गपागप भर लिये। उन्होंने अपने बेस्ट सेलर 'एवेकन द जायंट विदिन' (Awaken the Giant Within) में एक रहस्य को उजागर किया, "मैं विशाल लक्ष्य बनाता रहा, जिसे दूसरे असंभव करार देते।"

आपको अपनी सीमा जाननी है? बस उस मंजिल की ओर बढ़िए, जो आपको असंभव महसूस हो रहा। योगी विवेकानंद ने कहा, "संभव की सीमा जानने का केवल एक तरीका है—असंभव से आगे निकल जाना।"

यदि आप चाहते हैं कि आप अपने ख्वाबों को मुट्ठी में पकड़ें, अप्रतिम सफलताओं के शहंशाह बनें और अमर आत्माओं की श्रेणी में अपनी जगह सुरक्षित करें, तब आपको असंभव महसूस होते लक्ष्य को संभव मानना होगा, भले ही वह आपको वर्तमान में अवास्तविक प्रतीत हो—चाहे उद्योग लगाने या विश्व भ्रमण की मंशा हो। आपके अचेतन एवं आपके चारों ओर की अदृश्य ब्रह्मीय शक्ति प्रज्वलित हो उठेगी। आपका अचेतनता से उस ओर कदम बढ़ने से आपकी विजय-गाथा का इसी पल से श्रीगणेश। आपका

जज्बा, चाल-ढाल, बोल, तेवर का नया रूप लेने से दुनिया आश्चर्यचकित।

असंभव लग रहे लक्ष्य को संभव बनाने का सबसे सुगम प्रविधि है—स्वयं को दृढ़ विश्वास से लक्ष्य प्राप्त करते हुए देखना और अटल आत्मविश्वास बनाए रखना। वह लक्ष्य बनाइए, जिसे आप वर्तमान में असंभव या असाधारण समझ रहे हैं और ऐसा हाव-भाव, व्यक्तित्व अपनाइए, ऐसा अभिनय कीजिए, जैसे आपने वाकई उसे विजित कर लिया। आपका दिमाग सफलता के रहस्य का परत-दर-परत खोलना प्रारंभ कर देगा। उस यथार्थ चेष्टारत हो लें। यदि आप सफल हुए, तब आपके आत्मविश्वास एवं दूसरे ध्येयों पर सफलता के विश्वास पर एक नहीं दस परिंदों का पर लग जाएगा और आप बड़ी-बड़ी उपलब्धियों के शहंशाह बन वंशी बजाएँगे, आपके आंतरिक संसार का व्यास आसेमान तक फैल जाएगा, साथ ही आपकी नियति में चार चाँद लगने का शुभारंभ।

निम्न अवधारणाओं को फेविकोल द्वारा दिल से कसकर चिपकाए रखना चमत्कारी संभव मानसिकता के उत्पादन की गारंटी है—

- मानवीय क्षमता, कौशल अपरिमित है, तथा
- असंभव जैसा कुछ नहीं।

विश्वास और आत्मविश्वास की दोस्ती है—दम दमा दम दम।

आत्मविश्वास का बाजू पकड़ कर्मरत होना काबिलियत में उफान लाकर सफलता को सुलभ बनानेवाला जाम है, अब तो इस बात को आधुनिक सकारात्मक मनोवैज्ञानिक वैध करार दे चुके। अमर विचारक हेनरी डेविड थ्योरो (Henry David Thoreau, 1817-62) ने इसे तसदीक किया, "यदि कोई आत्मविश्वास से भरपूर होकर उस पथ पर चलना शुरू करे, जिधर जाने का स्वप्न वह देखता रहता है और वैसा जीना अभी से ही प्रारंभ कर दे, जैसा जीने की कल्पना वह करता रहता है, तब कभी-न-कभी, अप्रत्याशित रूप से भी, उसकी भेंट सफलता से होगी।" अपने पर निहायत भरोसा रखनेवाला वक्ता अधिक बेहतरी से बोलने में समर्थ होगा, न कि आत्मविश्वासविहीन वक्ता।

स्वनिष्ठा का सफलता के अहसास में चिनगारी लगाने में विशाल भूमिका है, इसलिए उच्च प्रदर्शन एवं विस्मयकारी कार्य करनेवालों में उसका वास अघोषित सत्य है। उसके आगमन से हममें यह सुपर हीरोवाला विश्वास उछलने लगेगा कि 'मैं मंजिल विजित कर सकता हूँ, यदि चाहूँ तो'। विख्यात क्लिनिकल मनोवैज्ञानिक डॉ. चार्ल्स गार्लफील्ड, अमेरिका के शोध का विषय था, दुनिया में अग्रणी अनेक अमेरिकी उद्योगपति किन कारणों से उस अवस्था में पहुँचे। प्राप्त निष्कर्षों में एक निष्कर्ष था—उसके पीछे प्रधानत: शारीरिक नहीं, वरन् मानसिक कारक उत्तरदायी है और उसमें सबसे मुख्य है, उनका अपने व अपने लक्ष्यों पर अप्रतिम भरोसा।[A]

कर्नल सैंडर्स के रेसपी[10] से बेहतर रेसपी असंख्य महिलाओं के पर्स में ऊँघ रहा

होगा, पर वे रेस्टोरेंट मालिकों को उसे बेचने का या उस पर आधारित व्यापार करने का साहस जुटा नहीं पातीं। दूसरी ओर कर्नल साहब को अपने पर गहन भरोसा एवं अपने रेसपी के बिकाऊ, स्वादिष्ट होने का अटूट विश्वास था, जबकि वे साठ के ऊपर थे। इसलिए वे 999 रेस्टोरेंट मालिकों के द्वारा नकारने के बावजूद दृढ़ता से आगे कदम बढ़ाते रहे, हतोत्साहन का पल्लू थाम रात कभी नहीं गुजारे। अंततः हजारवें रेस्टोरेंट ने उनकी रेसपी स्वीकारी, फल रहा—विश्वविख्यात फास्ड फूड चेन 'केंटकी फ्राइड चिकन' (KFC) का बीजारोपण।

अपने कर्म, उद्देश्य एवं स्वयं पर गाढ़ा यकीन प्रारंभ है साधारण से डायमंड बनने का और असाधारण उपलब्धियों की नदियों में गोते लगाते रहने का, चाहे व्यक्ति साधारण हो, वह एक आम घर में पैदा हुआ हो या उसका डीलडौल सामान्य हो या उसका कद चार फुटा। विंबलडन चैंपियन सेरेना विलियम्स ने कहा, "भाग्य का इससे कोई लेना-देना नहीं है। मैंने कई-कई घंटे तक एक मूवमेंट (एक विशेष क्रिया) पर काम किया है, बिना जाने कि सफलता कब मिलेगी। मैंने केवल खुद पर विश्वास करना सीखा है।' (हिंदुस्तान, 8 अगस्त, 16; पेज 9)

विफलता के यकीन पर चार थप्पड़ अपने गाल पर

मैंने पहले ही कहा था, विश्वास व अविश्वास सिर्फ दिमागी ऊधमबाजी है, विशेष मनोवृत्ति का फल। देखिए, आपकी ध्येय के प्रति गलत, प्रतिरूप दृष्टि कैसे उसके प्रति अब तक अविश्वास का पहाड़ खड़ा करती रही है और आगे करती रहेगी, यहाँ तक कि जब वह संभाव्य की श्रेणी में हो—

- **तथ्य को अपभ्रंश करने की मानसिकता (Distortion)**—'लक्ष्य बहुत बड़ा है, मुझसे नहीं होगा', 'मंदी में रेस्टोरेंट से फायदा असंभव'। पर क्या बड़े लक्ष्यों को लोगों ने हथियाया नहीं? क्या मंदी में अनेक रेस्टोरेंट मालिक मुनाफा नहीं कमाए?
- **सच्चाई की अनदेखी करने की आदत (Deletion)**—जॉर्ज ने अतीत में दसियों बार मंदी में मोटी रकम जेब में भरी, पर अब बेटे के कथन को निर्विवाद मान उसने इस तथ्य को नकार दिया।
- **एक परिणाम, बात को सर्वस्वीकारणीय अघोषित सत्य स्वीकारने की मनोवृत्ति (Generalisation)**—'मेरा भाई फलाने रोग से मुक्त नहीं हो पाया, अतएव यह मेरे लिए भी वास्तविकता है', 'मंदी का मतलब घाटा', 'समाचार-पत्र का कथन निर्विवाद सच्चाई है।' पर क्या ये तार्किक निष्कर्ष, सोच हैं?

अब आपको समझ में आ गया होगा कि आप अपनी वर्तमान आयु तक कितने संभावित लक्ष्य-प्राप्ति से बेगैरत रहे!

विफलता पर विश्वास के मुँह उठाने का आधार है—

- पूर्व विफलताओं की अधिकता (abundant past failures)
- अपने काबिलियत, क्षमता पर अविश्वास या उसे सीमित दायरे में बाँधने की प्रवृत्ति (belief in self-incapability and limiting own ability)
- पूर्व में समान तरह के ध्येय में शिकस्त का तोहफा पाते रहना (failure in past matching goal)
- अप्रिय यादों की बारिश (much of past negative experiences)
- अनचाहे परिवेश का बाशिंदा होना (living in negative environment)
- स्वनिष्ठा का अभाव (lacking self-confidence)
- नकारात्मक मनोदशा की अधिकता (living most of the time in negative states)

जिस लक्ष्य पर आपका अविश्वास (विश्वास की एक श्रेणी) रहा था, उसे या तो आपने पाने की चेष्टा न की होगी या आप प्रत्यत्नशील हुए थे, पर कुछ समय उपरांत आपने उसे त्याग दिया, सोचकर 'बुद्धू, जब वह मिलेगा नहीं, तब मैं उस यथार्थ का क्यों प्रयास करूँ'! उसका लंबा हाथ है—अनेक में यथोचित प्रतिभा, कौशल रहते हुए उनके पिछड़ते रहने का, हथियार छोड़ लेट जाने का, प्रतिद्वंद्वी मुक्केबाज के एक मुक्के से बेहोश हो जाने का नाटक करने का। इस अध्याय से पहले उल्लेखित दो भाइयों की सत्य कथा भी इसे सत्यारोपित कर रहा।

जब आपका स्वयं लक्ष्य विजय पर भरोसा नहीं, तब कैसे आपका हृदय, स्नायविक-प्रणाली उस यथार्थ से सक्रिय हो आपकी मदद करेंगे, कैसे आपका दिमागी व शारीरिक इंजन गरम होगा? आपमें इनकांग्रुएंट[11] (incongruent) और आत्महीनता से लबरेज पास्चर, भाव-भंगिमा के व्यक्त होने से और आपके मस्तिष्क में 'मंजिल को प्राप्त न करते हुए की छवि' प्रकट होने से आप पहले से ही हथियार डाल चुके होंगे। मैं पच्चीस की आयु में नौकरी के लिए साक्षात्कार देने गया। अत्यंत हीन भावना से ग्रस्त मैं सोच रहा था, साक्षात्कारकर्ता मुझे नकार देगा। जाहिर है कि उसके सामने मेरा हाव-भाव, बोलने का ढंग, शब्दों का चुनाव यह सब दरशा रहा होगा, जैसा मैंने पूर्वानुमान लगाया था, वह सत्य सिद्ध हुआ, वैसा फल मुझे मिला, मुझे नौकरी नहीं मिली। प्रतिभागी से हारते हुए की कल्पना करके खेलता खिलाड़ी अपने हारने का ब्लूप्रिंट अग्रिम में खुद में तैयार कर बैठा।

विफलता पर विश्वास (belief in failure) और सफलता पर अविश्वास (disbelief on success) दोनों चोर आपका विफलता से निश्चित रूप से मुँह दिखाई कराएँगे। उनका आपकी स्नायविक व्यवस्था को निरंतर कंडीशन करते रह आपके सभी आंतरिक व बाह्य मानवीय अभिक्रियाओं को सुषुप्त कर देने से। आपका विकल्पों, समाधानों से नजरबंदी हो जाएगी। आप लक्ष्यार्थ तमाम हुनर, संसाधन, प्रतिभा के बादशाह होने के बावजूद उस ओर प्रयासरत होने के पहले हाथ-पैर ढीला कर पालथी मार बैठ जाएँगे, उस बाबत दिमाग में आई अन्य सच्चाइयों को चाँटा मार दूर भगा देंगे। आपमें हसरतें अँगड़ाई मारेंगी, पर द्वाररक्षक अविश्वास का दानव उसे देखते दरवाजा बंद कर देगा, यह प्रक्रिया भारतीय रेलतंत्र के समान सतत अचेतनता से चलायमान। आपका स्नायुतंत्र आपमें तनावजनक हार्मोन कार्टिसॉल, एड्रिनलिन का स्राव करके आपमें हतोत्साह, डर उत्पादित करता रहेगा। यदि आप हिम्मत जुटाकर आगे बढ़ते हैं, तब अूधरे मन से कर्मरत होंगे या अपनी असल क्षमता के उपयोग से वंचित रह जाएँगे।

लक्ष्य में नाकामी का भूत (चाहे उसे दूसरे प्राप्त कर चुके हों) मस्तिष्क में विशिष्ट न्यूरोस्टूम्युलस[12] को चलायमान करके मनोपटल पर पूर्व विफलताओं की तमाम चलती-फिरती जीवंत फिल्म इकट्ठी करने का उत्तरदायी है। समय के साथ उन दृश्यों के अधिक प्रखर होते रहने से आप अपने नए मकसदों को उनके आधार पर तौलकर उन्हें भी अप्राप्य स्वीकर लेंगे। हाई स्कूल में अध्यापक ने मुझे कक्षा में एक पुस्तक पढ़ने को कहा। मेरा होश फाख्ता! उन्होंने सबके सामने मेरा ऐसा मजाक उड़ाया, ऐसा डाँटा कि मेरा पूरा शरीर जड़ और मेरी चड्ढी हलकी सी गीली। उसी पल मेरे अचेतन ने निर्णय ले लिया था, 'अब मैं सबके सामने कभी नहीं बोलूँगा।' विश्वविद्यालय की वाद-विवाद प्रतियोगिता जीतना मेरी ख्वाहिश, पर जैसे मैं उस बाबत सोचता, मेरे दिमाग के सामने हाई स्कूल की वह पागल स्मृति नंगा डांस शुरू कर देती।

विफलता परिणाम है इस सोच का : 'सब विकल्पों का दरवाजा बंद'

विफलता का अहसास (feeling of failure) स्नायुमंडल को सफलता के पथ पर विचरण करने एवं उस पर आनेवाली समस्याओं का समाधान ढूँढ़ने के पहले आपको पीछे ढकेलने का दोषी है, भले ही रेगिस्तान में ठंडा पानी पेय बेचने का सुअवसर हो। अन्य अप्रिय परिणाम होगा—निठल्ले बैठे रह समय, संसाधन व्यर्थ करना। जब आप आश्वस्त हैं, 'मैं अगले को सामान नहीं बेच पाऊँगा', तब आपका दिल संभावित ग्राहक से संपर्क प्रस्थापन को सौ नहीं, दो सौ प्रतिशत कोताही बरतेगा। पर आपमें कामयाबी का भरोसा जाग्रत् होते ही आप उस वास्ते तुरंत पहलवान चंदगी राम की तरह बाँह चढ़ा लेंगे।

क्या ऐसे बरखुरदारों की कमी है, जो सही-सलामत हाथ-पैर होते हुए, चाँदी का चम्मच मुँह में दबाए पैदा होते हुए भी 'मैं नहीं कर सकता', 'मैं अपना स्वप्न पाने का अधिकरी नहीं' सोच से हताशा का लबादा ओढ़ जवानी में बूढ़े दिखने लगते हैं? जी नहीं, उनमें से अनेक द्वारा अवसाद में डूबने से मौत की कामना करना अपवाद नहीं। उनके दो कानों के बीच विराजमान भेजा, महाराज जिन्न के माफिक उसे आज्ञा मान उनकी मुराद पूरी करने को क्रियाशील हो जाएँगे—उनमें गंभीर बीमारी उत्पन्न करके या उन्हें शराब-कबाव में डुबा-डुबाकर उन्हें धीरे-धीरे मौत की ओर बढ़ाते रह।

अपने नाकामयाब व्यक्तित्व के मूर्तिकार आप!

हमारे द्वारा आते-जाते लक्ष्यों को पाने पर आदतन यकीन न करते रहने की प्रवृत्ति इसे अचेतन बनाने की जड़ है, अंततः वह हमारी शख्सियत का अभिन्न अंग (Identity related belief) होकर हमारी शख्सियत गठन में महत्त्वपूर्ण भूमिका निभाने का जिम्मेवार। अनेकानेक वैसा अविश्वास एकजुट होकर हमें 'विफल व्यक्तित्व' (Failure personality) में तब्दील करने में देर नहीं लगाते। वैसा व्यक्ति धीरे-धीरे साधारण अभिलाषाओं, जिसे आम लोगों ने कर दिखाया हो, के प्रति भी 'मैं उसके लायक नहीं' ('I am undeserving for that.') का दृष्टिकोण अपनाने लगेगा। कुछ करने की सोच उसके मगज में आते ही उसमें अयोग्यता के अहसास का प्रवेश उसमें नैसर्गिक आवृत्ति। तमाम संसाधन, हुनर, क्षमता के मालिक होने के बावजूद वह ताउम्र नाकामयाबी, कुंठा, अकुशलता, आत्महीनता का नौकर बनने को मजबूर। उसकी छाती में हसरतों के कमल का मुरझाना आम। चाय की दुकान खोलना आसमान से तारे लाने जैसा, चाहे परिवार आर्थिक परेशानियों से टूट रहा हो। खोपड़ी में अफसर की ड्रेस पहनने का ख्वाब आने पर उसका दिल उसे धक्के मार बाहर फेंक देगा। वैसे जन समाज में उद्देश्यविहीनता से इधर-उधर टहलनेवाले व्यक्तित्वहीन मांस का पिंड माफिक दिखते हैं। उनके लिए दूसरों की चाह पूरी करना, चाकरी करना सामान्य बात है।

भाई साहब, मैं था काबिल, पर कैसे हुआ नाकाबिल?

विख्यात मनोवैज्ञानिक एल्बर्ट बैंड्यूरा (Albert Bandura) का सेल्फ-एफेकॅसी (self-efficacy) सिद्धांत मील का पत्थर है। उसके अनुसार हमारी समस्त आंतरिक व बाहरी प्रक्रियाएँ लक्ष्य के प्रति विश्वास के तर्ज पर आयाम लेती हैं। आपका सेल्फ-एफेकॅसी नजरिया निर्णय करता है कि आप अपनी समस्त क्षमताओं को किस हद तक उपयोग में ला सकेंगे, न उससे कम, न उससे ज्यादा। आप यदि पेड़ में लगे एक फल

को देख पत्थर मारते हैं, तब आप उतनी ताकत से पत्थर फेकेंगे, जितने फल की ऊँचाई का आपने अपने दिमाग में चित्र बना रखा है, आपकी समस्त मानसिक एवं दैहिक क्षमता (competency) उसी स्तर ही उठेगा, लागू होगा। रोजर बैनिस्टर का स्नायुमंडल उनकी मांसपेशियों और कोशिकाओं की मेटाबोलिक क्रियाओं[13] (metabolic responses) को उनकी अपनी सफलता पर विश्वासानुसार उन्नत करता रहा। इससे उनका बल, समर्थता, योग्यता में प्रत्येक अभ्यास के साथ लगा नया पंख फड़फड़ाता गया।

हममें असीमित प्रवीणता है, पर उसे हम स्वयं मोटी रस्सी से बाँधने के आरोपी। निश्चित है, हम उसके उपयोग से वंचित रह जाएँगे। हम ही खलनायक हैं, अपनी सफलता की चिड़िया खुद हाथ से उड़ा देने को। हमारी अकुशलता, अक्षमता के मूल में शायद ही हममें कोई वास्तविक कमी, मानसिक अक्षमता हो। पर प्रत्येक शारीरिक रूप से सामान्य मानव में उसका स्रोत है—अपनी 'काबिलियत पर अविश्वास' (incapability belief) से इश्क लड़ाने की आदत। एक सच्चे मजनूँ की तरह उस धारणा को अटल सत्य समझकर लक्ष्य त्यागने का निर्णय कर डालेगा और आगे करता रहेगा।

आपमें एक मनोवांछित हुनर पाने की लालसा अँगड़ाई मार रही है, पर आप जब तक विश्वास करते रहेंगे, 'मैं वैसा नहीं कर सकता', मैं उसे सीख नहीं सकता तब तक आप उससे वंचित रहेंगे, उसमें पारंगत कदापि नहीं हो सकेंगे। कुछ में कार चलाने की अभिलाषा विद्यमान है, पर भूत में एक दुर्घटनावश उनमें हिम्मत नहीं उसे सीखने की।

प्रक्रिया को सफलतापूर्वक करने के लिए यथोचित कौशल (ability) के उत्थान में 'मैं वैसा कर सकता हूँ', 'मेरे में वह विद्यमान है' का भरोसा आवश्यक है। एक अमेरिकी अध्ययन में खिलाड़ियों के एक समूह ने बगैर मैदान पर गए विश्वासपूर्वक कल्पना द्वारा अभ्यास किया। दूसरे समूह ने वैसा किया, पर बिन विश्वास के, बगैर दिल से। मैदान में पहले समूह का प्रदर्शन अधिक उन्नत हुआ, जबकि दूसरे समूह के खिलाड़ियों के प्रदर्शन में रंचमात्र का निखार न आया। सम्मोहन की अवस्था में व्यक्ति वह काम कर सकता है, वह प्रदर्शन कर सकता है, वह काबिलियत प्रयोग कर सकता है, जो चैतन्यता की अवस्था में उसके लिए असंभव। एक प्रयोग में सम्मोहित व्यक्ति को निर्देश दिया गया कि तुम्हें ताकत मापनेवाली एक मशीन पर अमुक स्तर तक ताकत लगाना है। उसने वैसा कर दिखाया, जो जागरूक अवस्था में उसके फरिश्तों में भी करने का दम नहीं।

मैं काबिल (capable, competent) या नाकाबिल
(incompetent, incapable), इसका जिम्मेदार मैं कैसे नहीं?

अपनी सफलता पर विश्वास (belief in success) एवं अपनी काबिलियत, क्षमता पर विश्वास (belief in own ability) दोनों एक-दूसरे के वैसे पूरक हैं, जैसे—मछली और जल। अपने पंखों पर विश्वास करनेवाला पक्षी डाल-डाल पर बैठे कीट-पतंगों की दावत उड़ाने में रहता है मशगूल, उसे डाल टूटने का भय नहीं सताता। मुक्केबाजी के मैच में खराब प्रदर्शन करते मुक्केबाज को कोच समझाता-बुझाता है, धमकाता है, बुरा-भला कहता है या 'अबे, तू उससे ज्यादा काबिल है' चिल्लाकर उसे प्रेरित करता है। और यह लो, मुक्केबाज के थके-हारे टूटे तन और मगज में बल्ब जलना शुरू। वह अपने संभावित कौशल का पूर्णतया प्रयोग करते प्रतिभागी पर धड़ाधड़ लक्ष्यपरक मुक्के बरसाकर उसे लंबूलेट कर देता है, जबकि संभव है, प्रतिभागी ने उससे अधिक अभ्यास किया हो, उससे ज्यादा तगड़ा, योग्य हो।

जीतने, हुनर व कार्य-कुशलता (ability, competency) पर यकीन दोनों प्रोत्साहन, ऊर्जा को परवान चढ़ा मंजिल विजय सुनिश्चित करने के महागुरु हैं। एक तैराक का समंदर में तैरते-तैरते हाथ-पैर लस्त हो गया, लगभग हार मानने के कगार पर। तभी उसे किनारा दिख गया, जहाँ उसे पहुँचना था। और यह देखिए, सेल्फ-एफेकॅसी नियम के तहत उसके हाथ, पैर, दिल में जान आ गई और वह तेजी से तैरते किनारे पर पहुँच, विश्व रिकॉर्ड बनाने में सफल हुआ। एक पत्रकार के प्रश्न 'वह पहले क्यों विफल रहा था' पर उसका उत्तर था, 'क्योंकि उस समय उसे किनारा नजर नहीं आया था।'

दुर्भाग्य है, अधिकांश जनसंख्या का अपनी कुदरती गुणों से नावाकिफ होना या उस पर अविश्वास करना। इससे प्रारब्ध उनकी हस्तरेखा में सीमित संसार, सीमित सिद्धियाँ अंकित करने को हकदार हो जाएगा। वैसे जनों के मनोरथों, सपनों की झाँकियाँ उनके दिल में दफन होने को मजबूर और वे हताशा के साए में जीने को बाध्य। अधिकांशतः इसका एक दैत्य सरीखा सिर्फ मनोवैज्ञानिक जड़ है, उनका अपनी समर्थता, काबिलियत, प्रतिभा पर अविश्वास। बेस्ट सेलर लेखिका मैरियाने विलियम्सन (Marianne Williamson) का उद्गार, "हमारा सबसे गहरा डर यह नहीं कि हम अक्षम हैं, हमारा सबसे बड़ा डर है हमारी क्षमता, शक्ति का अपरिमित होना।"

कार्यक्रम

1. एक नोटबुक में बीच से लाइन खींच पृष्ठ को दो भागों में विभक्त करें। पहले भाग में वह लक्ष्य लिखें, जिसे सोचते आपका दिल चीत्कारता है, 'बरखुरदार, यह तुम्हारे बस का नहीं' या उसे आप चाहते हैं, पर वर्तमान में वह आपके पास नहीं है—नई कार लेना, अपना वजन दस

किलो कम करना या अन्य। नंबर देते हुए उस जैसा अधिकाधिक मकसद लिखें। दूसरे खाने में पहले खाने में लिखे प्रत्येक मनोरथ के सामने उसका दृढ़ विश्वास में वाक्य लिखें, भले ही उस यथार्थ अभी आपके पास न पैसा, न संसाधन है—'मैं दो वर्ष में नई कार खरीद लूँगा', 'मैं छह महीने में अपना वजन दस किलो कम कर सकता हूँ'। इन्हें दस-पंद्रह दिन में कम से कम एक बार अवश्य पढ़ें। धीरे-धीरे आपमें उन मनसूबों को भविष्य में पाने के पुख्ता विश्वास के बीज का प्रस्फुटन रोकने में किसी में दम नहीं।

शब्दावली

1. **चकरघिन्नी**—अपनी धुरी (axis) पर घूमनेवाला खिलौना।

2. **वैरिएबल (Variable)**—कारक, जिसमें किसी व्यवस्था, निर्णय को प्रभावित करने की क्षमता हो, जैसे 'वातावरण' जो आपके मूड परिवर्तन में सक्षम है।

3. **सींकिया पहलवान**—दुर्बल, अशक्त पुरुष के लिए प्रयुक्त उपमा, न कि स्त्री के वास्ते।

4. **ब्लीडिंग अल्सर (Bleeding ulcer)**—पेट में रक्तस्राव की समस्या।

5. **पैराडिग्म शिफ्ट (Paradigm shift)**—अंत:करण में बसे दृढ़ विश्वास या किसी प्रक्रिया में मूलभूत परिवर्तन का आना। उदाहरणार्थ, वायुयान का पहली बार हवा में उड़ने से ठोस धारणा कि 'मनुष्य का हवा में उड़ना असंभव है' का नेस्तनाबूद होना।

6. **हार्मोन (Hormone)**—तन की सभी जैविक क्रियाओं—भूख लगने से लेकर भावना, प्रजनन तक—को प्रबंधित करनेवाली एंडोक्राइन ग्रंथियों द्वारा स्रावित बायोरसायन।

7. **न्यूरोलॉजिकल स्टीम्यूलाय (बहुवचन) (Neurological stimuli)**—स्नायुतंत्र की कोशिकाओं द्वारा दूसरी कोशिकाओं, अंगों को भेजा गया इलेक्ट्रोमैग्नेटिक (electromagnetic) संवाद। (एकवचन—न्यूरोस्टूम्यूलस)

8. **सॉफ्टवेयर (Software)**—कंप्यूटर को लिखित नियमानुसार संचालित करनेवाला अस्पर्शनीय प्रोग्राम। सोच (thought) हमारे जैविक कंप्यूटर स्नायुमंडल को क्रियारत किए रहनेवाला सॉफ्टवेयर है।

9. **नटवरलाल**—एक अत्यंत चतुर, बुद्धिमान ठग, जिसकी भारतीय इतिहास में आज तक मिसाल नहीं।

10.रेसपी (Recipe)—खाद्य पदार्थ, पकवान बनाने की कला।

11.इनकॉनग्रुएंट (Incongruent)—भाषागत एवं गैर-भाषागत अभिव्यक्ति के बीच विषमता—आपका कर्मचारी जबान से कह रहा है 'हाँ', पर उसके चेहरे की रंगत, मुद्रा से साफ प्रतीत हो रहा है, उसके अंदर का 'ना'।

12.न्यूरोस्टूम्यूलस (एकवचन) (Neurostimulus)— स्नायविक प्रणाली की कोशिकाओं द्वारा भेजा गया दूसरी कोशिकाओं, अंगों को भेजा गया संवाद। (बहुवचन—न्यूरोलॉजिकल स्टीम्यूलाय)

13.मेटाबोलिक क्रियाएँ (Metabolism)—जीव द्वारा गृहीत खाद्य पर होनेवाली रासायनिक चयापचय प्रक्रिया। उसका उत्पाद है ऊर्जा, विजातीय पदार्थ।

संदर्भ

A. पीक परफॉर्मर्स द न्यू हीरोज ऑफ अमेरिकन बिजनेस (Peak Performers The New Heroes of American Business), डॉ. चार्ल्स गारफील्ड (विलियम मारो एंड कंपनी, इनकॉरपोरेशन, न्यूयॉर्क-10016)

□

12

दिल-छेदक आलोचना, दोषारोपण का निष्प्रभावीकरण

- आप आलोचना के भय से महत्त्वाकांक्षा की ओर बढ़ने एवं सुअवसर हाथ से पकड़ने का साहस नहीं जुटा पाते?
- कैसे वह दबंग, प्रभावी व्यक्ति के सामने आत्मसंतुलित रह आत्महितार्थ निर्णय करने में निपुण है?
- क्यों एक बंदा दिल-छेदक आलोचना से मानसिक संतुलन खो बैठता है, नाकाबिलियत के अहसास में फँस बढ़ा कदम रोक देता है या विफलता गले लगाता है, जबकि दूसरा आत्मविश्वास बरकरार रख लक्ष्य की ओर बेहिचक दौड़ता रहता है?

नकारात्मक आलोचना खलनायक है। उसने न जाने कितनी जिंदगियाँ तबाह कीं, असंख्य संभावित सफल को असफल होने का तमगा पहना दिया और अच्छे-खासे इनसान को मनोसमस्याओं के आगोश में जकड़ दिया। मैंने अनेक खिलते कमल जैसे चेहरे को बुझते, अनेक प्रतिभारूपी पुष्प मुरझाते एवं अनेक को महत्त्वाकांक्षा की प्राप्ति के लिए आगे बढ़ने के पहले भागते देखा है। नेपोलियन हिल (Napolean Hill) ने विख्यात पुस्तक 'थिंक एवं ग्रो रिच' में कहा, "लोग विफलता के पश्चात् होनेवाली आलोचना से भयग्रस्त रहने के कारण व्यापारिक अवसर पकड़ने में कोताही करते हैं। ऐसे परिप्रेक्ष्य में उनमें आलोचना का डर अपने सफल होने की इच्छा से ज्यादा असरदार होता है।"

कुछ दिनों पूर्व एक तेरह वर्षीय अल्पवयस्क ने आत्महत्या कर ली—परीक्षा में पिताश्री के आकांक्षानुसार अंक न लाने पर परिवार के समक्ष उन्होंने उसे जमकर लताड़ा था।

प्रखर अलोचना अत्यधिक तनाव जैसे भीषण भावनात्मक प्रभावों की जनक

है, लक्ष्य-प्राप्ति के मार्ग पर दावाग्नि सुलगाकर आत्मभरोसे को भस्म करके तमाम कर्म, चेष्टाओं पर पानी फेरने के योग्य। उससे आहत होने का स्वभाव नकारात्मक मनोस्वास्थ्य, मानसिक मलिनता की माताश्री है। पीड़ित का अधिकांश समय भ्रम 'मैं क्या करूँ, क्या न करूँ' का शिकार होना सामान्य है।

"यदि आप सदैव दूसरों का मुँह ताकते रहेंगे, तब तैयार रहें उनसे तिरस्कृत होने को।"

—**लेक्रे (Lecre)**, अमेरिकी गीतकार

आलोचना से घबरानेवाला सेल्समैन हारवर्ड यूनिवर्सिटी, अमेरिका से डिग्री धारक होने के बावजूद उत्तम या संतुष्टिपूर्ण प्रदर्शन करने से वंचित रहेगा! उससे हृदय को छलनी करनेवाले बंदे को दृढ़ व्यक्तित्व के मालिक (person with strong sense of self) बनने के स्वप्न को तुरंत गहरे मिट्टी में दबा देना चाहिए; वह वांछित मार्ग पर विचरण से परहेज करेगा, प्रतिभावान होते हुए अयोग्यता का शिकार होगा एवं वास्तविकता से परे हटकर जीना उसकी मजबूरी! डॉ. जे.बी. राइन (Dr. J.B. Rhine) द्वारा 'ड्यूक यूनिवर्सिटीज पैरासाइकोलॉजी लैबोरेट्री' (Duke University's Parapsychology Laboratories), अमेरिका में एक महत्त्वपूर्ण शोधानुसार विद्यार्थियों को हतोत्साहित करना और उनकी आलोचना उनके द्वारा परीक्षा में उनके कम अंक लाने की प्रमुख वजह है।

आलोचना आपमें उतनी हलचल पैदा करेगी, आपकी कार्य-शैली की गुणबद्धता को उतना प्रभावित करेगी, जिस स्तर तक आप उसे वैसा करने की अनुमति देंगे। यह निर्भर होता है कि आप उसे अंत:करण में कैसे जज्ब कर रहे हैं। उसका हम पर अनचाहा, विध्वंसकारी असर डालने के पीछे है—

- उसे अपनी शख्सियत पर आक्षेप मानना,
- कमजोर व्यक्तित्वधारक का स्वामी होना,
- आवश्यकता से अधिक परनिर्भरता का स्वभाव रखना,
- जो कर रहे हैं, उस पर तथा स्वयं पर ठोस विश्वास का अभाव, और
- उस समय अप्रिय मनोवस्था (मूड) में होना।

एक 23 वर्षीय छात्र ने अपनी हालत मुझसे कुछ यूँ बयाँ किया—'मुझे सुबह से शाम तक विषैली बातें झेलनी पड़ती हैं, जैसे हर खराब फल का कूड़ादान मैं! अपनी निष्फलताओं, कुंठा का ठीकरा मेरे सर फोड़ना उनकी आदत। मुझे अहसास हो गया कि मैं सबसे बड़ा अकर्मण्य, अयोग्य और सड़क पर पड़ा रहनेवाला कंकड़ हूँ।' आलोचना को अपनी शख्सियत पर आक्षेप (criticism directed to identity)

मानने से 'अहं' अत्यधिक उद्वेलित होगा। यह अनेक साधारण/गंभीर मनोसमस्याओं, अति विध्वंसकारी 'अपनी शख्सियत के प्रति नकारात्मक विश्वास' (negative belief related to identity), 'नाकाबिल होने की आत्मधारणा' (belief related to own incapability) एवं आत्म-तिरस्कार (feeling of self-rejection) के अंकुरण की जमीन है। वैसा मनुष्य 'मेरे जैसा जीव कुछ करने के लायक नहीं' सोचकर अँधेरे आत्मगृह में वास करने को बाध्य रहेगा। युवा केशव के पप्पा उसे प्रताड़ित करते रहते थे, 'तुम काहिल इनसान हो और व्यापार में सदा औंधे मुँह गिरे रहोगे।' 'खुदी' पर चले जहरीले तीर (identity directed criticism) से बेचारे केशव ने जिगर में उठते मनसूबों की बयार को स्वत: रेत में दबा दिया। हौसला टूटने से उपजित हानिकारक मानसिक ग्रंथियाँ वैसे युवाओं को व्यसन, हीनता, अवसाद और आत्महत्या की प्रवृत्ति के जाल में फाँसने में देरी नहीं लगातीं। बी.वाई.एल. नायर हॉस्पिटल, मुंबई में 22 मई, 2019 को प्रतिभाशाली महिला डॉ. पायल तदवी ने दु:खद रूप से आत्महत्या कर ली। इस हृदय विदारक घटना ने जनसामान्य की आत्माओं को द्रवित कर दिया था। एक स्त्री के प्रसव के दौरान साथी डॉक्टर उसे बारंबार 'तुम नाकाबिल हो' कह प्रताड़ित करते रहे थे। उसे युवा डॉ. पायल ने अपने अहं एवं शख्सियत का अपमान समझा और उनका दिल छलनी होने में देरी नहीं लगी।

'एन.एल.पी.' अध्ययनानुसार आलोचना झेलने पर अधिकांश लोग बगैर संजीदगी से सोचे-समझे तथा अपनी भलाई को ध्यान रख नकारात्मक आचरण के अभ्यस्त हैं—

- लगभग सत्तर प्रतिशत जनसंख्या में आवेश या नकारात्मक मनोवस्था में आकर बगैर विवेक लगाए रिएक्टिव प्रतिक्रिया[1] कर आत्म-अहितकारी ढंग अपनाने की आदत है।
- बीस प्रतिशत लोग उससे अप्रभावित रह आत्मविश्वासी मनोस्थिति कायम रखते हैं, पर रिएक्टिव प्रतिक्रिया के आदी।
- मात्र दस प्रतिशत बंदे ही आत्म-संतुलन, आत्मविश्वास से युक्त होकर अपने अल्पगामी, दूरगामी लक्ष्य व हित को निगाह में रख प्रतिक्रिया करते हैं और आलोचना से बेअसर रह स्वहित विकल्प चुनने में समर्थ हैं।

अन्य की चुभनेववाली बातों को विवेकपूर्णता से झेलने की योग्यता और उससे अपना दिमाग खराब न करना आत्मसंयम, मनोस्वास्थ्य, प्रोएक्टिव प्रतिक्रिया[2] का उत्पादक है। महान् आत्माएँ दूसरों के पीड़ादायी संवाद की अग्नि में तपी होती हैं, उनके अंदर उसे सफलतापूर्वक झेलने का गुण अचेतनता से उन जैसे पलों से सीखने से मिलता है। जब ऑरवल (Orville Wright) एवं विलबर राइट (Wilbur Wright) उड़नेवाले लोहे के स्वप्न को मूर्त स्वरूप दे रहे थे, तब अनेक हँसते-हँसते लोटपोट हो,

उन्हें 'बेवकूफों' का तमगा पहनाए थे। 17 दिसंबर, 1903 को वे मूँछों पर ताव देकर वे 'लोहे की मशीन' पर बैठकर उड़े और उनके हँसी उड़ानेवालों के चेहरे पर हवा-हवाइयाँ उड़ने लगीं! 'वायुयान' मानव इतिहास में पैराडिग्म शिफ्ट[3] ले आया।

तकनीक 14 : आलोचना, दोषारोपण का श्रेष्ठ प्रबंधन (Managing Criticism)

1. अतीत का एक अति सुखदायी पल जेहन में लाएँ। उससे पूर्णतया लिप्त हो, उसे वर्तमान में बिल्कुल उसी प्रकार अनुभव करें। इसमें कुछ देर डूबने के पश्चात् आँखें खोलें। आपका अंतर्वस्था सुखात्मक हो गई होगी।

2. **विरक्त नजरिया**

   कल्पना करें, आपका दूसरा स्वयं ('आप नंबर 2') आपसे काफी दूर मोटे शीशे की दीवार के पीछे सुरक्षित खड़ा है।

   स्मृति के संग्रहालय से एक वह क्षण ध्यान में लाएँ, जिसमें व्यक्ति विशेष के प्रचंड संवाद ने आपके अंतर्मन को छलनी कर आपकी अस्मिता को डिगा दिया था। पर उसे आप नहीं, बल्कि मोटे शीशे के पीछे सुरक्षित विराजमान आपका 'आप नंबर 2' झेल रहा। यह विरक्त मनोदशा आपकी व्यथा को पहले की अपेक्षा काफी कम कर देगी।

   अनुभव नाकाबिले बर्दाश्त या घबराहट होने पर 'डबल डिसोसिएशन' मनोवस्था (संदर्भ 'अध्याय 9') में आकर यह अभ्यास करें या बार-बार नेत्र खोल 'क्रम 1' वाली प्रक्रिया करके सकारात्मक अहसास पाने के पश्चात् पुनः अभ्यास प्रारंभ करें।

3. **सबमॉडल्टी[4] रूपांतरण**

   आलोचना का आपके द्वारा असामान्य आंतरिक चित्रण, सोच आपके अनचाहे आचरण एवं आपमें मनोसमस्याओं के अंकुरण का कारण है। समाधान उसके सबमॉडल्टी में सकारात्मक, व्यावहारिक तब्दीली होगा। आपने उस वाकये की छवि को पास, बड़ा, प्रखर बनाया होगा, तभी तो वह आपकी खोपड़ी को गरम कर रहा! उसे मस्तिष्क से अधिक दूर कर मटमैला रंग व छोटे-से-छोटा आकार दे दें। आलोचक की बोलने की तीव्रता, तीक्ष्णता घटाकर निहायत अस्पष्ट, न सुनाई पड़नेवाला कर दें,

जैसे वह फुसफुसा रहा हो। इससे आप पर पड़े अवांछित भावनात्मक असर में कमी आएगी।

अब आपमें अन्य के नकारात्मक संवाद से स्वयं पर पड़े अप्रिय प्रभाव को निम्न या निम्नतम करने की कुशलता का जागरण हो गया!

4. **आत्ममंथन**

आलोचना को अपने सामने फासले पर रखकर उसे खुले मन, विचार से विश्लेषित करें। यदि यही बात अत्यंत विनम्रता से आलोचक द्वारा या आपके किसी प्रिय के द्वारा कही जाती, तब आपका उसके प्रति कैसा रवैया, अहसास होता? क्या आपका बोलने का विशेष ढंग, मुखमुद्रा (संभव है, यह आपके लिए सामान्य, पर उसके लिए अपमानजनक हो) या अपमानजनक गेस्चर (उँगली दिखाना…) उसे आपकी ओर तीखे बाण चलाने को बाध्य कर रहा है? गलती आपकी है या उसकी? क्या वह पक्षपात, विद्वेष या अन्य अनुचित मानसिकता से ग्रस्त है?

उसकी आलोचना में निहित लाभप्रद बातों को भविष्य में प्रयोगार्थ अंदर संगृहीत कर लें।

5. **पूर्व अनुभव**

विरक्त मनोवस्था से आलोचन कर्त्ता के साथ अतीत में गुजरे अनुभव की फिल्म चलाकर ज्ञात करें कि उसकी मनोदृष्टि आपके प्रति सकारात्मक है अथवा नकारात्मक। वैसा रंग-ढंग उसकी आदत तो नहीं। यह उसके बरताव, मंतव्य के बारे में अतिरिक्त सूचना, तथ्यों के अनावरण में सहायक होगा और आप भविष्य में उसके प्रति अपने यथोचित आचरण का चुनाव कर सकेंगे।

6. **व्यवहार निर्धारण**

आलोचक के नजरिए को नापने-तौलने के पश्चात् आपका उसके प्रति बरताव कैसा होना चाहिए? उससे संबंध बनाए रखना चाहते हैं अथवा तोड़ना चाह रहे? अपने अल्पकालिक, दीर्घकालिक लक्ष्य, भलाई को ध्यान रख स्थिति-जन्य उपयुक्त सलूक, विकल्प, वाक्पटुता का चयन करें।

7. **एकीकरण**

देखें, आप एवं नए स्वभाव से युक्त आपका 'नंबर 2' का एक-दूसरे से विलय कर रहे हैं। अब आपमें एक परिष्कृत, आत्मविश्वासी और दूसरों के नागवार संवाद के प्रति संजीदगी से प्रतिक्रिया चुनने में दक्ष व्यक्तित्व का उदय हो चुका है।

8. **परीक्षण**

आपमें नया आत्म-परिवर्तन कार्यरत हुआ अथवा नहीं? कल्पना करें, वह शख्स आपको देख अपमानजनक तरीके से भाव-भंगिमा बना रहा है, आप पर कटाक्ष कर रहा है या आरोप लगा रहा है। आपकी मनोस्थिति सकारात्मक है अथवा नकारात्मक? आपके द्वारा आत्मसंयम, सहज मन के साथ उसकी ओर प्रोएक्टिव प्रतिक्रिया कर रहे होने की मनोछवि उभरी या नहीं? घबराहट या किंकर्तव्यविमूढ़ता के आभास पर नई मानसिकता का मस्तिष्क में गहराई से बैठने तक यह अभ्यास करते रहें, मनोवांछित फल पाने तक साधनारत रहनेवाले धावक की तरह।

9. **अतीत को नए ब्रश से लिखें**

बारी-बारी से पूर्व के उन अवसरों से रूबरू हों, जब आप दूसरों के जहर बुझे तीरों से जड़ हुए थे। उन प्रत्येक वाकयों में से अपने भविष्य के लिए लाभप्रद सूचनाओं का संज्ञान करें। अब आपका भूतकाल में अपने पर गुजरे आलोचनाओं के प्रति नकारात्मक अहसास कम या समाप्त हो गया होगा, वे आपको परेशान नहीं कर रहे होंगे।

मानवीय स्नायुतंत्र संसार की तुरंत सीखनेवाली विलक्षणतम बायोमशीन है। हृदय को चीरनेवाले लम्हों को अप्रभावी करने की शत-प्रतिशत काबिलियत, चाहे घाव दिल के कितने गहराई में घर बसाए हो, कितना पुराना हो। उसके उपरांत हममें विजयी बनने का जज्बा तथा कार्य-कौशलता का ऊँचाई तक कुलाँचें मारना अतिशयोक्ति की बात कहाँ?

आधुनिक मनोविज्ञान के अनुसार मानसिक स्तर पर निदान का तयशुदा, पुख्ता असर लाना तय है। अंदरूनी लोक का बुद्धिमत्तापूर्वक संचालन हममें आत्म-सुदृढ़ता और हानिकारक विकल्प चुनने के स्थान पर हितकारी विकल्प चुनने की मुकम्मल

निपुणता भेंट करता है, तब भी जब दुनिया की लाल-पीली आँखें हमें घूर रही हों, जग दुश्मन प्रतीत हो और हमें पैदाइशी विफल शख्स का माला पहनाया गया हो! भाई साहब, क्या यह असत्य है? यदि 'हाँ', तब बताइए, कैसे मिट्टी के साधारण घर में बाईस सदस्यों के साथ रहनेवाले बिहार के गँवई अनूप राज आज बहुत बड़ी 'पी.के. हेल्थकेयर कंपनी' के सह-हकदार हैं?

प्रतिकार अनिवार्य

आलोचना, आक्षेप के दंश का प्रभाव वायरस समान संक्रामक है। उस पर आत्मरक्षार्थ, स्वहितार्थ ठोस अंकुश निहायत आवश्यक है, समय की माँग है। 'स्टैनफोर्ड ग्रेजुएट स्कूल ऑफ बिजनेस' (2010) में हुए शोधानुसार दोष लगानेवाले के समक्ष उदासीन रहना, उसे खुली छूट देना, दूसरों को अन्य पर वैसा करने के लिए उकसा सकता है।[A]

आलोचनाकर्ता के प्रति अनुपयुक्त, मूर्खतापूर्ण एवं विवेकहीन भाषागत एवं गैर-भाषागत अभिव्यक्ति और आचरण से लक्ष्य अधिग्रहण में खलल का अस्तित्व पहलवान खली की तरह निश्चित है। मनोविज्ञान के 'स्टीम्यूलस' (stimulus) व 'रिस्पांस' (response) सिद्धांतानुसार प्रत्येक 'स्टीम्यूलस' (जैसे—आलोचना, किसी का आपको चिकोटी काटना, विशेष घटना…) एवं 'रिस्पांस' ('स्टीम्यूलस' के कारण आपके द्वारा जनित प्रतिक्रिया) के मध्य कुछ सेकंड का अंतराल निश्चित है, उस अवधि को अंदर एक से दस तक या उससे अधिक गिनती करके बढ़ा दें और उस दौरान हृदय को शांत करने के पश्चात् तार्किकता, बुद्धिमत्ता से आत्ममंथन कर चेतनता से जवाब, व्यवहार का चयन करें।

मानव के जीवन इतिहास व मनोविज्ञान से संबंधित एक अद्वितीय तथ्य से सौ प्रतिशत विशेषज्ञ सहमत हैं। वह यह कि हमारे साथ क्या हुआ (यह प्रतिक्रिया जननेवाला स्टीम्यूलस का काम करता है) वह हमें एवं हमारे भूत, भविष्य, वर्तमान को उतना प्रभावित नहीं करता, जितना उसके (उस स्टीम्यूलस) प्रति हमारा दृष्टिकोण तथा रवैया, जो अधिकांशतः हमारे हाथ में है। भीषण असहनीय परिस्थिति से ऊपर उठे सफल उद्योगपति और असाधारण व्यक्तित्व डब्ल्यू. मिचेल (W. Mitchell) का कथन, "इससे फर्क नहीं पड़ता कि आपके साथ क्या हुआ, पर आप उसकी ओर कैसी प्रतिक्रिया कर रहे यह फर्क डालता है।"

यदि आप आलोचना को अपनी शख्सियत पर उठी उँगली के बजाय उसे अपने व्यवहार, कार्य-प्रणाली पर अभियोग मानेंगे, तभी आप स्वष्ठा, मनोसंयम बनाए रख यथोचित विकल्प चुनने के गुण को अपने चंगुल में रख पाएँगे।

आलोचक के विचार, दुनिया को अपनी दुनिया बनाने से शत-प्रतिशत बचें। उसे अपने मर्म को आहत मत करने दें, उसके मापदंड के आधार पर स्वयं को मत आँके। मियाँ, आपका आंतरिक संसार सिर्फ आपका है, दूसरे का नहीं; उसे कैसे सँवारना है, क्या रूप देना है, यह आपका व्यक्तिगत अधिकार क्षेत्र है। अपनी पुस्तक 'रियल मैजिक : क्रिएटिंग मिरैकल इन एवरीडे लाइफ' (Real Magic: Creating Miracle in Everyday Life) में आध्यात्मिक गुरु डॉ. वेन डायर (Dr. Wayne Dyer) हमें डाँट रहे हैं, "दूसरे को देखकर आत्म-मूल्यांकन करना बंद करो।"

स्वयं में आत्म-नियंत्रण का अर्क भरना बाहर से आए दिल हिलानेवाले अनुभवों पर अंकुश रखने तथा क्रांतिकारी आत्म-परिवर्तन के लिए संजीवनी है। प्रसिद्ध लाइफ कोच एलकस्टस का कथन—"मैं अपनी गलतियों एवं मस्तिष्क को नियंत्रित करती हूँ। कोई दूसरा मेरे ऊपर लगाम नहीं कस सकता। यदि मैं चाहूँ किसी को भी अपने दिमाग से हटा सकती हूँ, उसका स्वयं पर प्रभाव निम्न से निम्नतम कर सकती हूँ, यह मेरा अधिकार है।"

आलोचनाकर्ता के संवाद में निहित सबमॉडल्टी आपके सीने में अग्नि प्रज्वलित तो नहीं कर रहा, उसे बदलना उस समस्या का हल है। एक अधिकारी ने मुझसे कहा, 'बॉस का कटु वचन मेरा दिल चीर देता है।' वह अंत:करण में बॉस की डाँट-फटकार को अपनी ओर 'तीर के अंदाज' में आता देखता। मैंने उसे 'तीर उसे बगैर हानि पहुँचाए, उससे पहले काफी फासले पर गिर जाने' की कल्पना करने का अनेक बार अभ्यास कराया। उनका अंतर्मन शांत, स्थिर हो गया।

श्रीमानजी, आज से आप 'मैं अपनी ओर
फेंकी गई ईंटों से आहत हो जाऊँगा' या 'मैं अपनी ओर
फेंकी प्रत्येक ईंट से स्वयं को अधिक मजबूत बनाऊँगा'
दोनों में से कौन सी राह चुनने जा रहे हैं?

सच्चाई, तथ्यों की अनदेखी करके व्यवहार करना नौकरी गँवाने और पत्नी/पति, परिवार से रिश्ता खराब होने की जड़ है। क्या आलोचक का आप पर तीखे हमले के मूल में उसका आपके प्रति सकारात्मक दृष्टिकोण (आपसे संबंध बढ़ाने, आपकी कार्य-प्रणाली सुधारने…) है? माता-पिता के चिल्लाने के पीछे उनकी सकारात्मक नीयत की अनदेखी करनेवाले पुत्र/पुत्रियों का आवेश में आत्म-विघटनकारी कदम उठाने के असंख्य दु:खद उदाहरण हैं। अपनी भूल व दोषपूर्ण कार्य-पद्धति को सुधारना आपके हित में होगा। यदि आपमें निहित समस्या, कमी को एक नहीं अनेक इंगित कर रहे हैं, तब उस पर अवश्य गंभीरता से निगाह डालकर विचारें।

समयानुसार आलोचक से सहयोग लेना उचित है। संशय पर स्पष्टीकरण माँगें, वजह पूछें, 'आप मेरे किस बात, स्वभाव से इतना आहत हुए?', 'आप ऐसा क्यों कर रहे?', 'आपका अभिप्राय, मंशा क्या है?' प्राप्त उत्तर सही कदम उठाने में सहायक होगा।

आप आदरपूर्वक उसे उसके बोलने के तरीके को सुधारने या उसे आगे वैसा न करने का आग्रह या आगाह कर सकते हैं। आपका शुभचिंतक होने पर वह आपके हितार्थ आपकी बात मानेगा। एक अध्ययन का निष्कर्ष—आपसी समझ से विवाद सुलझानेवाले पति-पत्नी का परस्पर प्रेम बलि नहीं चढ़ता, बल्कि प्रगाढ़ होता रहता है।

संभव है कि उसने आपके आचरण, क्रिया-पद्धति, संवाद का अनुचित अंदाजा लगाया हो। अपना पक्ष रखें, सफाई दें—'मेरा अर्थ यह नहीं था, दुःख है आपने मेरी बात को उलटा समझा।'

क्या जहर उगलनेवाला नकारात्मक मानसिकता से ओतप्रोत है, उसके नेत्र में आपके प्रति पूर्वग्रह, दुर्भावना (आपकी तरक्की से जलना, आपकी भावना आहत करना…) है? क्या वह आपको दबाना चाह रहा? क्या आप पर दोष मढ़ना उसकी नैसर्गिक प्रवृत्ति है? क्या बार-बार आपकी शख्सियत आधारित आलोचना, भर्त्सना करके उसका आपके अहं (ईगो) पर चोट करना मुख्य उद्देश्य है? चुप रहना दिमागी परेशानी को दावत देना होगा। दृढ़तापूर्वक अपनी भावना व्यक्त करें। आत्मसम्मान के रक्षार्थ नापसंदी जाहिर करके उसकी आँख में आँख डाल, दोटूक या विनम्रतापूर्वक जवाब दें—'मैं आपसे सहमत नहीं', 'मेरा रास्ता अलग, आपका रास्ता अलग', 'मैं इस संवाद को यहीं रोकना चाहता हूँ, यह मेरा व्यक्तिगत मामला है', 'मेरे पास विकल्पों की कमी नहीं', 'आप केवल इल्जाम की गोली चलाते हैं, अड़ंगा डालते हैं, बताते नहीं कि मैं क्या, कैसे करूँ?' नौटंकी करना एक मार्ग है, जैसे उसके सामने बिन कारण जार-जार हँसना, उसकी बात अनसुनी करना…। अपना हित, ध्येय को ध्यान में रख विचारें, आपकी ऊर्जा खानेवाले से संबंध-विच्छेद करना चाहिए अथवा नहीं।

मुख्य बातें

1. प्रताड़क के नजरिए को विरक्त मनोस्थिति से समझने के उपरांत ही यथोचित प्रतिक्रिया का निर्धारण करें।
2. विश्लेषित करें, क्या आपकी मनोदशा बिगाड़नेवाले का निशाना व्यक्तिगत रूप से आप हैं अथवा आपकी कार्य-प्रणाली, प्रवृत्ति।
3. अपनी शख्सियत पर उँगली (identity related criticism) उठने पर मनोवस्था स्थिर रख माकूल पथ अपनाएँ।

4. आलोचना निहित उचित एवं अभिप्राय-सिद्धि में सहायक तत्त्वों का संज्ञान करें, उसे स्वयं को तथा कार्य-रीति को सुधारने के लिए प्रयोग करें।
5. आलोचना, दोषारोपण इत्यादि के उपरांत खिन्नता, आत्म-तिरस्कार को लात मारकर खुद को आत्म-प्रेरित (self-motivate) अवश्य करें।

कार्यक्रम

1. मुँह भूतकाल की ओर करके धीरे-धीरे उस ओर सफर कीजिए। एक ऐसा मामला लीजिए, जब किसी ने अपने वाक्-बाणों से आपका दिल छलनी कर दिया था। उसमें से स्वहितार्थ बातों को ढूँढ़कर आलोचक को धन्यवाद कह उसे क्षमा कर दीजिए। उसकी छवि को रंगविहीन कर दें। अब आलोचक का चेहरा आपको एक प्रताड़क का नहीं, वरन् उदासीन महसूस हो रहा होगा, वह आपको अपने पर हावी प्रतीत नहीं हो रहा होगा और आपके दिल में दर्द के स्थान पर सुकून! पूर्व में समान वाकयों के प्रति एक-एक कर यही सलूक करें। अंत में उन सभी को धुँधले स्लाइड की तरह बनाकर यादों के संग्रहालय में एक कोने में चस्पाँ कर दें।

शब्दावली

1. रिएक्टिव प्रतिक्रिया (Reactive response)—बिना सोचे-समझे किया गया अहितकारी अथवा नकारात्मक व्यवहार/प्रतिक्रिया।

2. प्रोएक्टिव प्रतिक्रिया (Proactive response)—विवेक से विचार कर किया गया आत्म-हितकारी अथवा सकारात्मक व्यवहार/प्रतिक्रिया।

3. पैराडिग्म शिफ्ट (Paradigm shift)—अंत:करण में बसे दृढ़ विश्वास या किसी प्रक्रिया में मूलभूत परिवर्तन आना। उदाहरणार्थ, वायुयान का पहली बार हवा में उड़ने से ठोस धारणा कि 'मनुष्य का हवा में उड़ना असंभव है' का नेस्तनाबूद होना।

4. सबमॉडल्टी (Submodality)—सोच रचित करनेवाले तत्त्वों (भाषा/आवाज, भावना, छवि) की विशिष्टताएँ, जैसे—मनोचित्र का रंग, दूरी, आयाम¨।

□

13

सफल, मजबूत शख्सियत की शीघ्रतम प्रस्थापना

"जिंदगी में इतनी शिद्दत से निभाओ अपना किरदार कि परदा गिरने के बाद भी तालियाँ बजती रहें।"

—अज्ञात

- अधिकांश लोग कठिनाइयाँ, बाधाएँ, बरबादी से रूबरू होते हैं, पर उनमें से कुछ औंधे मुँह गिरते हैं और कुछ दूसरे उनसे लड़ते-भिड़ते, अंततः विजयी बन उभरते हैं।
- क्या वजह है समान स्थिति में विभिन्न व्यक्तियों द्वारा विभिन्न प्रतिक्रियाओं, भिन्न उपलब्धियों का?
- कैसे एक असाधारण बन जाता है, पर दूसरा ताजिंदगी साधारण?
- अनेक अपार मानसिक वेदना और लगातार असफलता भोगने के बावजूद 'मैं अटल हूँ', 'मेरी धारणाएँ पत्थर जैसी हैं' मनोदृष्टि से लबरेज रहते हैं!
- स्थिति कितनी विकराल हो, पर कुछ विरले बड़ी सफलता, स्वर्णिम जीवन पाने और सर्वोच्च प्रदर्शन (peak performance) करने के भागी होते हैं।
- कुछ गोंद की तरह व्यक्तित्वविहीन और सदैव इधर-उधर लुढ़कनेवाले होते हैं।

उपरोक्त का उत्तर, समाधान आधुनिक मनोविज्ञान के अंतर्गत नए क्षेत्र 'शख्सियत' (identity) में निहित है।

प्रश्न 'मैं क्या हूँ?' (Who I am? What I am?) का 'मैं व्यापारी हूँ', 'मैं आशावादी हूँ', 'मैं प्रतिभाशाली हूँ', 'मैं सेक्सी हूँ' जैसा उत्तर हमारी शख्सियत की अभिव्यक्ति है। यह हमारा आंतरिक 'मुख्यालय' हमारा जीवन के प्रति दृष्टिकोण,

व्यक्तित्व, मूल्य, स्वभाव, कर्म के साथ हमारे द्वारा प्रतिपल की जानेवाली प्रतिक्रिया का सर्वाधिक प्रबल मानसिक निर्धारक है। विश्वप्रसिद्ध 'बिहैवियर टेक्नोलॉजिस्ट' रॉबर्ट डिल्टस के अनुसार, "शख्सियत उद्द्देश्य, मनोदृष्टि, मिशन एवं जीवन के अर्थ को नियोजित करने में महत्त्वपूर्ण रूप से भागी है।" 'मैं बदलूँ अथवा नहीं?', 'मैं कैसा आदमी बनूँगा', 'मैं किस ध्येय से दुनिया में आया हूँ' का निर्णयकर्ता यही है। 'मैं उत्तम पिता हूँ' सोच रखनेवाला अपनी बच्चों के साथ सौहार्दपूर्ण व्यवहार करता रहेगा, पर उन्हें अपना एक जिम्मेदारी समझनेवाला उनसे दूरी बनाए रखेगा।

आधुनिक मनोवैज्ञानिकों के विचारानुसार वास्तव में इनसान की 'शख्सियत' ही उसकी 'आत्मा' (soul) है। जरा ध्यान देकर सोचिए, आपको अपनी चेतनावस्था एवं अस्तित्व का 'केंद्र बिंदु' कहाँ पर आभास हो रहा है—सीने के बीच (अनाहत चक्र), सिर के बीच या अन्य जगह; मुझे यह सीने के मध्य में। यहीं पर आपको अपनी शख्सियत के निवास का बोध होता होगा।

निन्यानबे प्रतिशत लोग पैदाइशी या आनुवंशिक रूप से अयोग्य, अक्षम नहीं होते। उन्हें सफल, उच्च सफल या असफल, काबिल या नाकाबिल, महान् या निकृष्ट और रोगग्रस्त या स्वस्थ बनाने में उनके द्वारा चुनी गई अपनी शख्सियत की अहम भूमिका है। नकारात्मक, विनाशकारी, बर्बर होने पर यह मस्तिष्क को दूषित कर हमें निश्चित तौर पर विघटनकारी, घृणात्मक मार्ग पर ढकेलने का भागी! निरपराध बच्चों, औरतों, युवाओं के रक्त से माँ पृथ्वी को लाल करनेवाले हिटलर, मुसोलिनी, स्टालिन से भला कौन अपरिचित होगा!

अभी तक आसानी से सफलता, आत्मसंतुष्टता की प्रभावी कुंजी हमसे मीलों दूर थी तथा आंतरिक और बाह्य दुनिया सँवारने, आत्मनियंत्रण करने और दुष्कर नकारात्मक व्यवहार, आदत तथा अक्षम होने के अहसास में बदलाव टेढ़ी खीर! अध्ययनानुसार शख्सियत शीघ्रतम क्रांतिकारी आत्मोन्नति, आत्मसंतुलन, वृहद् प्रगति, श्रेष्ठ प्रदर्शन और व्यक्तित्व विकास का असरदार माध्यम है। असफलता व व्यसन झेलनेवाले एवं भीषण अनुभवों से गुजरने के पश्चात् मनोविकार से पीड़ित होनेवालों में भी उसमें सकारात्मक तब्दीली लाने से क्रांतिकारी फल मिलना अति मुमकिन है, जबकि दूसरे मनोवैज्ञानिक उपक्रमों का व्यर्थ जाना संभव।

कल्पना कीजिए आप एक फिल्म में परेशान, पैदाइशी असफल हीरो हैं। मुँह उतार, शरीर निढाल कर वैसा अभिनय कीजिए। काम खत्म कर आप दूसरी फिल्म में जून के पैंतालीस डिग्री तापमान में अत्यंत सफल, सुखी साहबजादे का रोल निभाने लगे। दोनों पात्र में अपनी मनोदशा, आत्मविश्वास की तुलना करें। शख्सियत की शक्ति का आभास हुआ आपको? सेट पर हजारों वाट की गरमी में अभिनेता ठीक वैसा ढल जाता

है, अहसास करने लगता है और उसी चश्मे से दुनिया देखने लगता है, जिस चरित्र में वह हो जाता है मशरूफ!

समाज में एक अत्यधिक सफल होता है, पर दूसरा कम सफल या जन्मजात विफल; एक हृदय-विदारक अनुभव के पश्चात् दुश्वारियों के बीच अडिगता से खड़ा रहता है, किंतु दूसरा सामान्य घटना में भी डगमगा जाता है। कुछ जनों के लिए आत्म-बदलाव किसी चिड़िया का नाम नहीं और अनेक लाख प्रयत्न के बावजूद बदलने में असमर्थ! पारंपरिक मनोवैज्ञानिक 'उस शख्स में कुछ नहीं हो सकता, वह जिंदगी भर जैसा है, उसी तरह रहेगा, शायद उसमें कुछ मेडिकल समस्या है' कह उत्तरदायित्व भुक्तभोगी पर थोप अपना पिंड छुड़ा लेते हैं। उन्हें संज्ञान नहीं शख्सियत सुधार द्वारा आत्म-परिवर्तन अति सुगम है।

अपने 'मैं' को पहचानना प्रारंभ है हममें जीवंत, सशक्त, सर्वांगीण, मूलभूत आत्मोन्नति का। प्रख्यात मनोवैज्ञानिक टी.एफ. जेम्स (T.F. James) लिखते हैं ('कास्मोपोलिटन' मैगजीन, अमेरिका, जनवरी, 1959)—

"स्वयं के मनोविज्ञान के बारे में जानने का मतलब है—सफलता एवं विफलता, प्यार एवं घृणा, तल्खी एवं सुख के बीच भेद के अहसास को महसूस करना। सही आत्म-पहचान एवं आत्मबोध की प्राप्ति से बिखरा शादीशुदा जीवन बच सकता है, ढलान पर जाता कॅरियर उठ सकता है, 'असफल व्यक्तित्व' में जड़ से विशाल तब्दीली आ सकती है।"

याद रखिए, दूसरे आपसे कितना प्रभावित होते हैं तथा वे आप एवं आपके गुणों पर कहाँ तक भरोसा करते हैं, यह निर्भर है आपके 'मानसिक रीढ़ की हड्डी' की सुदृढ़ता पर।

तकनीक 15 : असाधारण, सुदृढ़ शख्सियत की मूर्ति गढ़ना

1. अतीत का वह पल याद कीजिए, जब आप किसी से संवाद, कोई कार्य या लक्ष्य प्राप्त करने के दौरान गहन असहायपन, आत्महीनता या शक्तिहीनता से ग्रस्त हुए थे, या वह अनुभव जब आप अनपेक्षित या नकारात्मक व्यवहार करके अपने पैरों पर कुल्हाड़ी मार लिये। इस वजह से आप उत्तम प्रदर्शन अथवा मंशानुसार प्रतिक्रिया नहीं कर पाए थे। उसमें पूर्णतया डूबकर (एसोसिएट मनोवस्था) वर्तमान में उसे उसी संपूर्णता से महसूस करें, जैसे वह आप पर बिल्कुल अभी घटित हो रहा। आपके शरीर में अप्रिय अहसास या तनाव कहाँ-कहाँ है, उसका फैलाव कितना है? तसवीर में कितने लोग शामिल हैं और उसमें क्या-क्या आवाज,

वार्त्तालाप सुनाई पड़ रहा है ?
आँख खोल पंद्रह सेकंड इधर-उधर देख दिमाग खाली कर लें।

2. मानसिक पटल पर दृढ़, आत्मविश्वासी, पुरुषार्थी, काबिल स्वयं का प्रतिबिंब बनाएँ। उसमें विपरीत से विपरीत परिस्थिति में आत्मनियंत्रित होकर विवेकशीलता से निर्णय लेने व कदम उठाने का गुण भर दें। वह अग्रिम में अनेक विकल्प सोचकर स्थिति की गंभीरता और उद्देश्यानुसार खुले दिल से सर्वोत्तम विकल्प चुननेवाला व्यक्ति है। वह प्रत्येक घटना का उत्कृष्टता से सामना करने के लिए लचीला रुख, तेज-तर्रारी, धैर्य, आक्रामकता या दूसरा उचित 'मानसिक संसाधन' (रिसोर्स) जाग्रत् करके प्रयुक्त करने में निपुण है। इस फिल्म में पूर्ण संतुष्टता आने तक संपादन, काट-छाँट करते रहें। इसे मुग्धता से निहारें और दमदार वाणी में गर्व से कहें, 'यह नया आत्मबली मैं हूँ'।
3. दूर खड़े होकर विरक्त अवस्था (डिसोसिएट नजरिया) से अपने नवी-व्यक्तित्व (संदर्भ 'क्रम 2') को नकारात्मक अनुभव (संदर्भ 'क्रम 1') से अधिकतम विवरण के साथ अति होशियारी, बुद्धिमत्ता से निपटते हुए देखें। उसके पश्चात् आँखें खोल पंद्रह सेकंड इधर-उधर देखकर वर्तमान मनोस्थिति से बाहर निकल आएँ। यह प्रक्रिया पाँच-छह बार दोहराकर अपने इस परिष्कृत 'मैं' (संदर्भ 'क्रम 2') को दिमाग में नीचे दाहिने चमकीला सितारा बनाकर संगृहीत कर लें।
4. अप्रिय पल (संदर्भ 'क्रम 1') को पुनः सामने लाकर उसे पूरे दिमागी चित्रपट पर विस्तारित कर दें। उसके अंदर प्रवेश कर 'एसोसिएट मनोवस्था' से उसे अभी वर्तमान में बिल्कुल उसी सजीवता, सूक्ष्मता से अनुभव करें, जैसे आपने 'क्रम 1' में किया था।
5. अत्यंत तीव्रता से मस्तिष्क में नीचे दाहिने प्रस्थापित चमकते स्वयं (संदर्भ 'क्रम 3') को गुब्बारे की तरह फुलाते हुए, अनचाही स्मृति (संदर्भ 'क्रम 4') और पुराने स्वयं को हटाते हुए पूरे पटल पर चारों ओर फैला दें, यह 'स्विशिंग प्रक्रिया' हैं। यह काररवाई उतनी ही तेज हो, जिस प्रकार सूरज की रोशनी पल में पृथ्वी के अंधकार को प्रकाश द्वारा विस्थापित करती है। अब पहले वाले असहाय स्वयं के स्थान पर आपके नए भव्य क्षमतावान व्यक्तित्व का उदय हो चुका, जो प्रत्येक गंभीर प्रकरण से 'प्रोएक्टिव' तरीके से निपटने में सक्षम है।

6. नेत्र खोल कुछ पल दाएँ-बाएँ देख तात्कालिक मनोदशा से बाहर निकलें।
7. 'क्रम 3-6' समान क्रम में आठ-दस मरतबा करें।

सही अभ्यास के पश्चात् भविष्य में किसी समस्या से रूबरू होने पर या आपमें अपने पुराने स्वयं का खयाल आते ही आपका नया समर्थवान, बुद्धिमान शख्सियत स्वचालितता से जाग्रत् होकर समस्या से विवेकशीलता से निपटने को तैयार रहेगा।

हम अचेतन रूप से दिन में अनेकानेक बार 'स्विशिंग' कर अपने आचरण और दिशा में रद्दोबदल करते रहते हैं—सकारात्मक एवं नकारात्मक दोनों दिशा में। आपने कहा, 'प्रियतम, आज रात खाने में डोसा खाएँगे।' क्षण के लिए पत्नी के दिमाग में डोसा आया, पर पिज्जा की तसवीर उसे भगाकर सामने प्रकट हुआ और मुँह में पानी लाते वे बोलीं, 'नहीं, आज तो पिज्जा खाएँगे।' बच्चों ने खी-खी किया और बढ़े घरेलू बजट से परेशान आपने हार मान लिया। आप लाख बॉस से बात करने की सोचते हैं, पर हर बार उस खड़ूँस का लाल-पीला चेहरा आपके सामने आने से आपके हाथ-पैर ढीले हो जाते हैं। हर हाल में आपकी प्रतिक्रिया वर्तमान छवि को विस्थापित करनेवाली अंतिम छवि द्वारा तय है। 'स्विश मॉडल' स्नायुमंडल की इस कार्यशैली का अनुकरण है।

मनोचिकित्सक डॉ. रिचर्ड बैंडलर, 'यूनिवर्सिटी ऑफ कैलिफोर्निया', ने उपरोक्त 'स्विश मॉडल' (Swish Model) का संस्थापन मानव की इस मानसिकता को मद्देनजर रख किया कि दिमाग दुःख, पीड़ा के विपरीत सुखात्मक, लाभदायक विकल्प को तरजीह देता है। उन्होंने 'यूजिग योर ब्रेन फार ए चेंज' (Using Your Brain for a Change) में लिखा, "यह चहुँमुखी सुधार लानेवाली विधि मस्तिष्क को 'प्रोग्राम' करके उसे नए मार्ग की ओर अग्रसरित करने में सक्षम है।"

मस्तिष्क पलों में तेजी से सीखने, संगृहीत करनेवाला जैविक मशीन है। उसके इस गुण को ध्यान रख 'स्विश मॉडल' शीघ्रतम आत्म-परिवर्तन लाने में अति सहायक है। पर श्रेष्ठ परिणाम की शर्तें हैं—

- नए व्यक्तित्व (संदर्भ 'क्रम 2') का सुखात्मक, आकर्षक और आपका उसकी ओर आकृष्ट होना अति आवश्यक है।
- प्रत्येक 'स्विशिंग' (संदर्भ 'क्रम 5') सेकंड के निम्नतम समय पर होना।
- अनचाहे अनुभव (संदर्भ 'क्रम 4') से 'एसोसिएट' होना और परिष्कृत व्यक्तित्व (संदर्भ 'क्रम 3') से 'डिसोसिएट' होना।
- प्रत्येक 'स्विशिंग' के पश्चात् आँख खोल पंद्रह सेकंड इधर-उधर देखने के उपरांत ही अगला 'स्विशिंग' करना (संदर्भ 'क्रम 6')।

हेड मास्टर सा'ब

अनेक बंदी भयंकर यातना या एकांत कारावास झेलने से मानसिक टूट के शिकार होते हैं, आत्महत्या कर लेते हैं। पर अनेक दूसरे जैसे द्वितीय विश्वयुद्ध के समय नाजी यंत्रणा शिविर में यहूदी बंदी स्टेनिसलावस्की लेक (Stanislavski Lech) और कुख्यात पाकिस्तानी जेल में प्रताड़ित कर बबरता से कत्ल किए गए सरबजीत सिंह अपनी भावनात्मक स्थिरता, मनोबल बरकरार रख पाए थे। कैसे? इसका उत्तर स्पर्शनीय तन और अस्पर्शनीय मन के एकीकरण से बनी संरचना 'मैं' में निहित है। उसका मूल्य आधारित, आत्मबली, आत्मविश्वासी होना हमें भीषण तूफानों के बीच दृढ़ता से खड़े रहने एवं विकटतम स्थिति में भी सफलता की अधिकाधिक संभावना बनाता है।

मैं क्या, कौन?

- चिंतन कीजिए, 'मैं क्या हूँ, मैं कौन हूँ'। आपमें क्या, कैसी आत्म-छवि, तसवीर, अहसास, आत्मसंवाद प्रकट हो रहा है?
- आप अपने को क्या 'तमगा' देंगे—बुद्धिजीवी, मृदुल, शांतात्मा, शूरवीर या… ?
- एक कॉपी में चंद वाक्यों में आत्मवर्णन कीजिए।
- स्वयं पर निबंध लिखिए। उसमें विस्तार से अपने व्यक्तित्व, भावना, प्रमुख विश्वास (जिस पर आप जी-मर सकते हैं), व्यवहार, गुण, उद्‌देश्य, मिशन, आदर्श पुरुष का उल्लेख कीजिए।
- अध्याय समाप्ति के पश्चात् पुनः उपरोक्त अभ्यास कीजिए। अब आप स्वयं को किस दृष्टि से देख रहे हैं?

शख्सियत हमारे स्वयं के मुताल्लिक गहरी, मुख्यतम आत्मधारणा है। यह हमारी विशेषताएँ, प्राथमिकताएँ निर्धारित कर हमें दूसरों से विलक्षण बनानेवाला मानसिक तत्त्व है। इसके द्वारा हम निर्णय कर चुके होते हैं कि 'जीवन के हर क्षेत्र में मुझे क्या करना है', 'मेरा जीने का मकसद क्या है', 'समाज, परिवार, कार्यस्थल में मुझे क्या रोल व उत्तरदायित्व निभाना है'।

अपने आंतरिक 'ड्राइवर' के खिलाफ व्यवहार करना, लक्ष्य एवं संबंध बनाना, सपने देखना, आत्म-छवि निर्माण करना और उसके विपरीत जाना पूर्ण असंभव! (ऐसा करनेवाले विक्षिप्त या मानसिक रोगी होते हैं।)। यह हमारे पहचान, व्यक्तित्व को स्थायी, निश्चित रूपरेखा से नवाजता है। मस्तिष्क उसके अनुरूप ही सोच जनमता है। उसका

हिलना या उस पर वार हमें दुःख, आत्म-उद्वेलन की ओर ढकेलेगा, हिंसक होने की संभावना तक, उदाहरणार्थ पिता द्वारा पुत्र को अपने लिए चुनौती मानने लगना।

बादशाहजी की बेमिसाल बादशाहियत!

शख्सियत के प्रभावित होने पर भावनाओं में तब्दीली आना निश्चित है। अध्ययन दरशाते हैं, जेल में एकांतवास या अधिक दिन तक दुनिया से कटे रहकर अकेले रहना व्यक्ति को अंदर तक उद्वेलित कर उसके अस्तित्व को डगमगा देता है। इससे उनमें भावनात्मक असंतुलन, मनोविकार, विक्षिप्तता, हिंसक प्रवृत्ति, क्रोध, दृष्टिभ्रम (hallucination) जनमता है, साथ ही मानसिक कौशल एवं सोचने-समझने की क्षमता में कमी—ऐसा बगैर उसे प्रताड़ित किए भी! वियतनाम युद्ध के दौरान तीन, दस साल या उससे अधिक बंदी बनाए अनेक अमेरिकी सैनिक एकांतवास और यंत्रणा-वश पागल या मनोसमस्या ग्रस्त हो गए। परंतु वे जिनकी शख्सियत मजबूत धरातल पर टिकी थी और जिनका स्वयं एवं अपने देश पर दृढ़ विश्वास बरकरार रहा, वे रिहा होने तक अपना मानसिक संतुलन, आत्मविश्वास बनाए रख सके थे, बहुतेरे शारीरिक रूप से स्वस्थ रहे।

संवाद में शख्सियत की अभिव्यक्ति

- 'वह विज्ञान पढ़नेवाला व्यक्ति है ही नहीं।'
- 'मेरे जैसा आदमी सपने में भी अंग्रेजी बोलने की सोच नहीं सकता।'
- 'अपराध सुरेश के खून में है।'

शख्सियत की ताकत का एक ठोस उदाहरण—मजहबी उन्मादी सुधरते नहीं, खून से लथपथ मानव अंगों के लोथड़ों के बीच आराम से मेवा चबाते आत्मिक सुख पाते हैं। डोलते तभी जब या मर जाएँ या उनकी आस्था की चूलें हिल जाएँ, जो बहुत कठिन है।

'मैं कैसा आदमी हूँ' के निर्णय से आपका मस्तिष्क खाका खींच लेता है कि आपका मूल्य, सिद्धांत क्या होगा, परिवेश एवं आप परस्पर एक-दूसरे को किस हद तक प्रभावित कर सकते हैं तथा आपके अचेतन में किस सीमा तक प्रगति, सफलता की तसवीर बन चुकी है।

'मैं अक्षम (incapable) इनसान हूँ' समझने के मूल में 'मैं क्या, कैसा आदमी हूँ' की आत्मधारणा मूल है, न कि यथार्थ में आप क्या हैं, कैसे हैं।

'मैं मंजिल विजित करूँगा अथवा नहीं' का फैसला आप इस बात को मद्देनजर

रख करते हैं कि आपने स्वयं को नाकाबिल समझ रखा है या काबिल, स्वयं को सफल स्वीकारते हैं या विफल इनसान। लक्ष्यार्थ कदम बढ़ाने पर आपकी समस्त मानसिक एवं शारीरिक क्षमताएँ और विश्वास उसी अनुसार विकसित होंगे या न होंगे।

शख्सियत हमारे गुण, समर्थता को हमारे द्वारा प्रदत्त परिसीमा में बाँधती है। सीमित आत्म-पहचान का निर्माण करके हम अपनी असीमित क्षमता को नजरअंदाज कर उसे निश्चित परिधि में जकड़ देते हैं। अग्रिम में 'मैं विंबलडन चैंपियन हूँ' सोचनेवाले खिलाड़ी की योग्यता, दमखम, आत्मबल उसकी अपेक्षा अधिक परवान चढ़ेगा, जो स्वयं को राष्ट्रीय स्तर का खिलाड़ी समझकर खेलता है। पहले से ही 'मैं विंबलडन चैंपियन हूँ' आत्म-छवि रखनेवाले का राष्ट्रीय चैंपियनशिप जीतना लगभग तय होगा, पर अग्रिम में 'मैं राष्ट्रीय चैंपियन हूँ' विश्वास करनेवाले खिलाड़ी का राष्ट्रीय चैंपियन बनने में थोड़ा-बहुत शक की गुंजाइश संभव है।

"हम जहाँ भी जाते हैं, हमारा आभामंडल (ऑरा) साथ जाता है।"

—स्टीफन कूवे (Stephen Covey)

लेखक 'द सेवन हैबिट्स ऑफ हायली इफेक्टिव प्यूपल'

(The Seven Habits of Highly Effective People)

अपनी शख्सियत तय करना लक्ष्य की व्यक्तिगत सीमा के ब्लूप्रिंट का निर्धारण है। आप अपनी काबिलियत को उसी स्तर तक प्रतिबंधित कर देते हैं, सोचकर हममें उसे वहीं तक प्रयोग कर पाने की क्षमता है, न उससे अधिक, न उससे कम। इसे मद्देनजर रखकर आपका अवचेतन स्वचालितता से ऐसा ध्येय बनाता है, कामना करता है, जो आपको अपनी निगाह में संभाव्य प्रतीत हो, जिसमें सफलता संभव हो। इसलिए स्वयं का उच्च मूल्यांकन करनेवाले बड़ी उपलब्धियों के और अपना निम्न आत्म-मूल्यांकन करनेवाला आत्महीनता का मारा, छोटी-मोटी उपलब्धियों का हकदार बनता है! अर्थात् आप अपने प्रारब्ध, प्रगति, कामयाबी व सिद्धियों का ग्राफ पहले से ही अंदर-ही-अंदर निश्चित कर चुके होते हैं।

स्वयं को मूर्ख, निम्नकोटीय या नाकाबिल समझनेवालों के हृदयपटल में महत्त्वाकांक्षा, सपने पलते तो हैं, पर उसमें यथार्थ कदम उठाने का साहस, आत्मबल सिर नहीं उठा पाता। वह घोर अज्ञानता से घिरा है कि उसमें लक्ष्यार्थ कौशल, मानसिक संसाधन शत-प्रतिशत मौजूद है। गणितज्ञ बनने की अभिलाषा उसके हृदय में प्रवेश से पहले फिसल जाएगा।

घातक, विध्वंसक तथा विषैली धारणाओं एवं कारनामों के झरने का स्रोत

नकारात्मक शख्सियत है। हिटलर, मुसोलिनी, स्टालिन के खूनी कारनामों से भला कौन है अनजान!

गगनचुंबी उछाल

सृष्टि की महानतम अनूठी संरचना मानव मस्तिष्क परिप्रेक्ष्य, अनुभव, विचार को अनेक आयामों से सोचने-समझने, विश्लेषित करने में सक्षम है। मानव-व्यवहार शास्त्री डॉ. ग्रेगरी बेटसन ने उस प्रक्रिया को पदक्रम (Hierarchy) के रूप में क्रमबद्ध कर 'न्यूरोलॉजिकल स्तर' (Neurological levels) कहा। उसका सबसे निचला पायदान 'परिवेश' (Environment), उसके ऊपर दूसरा 'व्यवहार' (Behaviour), उसके ऊपर तीसरा 'गुण' (Capability), उसके ऊपर चौथा 'विश्वास' (Belief) और उसके ऊपर पाँचवाँ स्तर 'शख्सियत' (Identity) है। निचले स्तर का अपने ऊपरी सभी स्तरों पर निम्न या शून्य असर रहता है, जबकि ऊपरी स्तर अपने से सभी निचले स्तरों पर स्थायी निश्चित प्रभुत्व रखता है।

शख्सियत उच्चतर स्तर है, पहाड़ की चोटी की तरह। इस कारण उसका सभी निचले पायदानों पर बहुत रसूख है। व्यक्ति की शख्सियत उसके परिवेश संबंधित नजरिया, व्यवहार, काबिलियत, विश्वास को कठपुतली के माफिक नचाती है। इसे ऐसे समझें—सकारात्मक परिवेश में निवास करने पर मुमकिन है एक दहशतगर्द या अय्याश (उसकी शख्सियत) के व्यक्तित्व, विचारधारा, अवधारणा, कार्य-कौशलता, आचरण में सकारात्मक सुधार न आ पाए, वह जैसा है, वैसा ही रहे। परंतु धर्म-परिवर्तन या अन्य वजह से उसके सद्पुरुष (उसका नया शख्सियत) बनते ही उसका यह नया 'मास्टर सिस्टम' उसके व्यक्तित्व, मनोदृष्टि, मूलभूत विश्वासों, स्वभाव को पक्के तौर सकारात्मक रंग में रँग देगा! मनुष्य के व्यक्तित्व में ऐसे बहुआयामी तब्दीली को 'इवोल्यूशनरी परिवर्तन' (Evolutionary change) कहा गया। इससे उसके अंदरूनी व बाह्य संसार में प्रभावशाली बदलाव पक्का। बचपन से साम्यवाद के रंग-रोगन में पुते राष्ट्रपति मिखाइल गोर्बाचोव ने सोवियत संघ की बदहाली का बीज साम्यवाद में देखा। अंतर्मन डगमगाने से वे कट्टर साम्यवादी से कट्टर सुधारवादी नेता के रूप में अवतरित हो अमर हुए। फल—लगभग पंद्रह स्वतंत्र आधुनिक देशों के अभ्युदय से करोड़ों आत्माओं की साम्यवादी यातना से मुक्ति!

आप अपने को, स्वयं की या दूसरों की निगाह से देखते हैं?

हृदयाघात, आस्था परिवर्तन, अन्य देश की नागरिकता, प्रियजन की मृत्यु देखना और अनपेक्षित, गंभीर अनुभवों से गुजरना इनसान की आत्मा को झिंझोड़कर उसका

वजूद बदल देता है। इससे उसका अप्रत्याशित विकल्प, मार्ग, नजरिया अपनाना संभव है। वह अपनी जड़ में आए मौलिक रूपांतरण को कुछ ऐसे व्यक्त करता है—'मेरे दिल को धक्का लगा', 'मैं अब पुरानावाला वह नहीं रहा'।

शख्सियत का दूसरा रूप लेने से समस्त आंतरिक बायोलॉजिकल एवं स्नायविक प्रक्रियाओं को नए ढंग में ढलने में देर नहीं लगती। व्यक्ति की संपूर्णता, मानसिकता क्षणों में अलग साँचे में गढ़ने से उसकी दुनिया, वास्तविकता, व्यक्तित्व का नया आकार लेना प्रारंभ। लोकप्रिय हॉलीवुड फिल्म 'द मास्क' में हीरो जिम कैरी जैसे ही शख्सियत बदलनेवाला जादुई मुखौटा पहनते वे पलों में पिलपिले से बहादुर बन दुश्मनों पर टूट पड़ते और उनकी महबूबा उन पर फिदा।

मनुष्य में सही सकारात्मक बुनियादी परिवर्तन उसमें उल्लास, आत्म-गौरव तथा आत्ममुक्ति के आभास के साथ अन्य उच्च लाभों का फौलादी स्तंभ तैयार करने का सबब है। पत्नी के कटाक्ष ने गँवई रामबोला के अहम को ठेस पहुँचा दिया, उसके अंतःचक्षु खुले, अंतःचेतना जागी और वे 'पत्नी रसिक रामबोला' से 'गोस्वामी तुलसीदास' हो गए—परिणाम रहा महान् ग्रंथ 'रामचरित मानस'। आत्मा के जागरण से डाकू रत्नाकर महर्षि वाल्मीकि बन गए!

नई शख्सियत सकारात्मक होगी या नकारात्मक, इसका निर्णय हमारे अंदर पल रहे नैतिक मूल्यों, सिद्धांतों, अतीत के अनुभवों, शिक्षा पर निर्भर है। उनके सकारात्मक होने पर हमारा बदला रूप सकारात्मक होगा, उनके नकारात्मक होने पर हमारा पुनर्जन्म नकारात्मक अवतार में होगा। एक दक्षिण अमेरिकी नागरिक के सामने उनके पिता को किसानों का पक्ष लेने के कारण जिंदा जला दिया गया। पाँच मिनट चिंतन कर बताइए, इसके पश्चात् बहुतेरे क्या बन जाते हैं—शराबी-कबाबी, मनोरोगी, हिंसक, आतंकवादी या बर्बर! जी नहीं, उसकी चेतना ने उनको किसानों के मौलिक अधिकारों की रक्षा करनेवाला मानव अधिकार नेता बना दिया। कारण—बचपन से ही पिता को आदर्श मान उनके पदचिह्नों पर चलते रहने की आकांक्षा।

धारा-प्रवाह असफलता, अयोग्यता, दुःख

आत्महीनता बहुत बड़ा अवगुण है। यह उसके धारक के गुण, कौशल में घुन लगाकर उसे खोखला, कमजोर बनाता है। आते-जाते अनुभव और छोटी-बड़ी समस्याएँ उसे बहुत प्रताड़ित, उद्वेलित करती हैं। यह उसके असफलता, नकारात्मक कर्म, सतत दुःख एवं लघु उपलब्धियों का वृहद् कारण है, क्योंकि 'शख्सियत की रचना करनेवाले विश्वास' (beliefs related to identity)—'मैं कैसा व्यक्ति हूँ', 'मैं क्या/कौन हूँ'—से उठकर कल्पना करना, लक्ष्य बनाना उसकी प्रकृति के परे होगा

या कहिए असंभव। 'मैं वह इनसान नहीं, जो यह कर सके', 'मैं पैदाइशी हीन जीव हूँ', जैसे आत्म-मूल्यांकन द्वारा आप अपनी कुदरती क्षमता, शक्तियों को प्रतिबंधित कर सफलतादायक मानसिक साइबरनेटिक्स-प्रणाली (Cybernetics system) को स्वयं ध्वस्त करनेवाले कारण हैं।

स्वयं का बीहड़ नाकाबिल, अक्षम होने के अहसास (feeling of being incapable, incompetent) के पीछे मुख्य स्रोत न्यूरोलॉजिकल लेवल्स की शख्सियत स्तर (Identity level) पर नाकाबिल होने का विश्वास (Incapability belief related to the identity) 'मैं नाकाबिल व्यक्ति हूँ', 'मैं विफल पुरुष/स्त्री हूँ' (I am incapable person, I am failure person) का दिमागी कीड़ा है, न कि व्यक्ति में उसका कोई प्रत्यक्ष वैध कारण और उसमें किसी कमी या मानसिक अयोग्यता का होना। इससे वह मनोसमस्या, दुर्गुण एवं काल्पनिक अक्षमता के जाल में फँसने से बच नहीं पाता। वह उस धारणा को अटल मानकर प्रतिपल निर्णय करता है, सोचता है, इसलिए उस अनुरूप आत्म-छवि में ढल जाता है। अपने में वास बनाए गहन आत्महीनता की वजह से वह अपने मन-मंदिर में 'स्वयं को सफल होते हुए' की फिल्म कदापि नहीं देख पाएगा। आते-जाते अनुभवों को उसी आईने एवं मापदंड से देखकर अपने को प्रतिबंधित करने से बाज नहीं आएगा। वह लक्ष्य को असंभव करार देने का माहिर होगा और कदम बढ़ाने के पहले धड़ाम से गिर जाएगा। कोच द्वारा उसे टेनिस स्टार बनने के वास्ते प्रेरित करने पर उसका दिल पुकार उठता है—'बरखुरदार, तुम अयोग्य हो, व्यर्थ पसीना बहाने से क्या लाभ?' 'ऐसी कल्पना कदापि मत करना, (क्योंकि) तुम कितना प्रयास कर लो, निष्फल रहोगे।'

'शख्सियत रचित करनेवाले विश्वास' अग्रिम में हमारी नियति की परिधि रेखा खींच देते हैं। उनके सीमित होने पर हम जीवन इतिहास में आनेवाले उन तत्त्वों, विकल्पों को नजरअंदाज करते रहते हैं, जिन्हें हम सोचते हैं कि उन पर हमारा कोई वश नहीं है, भले ही यह तथ्य से परे हो। आपको आश्चर्य होगा 'मैं अपने को किस स्तर पर देखता हूँ', 'मैं भविष्य में क्या बनूँगा', 'मैं स्वयं को कितना समर्थ समझता हूँ' का निर्णय करके आप 'मेरे जीवन का मकसद, मिशन क्या है तथा उसमें फतह की कितनी संभावना है' को काफी हद तक पहले ही निर्धारित कर चुके होते हैं।

'मैं अच्छा प्रदर्शन कर सकता हूँ अथवा नहीं', 'लक्ष्य-प्राप्ति निश्चित है अथवा अनिश्चित' का फैसला 'मैं किस तरह का व्यक्ति हूँ' ('What type of person I am?') को निगाह में रख किया जाता है, न कि अपनी सही कौशल, योग्यता को मद्देनजर रख। अपने विषय में एक प्रकांड विद्वान् सेमिनार में बोलते वक्त हकलाने

लगते, क्योंकि उनके दिमाग में उनकी छवि 'हकलानेवाले इनसान' की थी। मेरे कहने पर 'खुद का उत्तम वक्ता' की आत्म-छवि बनाने से वे आश्चर्यजनक रूप से सैकड़ों लोगों से ठसाठस सभागार में फटाफट बोलने लगे!

आपका दिल के आईने में स्वयं को
कैसे व्यक्तित्व में देखने की आदत है।
क्या वैसा नहीं जैसा आपकी होने, बनने की हसरत है?

मेरी एक बात गाँठ बाँध लीजिए—यदि आप स्वयं को अयोग्य या असफल मान बैठे, तब आप आसमान छूनेवाले प्रतिभा के धनी होने के बावजूद जमीन ही नापते रह जाएँगे! देखिए, मानव-व्यवहार शास्त्री एश्ले मांटेग्य साहब (Ashley Montagu, 1905-99) क्या फरमा रहे हैं, "मानव की सबसे बड़ी व्यक्तिगत हार एवं उसकी पीड़ा की जड़ है कि उसमें क्या बनने का गुण छुपा है, पर वह वास्तव में क्या बन जाता है और दोनों में बहुत विशाल अंतर रहता है।"

'मेरे पास गणित सीखनेवाला दिमाग नहीं', 'मैं आनुवंशिक वजह से मंदबुद्धि हूँ' (क्योंकि मेरे पिताजी ऐसे थे) विश्वास करनेवाला प्रतिभाशाली होते हुए भी वाकई अपने को वैसा बना देगा। आत्मदर्पण में स्वयं को योग्य देखना उसके आत्म-पहचान के विरुद्ध होगा। हीनता से लबालब शख्सियत का भारतीय पिछड़ी और अनुसूचित जातियों, गाँववासियों और छोटा-मोटा काम करते युवाओं के अंदर मेहमान बन बैठे रहना प्रत्यक्ष है।

आपकी भीमकाय प्रतिमा!

शख्सियत स्नायुतंत्र सहित हमारी संपूर्णता को सीधे-सीधे जड़ से 'प्रोग्राम' करनेवाला मानसिक अस्पर्शनीय तत्त्व है। इसी कारण एक साधारण तो दूसरा असाधारण उद्यमी, एक साधारण तो दूसरा असाधारण लेखक, एक प्रभावशाली तो दूसरा अप्रभावशाली व्यक्तित्व बनाने में समर्थ है। शख्सियतविहीन लोग आत्मसम्मान, आत्मनियंत्रण खोकर नशेड़ियों या याचकों की जमात में खड़े होनेवाले जीवों की शोभा बढ़ाते हैं।

महानता, अमरत्व एवं उच्चतम कामयाबी का ठोस मंत्र है—तेजस्वी, ऊर्जावान, पुरुषार्थी शख्सियत का जामा पहनना। कुछ लोग पराजय या जीत, सामान्य और भयावह स्थिति में संतुलित, मुस्तैद होकर सक्रिय बने रहने का गुण विकसित कर लेते हैं, क्योंकि वे हृदय-कमल में सदैव हूबहू 'वैसा स्वयं' का प्रतिबिंब प्रस्थापित किए रहते हैं। यह कौशल उन्हें चैंपियन बनाता है। ऊँच-नीच, हर हाल, हर वक्त स्वयं को साधारण, सामान्य शख्सियत का समझनेवाले भीड़ का मात्र एक हिस्सा भर रह जाते हैं।

"अपने अंदर के वास्तविक 'स्वयं' को पहचानो।"

—सुकरात (Socrates)

महान् प्राचीन ग्रीक दार्शनिक (470 ईसा पूर्व-399 ईसा पूर्व)

सफल, खुशदिल एवं संतुलित इनसान स्वयं को किस तसवीर में देखता है—शर्तिया असहाय, विफल एवं दुःखी नहीं। पर सफल, खुशदिल एवं संतुलित इनसान की आत्म-छवि में।

अपने को लौह योद्धा समझनेवाले सैनिक को युद्धोपरांत जकड़नेवाला मनोविकार घबराहट, डर और फोबिया, जिसे 'war syndrome' कहते हैं, नहीं सताता। वे जंग में रक्तरंजित, क्षत-विक्षत शव देख कदापि विचलित नहीं होते, वरन् वह उनका लहू उबालता है। वे युद्ध लड़ते नहीं हैं, उसे आनंदपूर्वक जीते हैं। द्वितीय विश्वयुद्ध के दौरान प्रशांत महासागर में अमेरिकी युद्धपोत में युवा नौसैनिक लेफ्टिनेंट जॉर्ज बुश (इकतालिसवें अमेरिकी प्रेसीडेंट) के सामने एक युद्धक विमान ने उड़ते समय अपने डैने से डेक पर खड़े नौसैनिक के दो टुकड़े कर दिया! तभी कमांडिंग अफसर की सख्त आवाज गूँजी, 'कोई झाड़ू लाए और इनकी (बिखरे शारीरिक अंगों की) तुरंत सफाई करे!' ('कमांडर इन चीफ', यू.एस.न्यूज एंड वर्ल्ड रिपोर्ट, 31.12.1990)

मेरे दिल में एक प्रश्न सदैव सिर उठाए खड़ा रहता था—क्या कारण है अनेक जाँबाज युद्धभूमि में रक्त, मारकाट देखकर भी नहीं विचलित होते, पर घर लौटने पर भावनात्मक समस्या के आगोश में! मामला क्या है, भाई साहब? रहस्य है—शख्सियत परिवर्तन। वे मैदान में 'सैनिक' थे, परंतु घर में 'सामान्य नागरिक'। वहाँ भी अपनी 'सैनिक आत्म-पहचान' सलामत रखने से क्या मजाल मनोविकार उनके पास फटके!

शख्सियत, हुनर, कामयाबी/विफलता की एक-दूसरे से अभिन्न रिश्तेदारी है। आप केवल शाब्दिक सोच द्वारा एक दिन स्वयं को उस उद्योग का सी.ई.ओ. (CEO) बनने की कामना कर रहे, जहाँ वर्तमान में आप विक्रय विभाग में हैं। अब उसके बजाय सिनेमा की जीवंत, आकर्षक फिल्म में कल्पना करें कि आप उसमें सी.ई.ओ. बन चुके हैं और सबकुछ उसी तर्ज पर देखें, जैसे ऑफिस में बैठे हुए इत्यादि। कार्यरत रहते हुए एक सी.ई.ओ. की तरह सलूक, दिनचर्या, कार्यकलाप, मनोदशा अपनाएँ। आपके रुख, आत्मविश्वास में बेतहाशा वृद्धि से आपकी चाल-ढाल, बोल-चाल, तेवर बदल जाएगा। 'सेल्फ एफेकॅसी'[1] (Self-efficacy) सिद्धांत के तहत आपकी समर्थता, कुशलता में शर्तिया वृद्धि होगी। भविष्य में आपके सपने के साकार होने की प्रक्रिया का श्रीगणेश हो चुका समझिए।

यदि आपने इस प्रकृतिजन्य सत्य को स्वीकार कर लिया कि 'मैं अलौकिक क्षमता, शक्ति का स्वामी हूँ', तब भला किसमें जुर्रत आपको आसमान से ऊँचा उठने से रोकने की?

शख्सियत परिवर्तन द्वारा आधारभूत उत्थान (Evolutionary change)

लक्ष्य 'मैं उद्योगपति बनूँगा/बनना चाहता हूँ' के स्थान पर सोचना प्रारंभ करें कि 'मैं उद्योगपति हूँ' या 'मैं सफल उद्योगपति हूँ'।

- **शख्सियत**—'मैं उद्योगपति हूँ' (आपमें उद्योग लगाने की कल्पना आना प्रारंभ); 'मैं सफल उद्योगपति हूँ' (आप दिमाग में स्वयं को सफलतापूर्वक व्यापार करते हुए देखने लगेंगे)।
- **विश्वास में बदलाव**—'मेरा उद्योगपति/सफल उद्योगपति बनना तय है।'
- **काबिलियत स्तर पर बदलाव**—'उद्योगपति बनने के वास्ते मुझमें सभी गुण हैं', 'मैं सफल उद्योगपति बनने में सहायक ज्ञान, हुनर प्राप्त कर सकता हूँ या करूँगा।'
- **व्यवहार में बदलाव**—'उद्योगपति होने के लिए मैं सभी यथोचित मार्ग अपनाऊँगा।'
- **परिवेश के प्रति नजरिए में बदलाव**—'मैं लक्ष्यापूर्ति के यथार्थ समाज से अच्छा संबंध प्रस्थापित करूँगा।'

हम सब प्राकृतिक रूप में गुणवान, काबिल हैं, पर हम उसे किस स्तर तक लागू करने में सक्षम हो पाएँगे, यह 'मैं किस तरह का व्यक्ति हूँ' का विश्वास तय करता है। कड़े सामाजिक, धार्मिक नियमों से बँधी गृहिणी के लिए स्वतंत्र व्यवसाय करने का ध्येय नितांत मूर्खता होगी। जबकि 'मैं परिवार की मूलभूत आवश्यकताओं की आपूर्ति के उद्देश्यार्थ व्यवसायी महिला हूँ' सोचनेवाली स्त्री बीहड़-से-बीहड़ दुश्वारियों के मध्य उत्प्रेरित होते व जी-जान लगाते हुए एक-न-एक दिन लाभार्जन करनेवाली व्यापारी बनने की बहुत संभावना रखती है।

अभ्यास : आपकी कर्मयोगी, पुरुषार्थी प्रतिमा

चहुँदिशीय शख्सियत का चुनाव प्रारब्ध का बादशाह बनने का आधार स्तंभ है। इस अभ्यास का विषय है—अपने पारिवारिक, व्यावसायिक, व्यक्तिगत और सामाजिक शख्सियत का चयन।

1. गड्ढे में पाट दीजिए कि 'मैं अभी क्या हूँ, मेरे साथ पूर्व में क्या घटित हुआ था'।
2. प्रत्येक क्षेत्र में अपनी मनचाही शख्सियत 'वर्तमान सामान्य काल' (present simple tense) वाक्य में लिखें, भविष्य काल (future tense) में नहीं। महत्त्वपूर्ण शर्त है कि यह आउटकम फ्रेम में व्यक्त करें कि आप वर्तमान में वही हैं, न कि आपका लक्ष्य (जैसे 'मैं एक दिन मैनेजर बनूँगा')। उदाहरणस्वरूप—
   व्यावसायिक : 'मैं कंप्यूटर विशेषज्ञ हूँ।'
   सेक्स : 'मैं सेक्सी लड़की हूँ।'
   व्यक्तित्व : 'मैं लावण्यता से भरपूर स्त्री हूँ।'
   भावनात्मक : 'मैं शांतिप्रिय इनसान हूँ।'
   कॅरियर : 'मैं ज्वैलरी व्यापारी हूँ।'
   मिशन : 'मैं असहाय बच्चों की परवरिश करनेवाला सिपाही हूँ।'
   व्यक्तिगत : 'मैं पुस्तक प्रेमी हूँ।'
   पारिवारिक : 'मैं परिवार को शिखर पर ले जानेवाली माँ हूँ।'
   आध्यात्मिक : 'मैं सार्वभौमिक आत्मा हूँ।'
3. नई आत्म-पहचान के तर्ज पर लक्ष्य प्राप्त कर लेने एवं कर्म में लीन रहने की कल्पना करें। धनवान स्त्री/पुरुष होने की चाहत पर स्वयं को वैभवशाली, धनी वेश एवं परिवेश की छवि में हृदयपटल में प्रस्थापित किए रहें।
4. चयनित शख्सियत के अनुरूप व्यवहार, व्यक्तित्व, मुखाभिव्यक्ति, श्वास, चाल-ढाल, बोलने का अंदाज (लय, तीव्रता, प्रखरता), मनोदशा, दिनचर्या अपनाएँ।
5. 'मेटाफोर' (Metaphor) वृहद् प्रतीकात्मक विचार की रचनात्मक अभिव्यक्ति है। आत्म-पहचान का 'मेटाफोरिक स्वरूप' व्यक्ति के अंदर सोए जिन्न को जगाकर उसे असीमित बनाने के द्वार पर खड़ा कर शीघ्र मनोवांछित परिणाम दिलाता है। डायनासोर समझदारी, सहनशीलता, ताकत, दृढ़ता का प्रतिबिंब है। स्वयं की मूर्ति पर अप्रतिम बल, सहनशीलता का वरक चढ़ाने के वास्ते आप कह सकते हैं, 'मैं डायनासोर हूँ'। अपने लक्ष्य एवं मूल्यों के आधार पर भिन्न क्षेत्रों के लिए भिन्न मौलिक 'मेटाफोर' चुनना अत्यधिक लाभप्रद है—'मैं परिवार की छतरी हूँ'।
6. आपको वांछित आत्म-पहचान का लिबास ओढ़ने से क्या अंतर्द्वंद्व, आपकी विश्वास प्रणाली (belief system) रोक रहा है? उनका यथोचित प्रबंधन

करें। स्वयं से प्रश्न करें—क्या एवं कैसा हो कि मैं वैसा बनूँ? 'क्यों नहीं?', 'यदि दूसरा वैसा है, तब मैं क्यों नहीं?'

आपको विश्वास है, 'मेरे जैसा व्यक्ति अंग्रेजी नहीं बोल सकता'। स्वयं से पूछें—'क्या अंग्रेजी बोलनेवाले दूसरे लोकवासी हैं?' धारणा 'मेरे जैसा व्यक्ति धन नहीं कमा सकता' पर चिंतन करें, 'जब दूसरे तब मैं क्यों नहीं?', 'क्या होगा, जब मैं धन कमाने को आगे बढ़ूँगा?'

7. अपनी प्रबल शख्सियत को दिमागी चित्रपट पर सदैव के लिए सामने प्रस्थापित किए रहें, अत्यंत विकट स्थिति में भी। यह आप पर मानसिक एवं शारीरिक बल, मानसिक संसाधन (आत्मविश्वास, आत्म-प्रेरणा¨) की कृपा बनाए रखेगा।
8. आप कैसे जानेंगे कि आपने इच्छित विस्तृत शख्सियत धारण कर लिया है अथवा नहीं? रात सोने के चंद मिनट पहले दिमाग में दिनभर का वीडियो चलाकर अवलोकित करें कि क्या आपका स्वभाव, कर्म, सोच, आत्म-छवि उसके माफिक है। आपने स्वयं को नाम दिया, 'मैं साहसिक खेल (adventurous sport) खेलनेवाला खिलाड़ी हूँ'; कल्पना करें, आप स्काई डाइविंग[2] (sky diving) करने को हवाई जहाज से कूदने जा रहे हैं। आपमें हिचकिचाहट तो नहीं, क्या आपमें आत्मविश्वास है?

'मेरी सही शख्सियत क्या है?' पर संदेहावस्था की स्थिति में मनोवांछित क्षेत्र में सफलतम पुरुष या रोल मॉडल का चयन करें। मन में उसकी छवि सामने लाइए। उनकी विशेषताएँ, चाल-ढाल, पास्चर, श्वास विधि, चेहरे का भाव, मनोदशा, व्यवहार, विश्वास प्रणाली¨की नकल कीजिए (Act as if) कि आप वाकई 'वह' हो गए हैं। उससे आपका मस्तिष्क 'रि-प्रोग्राम' होकर आपको उनके शिल्प के साँचे में नित गढ़ना शुरू कर देगा। लब्धप्रतिष्ठ आध्यात्मिक लेखक डॉ. वेन डायर (Dr. Wayne Dyer) ने लिखा, "जिस्मानी रूप से उस जैसा (आपका हीरो, आदर्श पुरुष) हो जाने का अभिनय इसी पल से प्रारंभ कर दीजिए, जैसा होने की तमन्ना आपके दिल में है।" बॉलीवुड अभिनेत्री ट्विंकल खन्ना अपनी हिरोइन की छवि से मुक्त होकर व्यक्तिगत शख्सियत में आने को यह मार्ग अपनाती हैं। उन्होंने 'रेडिफ.कॉम' को दिए साक्षात्कार में कहा, 'मैं ऐसा ढोंग करती हूँ कि मैं कभी सिने तारिका थी ही नहीं।'

नकारात्मक शख्सियत का यकायक सकारात्मक शख्सियत द्वारा विस्थापन से स्थायी परिणाम मिलना अतिशयोक्ति नहीं, पूर्व शख्सियत के अति पुराना, सुदृढ़ होने पर भी। मुझे विश्वप्रसिद्ध 'क्रिस्टल कैथेड्रल' (Crystal Cathedral), कैलिफोर्निया में विख्यात लेखक रेव. रॉबर्ट शलर (Rev. Robert Schuller) का व्याख्यान सुनने का

सौभाग्य मिला। उनके धर्मोपदेश से प्रेरित हो एक दुर्दांत मेक्सिकन माफिया ने अपने को 'ड्रग तस्कर' से 'ड्रग तस्करों के खिलाफ लड़नेवाला ईसाई धर्मयोद्धा' के आवरण में देखना प्रारंभ कर दिया। उसने तत्काल रेव. रॉबर्ट शलर के सामने आपराधिक गतिविधियाँ त्याग दीं।

पंखों का आसमानी फैलाव

मनुष्य में हर समय पुराना चोला उतारकर नया चोला पहनने का स्वाभाविक गुण मौजूद है। हम कब, कहाँ क्या, कैसे बनें यह व्यक्तिगत फैसला सकारात्मक एवं लक्ष्यानुरूप होने पर यह बहुत महत्त्वपूर्ण, असरदार, तीव्र है। जोरदार, दमदार शख्सियतधारक को उच्च उपलब्धियों एवं प्रगतिशील जीवन का बादशाह बनने से रोकने में किसी में सामर्थ्य नहीं। यह मेरी गारंटी, इसमें किसी को कोई शकशुबहा नहीं!

अनियंत्रित हालातों को छोड़ अपने मूल्य व शर्तानुसार जीना काफी हद तक अपने निर्णयों पर निर्भर है। स्पष्ट शख्सियत के स्वामी स्वयं सतत दिशा-निर्देशित हैं, क्योंकि वे जानते हैं, वे क्या चाहते हैं, क्यों चाहते हैं और उसे कैसे प्राप्त किया जाए।

माता-पिता एवं परिवेश से विरासत में मिला नकारात्मक और रोगी शख्सियत में सकारात्मक एवं स्वास्थ्यदायक परिणाम लाने की सबसे असरदार तदबीर है—आत्म-पहचान को नए सिरे से रँगना।

अपने 'मैं' की लालसाओं से अनजान रहने या उसके विपरीत जाने से हमारा आत्मद्वंद्वता, दुःख, आत्म-शून्यता, उद्देश्यविहीनता के जंजाल में उलझना निश्चित। जबकि उसका संज्ञान जीवनधारा का रुख सर्वदा सही दिशा में प्रवाहित करने का सबब। सौभाग्य, अप्रतिम सफलता, आत्मसंतुष्टि, सुख, आत्मप्रकाश, आत्मस्वीकार्यता के साथ तमाम बड़ी सिद्धियों का स्वर्णिम द्वार तभी खुलेगा, जब हम वही करें, वैसा बनें, जैसा करने, होने के लिए सृष्टि ने हमें गढ़ा है। मनोवैज्ञानिक अब्राहम मास्लोव (Abraham Moslow, 1908-70), कोलंबिया यूनिवर्सिटी ने कहा, "संगीतज्ञ को संगीत का सृजन करते, चित्रकार को चित्र बनाते और कवि को गीत लिखते रहना चाहिए, तभी वे परम आत्मिक शांति की अनुभूति कर पाएँगे।"

आकाश में उड़ने के अभिलाषी को स्वयं एवं अपने व्यक्तित्व का समय-समय पर निरपेक्षता से मूल्यांकन कर उसे परिस्थिति के तर्ज पर बदलते रहना अति आवश्यक है। पर इसका पीड़ादायक एवं आत्म-उद्वेलित करनेवाला होना संभव है।

सभी विश्वासों में सर्वाधिक शक्तिशाली विश्वास है

—आत्मधारणा

अंतरराष्ट्रीय मैनेजमेंट कंसल्टेंट स्टीफन कूवे (Stephen Covey) ने 'द सेवन हैबिट्स ऑफ हायली इफेक्टिव प्यूपल' में कहा, "आप आत्म-परिवर्तन प्रक्रिया को गहराई से सक्रिय कर सकते हैं। यह होगा केवल एक वस्तु में आधारभूत परिवर्तन लाकर और वह है, जिसकी संपूर्ण लगाम आपके हाथ में—आपका 'मैं'।"

'इवोल्यूशनरी परिवर्तन' (आधारभूत परिवर्तन) से आया आत्मिक आनंद व आत्ममुक्ति के बोध से बेहतर अहसास अन्य किसी में कदापि नहीं—जो है अनेक विस्मयकारी उद्भवों की जननी। इसी के परिणाम के कारण औसत दर्जे का रामबोला और डाकू रत्नाकर का क्रमशः असाधारण आत्मा गोस्वामी तुलसीदास एवं महर्षि वाल्मीकि में रूपांतरण हुआ और कम पढ़े-लिखे एंथनी रॉबिंस युवावस्था में ही अभूतपूर्व सफलता के भागी।

आपका पथ अतीत में कितना दुर्गम रहा हो, वर्तमान में आप जैसे भी हों, पर भविष्य में आते-जाते ऊँचे-नीचे गड्ढों के बीच सिर उठाकर चलते रहने, तमाम मनसूबों की आपूर्ति, विजयीपन का अहसास जगाने और भीड़, समाज, देश, दुनिया में अलग पहचान बनाने के लिए आपको स्थायित्वता से सकारात्मक, कर्मठ और आत्मविश्वासी व्यक्तित्व का चोला पहनना होगा, इससे कोई बेहतर पथ नहीं। यह अर्थहीन है कि आप स्त्री हैं अथवा पुरुष और वर्तमान में विकट विफल व्यक्तित्व के मालिक हैं अथवा जेली समान व्यक्तित्वविहीन।

भूतकाल का कैदी न बनते हुए, अपनी महत्त्वाकांक्षाओं, उद्देश्यों को ध्यान रख निर्णय करें कि दुनिया के समक्ष आप स्वयं को कैसे पेश करना चाहते हैं। तत्पश्चात्, अपनी मूर्ति को उसी के अनुसार शिल्पकार की भाँति गढ़िए। विचारिए, आपके परिप्रेक्ष्य में यह क्या होना चाहिए—'आत्मबली, सहनशील', 'वक्त की नजाकत के अनुसार लचीला रुख अपनानेवाला', 'अपरिमित शक्ति, क्षमता का स्वामी' या 'लावण्य, नजाकत से भरपूर महिला'?

चुनौती स्वीकारने का भरपूर माद्दा आपमें!

मैं आपको चुनौती देता हूँ, स्वप्न और गगन पकड़नेवालों की जमात में शामिल होने का!

मेरी चुनौती स्वीकारिए, हीरो की तरह चलने-फिरने, बात करने, शारीरिक अवस्था बनाए रखने का!

मैं आपको ललकारता हूँ, स्वयं को 'एक श्रेष्ठ कलाकृति' बनानेवालों की श्रेणी में खड़ा करने को!

मेरी आपको चुनौती है वह बनने का, वह जो कहता है, करता है, केवल उपदेशक नहीं!

मैं आपको बुलावा देता हूँ, दुनिया के सबसे बड़े मंच पर खड़े होकर युग-पुरुष की भाँति दहाड़ने का!

मेरी आपको बलपूर्वक आज्ञा है जहरीली आत्मधारणाओं, विचारों से लबालब आंतरिक दुश्मन को दफनाने का!

अब किसी में हिम्मत नहीं आपका कद एवरेस्ट से ऊँचा उठने से रोकने की!

महत्त्वपूर्ण बातें

1. शख्सियत 'मैं कौन हूँ' (Who I am) और 'मैं क्या हूँ' (What I am) संबंधित निर्णय एवं आत्मधारणा है।
2. 'मैं किस प्रकार का व्यक्ति हूँ' (What type of person I am), 'मैं किस तरह का आदमी बनना चाहता हूँ' (What kind of person I would like to be) निर्धारित करके आप अपने कार्य-कौशल, गुण का स्तर, 'मैं श्रीमान सुखीराम रहूँगा या दुःखीराम' और 'मैं आत्मविश्वासी या आत्महीन व्यक्तित्व बनूँगा' की आधारशिला रख देते हैं।
3. बदलते उम्र, लक्ष्य, समय एवं परिस्थितिनुसार उस 'मास्टर सिस्टम' को न सँवारने से कुंठा, पश्चात्ताप, रोग का प्रवेश और आयु का घटना मनोवैज्ञानिक तथ्य है। वर्तमान प्रगतिशील और प्रतिस्पर्धा से भरे युग की वृहदता एवं उसमें तेजी से परिवर्तन लाने के ध्येयार्थ तथा सुनहरा जीवन तथा बड़ी उपलब्धियाँ पाने के वास्ते उसमें सतत उत्थान की प्रक्रिया अनिवार्य होनी चाहिए।
4. स्वयं की विशेषताओं, योग्यताओं, अच्छाइयों पर अधिकाधिक ध्यान देना आपको प्रतिभावान, क्षमतावान बनाने के साथ आपमें मौलिक विलक्षणता, आत्मविश्वास उड़ेलेगा।
5. सकारात्मक शख्सियत बदलाव सकारात्मक बहुमुखी आत्म-सुधार (इवोल्यूशनरी परिवर्तन) का मार्ग है।

कार्यक्रम

1. आज से पाँच, दस, बीस, तीस, चालीस, पचास···वर्ष बाद आप स्वयं को किस भूमिका में देख रहे हैं। वह वर्तमान के आपसे अधिक स्वस्थ, आनंदित एवं आत्मविश्वासी है या नहीं? न पर आप आज से किन

योजनाओं, आत्म-तब्दीली को अमलीजामा पहनाना प्रारंभ करेंगे?

2. आप स्वयं निर्देशित फिल्म के हीरो/हिरोइन एवं निर्देशक हैं। आप क्या, कैसा रोल निभाएँगे कि परदा गिरने के पश्चात् दर्शक देर तक ताली बजाते रहें?
3. कौन रोकता है आपको विजेता की तरह दिखने, चलने, बोलने, आचरण करने में? क्या एवं कैसा हो कि आप वैसा करें?

शब्दावली

1. सेल्फ एफेकॅसी (Self-efficacy) सिद्धांत—हमारी क्षमता, व्यवहार का स्तर हमारे लक्ष्य-प्राप्ति के विश्वास द्वारा निर्धारित है। यदि आपको विश्वास है, 'मैं लक्ष्य पा सकता हूँ', तब आपकी क्षमता, व्यवहार उस स्तर तक उठकर लक्ष्य विजय में सहायक होगा। यदि आपको विश्वास है, 'मैं लक्ष्य विजित नहीं कर सकता', तब आपका क्षमता, व्यवहार दबा रहेगा, ताकि आपको विफलता नसीब हो।

2. स्काई डाइविंग (Sky diving)—व्यक्ति और स्काई डाइविंग प्रशिक्षक एक-दूसरे से बँधे रह हवाई जहाज से कूदने का खेल; पैराशूट का नियंत्रण प्रशिक्षक के हाथ।

□

14

जिधर चले रास्ता उधर चलना गंदी बात, पुरुषार्थी अपना मार्ग खुद खोदे

"प्रगति करना और जानना कि हम किस दिशा में आगे बढ़ रहे हैं, प्रत्येक प्रकार की शक्ति एवं आत्मविश्वास की जन्मदायिनी है।"

—जेम्स बॉयल (James Boyle),
स्कॉटिश चिंतक

- क्या आपमें नीरसता का आगाज हो चुका, आप प्रसन्नता खोने लगे या आपको क्षितिज पर अंधकार दिख रहा है?
- मनोवांछित प्रगति से कोसों दूर हो गए?
- रोग, कुंठा, निराशा का शिकार होने लगे?
- उम्र बीत गई और आपको लग रहा कि अब तक उद्देश्यहीनता के आँचल में फँस केवल समय काट रहे थे?

पृथ्वी पर उनकी कमी नहीं, जो पूरा जीवन गुजारने पर भी अपने लिए सबसे उपयुक्त दिशा का संज्ञान नहीं कर पाते। वे इन मतिभ्रम में जकड़े रहते हैं—

- 'मेरे मन में एक ही प्रश्न है—पता नहीं मेरी जिंदगी कैसी होगी?'
- 'मेरी मंजिल क्या है?'
- 'मैं हरदम भ्रमित रहता हूँ, किस मार्ग पर जाऊँ, मुझे कहाँ जाना है, कहाँ पहुँचना है?'
- 'मुझे पता नहीं, आखिर मैं चाहता क्या हूँ?'
- 'मुझे अपना भविष्य धुँधला नजर आ रहा है।'
- 'मैं किसलिए जिऊँ?'

घबराइए नहीं, वर्तमान में तेजी से बदलते तकनीकी एवं भौतिकवादी युग में ऐसा

होना लगभग आम है, आज सिंहासनों पर विराजमान हस्तियाँ, सिनेमा जगत् की हसीनाएँ तथा सत्तर साल के धनकुबेर इससे पीड़ित हैं।

बहुत लोग बड़ी सफलता पाने के पश्चात् उदासीनता, खालीपन से घिर जाते हैं। इस कारण कई लोग शराब, ड्रग, आत्महत्या की ओर मुड़ गए। ऑस्कर विजेता फिलिप सेमर हॉफमैन (Philip Seymour Hoffman) की मृत्यु हाल में एक नहीं, कई ड्रग लेने की वजह से हुई। भारतीय जनता पार्टी के एक राष्ट्रीय नेता के सुपुत्र की कहानी आपको याद होगी। ऐसा क्यों? कारण हमारी नैसर्गिक मानवीय प्रकृति में छुपा है। एक शिखर फतह करने के पश्चात् अंत:करण कहता है, 'अब क्या?' दिमाग को इसका जवाब न मिलना उन समस्याओं की जड़ है। अवगुण, हिंसा, बोरियत, भावनात्मक असंतुलन का मूल स्रोत लक्ष्यशून्यता है। देखा गया कि अनेक चंद्रयात्री मिशन प्राप्ति के पश्चात् भयंकर शराबी बन गए, क्योंकि उनका दिमाग सोचता है, 'मैंने अपना स्वप्न पा लिया, अब करने को क्या बचा?'

जानवरों के विपरीत हमारा उद्देश्यपरक जीव होना न्यूरोसाइंस द्वारा सिद्धित है। मनुष्य का मस्तिष्क खालीपन की स्थिति में रहने से बेगैरत; यह उद्यान की तरह है, जिसमें कुछ-न-कुछ उगना है, वहाँ स्वस्थ पेड़ के न उगने पर उसमें झाड़-झंखाड़ स्वत: उग आएँगे। सकारात्मक विचार से विरक्तता से नकारात्मक विचार उसमें स्वयं प्रवेश कर जाएँगे। पशुओं से अलग उसका एक ध्येय-प्राप्ति के पश्चात् शून्यता से बचने को स्वचालितता से दूसरे मकसद की तलाश में जुटना सीरत है और उसके मिलने तक वह कार्यरत रहेगा। दार्शनिक अरस्तु (384-322 ईसा पूर्व) ने फरमाया, "मानव लक्ष्यपरक प्राणी है। उसे जिंदगी तभी अर्थपूर्ण लगती है, जब वह अपने ध्येय के आकलन के उपरांत उसके अधिग्रहण में जुट जाए।" यही कारण है अकर्मण्यता एवं दिमागी खालीपन से उदासी, कष्ट की पैदाइश का।

'ध्येय' शब्द हमारे अस्तित्व का महत्त्वपूर्ण तत्त्व है। उससे हम ताउम्र भावनात्मक रूप से जुड़े रह उसको पाने की ख्वाहिश रखते हैं और उससे प्रभावित रहते हुए निर्णय करने के कायल हैं। समाज सुधारक चार्ल्स हेनरी पार्कहर्स्ट (1842-1933) स्वीकारोक्ति, 'मकसद जीवन को एक अर्थ प्रदान करते हैं।' यही कारण है, उसका हमारे चहुँओर आमूल-चूल बदलाव लाने का भागी होने का। सभी उच्च सफल, असाधारण तथा चैंपियन इनसान की जिंदगी का उद्देश्यपरक मार्ग पर चलना हजार फीसदी अनिवार्य है।

बिन लक्ष्य यात्रा आपकी उपलब्धियों को निम्नतम स्तर पर ले जाएगी। आपमें शिखर छूने की क्षमता है, पर उसकी तली में घुमंडी खाते रह जाएँगे, आपका दिल आपकी तमाम हसरतों का कब्रगाह बनेगा। याद रखिए—अपना विजन, सपना, मिशन या

महत्त्वाकांक्षा निर्धारित करने पर आपको दु:ख, घुटन और अन्य विध्वंसात्मक शक्तियाँ अपने आगोश में बाँध लेंगी, क्योंकि आपका दिमाग स्वचालितता से चौबीसों घंटे उस ओर अ-सृजनशीलता से सक्रिय रहेगा।

भाग्य-रेखा को कल्पना में स्पष्टता से देखना आत्मसंतुष्टता से लबालब स्वप्निल संसार के गठन का पूरी संभावना बनाने का जिम्मेदार होगा। वैसे व्यक्ति को रास्ते में पड़नेवाली बाधाएँ, विफलताएँ डिगा नहीं पाएँगी, वह उनसे परेशान नहीं होगा। इधर-उधर बिखरे पत्थर समान समस्याएँ, अवरोध उसका रास्ता बन उसकी सफलता में सहायक बनेंगी। अपने जीवन इतिहास की धारा अपने शर्तों में रँगने एवं नियंत्रित करने की मनोवृत्ति गजब ढाएगी। वैसी मनोदृष्टि से स्वप्नद्रष्टा अभिनेता शाहिद कपूर अनेक असफलताओं के बावजूद आज प्रगति कर रहे हैं। एक कवि का हसीन उद्गार—

सोच बदलो, सितारे बदल जाएँगे, नजर को बदलो, नजारे बदल जाएँगे।
कश्तायाँ बदलने की जरूरत नहीं, दिशाएँ बदलो किनारे बदल जाएँगे।

इस अध्याय में चित्रण है, कैसे आप संशय से उबरकर अपनी तकदीर की साफ-सुनहरी लकीर खींचें, कैसे अपना जन्म सार्थक, अर्थपूर्ण बनाएँ, तथा कैसे अपने प्रियजनों के भाग्य निर्धारण में सहायक बन उनके और स्वयं के सुखात्मक आयाम (happiness quotience) बढ़ाने में सफल हों।

स्वयं को दबाना ना-ना, स्वयं को उभारना हाँ-हाँ!

दिशाहीनता है संशय, विफलता का बड़ा कारण। यह भविष्य को भूल-भुलैया बना उसमें सदैव भटकते रहने का एवं बुढ़ापे में स्वयं और किस्मत को कोसने की पृष्ठभूमि तैयार करेगा। समाज में ऐसे इनसान ढूँढ़िए एक, पर मिलेंगे हजार। वे समय, संसाधन गँवाने के पश्चात् गमगीन रह सोचते रहते हैं, 'यदि मैंने वैसा किया होता तो आज मेरा यह हाल न होता', 'मैंने वैसा क्यों न किया?', 'मैं कहाँ पहुँच सकता था, पर कहाँ पहुँच गया'। एक माकूल हिंदी कहावत है, 'खोया धन, नुकसान वापस आ सकता है, पर बीता समय कदापि नहीं।' याद रखें, भूतकाल के आँचल में छुपा हुआ बीता पल उड़ गए पंछी की तरह पीछे मुड़कर कतई नहीं देखता। बिन मंजिल की कल्पना सँजोए और भविष्य का आकार तय किए उत्तम भविष्य की कामना हास्यास्पद है। नाविक, जिसे ज्ञात नहीं किस किनारे लगना है, वह अपना पतवार पानी में उद्देश्यहीनता से पटकता रह एक दिन स्वयं एवं अपनी नैया को डुबो देगा।

श्रीमानजी, आप कुंठा, विषाद के आसान शिकार होंगे, यदि आपकी आकांक्षाएँ हृदय में दबी रह गईं या आप अपने मार्ग से अनजान रह गए। आप वृद्धावस्था में 'मेरा

स्तर, उपलब्धियों का ग्राफ कहीं ऊपर जा सकता था, यह मेरे हाथ में था, पर हाय-हाय मैंने कुछ न किया, क्यों!' सोचकर दु:खित होते रहेंगे। भाई साहब, मेरी एक बात गाँठ बाँध लें—जितनी शीघ्र आप अपनी चेतन-अर्द्धचेतन महत्त्वाकांक्षाओं को दृष्टिगोचित करेंगे, उतना अधिक मुमकिन होगा उनके अधिकाधिक संख्या में यथासमय पूर्ण होने का। येल विश्वविद्यालय (Yale University), अमेरिका (1953) द्वारा नियोजित शोधानुसार दूरगामी दृष्टि से वही व्यक्ति अधिक सफल तथा आर्थिक रूप से अधिक समुन्नत होता है, जिसने जितनी जल्द अपनी आकांक्षाओं को पूरी स्पष्टता से रचित किया हो। सही कहते हैं कथाकार क्रिस्टोफर मॉरले (Christopher Morley, 1890-1957), "जीवन को अपने ढंग से जीने की समर्थता सबसे बड़ी सफलता है।"

अमेरिका के साइबरनेटिक्स वैज्ञानिक डॉ. नॉर्बर्ट वीनर (Dr. Norbert Wiener) व अन्य ने एक विस्मयकारी खोज की। प्रमाणित हुआ कि मानव मस्तिष्क में एक अनुपम लक्ष्य आधारित अचेतन 'सर्वो प्रणाली' विद्यमान है। इसमें मस्तिष्क का 'रेटिक्यूलर एक्टिवेटिंग सिस्टम' (Retucular activating system) की बड़ी भागीदारी है। भविष्य की अस्पष्ट रूपरेखा या उससे विरक्तता सफलता में सहायक इस मानसिक, जैविक पद्धति को निष्क्रिय करने की वजह है। इससे दिशाहीनता के आभासवश दुनिया के प्रति विकर्षण, रसविहीनता का जन्म होना एक नतीजा है। यह कारण है—ध्येयविहीन लोगों का व्यसन, आत्महत्या, भावनात्मक विकार द्वारा सर्वाधिक शिकार बनने का।

"या हम रास्ता ढूँढ़ेंगे या उसे स्वयं बनाएँगे।"

—प्राचीन महान् कार्थेजियन जनरल हॅनीबल बर्का
(Hannibal Barca)

रोमन साम्राज्य पर हमला करने को आल्प्स (Alps) पर्वतमाला पार करते वक्त भविष्य पथ का बुद्धिमत्ता से चुनाव त्वरित कामयाबी एवं विशाल उपलब्धियाँ पाने का अति आवश्यक विकल्प है, यह नगण्य है कि आपकी वर्तमान शारीरिक, सामाजिक, पारिवारिक, आर्थिक, शैक्षणिक व अन्य स्थितियाँ क्या हैं। महान् कवि ऑलिवर वेंडल होम्स (Oliver Wendell Holmes) (1809-94) ने सटीक बात कही, "यह महत्त्वपूर्ण नहीं कि हम आज कहाँ खड़े हैं, वरन् यह कि हम भविष्य में किस दिशा की ओर बढ़ेंगे।" जो प्रतिबद्धता से अपने सपनों का संज्ञान कर उसके प्राप्ति की ईमानदारी से चेष्टा करते हैं, वे आत्म-संचालित, ऊर्जावान तथा दृढ़ व्यक्तित्व के स्वामी अपनी हस्तरेखा खुद लिखनेवाले 'पुरुषार्थी' (स्त्री-पुरुष दोनों) कहलाते हैं। एक ऐसी अमर शख्सियत कवि विलियम अर्नेस्ट हेनले (William Ernest Henley, 1849-1903)

का उद्गार, "मैं अपना भाग्य-विधाता हूँ, अपने आत्मा का स्वामी।"

हमारा मानसिक और बौद्धिक स्तर धन, वैभव पर निर्भर नहीं, वरन् हमारे द्वारा चयनित पथ, व्यक्तित्व, मकसद एवं प्रवृत्ति पर निर्भर है और यह कि हमने अपनी प्रगति सकारात्मक रास्तों से प्राप्त किया अथवा नकारात्मक पर चलकर।

भाईजी, आइए हम संकल्प करें—हम ऐसे जिएँगे, ऐसे कार्यों में व्यस्त रहेंगे और कुछ ऐसा कर गुजरेंगे कि मृत्यु वरण शांति, आत्म-संतुष्टिता से करें, यही यात्रा सर्वोत्तम होगी। खुली आँखों से महत्त्वाकांक्षाओं, कामनाओं को उज्ज्वल स्वरूप में देखते निर्धारित मार्गों पर निरंतर पग उठाते रहना सुनहरे भाग्य एवं अर्थपूर्ण जीवन का मार्ग प्रशस्त करेगा।

घंटे भर में हस्तरेखा में क्रांतिकारी बदलाव

हम स्वयं से जैसा प्रश्न पूछते हैं, उसका उत्तर प्राप्त करने को अचेतन लगातार प्रयासरत रहता है। इस आधार पर 'मैं क्या चाहता हूँ?', 'मेरा उद्देश्य क्या है?', 'जिंदगी से मेरी क्या अपेक्षाएँ हैं, उसमें मेरी क्या भूमिका रहेगी?', 'मैं किसलिए पैदा हुआ?' जैसा चिंतन करनेवाले अपने में विस्मयकारी उत्थान ला, भाग्य को सुनहरे अक्षर से लिखने में समर्थ होते हैं। उनमें से अनेक महानता की श्रेणी में खड़े हुए। राजकुमार सिद्धार्थ ने 'मैं' से वे प्रश्न पूछे और करोड़ों के उद्धारक महात्मा बने। सिद्धित है कि वैसे वर्ग अधिक सफल, खुश, आत्मविश्वासी, धनी, आकर्षक पाए जाते हैं, बजाय दिशाविहीन आत्माएँ। बिन मकसद और अपने मूल्य, आंतरिक अभिलाषाओं से बेगैरत लोग साधारण जीवन के भागी रहे हैं, एक हल्की आँधी उन्हें गिराने में सक्षम।

ऊपर वर्णित मस्तिष्क की साइबरनेटिक्स-प्रणाली की अनेक विशेषताओं में एक है, यदि लक्ष्य का संज्ञान नहीं पर निश्चित है कि उसका अस्तित्व कहीं-न-कहीं है, इस अवस्था में वह उसे ज्ञात करने को तब तक चेष्टारत रहेगा, जब तक वह उसका संज्ञान न कर ले। डॉ. नॉर्बर्ट वीनर 'द ह्यूमन यूज ऑफ ह्यूमन बीइंग' (The Human Use of Human Being) में लिखते हैं, "जैसे ही वैज्ञानिक एक ऐसी समस्या पर ध्यान केंद्रित करते हैं, जिसका उनको आभास है कि इसका कोई-न-कोई हल है, उनकी सोच बिल्कुल बदल जाती है। समाधान की ओर वे आधा रास्ता पार कर लिये होते हैं।"

अनेक जन यह नहीं जानते कि वे क्या नहीं जानते या आखिर वे चाहते क्या हैं। कई तो उम्र गुजार देते हैं, बगैर विचारे कि वे कैसे जीना चाह रहे थे, पर कैसे जीते रहे। बहुत लोग विशेषज्ञ हैं अपनी इच्छाएँ अस्पष्टता से प्रकट करने में। जो अपने मार्ग व मंजिल से अनभिज्ञ हैं, उनसे अधिक अजागरूक, मूढ़ और अपने का दुश्मन शायद ही कोई हो! ऐसे काठ के उल्लू आपको चौराहों पर झख मारते दिखाई पड़ जाएँगे; वे अपनी ऊर्जा

को उद्देश्यपरक कार्यों में नहीं, बल्कि उद्देश्यहीन कार्यों में लगाकर व्यर्थ करते रहने के उत्तरदायी हैं।

मेरे शहर के ऐतिहासिक हरे-भरे 'आजाद पार्क' में एक बोर्ड पर लिखा है—
'अपनी कामनाओं का त्याग करो, यही सब दु:खों का कारण है।'
इस प्रकार की परंपरागत धारणा बनाए रखनेवाले अनजान हैं
कि ऐसा मानव उत्साहहीन, प्रेरणाहीन मांस का पिंड रह जाएगा,
एवं उसका व्यक्तित्व अनाकर्षक उबले अंडे जैसा!
अमाँ, इच्छाएँ ही तोजीव में उमंग-रस भरने का स्रोत हैं।

जिंदगी की यात्रा में हमारी हैसियत मुसाफिर की है। यहाँ 'मुझे कहाँ पहुँचना है', 'मुझे कहाँ जाना है' निर्धारित करने से सफर आनंदायक, प्रेरणात्मक हो जाएगा, हम गंतव्य पर सही पल में पहुँच जाएँगे एवं तमाम उपलब्धियों, सफलताओं के अधिकारी बन जाएँगे। जितनी जल्द हो सके प्राथमिकता से सभी क्षेत्रों में स्वयं के व्यावहारिक ध्येयों को पहचानना अपने संसार को स्वर्णिम बनाने का है प्रथम पग। 'प्राइमटाइम ऐमी अवॉर्ड' से नवाजे संगीतकार विलियम रॉस (William Ross) माकूल परामर्श दे रहे हैं, "क्यों न कुछ समय देकर यह निर्णय किया जाए कि हमारे लिए क्या उपयुक्त है, तत्पश्चात् उसकी प्राप्ति के लिए आगे चल दिया जाए।"

निम्न पग पर क्रमवार विचरण कर आप अपने प्रारब्ध को निश्चित रूप से उत्तम दिशा प्रदान कर लेंगे। ये आपके अंदर बैठी सुषुप्त प्रतिभा को कार्यरत और प्रज्वलित करने का काम करेंगे, साथ में साधारण व अप्रतिम कामयाबी की लगाम आपके खूबसूरत हाथ में थमा देंगे।

1. 'मेरे मूल्य क्या हैं?', 'मैं कौन-कौन से मूल्य प्राप्त करना चाहता हूँ?', 'मैं किन मूल्यों के लिए जीना चाह रहा' ('What values do I want to have in life?', 'For what values do I want to live?')

मूल्य (वैल्यू) वे 'विशिष्ट व्यक्तिगत विश्वास एवं गहरी मानसिक आकांक्षाएँ' हैं, जिन्हें पाना जीवन में हमारी प्राथमिकताएँ हैं। उसके लिए हम जीते हैं, जान दे सकते हैं। हम क्या हैं व कैसे हैं, हमारे जीवनकाल का रूप-रंग कैसा हो और इसे हम किस ओर ले जाएँगे, इसका फैसला मूल्य द्वारा है। भारतीय प्रधानमंत्री जवाहरलाल नेहरू ने कहा था, "जीवन वैज्ञानिक दृष्टि से नहीं, वरन् मूल्यों से निर्धारित होता है।" मूल्य व लक्ष्य जीवन के प्रति भावनात्मक लगाव पैदा करनेवाले तत्त्व हैं। उनकी आपूर्ति गहन संतुष्टिता का बोध प्रदान करने का दायक है। इसे एक शब्द, शब्द विन्यास (फ्रेज) या वाक्य द्वारा

प्रकट किया जाता है। 'आत्मनिर्भरता', 'आध्यात्मिकता', 'वैभव' आदि मूल्य हैं।

मूल्य सकारात्मक भाव, मंतव्य के अभिव्यक्त कारक हैं, पर इनकी प्राप्ति हेतु इनसान का नकारात्मक मार्ग का अनुसरण करना सड़क पर कंकड़ की तरह आम है। वह जिंदगी को उद्देश्यपरक दिशा देकर हमें जीवन में जीने का अर्थ प्रदान करते हैं। उनके बगैर हम दिशाहीनता, बोरियत के बोध में धँस जाएँगे। यदि वह हमारे सपने, कामनाओं को व्यक्तिगत ढाँचा दे रहे हैं, तब हम उन सपनों, कामनाओं को पाने के प्रयास के दौरान आत्म-प्रेरणा से भरे रहेंगे, अन्यथा नहीं। एक गरीब पिता आधा पेट खाना खाकर बेटी को व्यावसायिक शिक्षा इस प्रयोजनवश दिलवा रहा है कि बेटी का भविष्य सुरक्षित हो। उसका यह मूल्य उसमें दुःख नहीं, वरन् आत्म-संतुष्टि का संचार करने का सबब है।

नाकामी की स्थिति में मूल्य हमें पुनः प्रयासरत रहने के वास्ते उत्प्रेरित करेगा, जब तक ध्येय आपूर्ति न हो जाए, चाहे बड़ी-से-बड़ी मुसीबतें सामने मुँह फाड़े खड़ी रहें। उच्च सफल व्यक्ति मात्र सफलता की नीयत से नहीं, वरन् अर्थपूर्ण ध्येय एवं उच्च मूल्यों के प्रेमवश कर्मशील होते रहे हैं।

मूल्य मुख्य वजह है—मनुष्य द्वारा श्रेष्ठता, महानता के अधिग्रहण का। अपने मिशन, परिवार या देश के सम्मान की रक्षा के लिए आप भूखे पेट हर हद तक जाने को तैयार रहेंगे, वहीं स्वयंहित के घेरे में रहने पर आप तोंद फूलने तक खाने के पश्चात् आराम से चादर तान सोने का विकल्प चुनेंगे। अमेरिका के सफलतम व्यापारियों पर शोधकर्ता डॉ. चार्ल्स गारफील्ड (Dr. Charles Garfied) अपनी चर्चित पुस्तक 'पीक परफॉर्मर्स-द न्यू हीरोज ऑफ अमेरिकन बिजनेस' में लिखते हैं, "सभी सर्वोच्च प्रदर्शन (peak performer) के कर्ताओं के अंदर उनका मूल्य उनके हृदय में लक्ष्यार्थ अग्नि की ज्वाला जलाए रखता है।"

भाई, 'मुझे कहाँ जाना है' से अनजान रहने पर
आप वहाँ पहुँच जाएँगे, जहाँ आप नहीं जाना चाह रहे थे,
हो जाएगा न गड़बड़!

कॉपी में काम देते हुए लिस्ट बनाएँ, आप अपने संपूर्ण जीवन में किन-किन मूल्यों, सिद्धांतों को प्राप्त करना चाहेंगे, जो आपको जीने का आधार प्रदान करें। जितना समय लेना हो लीजिए, पर अंत में आपको 'अहा' का अहसास होना ही चाहिए, आपको महसूस हो कि 'मैंने सब लिख दिया, अब कुछ नहीं बचा'। मूल्य भाग्य को विशिष्ट स्वरूप में ढालने का आधार है। जितना अधिक और जितनी संपूर्णता से आप अपने मूल्यों

का अग्रिम में संज्ञान कर लेंगे, उतना अधिक आप स्पष्टता, सुख, संतुष्टि व सफलता से जीवनयापन के अधिकारी बनेंगे। हालाँकि कठिन है, पर कम-से-कम दस मूल्यों का चेतन संज्ञान आपके व्यक्तित्व व भविष्य में क्रांतिकारी परिवर्तन अवश्य लाएगा। उदाहरणस्वरूप, आपकी लिस्ट में हो सकता है—स्वास्थ्य, व्यक्तिगत विकास, आर्थिक स्वतंत्रता, दयालुता, पारिवारिक सुख, सुंदरता, अंतरराष्ट्रीय भाईचारा, शारीरिक बल···।

मूल्यों में अस्पष्टता से फैसला लेने में अक्षमता और दिशाविहीनता की स्थिति होना तथ्य है। जो सदा दिग्भ्रमित रहते हैं, उन्हें ज्ञात नहीं होता कि उनके लिए क्या महत्त्वपूर्ण है, उनकी आत्मिक आवश्यकताएँ व प्राथमिकताएँ क्या हैं। अपने वर्तमान व्यवसाय को खतरे में डाल दूसरों का मूल्य पूरा करने के लिए ('मुझे इस व्यापार से पैसा कमाना है, सफलता पाना है। उस मकसद को पाने के वास्ते मैं चाहता हूँ, आप यही व्यापार अपनाएँ') उनके द्वारा प्रेरित व्यवसाय को अपनानेवाले दोनों पेशे में अपनी नाकामयाबी की संभावना प्रगाढ़ कर देंगे।

मूल्यहीनता बोरिंग जीवन का स्रोत है और मानव का सुख की ओर जाना स्वाभाविक प्रवृत्ति। उस यथार्थ अधिकतर मूल्यविहीन आदमी का ड्रग, शराब की ओर आसानी से आकृष्ट होना सामान्य प्रक्रिया है।

2. 'मैं क्या चाहता हूँ, मैं क्या बनना चाहता हूँ, मैं क्या होना चाहता हूँ?' ('What do I want specifically?')

आप कंप्यूटर इंजीनियर होते हुए कलाकार बनना चाहते हैं या डॉक्टर बनते हुए लेखक या अन्य?

'मैं क्या चाहता हूँ' न जाननेवाले को देर-सबेर दु:ख, अवसाद अपने गले लगा लेता है, चाहे वह चाँदी का चम्मच ले पैदा हुआ हो, या सफल या सामान्य व्यक्ति हो। विश्वस्तरीय व्यावसायिक प्रशिक्षण संस्थान 'नेटवर्क ट्वेंटीवन' के संस्थापक जिम डार्नन (Jim Dornan) ने पते की बात कह डाली, "नियति आपको हर ओर ढकेलती रहती है, पर यदि आपको अपना ध्येय मालूम है तो आप अपने मार्ग का स्वयं निर्णय कर लेंगे।" निश्चित उद्‌देश्यवाला बिना रुके, बिना भ्रमित हुए निश्चित रास्ते पर जाते रह अंतत: स्वर्णिम भविष्य को गले लगाने का अधिकारी है।

स्वप्नदर्शी बनना महानता व महान् सफलता का पथ प्रशस्त करेगा। यह सत्य है कि सभी स्वप्न देखनेवाले सफल नहीं होते, पर यह भी तथ्य है कि सभी उच्च उपलब्धियाँ हासिल करनेवाले दिवास्वप्न देखनेवाले प्राणी रहे हैं। वे सभी एक खास गुण के मालिक होते हैं—उन्हें अपनी रुचियों का पूर्ण ज्ञान होता है, वे लक्ष्य आधारित जीवन

व्यतीत करना पसंद करते हैं, जो उन्हें जीने का आधार तथा बाधाओं को पार करने की क्षमता प्रदान करती हैं।

मेरी कंपनी की रिसेप्शनिस्ट लगभग पैंसठ वर्षीय अत्यंत स्मार्ट
जीवनरस से भरपूर इजरायली महिला। एक दिन उनसे बातचीत के दौरान
मैंने उन्हें प्रभावित करने के लिए (सभी मर्दों की जन्मजात सीरत!)
गर्व से कहा, 'मैं सुख-दु:ख में एक समान रहता हूँ, मैं इच्छाविहीन हूँ।'
उन्होंने मुसकराते कहा, 'कितना बोरिंग, तुम कितने बोरिंग आदमी हो!'
मेरे ऊपर घड़ों ठंडा पानी पड़ गया। मैं खिसियानी हँसी हँसने लगा।
तब से मैंने निर्णय किया कि मैं दूसरों के मूल्यों पर कभी नहीं चलूँगा
और मौलिक निर्णय लेकर मौलिक जीवन बनाऊँगा।

अपनी सीमाओं को लगाम न देते हुए दिल को खुले आसमान पर ले जाकर 'ब्रेनस्टार्मिंग' (बिन किसी बंधन में बँधे और बगैर चेतन रूप से सोचते हुए विचारना) करते हुए अत्यधिक उत्साह के साथ सोचिए, लिखिए, 'मेरा सपना क्या है', 'मैं क्या बनना, पाना चाहता हूँ', 'मेरा मिशन (mission), विजन (vision), पैशन (passion) क्या है', 'मैं किस दिशा में जाना चाहता हूँ', 'मेरे जीवन का उद्‌देश्य क्या है'। उनको मानसिक पटल पर सुंदर छविस्वरूप में फिल्म की तरह चलते-फिरते देखें, सुनिए, महसूस करें। विश्लेषित कीजिए, आपकी व्यक्तिगत, व्यावसायिक, शैक्षणिक, शारीरिक, मानसिक तथा अन्य क्षेत्रों में अल्पकालिक एवं दीर्घकालिक अभिलाषाएँ, रुचियाँ क्या हैं। लक्ष्यों का सकारात्मक, आकर्षक, अर्थपूर्ण होना जरूरी, तभी आप अपने पूरे मन से पुरजोरता से उसे ग्रहण करने को उत्प्रेरित होंगे और दूसरे भी आपको सहयोग करेंगे। यहाँ महत्त्वपूर्ण है—आपको वह ध्येय सुनिश्चित करना, जिसे आप चाहते हैं, न कि जिसे आप नहीं चाहते या जिससे आप दूर जाना चाह रहे या जिससे आपमें विकर्षण का भाव उत्पन्न हो। आकर्षक उद्‌देश्य सतत ऊर्जा बनाए रख सफलता की अधिकतम संभावना बनाएगा—इसे सुनिश्चित करने की कल्पना कीजिए, वह आपको प्राप्त हो गया है। क्या अब आपको खुशी का अहसास हो रहा? सेल्फ-हेल्प में अनेक विख्यात पुस्तकों के रचयिता परोपकारक, जनहितैषी (philanthropist) डब्ल्यू. क्लेमेंट स्टोन (W. Clement Stone) कह रहे हैं—

"यदि आप प्रज्ञता चाह रहे हैं, तब आप बुद्धिमान (wise) हो जाएँगे, यदि आप स्वस्थता चाह रहे हैं, तब आपकी बीमारी विलुप्त। अच्छाई की कामना करो, यह आपके पास खिंचा चला आएगा। सफलता की आकांक्षा करो, यह आपको मिल जाएगी। स्पष्टता से जानो कि आप क्या चाहते हैं और अपने दिमाग को उस पर केंद्रित किए रहो

और उसे दिल से निकाल दो, जिसे आप नहीं चाहते।...यदि आप उस पर सोचते रहेंगे, जिसे आप नहीं चाहते, तब आप वही पाओगे, जिस पर सोचते रहे हो। परंतु यदि जिसे चाह रहे हो, उसे दिमाग में जमाए रहोगे, तब संभावना है यह आपके पास खुद चलकर आएगा।"

परिवार, परिवेश से संबंधों में सुदृढ़ता आपकी प्राथमिकता होनी चाहिए, क्योंकि वहीं से स्थायी सफलता, स्वस्थता, संपन्नता का बीज उगेगा और उस हितार्थ आपको पहला सहयोग वहीं से मिलेगा। बहुत लोग काम में अधिक व्यस्तता के कारण पुत्र/पुत्री से दूर होने से सुखी सहयोगात्मक पारिवारिक रिश्ते से वंचित रह जाते हैं। यह अवस्था उनके स्वशांति, व्यक्तिगत एवं व्यावसायिक उन्नति के मार्ग में घातक होगी—सफलता के पीछे सतत आँख मूँद दौड़नेवालों की सामान्य स्थिति।

उदाहरण—

आर्थिक, व्यावसायिक—'मैं ऑटोमोबाइल क्षेत्र में सफल उद्योगपति बनूँगा', 'मैं वायुसैनिक बनूँगा।'

व्यक्तिगत, शख्सियत संबंधी—'मैं आकर्षक, ओजस्वी, आत्मविश्वासी व्यक्तित्व का स्वामी बनूँगा, ताकि व्यक्तिगत व व्यावसायिक ऊँचाइयाँ छू सकूँ।' 'मैं नारीत्व से भरपूर स्त्री बनूँगी।'

मिशन—'लोगों को शराब पीकर वाहन चलाने के विरुद्ध जागरूक करना मेरा मिशन है', 'सर्वोत्तम गृहिणी बनना मेरा मिशन है।'

सपना—'मैं एक दिन यूरोप की सैर करूँगा', 'मैं स्वयं को सैन्य जनरल के रूप में देखता हूँ।'

ग्रैंड विजन—'मैं धर्म-प्रेरित हत्या बंद करने की अलख जलाऊँगा', 'मेरे परिवार में सभी लोग देश के प्रगति में योगदान देंगे।'

मात्र जीने एवं आत्मसंतुष्टि से जीने में बहुत फर्क है

3. 'मैं कौन तरीका अपनाऊँ?' ('What way should I adopt?')

ऊपर 'स्टेप 1' में आपने जितने मूल्य चुने हैं, उन प्रत्येक पर विचरण कर निर्णय करें कि उसे आप किस सकारात्मक तरीके से प्राप्त करना चाहेंगे। भ्रमित रहने पर स्वयं से प्रश्न करें, 'मैं 'X' ('स्टेप 1' से प्राप्त आपका वांछित मूल्य) कैसे प्राप्त करूँ या कौन सा मार्ग अख्तियार करूँ?' आपकी साइबरनेटिक्स-पद्धति देर-सबेर आपको उत्तर प्रदान करेगी।

अपने मूल्य, सिद्धांत, इच्छाओं को पूर्ण करने के वास्ते मार्ग का निर्धारण आपके भाग्य में क्रांतिकारी बदलाव लाने में समर्थ है। मंजिल पर पहुँचने को गलत तरीके का

इस्तेमाल तनाव, समस्या की वजह होगा। 'आर्थिक स्वतंत्रता', 'आत्म-स्वीकार्यता' के लिए आप अपराध या अन्य सकारात्मक व्यवस्थाओं दोनों से धन कमा सकेंगे। पर साहबजी, उनके हश्र में भी तो फर्क है। दूसरे से आप टाटा, बिरला बन सकते हैं, परंतु पहले से—आत्मयंत्रणा, अपमान और जेल में चक्की पीसिंग! उसी तर्ज पर सुकून पाने के ध्येयार्थ कुछ शराब अथवा ड्रग गटकते हैं, पर कुछ व्यायामशाला में व्यायाम करते हैं, कॉफी हाउस में पुराने यारों, सृजनात्मक लोगों के साथ गप्प मारते हैं या अच्छे संस्थान का सदस्य बन जाते हैं। सकारात्मक इनसान अपनी आकांक्षाओं, मूल्यों को सकारात्मक विकल्प अपनाकर प्राप्त करेंगे, वहीं नकारात्मक इनसान नकारात्मक विकल्प द्वारा। मानसिक क्षमता/कौशल (cognitive ability) का सही, सकारात्मक उपयोग हमें महान् बना सकता है, दुर्गुणी, नीच भी। मैं आपको बता दूँ कि महान् हॉलीवुड फिल्म निर्माता स्टीवन स्पीलबर्ग (Steven Spielberg) रचनात्मकता की ओर इतने प्रेरित थे कि वे तेरह साल की उम्र से ही सोते-जागते, उठते-बैठते कल्पना में फिल्म बनाते रहते। व्यक्ति खराब नहीं होता, वरन् वह खराब दिशा, कर्म के चयन से अपने व्यक्तित्व, भाग्य में ग्रहण लगा देता है। सकारात्मक पथ पकड़ना बुद्धिमत्ता है, स्थायी लाभ प्रदान करनेवाला। केवल मानव में एक अद्वितीय विशेषता है—वह है कोई अथवा उत्तम दिशावरण की आजादी। प्रतिदिन, प्रतिपल विकल्प चुनने का निर्णय हमारे व्यक्तित्व, नियति को विशेष रंग में रँग देगा। 'वेट वाचर्स ऑर्गनाइजेशन' की प्रसिद्ध संस्थापिका जीन निदेश्च (Jean Nidetch) के अनुसार, "यह आपके द्वारा चुना विकल्प है, न कि संयोग, जो आपकी किस्मत का स्तर तय करता है।"

मूल्यों की प्राप्ति के मार्ग का उदाहरण—

आत्मोत्थान—'मैं क्लब में सौहार्दपूर्वक व्यवहार अपनाऊँगा, न कि अपने उसूलों का नगाड़ा बजाता रहूँ।'

सहनशीलता, मर्दानगी, दिलेरी—'मैं सेना में चयन होने के लिए धूप में प्रतिदिन श्रम करके अपनी शारीरिक व आत्मिक शक्ति बढ़ाऊँगा।'

आदर्श, आध्यात्मिक उत्थान—'सिद्धांत मैं कभी किसी की गरीबी का मजाक नहीं उड़ाऊँगा' के तहत मैं कभी भिखारियों को अपशब्द नहीं कहूँगा।'

ममता, कर्तव्य—'मैं अपने बच्चों को स्वस्थ, उन्नतशील, आत्मनिर्भर, आत्मविश्वासी व्यक्तित्व प्रदान करने को सभी आवश्यक कदम उठाऊँगी।'

सामाजिक—'मैं गरीब स्त्रियों को बिन ब्याज धन मुहैया कराऊँगा।'

स्वनिर्भरता—'मैं स्वनिर्भर बनने को कर्मठ व्यक्तित्व विकसित करूँगा', 'मैं साइकिल उद्योग लगाऊँगा'।

आत्म-स्वीकृतता—'मैं आत्म-स्वीकृतता के लिए अपने वजन पर लगाम लगाऊँगा।'

साहस—'मैं अकेले विश्व भ्रमण करूँगा।'

मौलिक अधिकार—'मैं अपना एक संगठन बनाऊँगा।'

पारिवारिक सुख-शांति—'मैं दिन में एक बार सभी सदस्यों के साथ भोजन करूँगा, ताकि उनकी समस्याओं से अवगत हो, उनके समाधान में सहयोग दे सकूँ।'

उन मूल्यों, जो आपके पहचान का अभिन्न अंग हैं, की राह पर चलना उच्चतम सफलता, महानता व असीम संभावनाओं का द्वार खोल देगा। यदि आपके लिए संगीत जीना-मरना है, तो संगीतज्ञ बन आप अपनी तकदीर को सुनहरे अक्षर से लिख लेंगे, यह पक्का है।

समय, स्थिति, उम्र, योग्यता, सामर्थ्य के अनुसार आवश्यकताएँ, क्षमताएँ बदलती रहेंगी, इसलिए असफलता, खिन्नता से बचने के वास्ते व्यावहारिक मूल्यों एवं रास्ते को तरजीह देना चाहिए। पूरा परिवार आप पर निर्भर है, इस अवस्था में मस्ती के लिए जोखिम भरा खेल अपनाना उचित नहीं, ऐसा करके कितनों ने अपने परिवार को बरबादी की कगार पर ढकेल दिया। जीवन के सांध्य काल में सबकुछ आपके पास, पर आत्मिक शांति नहीं या कोई पूर्व घटना आपके मन को विचलित कर रहीं। इस अवस्था में आपको अपनी सीमाओं को ध्यान में रख सर्वाधिक उत्तम अथवा यथोचित विकल्प अंगीकार करना होगा, जैसे—सत्संग, सामाजिक सेवा, मिशन या बची हुई इच्छाओं की प्राप्ति।

> *"मेरे दोस्त आगे और आगे बढ़ते गए, पर मैं पीछे खिसकता रहा। पर बाद में अपने भविष्य की रूपरेखा बनाने के बाद मैं दृढ़ निर्णय लेने में सक्षम हो सका, जिससे आज मैं अपने अन्य स्वप्नों, अभिलाषाओं को एक-एक कर अमली जामा पहनाने में समर्थ रहा। इससे मुझे प्रचंड आत्म-स्वीकार्यता व आत्म-जागरूकता का आभास हुआ।"*
>
> **—लेखक अशोक गुप्ता**

आप एक मूल्य अनेक रास्ते द्वारा पा सकते हैं; विश्लेषित कीजिए—वे क्या हैं और कब, कहाँ, कौन सा मार्ग समयानुसार सबसे उपयोगी होगा। मान लीजिए कि सृजनात्मकता हेतु आप गीत लिखते हैं, पर जरूरत पड़ने पर पटकथा लेखन कीजिए, निर्देशन कीजिए, ताकि हाथ, जेब, दिमाग खाली न रहे, पेट को मक्खन चुपड़ी रोटी मिलती रहे। कहावत 'भूखे पेट भजन न होय गोपाला' याद रखें। पाकिस्तान से रचनात्मक दिल लिये आए संपूरन सिंह कालरा रोजी-रोटी के वास्ते मुंबई में कार मेकैनिक बने। अपने को स्थापित करने के पश्चात् ही उन्होंने फिल्मों में गीत, पटकथा तथा डायलॉग

लिखना प्रारंभ किया। तत्पश्चात् तरक्की करते-करते उन्होंने निर्देशन किया, निर्माता बने। वे हैं—अंतरराष्ट्रीय 'ग्रैमी अवॉर्ड' और 'दादा साहब फाल्के' पुरस्कार से नवाजित पद्म भूषण गुलजार साहब।

4. क्या किसी क्षेत्र में कोई तमन्ना बची है? मन के कोने से उसे ढूँढ़ निकालें।

5. लक्ष्य को मिशन का हिस्सा बनाएँ, कर्म एवं कर्तव्य सुखात्मक हो जाएगा।

पारिवारिक प्रगति आपका मिशन है। भटके पति को सही मार्ग पर लाने को उस मिशन का अंग बना दें। आप आत्मप्रेरित हो बच्चों को सकारात्मक मार्ग स्वीकारने की उपयोगिता तथा बुद्धिमत्ता का पाठ सिखाने लगेंगी, ताकि वे भविष्य में पति की तरह न भटकें, क्योंकि यह आपके मिशन का ही एक भाग होगा।

संभव है, ऊपर लिखा अभ्यास आप एक घंटे में या उससे जल्द समाप्त कर लें या उससे अधिक समय लें, कोई बात नहीं। भविष्यदर्शी बनना एवं भविष्य बनाना कठिन होना संभव है, पर आदतन ऐसा करते रहने से यह आपकी नैसर्गिक क्रिया बन जाएगा। कठिन तब है, जब आप आत्महीनता या संशय से ग्रस्त हों; सरल तब जब आप दृढ़ निश्चयी हों कि 'जैसे भी हो, कैसे भी हो, मुझे अपना प्रारब्ध सुनहरा करना है, इसमें किंतु, परंतु की कोई गुंजाइश नहीं।'

भविष्य पथ पर आगे बढ़ते हुए बदलती उम्र, समय, परिस्थिति, शख्सियत तथा क्षमता की लय पर अपने लक्ष्यों को सुधारते रहें।

जीवन इतिहास का अग्रिम प्रारूप बनाना समय, संसाधन बचाकर रास्ता आनंददायी करते उपलब्धियों को शीघ्रतम सामने खड़ा करने का आधार है; सदैव ध्यान रखें कि ऐसा करनेवाले ऐसा न करनेवालों से अधिक सफल, सुखी, मानसिक तौर पर स्वस्थ, आत्मविश्वासी और आर्थिक रूप से स्वनिर्भर होते रहे हैं। उस वर्ग में सभी विश्वस्तरीय विभूति अपने क्षेत्र में अग्रणी नहीं बन जाते, पर यह भी सत्य है कि वे सभी उसी जमात के सदस्य होते हैं। एक साधारण अमेरिकन युवा रिचर्ड देवोस (Richard DeVos) की बायोग्राफी 'हाऊ टू बी लाइक रिच देवोस' (How to be Rich Like Rich DeVos) में लिखा है कि उन्होंने प्रारंभिक दिनों में ही भविष्य की पूर्ण रूपरेखा निर्धारित कर ली थी। उनके अनुसार यही वजह बना उनके द्वारा 'एमवे कॉरपोरेशन' की स्थापना का। यह अंततोगत्वा दुनिया की सबसे बड़ी नेटवर्क मार्केटिंग प्रतिष्ठान बना। पद्म भूषण अमिताभ बच्चन बचपन से बंबइया हीरो बनने का स्वप्न सँजोए थे।

बड़े स्वप्न, बड़ी दृष्टि के निश्चित फायदे

कूपमंडूकता नहीं, बल्कि विशाल महत्त्वाकांक्षा के साथ खुला दृष्टिकोण है असीम संभावनाओं, जागरूकता का द्वार। द्वितीय विश्वयुद्ध के दौरान सोयचरा होंडा (Soichiro Honda) ने मनन किया कि कैसे अपने छोटे कार्बोरेटर उद्योग को आकाशीय बनाया जाए, परिणाम रहा—वर्तमान में संसार की अग्रणी मोटर साइकिल, कार निर्माता 'होंडा ऑटोमोबाइल्स' (Honda Automobiles) का उनके द्वारा संस्थापन। विस्तृत दिमाग से बैर रखने पर क्या उनमें यह सामर्थ्य एवं प्रतिभा का फूल खिल पाता? खुले आसमान में मन को खुला छोड़ना और लक्ष्यों, इच्छाओं को मिशन का हिस्सा बनाते जाना आपको आत्मसंतुष्टि, प्रसन्नता, प्रगति से सराबोर करता जाएगा।

जो जितना बड़ा स्वप्नदर्शी, भविष्यदर्शी होगा, उसका कद उतना अधिक ऊँचा और वह अंतत: उतनी ऊँची मंजिल पर बैठने का अधिकारी बनेगा और उसकी उपलब्धियाँ सामान्य व्यक्ति से कहीं अधिक। एक प्रसिद्ध मैनेजमेंट कंसल्टेंट का बयान, "सीमित दायरों व व्यवस्थाओं पर विश्वास करने से आप भी उसी अनुपात में सीमित सोच, सीमित काबिलियत व सीमित उपलब्धियोंवाले शख्स बन जाएँगे।"

प्रारब्ध हर किसी की आंतरिक बंधन, परिसीमा (चाहे यह छोटा हो अथवा भीमकाय) के अनुरूप एक-एक कड़ी जोड़कर उसी परिधि में उसकी नियति की तसवीर बनाता है। घर-घर जाकर वैक्यूम क्लीनर बेचकर साधारण पैसे में गुजर-बसर करनेवाला एक युवा अपने बेडौल शरीर एवं रहन-सहन का स्तर, मनोदशा, स्थिति से निहायत असंतुष्ट, कुंठित था। परंतु उसमें एक खास बात थी—अपने को किस्मत का मारा समझने और 'मैं कुछ नहीं कर सकता', 'अब कुछ नहीं हो सकता' सोचने और अनेक लड़कों की तरह बीयर पीकर सो जाने के बजाय घंटों पुस्तकालय में बैठ और अनेक मोटिवेशनल वक्ताओं को सुनकर उसने वृहद् दृष्टि बनाने का रहस्य जाना। मात्र बीस की उम्र में एक मूर्तिकार की तरह उसने अपनी जिंदगी की विहंगम काल्पनिक रूपरेखा बनाई और खुली आँखों से सपनों में डूबा रहने लगा। ये हैं—अरबपति व्यवसायी, बेस्ट सेलर पुस्तकों के लेखक एंथनी रॉबिंस (Anthony Robbins)। 'अनलिमिटेड पावर' (Unlimited Power) में उन्होंने कहा, "मैंने अपने को बिन बंधन में बाँधे बड़े-से-बड़ा लक्ष्य बनाया, जबकि उस समय मुझे यह भी पता नहीं था कि मैं उसे कैसे पूरा करूँगा।" हमारे शरीर की न्यूरोलॉजिकल, हार्मोनल, फिजियोलॉजिकल, अचेतन व अन्य व्यवस्थाएँ मकसद की परिधि के अनुसार स्वचलित रूप से अपने को संवर्धित करती रही (अर्थात् ऊपर उठती या नीचे गिरती रहकर) लक्ष्य हथियाने की ओर अग्रसरित रहती हैं। उसी आधार पर हममें बाधा पार करने की शारीरिक एवं मानसिक काबिलियत व शक्ति विकसित होती जाती है, जिससे इच्छित परिणाम मुमकिन हो। मस्तिष्क की सफलता

दिलानेवाली साइबरनेटिक्स-प्रणाली आपके द्वारा तय सीमा तक ही आपको सफलता दिलाएगी; उसकी निगाह में छोटे-बड़े ध्येय का कोई अर्थ नहीं, अर्थ है—आपने किस हद तक सफलता की आकांक्षा की। यह मनोवैज्ञानिक तथ्य नीचे उल्लेख से अधिक स्पष्ट होगा।

प्रसिद्ध मनोवैज्ञानिक एल्बर्ट बैन्ड्यूरा (Albert Bandura) के सेल्फ-एफेकॅसी (self-efficacy) सिद्धांतानुसार हम जिस स्तर की ध्येय प्राप्ति की आकांक्षा करते हैं, उसी स्तर तक हम अपनी निपुणता, व्यवहार, आत्मविश्वास लागू कर पाते हैं, उसी स्तर के अनुपात में वे स्वयं बढ़-घट जाती हैं। हममें 'मैं उसी दरजे तक सफल हो सकता हूँ' का अचेतन विश्वास जड़ जमा लेता है। हम केवल उसी स्तर तक अपनी काबिलियत का उपयोग कर पाते हैं, न उससे कम, न उससे अधिक। आसमान को देखकर पत्थर मारने से आपके बल व मानसिक क्षमता में उस अनुसार इजाफा आएगा। इससे पत्थर पेड़ के शिखर से तो ऊपर जाएगा ही। पेड़ की चोटी को निशाना मानने से पत्थर अधिकतम वहाँ तक उठेगा, अधिक संभव है, उससे कम ऊँचाई तक पहुँचकर नीचे लुढ़क जाए।

दिल से मकसद चुनकर उस पर जीनेवाले
बगैर मकसद के जीनेवालों से अधिक सफल,
सुखी व उन्नतशील होते रहे, होते रहेंगे

छोटे धरातल, आयाम में बँधे रहने के बजाय बड़ा लक्ष्य बनाना उच्च सफल लोगों की नैसर्गिक प्रवृत्ति है। इससे निश्चित तौर पर आपके भी उपलब्धियों, कामयाबियों का ग्राफ व संख्या परवान चढ़ेगा। 'एशियन गेम्स' (1982) में स्वर्ण पदक विजेता पहलवान सतपालजी महाराज ने 'कॉमनवेल्थ गेम्स' (2014) के दौरान टी.वी. साक्षात्कार में कहा, "मैंने कभी भी रजत, कांस्य के बारे में नहीं सोचा, मैं केवल स्वर्ण पदक जीतने के बारे में सोचता था।" यदि आप पॉपकॉर्न का छोटा स्टॉल लगाना चाह रहे हो तो आपका आत्मबल, कौशल, उत्साह, हिम्मत उसी परिसीमा तक आकर रुक जाएगा, आप उसी व्यापार में बँधे रहेंगे। पर उसमें आगे बढ़ते रहने या उससे संबंधित बड़ा उद्योग लगाने की चाहत पर वे ध्येयानुसार वृद्धि करके एक-न-एक दिन उसमें सफलता का सेहरा आपको बाँधेंगे। आपके विजय रथ को रोकने की किसी में हिम्मत न होगी। सेल्फ-एफेकॅसी की अवधारणा उस मत की चूलें हिलाता है, जो सफलता को लक्ष्मण रेखा में बाँधता है।

एक-एक सीढ़ी चढ़कर सबसे ऊँचे मंजिल पर पहुँचना विशाल उपलब्धियाँ पाने का गुणसूत्र है। हम वैसे नहीं हैं, जैसे हम हैं, वरन् हम वैसा बनते हैं और वैसा स्वयं को पाते हैं, जिस फैलाव तक हम स्वप्न देखते हैं, सोचते हैं तथा अपनी आंतरिक दुनिया के वृत्त को विस्तार देते हैं। जिस पल से आपने सीमारहित पर व्यावहारिक

उद्देश्यों का निर्धारण किया, तभी से प्रारंभ है आपके जीवन में चमकते युग के पदार्पण एवं महान् आकांक्षाओं की आपूर्ति का, भले ही इसकी गति मंद हो! 'वंडर ब्वॉय ऑफ अमेरिका' (Wonder boy of America) कहे जानेवाले एंथनी रॉबिंस बेस्ट सेलर 'अवेकन द जायंट विदिन' (Awaken the Giant Within) में एक सत्य से परदा उठा रहे हैं—उनकी अपार सफलता, अपार संपन्नता का रहस्य है सतत विशाल लक्ष्य का निर्माण। कंप्यूटर के 'गीगो सिद्धांत' का मस्तिष्क पर उपयोग से सिद्धित है कि सीमित सोच एवं आंतरिक दुनिया का फल है सीमित फल और असीमित सोच एवं आंतरिक संसार का फल होगा असीमित। अंतरराष्ट्रीय कंसल्टेंट डेविड गॉर्डन (David Gordon) की प्रसिद्ध पुस्तक 'थ्योरप्यूटिक मेटाफोर्स' (Therapeutic Metaphors) में लिखते हैं, "ज्यादातर समस्याओं के लिए हमारे अंदर फलती-फूलती संकुचित दुनिया उत्तरदायी है।"

यदि मेरे में बचपन से अमेरिका जाने की हसरत ठोस, खूबसूरत घर बसाए न होती, तब क्या मैं वहाँ जा पाता? सेल्फ-एफेकॅसी व्यवस्था के तर्ज पर मेरे स्नायुमंडल ने अनेक पहाड़ जैसे परेशानियों, आंतरिक हतोत्साहन को पार करने के यथार्थ मेरी हिम्मत, आत्म-प्रेरणा के दबे बीज को विकसित कर पेड़ जैसा ऊँचा बना दिया। अमेरिका में मुझे स्पष्ट दिशा मिली, मिशन मिला, आत्मविश्वास मिला और अपनी शख्सियत की सही पहचान हुई। सबसे सुखद रहा बचपन से पल रहे इस दृढ़ धारणा का बिखरना कि 'अमेरिकी और पश्चिमी बुरे हैं'! खड़ा तो हर आदमी हो जाता है, पर कौन किस प्रकार खड़ा है, किस प्रकार जी रहा है, किस प्रकार अपने अस्तित्व को बचाए है, यह अति महत्त्वपूर्ण है। हमें अपनी भाग्यरेखा की लकीर ऐसी खींचनी होगी कि कितनी भी आँधियाँ आएँ, उसमें हम दृढ़ता से पैर जमाए रख सकें, किंतु यह तभी संभव है, जब हम अपनी आधारशिला को लोहे की मजबूती प्रदान करें।

मिनटों में अपने जीवन की रूपरेखा ऐसे खींचें

महाशय, खुद द्वारा लिखित जिंदगी जीने का कोई मोल नहीं। किस्मत और दूसरे के हाथ की कठपुतली बनकर जीना भी क्या कोई जीना है?

दिमाग के सामने काल्पनिक परदे, अर्थात् 'विजुअल स्क्रीन' (Visual screen), पर एक बहुआयामी (थ्री-डायमेंशनल) आकर्षक फिल्म बनाएँ, जिसके सुपर हीरो, सुपर निर्देशक खुद आप। इसका नाम 'मेरा जीवन' (My Life) रखें, जिसमें आप एंथनी रॉबिंस की तरह अपना दमकता भविष्य देखेंगे। इसकी पटकथा में होगी आपके अंत अवस्था तक की भविष्य की स्पष्टतम रूपरेखा। आँख के सामने सीधी रेखा में मस्त दिल से मुँह भविष्य की ओर करके आगे यात्रा करें। देखें, यथासमय आपकी सभी

कामनाएँ एक-एक कर पूरी हो रही हैं और आप वही कर रहे हैं, जिसे आप प्यार करते हैं, जिसका ख्वाब आप खुली आँखों से देखते रहे।

'क्या करें?', 'क्या न करें?' कहीं ऐसा न हो,
यह सोचते पूरी जिंदगी सरक जाए

अंत फ्रेम में देखिए, आप आर्थिक संपन्नता, सुरक्षा के साथ समस्त मानसिक, शारीरिक, आध्यात्मिक, भौतिक, पारिवारिक व अन्य क्षेत्रों में मनोवांछित उपलब्धियाँ, स्वप्न, आदर्श, मूल्य हस्तगत करने के पश्चात् पूर्ण संतुष्ट मनोवस्था से बुढ़ापे में आरामकुरसी पर बैठकर चाय की चुस्की ले रहे हैं। इस पल आप क्या देख-सुन रहे हैं? कैसा महसूस कर रहे हैं? कोई उत्तरदायित्व, अभिलाषा छोड़ तो नहीं दिए? इस मजेदार छवि के अंदर प्रवेश कर उससे संलिप्त (एसोसिएट मनोवस्था) हो पूरा लुत्फ उठाएँ, बदन में उत्तेजना महसूस करें। इस चलते-फिरते जीवंत चित्रकथा में आकर्षक प्रभाव तथा सतरंगा रंग उड़ेलकर इसे बारंबार रिवाइंड (rewind), पॉस (pause), धीमी गति, फास्ट फॉरवर्ड (fast forward) को प्रयुक्त करते चलाकर पूर्ण संतुष्टि तक इसे सुधारें, इसकी कमियाँ दूर करें। इस सिनेमा के निर्माण में संशय, समस्या आने पर अपने रोल मॉडल को अंतरात्मा में निमंत्रित कर उनसे सहायता लें। क्या इस दौरान आपके अंतर्मन में विरोध या चिंता 'ऐसा संभव नहीं', 'मैं नहीं कर सकता' का स्वर सुनाई तो नहीं पड़ रहा? ऐसा होने पर इसमें निहित सकारात्मक इरादे को पता कीजिए और उसका यथासमय उचित प्रबंधन एवं निवारण करने का भरोसा दीजिए। अंत में आह्लादित हो चीत्कारें, 'अहा, यही मेरी सपनों की जिंदगी है, संसार है, यही मेरा मार्ग है, यही मेरी तकदीर है'। चलचित्र पूर्ण होने पर अपने अवचेतन से अनुरोध करें—'यदि कभी मैं अपने नैतिक सिद्धांतों और सकारात्मक लक्ष्यों के विपरीत जाऊँ या पथ से भटकूँ, तब मुझे आगाह कर सही रास्ता बताएँ।'

उपरोक्त मूवी को बगैर पूर्वग्रह तथा अपने को किसी परिधि में बाँधे खुले मन से अवलोकित करना अत्यधिक सुखात्मक तथा प्रभावकारी होगा। डायरी में लिखकर इसमें कार्टून, रोल मॉडल का फोटो चिपकाकर इसे रोचक बनाएँ।

संक्षिप्त उदाहरण—मैं स्वस्थ शरीर, आकर्षक, कर्मठ पुरुषार्थी व्यक्ति बनूँगा (महिलाएँ अपने अनुरूप व्यक्तित्व का चुनाव करेंगी); बीमार पड़ने पर आहार, मानसिक और अन्य प्रबंधन द्वारा अपने स्वास्थ्य को पुनः पटरी पर लाने के लिए प्रत्येक क्षमता विकसित करूँगा; पच्चीस की उम्र में एक ऊँचे पहाड़ पर चढ़ूँगा; परिवार के साथ सदा उत्तम संबंध व समरूपता बनाए रखूँगा; मैं एक दिन सफल वैज्ञानिक बनूँगा, साथ में

समयानुरूप विकल्पों द्वारा असीम धन कमाता जाऊँगा, ताकि महत्त्वाकांक्षाओं की आपूर्ति में धन का अभाव न हो एवं आर्थिक रूप से ठोस बनता जाऊँ; मैं सतत सीख, अध्ययन द्वारा आत्म-विकास करते प्रगतिशील रहूँगा, जिससे ध्येयों के लिए यथोचित संसाधन, ज्ञान, सूचना मिलती रहे; मैं अपनी बेटी को उच्च शिक्षा दिलाऊँगा, ताकि सदा वह स्वावलंबी रहे; तीस की उम्र में मनपसंद घर खरीदूँगा, पचास में सपत्नीक विदेश भ्रमण करूँगा; सेवानिवृत्त होने के बाद बेसहारा बच्चों के सहायतार्थ पुनर्वास केंद्र खोलूँगा, साथ ही बचे हुए मकसदों, कार्यों, रुचियों को पूरा करने की दिशा में आगे बढ़ता रहूँगा और सकारात्मक तरीके से दिनचर्या बिताते संतुष्ट, शांत रहते जिंदगी का मजा लूटूँगा।

यह अर्थहीन है कि आपका वर्तमान कैसा है, आप गाँव से दस किलोमीटर पैदल चलकर स्कूल जानेवाले छोरे हैं या शहर के निम्न-मध्यमवर्गीय बाशिंदे या अरबपति के बेटे। धन, वैभव के अतिरिक्त उद्देश्यपरक मार्ग अपनाना, अपना स्वप्न, ख्वाहिश, मिशन पूर्ण करना एवं मनोवांछित ढंग से जीना सर्वाधिक आनंदमयी है, संतुष्टिदायक है।

भविष्य का खाका न खींचने से आप अंत में पछता सकते हैं कि 'हाय, मैंने यह क्यों न किया, मैंने वह क्यों न किया', 'मुझे यह नहीं, वह चाहिए था', 'यदि मैं यह नहीं वह करता, तब मैं कहाँ से कहाँ होता', 'मैंने स्वयं अपनी जिंदगी खराब कर लिया', 'मैं बरबादी से बच सकता था', 'मैं वह बन सकता था, पर मैं क्या बन गया'। सदा भाग्य कोसनेवाले, दूसरों पर दोष मढ़नेवाले, असंतुष्ट रहनेवाले और नकारात्मक मनोवस्था के वासियों की यही पक्की, अविरत सीरत है। उनके भेजे में नहीं आता अथवा वे निर्णय नहीं कर पाते कि उनका भविष्य कैसा होना चाहिए, उनके सपनों का भविष्य कैसा होगा, उनके जीने का ध्येय क्या है, वे किसलिए पृथ्वी पर ढकेलकर भेजे गए हैं, उनकी अपनी वास्तविक शख्सियत क्या होना चाहिए और उन्हें क्या करना पसंद है, क्या नहीं। जिन्होंने इनका उत्तर दिया, वे महान्, अमर अथवा उच्च सफल, सुखी की श्रेणी में सबसे आगे खड़े हो गए।

नदी आपना रास्ता खुद बनाती है, तभी समंदर के बाहुपाश में
बँधने में सफल हो पाती है। कभी सुना है,
चाँद-सूरज को अन्य मार्ग अपनाते हुए?

पानी को फर्श पर उड़ेल दीजिए, यह चौतरफा बिखर जाएगा। अब उसे एक नाली में डालिए, वह एक दिशा में बहेगा। दिमाग तथा प्रारब्ध की भी यही कार्यरीति है। दिशा न तय करने पर आखिर वह हमें कहाँ ले जाएगा?

मैंने धनकुबेरों और चमकते-दमकते हॉलीवुड-बॉलीवुड सितारों को फटेहाल होते

देखा है, आत्महत्या के आगोश में जकड़ते देखा है। तीन ग्रैमी अवॉर्ड पाए 'किंग ऑफ रॉक एंड रोल' कहलानेवाले युवा धड़कन एल्विस प्रेस्ले (Elvis Presley) मात्र बयालीस साल की उम्र में ड्रग खाकर असमय मौत के काल में समा गए। क्या कारण रहा इसका? एक अहम कारण है, अपनी संकुचित दुनिया की रचना कि 'मैंने एवरेस्ट जीत लिया, अब करने को क्या बचा', 'इतना धन कमा लिया कि उसकी अहमियत खत्म, जिंदगी बोरिंग लग रही है'। पैसा बहुत-कुछ है, पर सबकुछ नहीं। यह दिल में झाँककर स्वयं से प्रश्न पूछने का वक्त है—क्या करें कि दिल का खालीपन आबाद हो? परिवार, समाज, देश, मानव की बेहतरी के लिए मैं क्या योगदान दे सकता हूँ? मेरे कौन-कौन से दबे स्वप्न, मनोरथ, मनसूबे हैं, जिन्हें अब पूरा करने का वक्त है? यह समय है हृदय की आवाज सुनने का।

ध्यान रहे, आपको सदा व्यावहारिक, प्राप्य-योग्य ध्येय बनाना है, जबकि मिशन, स्वप्न का बंधनहीन होना संभव। सृष्टि में अविश्वनीय जैसा कुछ भी नहीं है, सभी वास्तविकता है—'देयर इज नथिंग मैजिक बट रियलिटी' (There is nothing magic but reality.)। कब क्या हो जाए, किसी को पता नहीं। यह बाबा भैरव का परामर्श नहीं, वरन् वैज्ञानिकता का आधार लिये सार्वभौमिक सत्य है। हम सभी जादूगर, बाजीगर हैं। प्रारब्ध हमें वही देगा, जैसी हम कामना करेंगे, जैसी हम कल्पना करेंगे (You receive what you visualize.)। आपको वह कतई नहीं मिलता, जिसकी आप चाह नहीं करते, जिसकी दुनिया में खोए नहीं रहते। इसी दुनिया में अनेक रंक राजा बने हैं, कैंसर रोगी पूर्णतया स्वस्थ, भीषण नशे का लती मशहूर वक्ता, आत्महत्या करने की सोचनेवाला उच्चश्रेणी का मनोवैज्ञानिक और कल का फटेहाल बाद में खरबपति हेनरी फोर्ड! महान् ब्राजीलियन खिलाड़ी पेले (Pele) निम्नस्तरीय गरीब परिवार के सड़क छाप आदमी थे, मंदबुद्धि आइंस्टीन अमर वैज्ञानिक बने और मीलों पैदल चल नदी पार करने के पश्चात् स्कूल पहुँचनेवाले छोटे कद-काठी के अनाकर्षक गँवई बालक लाल बहादुर शास्त्री एक दिन विश्व के सबसे बड़े लोकतंत्र भारत के प्रधानमंत्री!

हम भारतीयों के दिमाग में, खासकर मध्यम वर्ग में, बचपन से ठूँसा जाता रहा है कि 'जमीन पर रहो, आसमान की तरफ मत निहारो'। सदैव याद रखें कि ख्वाब देखना, कल्पना में जीना पाप नहीं, वरन् वैसा न करना पाप है। तरुणावस्था में जब मैं रात में सोने के पहले रंगीन काल्पनिक दुनिया में खो जाता था, तभी बहुत सुखी, खुश था, परंतु नवयुवक होने पर उस आदत से दूर होता गया, मेरी सबसे दुःखित अवस्था वही थी।

अपना निर्णय, अपना पथ, अपनी मंजिल
स्वयं चुननेवालों का हीन भावना, कुंठा से
छत्तीस का आँकड़ा

अपने जीवन के सबसे पहले उस दिन को याद करें, जब आपको अपनी चेतनावस्था का आभास हुआ था—आपको ज्ञात होगा कि आपकी वर्तमान स्थिति एवं उपलब्धियाँ लगभग वैसी हैं, जैसी आपने उस समय कल्पना की होगी! प्रसिद्ध मोटिवेशनल स्पीकर डेनिस वेटले (Denis Waitley) ने अपनी अविस्मरणीय पुस्तक 'द साइकोलॉजी ऑफ विनिंग' (The Psychology of Winning) में लिखा, "जीवन ऐसी स्वचलित प्रक्रिया है, जो दीर्घकालिक अवधि में आपको वही देगा, जैसा आप इससे पाने की आशा सँजोए रहेंगे।"

अपनी वर्तमान परिस्थिति को मत देखिए, आप इस समय क्या, कैसे हैं, इसका कतई अर्थ नहीं। मेरा अध्ययन कहता है कि संसार के अधिकतम महान्, रिकॉर्ड-तोड़ प्रदर्शन करनेवाले, धनकुबेर और सफलतम लोग चाँदी का चम्मच लेकर पैदा नहीं हुए, वरन् सड़क के किनारे किसी अट्टालिका से छनकर आई रोशनी में पढ़नेवाले, किसी गंभीर बीमारी से पीड़ित या समाज के सामान्य या निम्नतम वर्ग से आए लोग रहे हैं। आपने अकसर देखा होगा कि गरीब, समस्याग्रस्त, अपराधी परिवार और गंदी गली-कूचे में रहनेवाले युवक-युवतियों को बहुत लंबी छलाँग मारते हुए। बेशक उन सबमें एक समानता होगी—उनका रात-दिन खुली आँखों से सपने देखने का स्वभाव। महफूज, मजलूम, मुफलिस, विफल तथा दुःखी आत्माएँ वही हैं, जो नियति के अलौकिक चमत्कार एवं शक्ति का कम या गलत अंदाजा लगाते हुए कंबल ढाँके दुनिया एवं अपनी आकांक्षाओं से मुँह मोड़ जीवन काटते रहने के भागी रहे हैं। सृष्टि और उसके सृजन की विशालता व विहंगमता अतुलनीय है, यहाँ पर कोई जादू, चमत्कार नहीं होता, बल्कि यहाँ अब तक जो होता आया है एवं आगे जो होता रहेगा, वह वास्तविकता है, सच्चाई है। कारण साफ है—जैसा जिसने सोचा, जैसा जिसने अपनी महत्त्वाकांक्षाओं की तसवीर खींची तथा उसमें जैसा रंग उड़ेला, वैसा ही वह बना, वैसा ही उसने पाया और वैसा ही वह अपने आंतरिक व बाह्य दुनिया को विस्तृत कर पाया। समस्या, बाधा और सीमा 'टेरिटेरी' (सच्चाई) नहीं होती, बल्कि उसका आकार, तीव्रता एवं परिमाण की गणना प्रत्येक व्यक्ति अपने 'मैप' (व्यक्तिगत सोच) के आधार पर करता है। व्यक्तिगत सोच का एक के लिए छोटा या अस्तित्वविहीन होना संभव है, पर दूसरे के लिए बड़ा एवं निर्णयकर्ता।

अपरिहार्य कारण छोड़ने पर, स्वप्नदर्शियों और भविष्यदर्शियों की उपलब्धियाँ, सफलताएँ अपने को सीमा में जकड़नेवालों से कहीं अधिक अथवा विशाल होती हैं, ठीक उसी प्रकार जैसे तारों को देखकर उस पर पत्थर फेंकनेवाले का पत्थर वृक्ष की चोटी को देख पत्थर फेंकनेवाले के पत्थर से कहीं अधिक ऊँचा उठता है, कहीं अधिक

दूर जाता है। पर उस बुड़बक का क्या जो न तारों को देख, न पेड़ की चोटी को देख पत्थर पर पत्थर मारे जा रहा? हा...हा...हा...

यारो, मैं गलत तो नहीं?

कार्यक्रम

1. आप सुख-चैन प्राप्त करने की नीयत से अधिक खाते हैं, प्रतिदिन शराब पीते हैं या किसी कारणवश जानवरों के प्रति दयालु नहीं। क्या उसके अंदर निहित अपने मंतव्य, इच्छा को प्राप्त करने के वास्ते अन्य सकारात्मक विकल्पों पर विचार करना पसंद करेंगे?
2. क्या आपके द्वारा चयनित कार्यपथ और जीवनपथ आपकी शख्सियत, लक्ष्यों, मिशन, सपने का सही प्रतिनिधित्व कर रहे हैं?
3. प्रतिदिन रात में सोने के पहले अपनी सतरंगी कल्पना को आसमानी कुलाँचें भरने दें। उस चित्रकथा के अंदर प्रवेश कर, अर्थात् 'एसोसिएट' हो, मुफ्त में उसके मधुरस का रसपान कर पूरा लुत्फ उठाएँ। क्या इससे अधिक मजेदार, आनंदमयी सिनेमा आपके लिए कोई और है?

□

एपेंडिक्स (Appendix)

मिशन (Mission)

- 'मेरा विजन क्या है?'
  ('What is my vision?')
- 'मेरा मिशन क्या है?'
  ('What is my mission?')
- 'मिशन की पूर्ति के वास्ते मैं क्या रोल अपनाऊँगा?'
  ('What role would I adopt to obtain my mission?')
- 'मेरा मिशन कब पूरा होगा?'
  ('When my mission would be fulfilled?')
- 'एक मिशन के पूर्ण होने के बाद मेरा अगला मिशन क्या होगा?'
  ('What would be my next mission after first mission is received?')

आउटकम प्रश्न (Outcome Question)

क्या? (What?)

- जो आप चाह रहे हैं, उसे पाने के बारे में आपने क्या सोच रखा है?
  (What have you thought about to have what you want?)
- जो आप चाह रहे हैं, उसे पाने की आपकी क्या योजना है?
  (What planning have you formed to have what you want?)

कहाँ? (Where?)

- ध्येय को आप किस निश्चित जगह, किस परिप्रेक्ष्य, किस स्थिति में प्रयोग करेंगे?
  (Which exact place, in what situation and in what context

will you tend to apply your goal?)

कब ? (When?)

- लक्ष्य को आप किस समय, किस वर्ष में प्रयोग करेंगे ?

  (At what time and in which year will you exercise your goal?)

कौन ? (Who?)

- आपको आपका मकसद दिलाने में कौन-कौन आपको सहयोग दे सकते हैं ?
  (Who will help you in getting what you want?)

क्यों ? (Why?)

- ध्येय के पीछे मंशा को पूरा करने के लिए क्या आपके पास अन्य बेहतर विकल्प उपलब्ध है ?

  (Are there other better ways to fullfill your intention for which you want to achieve outcome?)
- कैसे आप लक्ष्य के प्रति हिचकिचाहट, डर का प्रबंधन करेंगे ?
  (How will you mange fear, hesitancy regarding your goal?)

किसके साथ ? (With whom?)

- किस-किस को साथ लेकर आप मंजिल पाने को निकलेंगे ?
  (With whom are you going to realize your purpose?)

कैसे ? (How?)

- प्रारंभिक कदम कैसे बढ़ाएँगे ?

  (How will you start?)
- कैसे आप अपने द्वारा पकड़े मार्ग को अधिक सुगम बनाएँगे ? क्या आपके पास उसके लिए कोई योजना है ?

  (How will you make your path easier to proceed? Do you have any plan for that?)
- कैसे आप ध्येय के प्रति आत्मसंशय, भ्रम, अनिश्चयता का निवारण करेंगे ?
  (How will you manage your inner confusion and uncertainty related to your goal?)

जागरूकता (Awareness)

- क्या आपकी आदत, व्यवहार आपको लक्ष्य पथ पर ले जा रहे हैं ?
  (Are your behaviour, habits leading you towards your goal?)

- आपको कैसे पता चलेगा, आपको क्या महसूस होगा, आपके दिमाग में क्या छवि, आत्मसंवाद (शब्द/वाक्य) आएगा कि आपको आभास हो, आप मंजिल से कितने निकट हैं?

  (How would you know, what would you feel and what images, verbal thought will come to your mind to know how close you are to your goal?)
- आपको कैसे पता चलेगा, आपको क्या महसूस होगा, आपके दिमाग में क्या छवि, आत्मसंवाद (शब्द/वाक्य) आएगा कि आपको आभास हो, आप गंतव्य से कितने दूर हैं?

  (How would you know, what would you feel and what images, verbal thought will come to your mind to know how far you are from your goal?)
- आपको कैसे मालूम होगा, आपको क्या आभास होगा, आपके दिमाग में क्या छवि, आत्मसंवाद (शब्द/वाक्य) आएगा कि आपको आभास हो आपका एक विशेष निर्णय सही है?

  (How would you know, what would you feel and what images, verbal thought will come to your mind to know your particular decision is right or appropriate?)
- आपको कैसे मालूम होगा, आपको क्या आभास होगा, आपके दिमाग में क्या छवि, आत्मसंवाद (शब्द/वाक्य) आएगा कि आपको आभास हो, आपका एक विशेष निर्णय सही नहीं है?

  (How would you know, what would you feel and what images, verbal thought will come to your mind to know your particular decision is not right?)
- यदि आप मकसद त्याग दें, तब आपको क्या दीर्घकालिक, अल्पकालिक लाभ तथा हानि होने की संभावना है?

  (If you discard your objective, what would be your long term and short term profits, losses?)
- आप जो चाह रहे हैं, क्या उसके प्रति आपके अंदर पूर्णरूपेण एकमयता है? (Are you congruent about what you want?)
- कामयाबी पाने के लिए आप जो गँवाएँगे, जो बलिदान देंगे, क्या वह तर्कसंगत है? क्या संभव है कि आपको उसकी बहुत बड़ी कीमत चुकानी पड़े, क्या वह

कीमत आपकी वर्तमान स्थिति देखते उचित होगी?

(In getting your goal, what would you sacrifice and what would you give away logical and worth for? Would that be right considering your present condition?)

दिशाबोध

- क्या आप जानते हैं कि आप किधर जा रहे हैं?

  (Do you know in what direction are you going?)
- आप जिधर जा रहे हैं, उससे आप कहाँ पहुँचेंगे?

  (Where is your direction leading you?)
- आपको कैसे पता चलेगा, आपको क्या महसूस होगा, आपके दिमाग में क्या छवि, आत्मसंवाद (शब्द/वाक्य) आएगा कि आपको आभास हो आप निर्धारित मार्ग पर जा रहे हैं?

  (How would you know, what would you feel and what images, verbal thought will come to your mind to know you are travelling in the right direction?)
- आपको कैसे पता चलेगा, आपको क्या महसूस होगा, आपके दिमाग में क्या छवि, आत्मसंवाद (शब्द/वाक्य) आएगा कि आपको आभास हो आप पथ से भटक चुके?

  (How would you know, what would you feel and what images, verbal thought will come to your mind to know you have distracted from your goal?)

प्रेरणा (Motivation)

- लक्ष्य-अधिग्रहण आपको क्या आर्थिक, मानसिक, पारिवारिक, सामाजिक, व्यावसायिक और शारीरिक लाभ नवाजेगा?

  (What would be your financial, professional, physical, family, social and mental gains after you take in your goal?)
- जो आप चाह रहे हैं, उसे पाने के बाद आपके जीवन में और आपमें क्या बदलाव, सुधार आएगा? आपको क्या मिलेगा?

  (What changes and improvments will goal fulfillment bring to your life? What will you gain?)

- क्यों आप ध्येय ग्रहण करना चाह रहे हैं, उसके पीछे आपको अपनी किस मंशा को पूरी करने की लालसा है ?

  (Why do you want to attain your goal? What intention do you want to fullfill by that?)
- ध्येय चुंबन के पश्चात् आपकी क्षमता, गुण कितना बढ़ जाएगा ? उससे आप क्या और करने की सामर्थ्य हासिल कर लेंगे ?

  (After you accomplish what you want, how much will your skill enhance? With this enhanced ability, what more will you be able to do?)
- विचारें कि मनोकामना की आपूर्ति आपके कितने इच्छित मूल्यों की आपूर्ति करेगा ?

  (How many of your desired values would goal achievement fulfill?)
- आप जो चाह रहे हैं, यदि आपने उसे पा लिया, तब क्या वह आपके वर्तमान आदर्शों को सुदृढ़ करेगा ?

  (If you have what you want, will that strengthen your existing ideals?)

विभाजन (Chunking)

कल्पना कीजिए, आपने अपने बड़े मकसद को अनेक छोटे भागों में विभक्त कर दिया। क्या मकसद—

- आपको आसान महसूस हो रहा है ?

  (Is final outcome easy to grasp?)
- आपको संभव महसूस हो रहा है ?

  (Is final outcome looking possible?)
- आपको आत्म-प्रेरक प्रतीत हो रहा है ?

  (Are you feeling motivated towards your goal?)
- उनके लिए प्रथम पग सुगमता से उठा पाएँगे ?

  (Will you be able to take first step easily?)

काबिलियत (Ability)

- क्या आपका वर्तमान हुनर आपको सफलता दिलाने लायक है ?
  (Can your present skill provide you success?)
- उच्चतम प्रदर्शन हासिल करने को आपको किस प्रकार की काबिलियत, योग्यता और किस मानसिक संसाधन (रिसोर्स), बौद्धिकता और ज्ञान की आवश्यकता होगी ?
  (What ability, resources, intelligence and knowledge would you require for peak performance?)
- यथोचित क्षमता, कौशल पाने के ध्येयार्थ आपको किस मानसिक संसाधन (रिसोर्स), बौद्धिकता और ज्ञान की आवश्यकता होगी ?
  (What resources, intelligence and knowledge would you require in order to get desired ability?)

रणनीति (Strategy)

वांछित परिणाम या अपने इरादे को पाने के वास्ते—

- आपकी क्या रणनीति है ?
  (What is your strategy?)
- आपकी शैली में क्या परिवर्तन आए कि आपकी कार्य-प्रक्रिया सुधरे ?
  (What modifications in your working style would improve the process?)
- यदि आप एक रणनीति से कामयाब न हों, क्या तब आपके पास अन्य रणनीति तैयार है ?
  (Do you have different strategies ready if you don't get desired result from the existing strategy?)
- आपके द्वारा अपनाई शैली का कितना असरदार होना मुमकिन है ?
  (How much effective you think your tactice would be?)
- आपको दूसरे की सफल तदबीर को अपनाने से कौन, क्या रोक रहा है ?
  (Who and what prevents you in adopting other's successful strategy?)

मूल्य (Value)

- 'मैं गंतव्य पर पहुँचने के लिए किन आदर्शों का पालन करूँगा ?'
  ('What ideals will I follow for the goal attainment?')
- 'क्या मेरी अभिलाषा मेरे सिद्धांतों के अनुकूल है ?'
  ('Does my goal conform to my values?')

व्यवहारगत परिवर्तन (Behaviour level changes)

सफलता के उद्देश्यार्थ आपको—

- अपने स्वभाव, आदत में क्या, कैसा बदलाव करना चाहिए ?
  (What changes should you make in your behaviour, habits?)
- स्वयं एवं आत्म-छवि में क्या परिवर्तन लाना अपेक्षित होगा ?
  (What changes should you bring in your self-image and your ownself?)
- आपको क्या करना होगा और आपको कौन दिशा पकड़नी होगी ?
  ('What do you have to do and which direction would you follow?')

□

शब्दावली (Glossary)

न्यूरो लिंग्विस्टिक प्रोग्रामिंग (Neuro-Linguistic Programming (NLP))

भाषायी, अभाषायी तथा आंतरिक व बाह्य संवाद और शारीरिक प्रदर्शनों के उपयोग द्वारा सफलता, मानसिक स्वास्थ्य, रोग निवारण, प्रतिभा और अन्य परिणाम पाने का मनोविज्ञान।

रिस्पांस (Response)

'एन.एल.पी.' में 'रिस्पांस' प्रत्येक व्यक्ति की शारीरिक एवं मानसिक अभिव्यक्ति है। इस दृष्टि से व्यवहार, कल्पना, मनोदशा आदि 'रिस्पांस' के अंतर्गत आएँगे।

रिसोर्सफुल अवस्था (Resourceful state)

अंत:प्रेरणा और ऊर्जा से भरपूर प्रखर मानसिक और शारीरिक अवस्था।

न्यूरोलॉजिकल लेवल्स (Neurological Levels)

पाँच बौद्धिक स्तर जिस पर आधारित है मस्तिष्क का कार्य एवं सोच, ये हैं—शख्सियत (Identity), विश्वास (Belief), गुण (Ability), व्यवहार (Behaviour), वातावरण (Environment)।

भाषायी संवाद (Verbal communication)

भाषा द्वारा संवाद।

गैर-भाषायी संवाद (Non-verbal communication)

बॉडी लैंग्वेज, हाव-भाव, श्वास गति एवं बोल का उतार-चढ़ाव, लय आदि।

जेनरेटिव प्रभाव (Generative influence)

प्रभाव, जो वर्तमान समस्या हल करने के साथ जीवन के दूसरे क्षेत्रों में लाभकारी परिणाम उत्पादित करे।

संयुक्त मनोदृष्टि (Association)

वह स्थिति, जिसमें हम अनुभव के साथ जुड़ जाते हैं; उसमें प्रविष्ट होकर उसे स्वयं की नजरों से देखना, महसूस करना।

विरक्त मनोदृष्टि (Dissociation)

अनुभव को दूर से देखना, महसूस करना। यहाँ हम घटना के प्रभाव को लघुत्तम या आंशिक रूप से महसूस करते हैं।

वैचारिक अवयव (Representational system)

सोच के विभाजित तत्त्व—मानसिक चित्र, आवाज/बोल, भावना, गंध, स्वाद।

सबमॉडल्टी (Submodality)

वैचारिक अवयव (Representational system) की सूक्ष्मताएँ, जैसे—मनोछवि का विस्तार, दूरी, रंग का गाढ़ापन इत्यादि।

प्रोग्राम (Programme/program)

कंप्यूटर, मस्तिष्क या किसी मशीन को स्वचालितता से दिशा-निर्धारित/नियंत्रित/संचालित करने की दशा या करना या उसे वैसा करवाने का गुण रखनेवाला अस्पर्शनीय तत्त्व। कंप्यूटर में इस प्रक्रिया को सॉफ्टवेयर अंजाम देता है।

पैनोरोमिक (Panoramic)

वृहदता, रमणीयता से युक्त दृश्य।

सामान्य वर्तमान काल (Present indefinite tense)

वर्तमान काल में हो रही क्रिया को दरशाता काल, जैसे—'मैं वहाँ जाता हूँ।'

बोलाइन (Bowline)

नाव को हवा के सहारे चलाने में सहायक विशेष मोटी रस्सियाँ।

ट्रेड विंड (Trade wind)

दक्षिणी एवं उतरी गोलार्ध से भूमध्य रेखा की ओर बहती हवा की धाराएँ, विशेषकर समुद्र में। दो ट्रेड विंड उष्णकटिबंधीय क्षेत्र से भूमध्य रेखा की ओर पृथ्वी को घेरकर चलती रहती हैं।

मेटाबोलिज्म (Metabolism)

जीव द्वारा गृहीत खाद्य पर रासायनिक चयापचय क्रिया। उसका उत्पाद है—ऊर्जा, विजातीय पदार्थ।

एंडोक्राइन ग्रंथि (Endocrine gland)

वे ग्रंथियाँ, जिनके जिम्मे शरीर में उत्पादित विशिष्ट बायोरसायन 'हार्मोन' को निर्मित कर रक्त में प्रवाहित करना है, जैसे—पिट्यूटरी ग्लैंड (pitutary glands), थायरॉइड (thyroid)।

लिंफेटिक नोड्स (Lymph nodes)

लिंफ (lymph) बगैर सफेद रक्त कोशिका के रक्त समान द्रव्य है, संक्रमण से बचाने एवं अन्य स्वास्थ्यकारी कार्यों में सहायक। इनके संचालन एवं परिवहन के उद्देश्यार्थ लिंफ नलिकाएँ अत्यंत गूढ़ व वृहद् लिंफेटिक व्यवस्था (lymphatic system) खड़ा करती हैं। लिंफ नलिका में स्थित लिंफेटिक नोड्स का दायित्व अंगों में भेजे लिंफ को वापस न आने देना है।

इमोशनल इंटेलिजेंस (Emotional intelligence)

अपनी भावनाओं को समझदारी, बुद्धिमत्ता से प्रयुक्त करने की मानसिक योग्यता। उच्च इमोशनल इंटेलिजेंस (EQ) धारक लोगों का सफल नेता, व्यक्ति और टीम प्लेयर होना सिद्ध है। ऐसा इसलिए कि वे दूसरों की भावना को ठीक से समझकर उनके साथ आसानी से भावनात्मक रूप से जुड़ उनसे पारस्परिक रिश्ता प्रगाढ़ करने में निपुण होते हैं।

इंटेलेक्चुअल इंटेलिजेंस [Intellectual intelligence (IQ)]

शख्स की शैक्षणिक योग्यता, उसकी बुद्धिमत्ता और उसका विभिन्न चुनौतियों से निपटने से संबंधित मानसिक कौशल। इसका योगदान है, आपका दिमागी तौर पर किसी काम का उत्तमता से कर पाना, जैसे आपका गणित की एक समस्या को बेहतरी से हल कर लेना। आधुनिक शोधानुसार यह सफलता, बुद्धिमत्ता का मापदंड नहीं।

मृग-मरीचिका

रेगिस्तान में परिवर्धित प्रकाश किरण द्वारा दूर पानी की उपस्थिति का भ्रम पैदा करने की अवस्था। प्यासा हिरन वहाँ पहुँचता है, पर पाता है सिर्फ रेत। इस तरह वह भटकता फिरता है।

टोस्टमास्टर (Toastmaster)

मंच पर बोलने की कला विकसित करने के उद्देश्यवश एक अंतरराष्ट्रीय संस्था। अपने शहर में उसके चैप्टर का पता जानने को गूगल सर्च करके उसके विश्व/भारतीय मुख्यालय से संपर्क करें।

न्यूरोटिक बिहैवियर (Neurotic behaviour)

अनियंत्रित, बगैर सोचे-समझे व अबुद्धिमत्तापूर्ण आचरण।

साइकोलिंग्विस्टिक प्रभाव (Psycholinguistic effect)

सोच, संवाद में प्रयुक्त भाषा का मनोवैज्ञानिक प्रभाव।

बाबा आदम

परंपरागत काल्पनिक पात्र, जिन्हें साधारणतया शक्तिशाली, बुद्धिमान माना गया।

सेल्फ-वर्थ (Self-worth)

स्वयं की दृष्टि में अपनी अहमियत तथा स्तर।

कोग्नेटिव (Cognitive)

सोचने, समझने, सीखने की मानसिक क्रिया से संबंधित।

क्यू/उद्दीपक (Cue)

वह स्पर्श, कल्पना, सोच, शब्द या भौतिक वस्तु, जो संपर्क पर हममें विशेष प्रतिक्रिया (शारीरिक या मानसिक या दोनों) उत्पन्न करने का माध्यम बने, जैसे 'व्यक्ति विशेष का चेहरा' देखते ही आपके मूड का उखड़ जाना, यहाँ वह 'विशेष चेहरा' आपमें नकारात्मक मनोदशा पैदा करनेवाला 'क्यू' है।

हार्मोन (Hormone)

तन की सभी जैविक क्रियाओं—भूख लगने से लेकर भावना, प्रजनन तक—को प्रबंधित करनेवाली एंडोक्राइन ग्रंथियों द्वारा स्रावित बायोरसायन।

चेन स्मोकर (Chain smoker)

एक सिगरेट बुझी नहीं कि दूसरी चालू, निरंतर धूम्रपान करनेवाला।

साइको-साइबरनेटिक्स तंत्र (Psycho-cybernetics system)

हमारी नैसर्गिक अचेतन सफलता-सहायक प्रणाली।

सफेद रक्त कोशिका (White blood corpuscle)

संक्रमण से रक्त में प्रवेशित बाह्य रोगकारक विषाणु विनाशक रक्त कोशिकाएँ।

मेटाफोर (Metaphor)

अलंकृत, कल्पनायुक्त कथन, कहानी या उपमा, जो एक अनुभव, स्थिति या

प्रक्रिया को दूसरे से जोड़े—'मैं अपने मन का राजा'।

साइकोसोमैटिक (Psychosomatic)

मन, मस्तिष्क, शरीर के परस्पर प्रभाव से संबंधित।

इम्यूनोग्लोब्यूलिन (Immunoglobulin or antibody)

सफेद रक्त कोशिका द्वारा स्रावित ग्याकोप्रोटीन बायोरसायन। उन पर रक्त में संक्रमण से आई रोगकारक विषाणुओं को पहचाने और उनसे चिपकने का उत्तरदायित्व है, तत्पश्चात् सफेद रक्त कोशिका द्वारा उन विषाणुओं का काम-तमाम।

साइटोटॉक्सिक (Cytotoxic)

शरीर की कोशिका को हानि पहुँचाने की योग्यता से संबंधित, उदाहरण—जहर का साइटोटॉक्सिक गुण।

इम्यूनोलॉजिकल प्रणाली (Immunological system)

रोग अवरोधक व्यवस्था—सफेद रक्त कोशिका, तिल्ली (spleen) और अन्य अंग व कोशिकाएँ।

एथियोस्कलेरोसिस (Atherosclerosis)

धमनियों (हृदय से अंगों को रक्त पहुँचानेवाली रक्त नलिकाएँ) में रसायन जमने से उनका संकुचित, कठोर हो जाना—ढेरों खतरनाक दैहिक परेशानियों की जननी।

प्रोसेसर (Processor)

कंप्यूटर में डाटा को संचालित, विश्लेषित, संगृहीत करनेवाला 'सीपीयू' (CPU) हार्डवेयर।

स्टीम्यूलस (Stimulus)

ऊपर उल्लेखित 'उद्दीपक' के अनुरूप अर्थ।

फिजियोलॉजिकल (Physiological)

प्रत्यक्ष एवं अप्रत्यक्ष जैविक प्रक्रियाएँ, जैसे—श्वास व हृदय गति, खून का दौरान, मुख की रंगत…।

सुखात्मक आयाम (Happiness quotience)

हर्ष की अनुभूति और उसे करानेवाले मानसिक कारणों का विस्तार।

रिएक्टिव प्रतिक्रिया (Reactive response)

बिन सोचे-समझे किया गया अहितकारी अथवा नकारात्मक व्यवहार/प्रतिक्रिया।

प्रोएक्टिव प्रतिक्रिया (Proactive response)

विवेक से विचारकर किया गया आत्म-हितकारी अथवा सकारात्मक व्यवहार/प्रतिक्रिया।

सॉफ्टवेयर (Software)

कंप्यूटर को लिखित नियमानुसार संचालित करनेवाला अस्पर्शनीय प्रोग्राम। सोच (thought) हमारे जैविक कंप्यूटर स्नायुमंडल को क्रियारत किए रहनेवाला सॉफ्टवेयर है।

साइम्यूलेटर

कठिन प्रशिक्षण के वास्ते प्रयुक्त विशेष कंप्यूटर आधारित मशीन, जो अंदर से वैसा आभास देगा, जैसा वह मशीन जिसका प्रशिक्षण देना है। हवाई जहाज चलाना, ड्राइविंग आदि में इसका प्रयोग अब सामान्य है। इस प्रक्रिया में मानसिक तत्त्व का उपयोग अधिक है, शरीर का अपेक्षाकृत कम। आजकल बाजार, मॉल में इसका उपयोग मनोरंजन के लिए हो रहा है।

परप्वाएज (Porpoise)

डॉल्फिन (dolphin) की तरह पर उससे छोटी नाकवाली मछली।

रिपल इफेक्ट (Ripple effect)

अवस्था, जिसमें एक छोटा कारण परिणामस्वरूप वृहद् प्रभाव का जनक है, जैसे तालाब में फेंका एक कंकड़ का छोटा तरंग पैदा करते हुए उसमें वृहद् प्रभाव उत्पन्न करना।

मैनरिज्म (Mannerism)

बोलते, कार्य करते समय व्यक्तिगत गैर-भाषायी विचित्रता, जैसे—संवाद वक्त कंधे उचकाते रहना।

इमोशनल इंटेलिजेंस (Emotional intelligence)

अपनी भावनाओं को समझदारी, बुद्धिमत्ता से प्रयुक्त करने की मानसिक योग्यता और उसे पारस्परिक संबंधों को प्रगाढ़ करने में प्रयुक्त करने का कौशल।

सॉफ्ट स्किल (Soft skill)

समस्या-निवारण कला, समझाने का गुण, व्यवहार-कुशलता…आदि।

बुल (Bull)

निशानेबाजी में निशाना लगानेवाले लक्ष्य/पट का सबसे बीच का गोला/निशान।

हिप्नोथैरेपिस्ट (Hypnotherapist)

सम्मोहन द्वारा मनोचिकित्सा एवं व्यक्तिगत समस्या का समाधान करनेवाले विशेषज्ञ।

बायोलॉजिकल (Biological)

तन की जैविक गतिविधियाँ, उदाहरणार्थ—रक्त संचार, हार्मोनों का स्राव…।

न्यूरोलॉजिकल (Neurological)

सभी स्नायविक काररवाई संबंधित, जैसे—मस्तिष्क द्वारा अंगों को संवाद प्रेषण, नाड़ी-तंत्र की कोशिकाओं में बायोरसायनों की क्रियाएँ…।

जेनरेटिव इफेक्ट (Generative effect)

एक आयाम में परिवर्तन से दूसरे आयाम पर प्रभाव। उदाहरणस्वरूप, सोच तब्दीली से स्वभाव में बदलाव।

बायोफिजियोलॉजिकल (Biophysiological)

बायोलॉजिकल एवं फिजियोलॉजिकल प्रक्रियाएँ, जैसे—रक्त में हार्मोन का प्रवाह, श्वास-गति…।

किलर टी कोशिकाएँ (Killer T cells)

इम्यून-सिस्टम्स (रोग प्रतिरोधक तंत्र) में शामिल सफेद रक्त कोशिका की एक प्रजाति। यह शरीर में संक्रमण से आए रोगाणुओं का विस्फोट करके विनाश कर देती है।

सेल्फ-हीलिंग (Self-healing)

स्व-चिकित्सा संबंधित; देह की स्वस्थता बनाए रखने एवं रोगमुक्त होने की नैसर्गिक क्षमता।

प्रोग्रामिंग (Programming)

कंप्यूटर की विशेष काररवाई, जिसके अंतर्गत वह की-बोर्ड (key board)

में टाइप किए निर्देश को अपने में डाले विशिष्ट सॉफ्टवेयर के आधार पर प्रोसेस (process) करके स्क्रीन पर परिणाम दिखाता है।

सेल बायोलॉजिस्ट (Cell biologist)

जीवों की कोशिकाओं की संरचना और उनकी अभिक्रियाओं का अध्ययन करनेवाले विशेषज्ञ।

क्वांटम (Quantum)

'जंप' (jump) करने के समान सेकंड के सूक्ष्मतम समय (जिसे मापा नहीं जा सकता) में प्रक्रिया। उदाहरण—एक तरह की ऊर्जा का दूसरे तरह की ऊर्जा में पल में रूपांतरण।

ऑनकोलॉजिस्ट (Oncologist)

कैंसर विशेषज्ञ एम.बी.बी.एस. डॉक्टर।

जींस (Genes)

जीव की कोशिकाओं में विद्यमान जीव को मौलिक, विशेष गुण प्रदत्त करने का कारण बननेवाले जैविक भौतिक तत्त्व।

गुणसूत्र (Chromosome)

जींस में उपस्थित माता-पिता के विशिष्ट गुणों को उनकी संतानों में ले जानेवाले स्प्रिंग समान जैविक भौतिक अवयव।

सब्टल (Subtle)

जो न दिखाई पड़नेवाला सूक्ष्मतम हो, जैसे—सब्टल प्रक्रिया (process)।

कीमोथैरेपी (Chemotherapy)

विशेष अति तीव्र रसायन, जैसे—साइटोटाक्सिक ड्रग द्वारा रोग, विशेषकर कैंसर चिकित्सा।

रेडियोथैरेपी (Radiotherapy)

'एक्स-रे' व उस तरह के दूसरे रेडिएशन द्वारा रोग विशेषकर कैंसर चिकित्सा।

पोस्ट ट्रामेटिक स्ट्रेस डिसऑर्डर [Post Traumatic Stress Disorder (PTSD)]

खराब क्षण और व्यसन (शराब, ड्रग…) त्याग के उपरांत अनेक लोगों में उत्पन्न

सदमा, घबराहट, तनाव व अन्य भावनात्मक समस्या।

इम्प्रिंट अनुभव (Imprint experience)

मानसिक कठिनाई और विश्वास में जड़ से परिवर्तन लानेवाला बुरा पल।

प्रोजेक्टर रूम (Projector room)

पुराने जमाने में सिनेमा चलाने के वास्ते हॉल में सबसे पीछे बना कमरा।

फिल्म एडिटर (Film editor)

फिल्म निर्माण के पश्चात् उसे काट-छाँटकर, सुधारकर अंतिम रूप देनेवाला संपादक।

कंडीशन (Condition)

एक भौतिक/अभौतिक तत्त्व का दूसरे भौतिक/अभौतिक तत्त्व से संबद्धता की दशा, उदाहरणार्थ—मांस देखते ही कुत्ते के स्नायुतंत्र द्वारा उसके मुँह में लार लाने की प्रक्रिया। यहाँ 'मांस' और 'स्नायुतंत्र' एक-दूसरे से जुड़ाव की अवस्था में हैं, स्नायुमंडल को जैसे ही मांस की उपस्थिति का संदेश मिलेगा, वह लार पैदा करवाने के लिए विशिष्ट प्रतिक्रिया प्रारंभ कर देगा।

तड़ीपार

न्यायाधीश द्वारा अपराधी/आरोपी के विशेष क्षेत्र में प्रवेश से मनाही।

हिचहाइकिंग (Hitchhiking)

अनजान जगह में मस्ती, रोमांच व खेल भावना से यात्रा।

सेल्फ-हेल्प (Self-help)

आत्म-विकास एवं स्वयं सहायक ज्ञान, कार्य से संबंधित।

लीनियर (Linear)

वह प्रक्रिया, सोच, जो एक के बाद एक सीधी लाइन के माफिक एकदिशीय हो, बहुदिशीय नहीं, जैसे—सिर्फ अपने हित के बारे में सोचना, देखना।

चकरघिन्नी

अपनी धुरी (axis) पर घूमनेवाला खिलौना।

वैरिएबल (Variable)

कारक, जिसमें किसी व्यवस्था, निर्णय को प्रभावित करने की क्षमता हो, जैसे 'वातावरण' जो आपके मूड परिवर्तन में सक्षम है।

सींकिया पहलवान

दुर्बल, अशक्त पुरुष के लिए प्रयुक्त उपमा, न कि स्त्री के वास्ते।

ब्लीडिंग अल्सर (Bleeding ulcer)

पेट में रक्तस्राव की समस्या।

पैराडिग्म शिफ्ट (Paradigm shift)

अंत:करण में बसे दृढ़ विश्वास या किसी प्रक्रिया में मूलभूत परिवर्तन का आना, उदाहरणार्थ वायुयान का पहली बार हवा में उड़ने से ठोस धारणा कि 'मनुष्य का हवा में उड़ना असंभव है' का नेस्तनाबूद होना।

न्यूरोलॉजिकल स्टीम्यूलाय (बहुवचन) (Neurological stimuli)

स्नायुतंत्र की कोशिकाओं द्वारा दूसरी कोशिकाओं, अंगों को भेजा गया इलेक्ट्रोमैग्नेटिक (electromagnetic) संवाद। (एकवचन—न्यूरोस्टूम्यूलस)।

नटवरलाल

एक अत्यंत चतुर, बुद्धिमान ठग, जिसकी भारतीय इतिहास में आज तक मिसाल नहीं।

रेसपी (Recipe)

खाद्य पदार्थ, पकवान बनाने की कला।

इनकांग्रुएंट (Incongruent)

भाषागत एवं गैर-भाषागत अभिव्यक्ति के बीच विषमता—आपका कर्मचारी जबान से कह रहा है 'हाँ', पर उसके चेहरे की रंगत, मुद्रा से साफ प्रतीत हो रहा है उसके अंदर का 'ना'।

न्यूरोस्टूम्यूलस (एकवचन) (Neurostimulus)

स्नायविक प्रणाली द्वारा दूसरी कोशिकाओं, अंगों को भेजा गया संवाद। (बहुवचन—न्यूरोलॉजिकल स्टीम्यूलाय)

रिएक्टिव प्रतिक्रिया (Reactive response)

बिना सोचे-समझे किया गया अहितकारी अथवा नकारात्मक व्यवहार/प्रतिक्रिया।

प्रोएक्टिव प्रतिक्रिया (Proactive response)

विवेक से विचारकर किया गया आत्म-हितकारी अथवा सकारात्मक व्यवहार/प्रतिक्रिया।

सेल्फ-एफेकॅसी (Self-efficacy) सिद्धांत

हमारी क्षमता, व्यवहार का स्तर हमारे लक्ष्य-प्राप्ति के विश्वास द्वारा निर्धारित है। यदि आपको विश्वास है, 'मैं लक्ष्य पा सकता हूँ', तब आपकी क्षमता, व्यवहार उस स्तर तक उठकर लक्ष्य विजय में सहायक होंगे। यदि आपको विश्वास है, 'मैं लक्ष्य विजित नहीं कर सकता', तब आपकी क्षमता, व्यवहार दबा रहेगा, ताकि आपको विफलता नसीब हो।

स्काई डाइविंग (Sky diving)

व्यक्ति और स्काई डाइविंग प्रशिक्षक एक-दूसरे से बँधे रह हवाई जहाज से कूदने का खेल; पैराशूट का नियंत्रण प्रशिक्षक के हाथ।

□□□